高等院校物流专业"互联网+"创新规划教材

21世纪高等院校物流专业创新型应用人才培养规划教材

物流技术装备
（第2版）

主　编　于　英
副主编　杨　扬　孙丽琴

北京大学出版社
PEKING UNIVERSITY PRESS

内 容 简 介

本书全面系统地介绍了物流技术装备的种类、性能、结构、特点及选用方法。全书共分 11 章，内容包括绪论、运输装备、装卸搬运装备、仓储技术装备、自动仓储系统技术装备、集装单元化技术装备、包装技术装备、流通加工技术装备、分拣技术装备、物流信息技术装备、物流智能装备。

本书提供了与物流技术装备有关的大量案例、阅读材料和形式多样的习题，同时结合"互联网＋"平台储存更大的知识量，以利于学生巩固所学的知识并培养其实际应用知识的能力。本书在实用性和操作性方面都具有很强的指导作用。

本书既可作为全国高等院校交通运输、物流类专业以及相关专业的教材，也可作为生产企业和流通企业人员的继续教育及物流与运输等从业人员工作的参考书。

图书在版编目(CIP)数据

物流技术装备/于英主编. —2 版. —北京：北京大学出版社，2016.8
（高等院校物流专业"互联网＋"创新规划教材）
ISBN 978-7-301-27423-1

Ⅰ.①物… Ⅱ.①于… Ⅲ.①物流企业—设备—高等学校—教材 Ⅳ.①F253.9

中国版本图书馆 CIP 数据核字（2016）第 194989 号

书　　　名	物流技术装备（第 2 版） WULIU JISHU ZHUANGBEI
著作责任者	于　英　主编
策划编辑	刘　丽
责任编辑	李瑞芳
数字编辑	陈颖颖
标准书号	ISBN 978-7-301-27423-1
出版发行	北京大学出版社
地　　　址	北京市海淀区成府路 205 号　100871
网　　　址	http://www.pup.cn　新浪微博:@北京大学出版社
电子信箱	pup_6@163.com
电　　　话	邮购部 010-62752015　发行部 010-62750672　编辑部 010-62750667
印　刷　者	北京溢漾印刷有限公司
经　销　者	新华书店
	787 毫米×1092 毫米　16 开本　23 印张　540 千字 2010 年 4 月第 1 版 2016 年 8 月第 2 版　2023 年 1 月第 5 次印刷
定　　　价	49.00 元

未经许可，不得以任何方式复制或抄袭本书之部分或全部内容。
版权所有，侵权必究
举报电话：010-62752024　电子信箱：fd@pup.pku.edu.cn
图书如有印装质量问题，请与出版部联系，电话：010-62756370

第 2 版前言

近年来,以物流中心、配送中心、第三方物流等全新的企业形态为标志,在我国掀起了"物流热",与此相适应的物流技术装备也得到了相应的发展。随着生产和物流规模的扩大,现代化物流技术装备的应用日益广泛,物流技术装备的自动化、信息化、智能化程度不断提高,在进行物流系统规划时,如何根据实际需要,选好、用好、管好物流技术装备,充分发挥其效能,这是任何一个物流系统都需要解决的重要问题。

物流技术装备是物流系统的物质基础,是提高物流系统效率的主要手段,是反映物流系统水平的主要标志,也是构筑物流系统总成本的主要组成部分。物流技术装备是物流系统的重要子系统之一,在物流活动中处于十分重要的地位。随着社会经济的不断发展和科学技术水平的不断进步,物流技术装备呈现出许多新特征,如大型化、高速化、实用化、专用化和通用化、自动化和智能化、成套化和系统化、绿色化等。物流技术装备的不断创新和发展,使得其内容也越来越丰富、越来越复杂。一个现代化的物流管理人员不一定要懂得如何设计制造物流技术装备,但必须了解物流技术装备的概念、构成、特点和性能等基本信息,物流技术装备的合理选用和科学配置将会直接影响到整个物流系统运行的效率和效果。

本书以现代物流的基本功能为主线,系统地阐述了物流技术装备的种类、结构、特点、性能及选用方法。

本书在第 1 版的基础上进行了修订,主要根据物流技术装备的发展,针对相应的知识进行了更新和补充。本书的编写具有以下特点。

(1) 内容丰富、新颖、实用,体现现代物流的需求。在编写过程中,广泛吸收了当前物流技术装备的成果、技术,参阅了大量同类教材、专著、网上资料,并结合编者的教学实践,力图使本书涵盖物流领域所有装备大类。

(2) 为了体现本课程实践性和应用性较强的特点,书中提供了大量案例供学习者分析、研读,以便加深和拓展学习者的视野;提供了形式多样的习题,以便学习者巩固、运用所学的知识。

(3) 紧密结合本课程教学基本要求,内容完整系统、重点突出,所用资料力求更新、更准确地解读知识点。本书将物流技术装备理论知识与实训内容结合在一起,具有较强的针对性。

本书由于英负责全书结构的设计、草拟写作提纲、组织编写和最后统稿定稿工作。各章具体分工如下:第 1、2、3、8 章由于英(江苏大学)编写,第 4、5、6、7、9 章由孙丽琴(江苏大学)编写,第 10、11 章由杨扬(昆明理工大学)编写。

在本书的编写和修订过程中，参考了大量国内外文献资料，在此，谨向这些文献的作者表示深深的谢意。研究生王敏、刘媛媛、李耀、王刚在本书的编写过程中给予了大力支持，在此表示感谢！

由于编者水平所限，书中难免存在疏漏之处，敬请广大读者提出宝贵意见，以便进一步修改完善。

编　者
2016 年 5 月

【精彩汇总】

目 录

第1章 绪论 ... 1
1.1 物流技术装备概述 ... 2
- 1.1.1 物流技术装备的概念 ... 2
- 1.1.2 物流技术装备的分类 ... 2

1.2 物流技术装备现状与发展趋势 ... 5
- 1.2.1 物流技术装备的现状 ... 5
- 1.2.2 物流技术装备的发展趋势 ... 6

1.3 现代交通运输业与物流技术装备 ... 8
本章小结 ... 9
习题 ... 10

第2章 运输装备 ... 11
2.1 概述 ... 12
- 2.1.1 运输装备的分类及发展 ... 12
- 2.1.2 运输装备的发展趋势 ... 13

2.2 公路运输装备 ... 14
- 2.2.1 公路运输概述 ... 14
- 2.2.2 公路运输装备分类 ... 16
- 2.2.3 汽车 ... 17
- 2.2.4 货车的分类及结构形式 ... 22
- 2.2.5 挂车 ... 29
- 2.2.6 汽车列车 ... 34

2.3 铁路运输装备 ... 40
- 2.3.1 铁路运输概述 ... 40
- 2.3.2 铁路列车的参数 ... 41
- 2.3.3 铁路机车 ... 42
- 2.3.4 铁路车辆 ... 43

2.4 水路运输装备 ... 46
- 2.4.1 水路运输概述 ... 46
- 2.4.2 船舶的构造、主要性能及分类 ... 49
- 2.4.3 货船 ... 51

2.5 航空运输装备 ... 56
- 2.5.1 航空运输概述 ... 56
- 2.5.2 飞机的基本组成 ... 57
- 2.5.3 民用飞机的技术性能 ... 58
- 2.5.4 飞机的分类 ... 59
- 2.5.5 运输机的主要系列 ... 60

2.6 管道运输装备 ... 64
- 2.6.1 管道运输概述 ... 64
- 2.6.2 管道运输装备的分类 ... 65

本章小结 ... 69
习题 ... 70

第3章 装卸搬运装备 ... 71
3.1 概述 ... 72
- 3.1.1 装卸搬运的概念 ... 72
- 3.1.2 装卸搬运装备的工作特点 ... 73
- 3.1.3 装卸搬运装备的作用 ... 73
- 3.1.4 装卸搬运装备的分类 ... 74
- 3.1.5 装卸搬运装备的选型 ... 75

3.2 起重装备 ... 78
- 3.2.1 起重装备概述 ... 78
- 3.2.2 较小起重装备 ... 82
- 3.2.3 桥架型起重装备 ... 85
- 3.2.4 臂架型起重装备 ... 92
- 3.2.5 起重机的主要属具 ... 96
- 3.2.6 起重装备的配置与选择 ... 98

3.3 输送装备 ... 103
- 3.3.1 输送机概述 ... 104
- 3.3.2 输送机的应用及结构 ... 106

3.4 叉车 ... 112
- 3.4.1 叉车的特点及总体结构 ... 112
- 3.4.2 叉车的分类、结构及性能特点 ... 113
- 3.4.3 叉车型号 ... 117
- 3.4.4 叉车的主要技术参数 ... 118
- 3.4.5 叉车的选用与使用管理 ... 119
- 3.4.6 叉车属具 ... 120

3.5 其他装卸搬运装备 125
   3.5.1 牵引车 125
   3.5.2 人力搬运车 126
本章小结 127
习题 128

第4章 仓储技术装备 129

4.1 概述 130
   4.1.1 仓储及其作用 130
   4.1.2 仓储技术装备的分类、特点及发展趋势 132
4.2 仓库 133
   4.2.1 仓库的概念和功能 133
   4.2.2 仓库的分类 134
   4.2.3 仓库的结构 136
   4.2.4 仓库管理技术 137
4.3 货架 140
   4.3.1 货架的概念和作用 142
   4.3.2 货架的分类 142
   4.3.3 几种典型的货架 143
4.4 托盘 147
   4.4.1 托盘概述 147
   4.4.2 托盘的种类 148
   4.4.3 托盘的标准化 151
4.5 仓储设备的选用 152
   4.5.1 仓储设备选用的一般流程 152
   4.5.2 仓储系统分析规划 152
   4.5.3 仓储设备的选择 153
本章小结 154
习题 154

第5章 自动仓储系统技术装备 155

5.1 概述 156
   5.1.1 自动仓储系统的概念 156
   5.1.2 自动仓储系统的优点 159
   5.1.3 自动仓储系统的构成 160
5.2 自动仓储系统的分类及发展趋势 163
   5.2.1 自动仓储系统的分类 163
   5.2.2 自动仓储系统的发展趋势 165
5.3 自动仓储系统存取工艺 167
   5.3.1 自动仓储系统的存取作业系统 167
   5.3.2 自动仓储系统的控制和管理系统 168
5.4 堆垛机械 168
   5.4.1 巷道式堆垛机 169
   5.4.2 堆垛机的主要技术参数及选择 174
本章小结 176
习题 176

第6章 集装单元化技术装备 178

6.1 概述 179
   6.1.1 集装单元化定义 179
   6.1.2 集装单元化的类型 180
   6.1.3 集装单元化的优越性 182
6.2 集装箱 183
   6.2.1 集装箱概述 183
   6.2.2 集装箱的种类 185
   6.2.3 集装箱的标准 187
   6.2.4 集装箱的标志和识别 189
6.3 集装箱装卸搬运工艺 191
   6.3.1 装卸搬运吊具 191
   6.3.2 集装箱码头装卸搬运设备 193
   6.3.3 集装箱装卸作业方式 197
6.4 集装箱自动识别和智能检查系统 200
   6.4.1 集装箱自动识别系统 200
   6.4.2 集装箱智能检查系统 202
本章小结 203
习题 204

第7章 包装技术装备 205

7.1 概述 206
   7.1.1 包装的定义 206
   7.1.2 包装的种类 206
   7.1.3 包装的功能 207
7.2 包装技术 208
   7.2.1 常用的包装材料 208
   7.2.2 常用的包装技术 209
7.3 现代化包装 210

7.3.1	包装现代化的趋势	211
7.3.2	现代集合包装技术	212
7.3.3	包装物的现代化管理	212

7.4 包装机械概述 212
 7.4.1 包装机械的概念 213
 7.4.2 包装机械的类别和组成 ... 213
 7.4.3 包装机械的作用 214
 7.4.4 未来重点开发的包装机械设备 215

7.5 常用的包装机械 216
 7.5.1 充填机械 216
 7.5.2 灌装机械 220
 7.5.3 封口机械 222
 7.5.4 裹包机械 224
 7.5.5 捆扎机械 226
 7.5.6 贴标机和打码机 226

本章小结 227
习题 228

第8章 流通加工技术装备 229

8.1 概述 230
 8.1.1 流通加工的概念 230
 8.1.2 流通加工的特点 230
 8.1.3 流通加工的地位 231
 8.1.4 流通加工的作用 231
 8.1.5 流通加工的合理化 232
 8.1.6 流通加工装备的分类 233

8.2 剪板机 236
 8.2.1 剪板机的作用 236
 8.2.2 剪板机的基本结构 237
 8.2.3 剪板机的技术参数 238
 8.2.4 常见的剪板机 238

8.3 切割装备 241
 8.3.1 金属切割机 241
 8.3.2 非金属切割机 242
 8.3.3 新型综合型切割机 246

8.4 冷链装备 248
 8.4.1 冷库 248
 8.4.2 冷藏车 249

 8.4.3 冷藏箱 250
8.5 混凝土搅拌装备 251
 8.5.1 混凝土搅拌楼(站) 251
 8.5.2 混凝土搅拌运输车 254
8.6 绿色流通加工 258
本章小结 259
习题 259

第9章 分拣技术装备 261

9.1 概述 262
 9.1.1 分拣技术的分类 262
 9.1.2 自动分拣技术的发展 263
 9.1.3 分拣装备概述 264

9.2 自动分拣系统 264
 9.2.1 自动分拣系统的特点 265
 9.2.2 自动分拣系统的适用条件 ... 265

9.3 自动分拣装备的基本构成及工作过程 266
 9.3.1 自动分拣装备的构成 266
 9.3.2 自动分拣装备的工作过程 ... 267

9.4 常见的自动分拣机 268
9.5 分拣装备的选型 274
本章小结 276
习题 277

第10章 物流信息技术与装备 278

10.1 概述 279
10.2 条形码技术 280
 10.2.1 条形码技术概述 281
 10.2.2 条形码的扫描识读设备 ... 284
 10.2.3 条形码检测设备 285
 10.2.4 条形码数据采集设备 ... 287
 10.2.5 条形码制作和印刷设备 ... 288

10.3 射频技术 288
 10.3.1 射频识别技术概述 288
 10.3.2 RFID 系统的工作原理及组成 290
 10.3.3 RFID 技术在物流中的应用 293

10.4 EDI 技术 298

　　10.4.1　EDI 技术概述 299
　　10.4.2　EDI 系统 301
　　10.4.3　EDI 在物流中的应用 306
10.5　GPS 和 GIS 技术 310
　　10.5.1　GPS 系统 310
　　10.5.2　GIS 系统 314
　　10.5.3　GPS 和 GIS 在物流中的
　　　　　　应用 318
10.6　信息网络技术 320
　　10.6.1　移动通信网络技术 320
　　10.6.2　近距离无线通信技术 323
　　10.6.3　有线通信网络技术 325
本章小结 326
习题 327

第 11 章　物流智能装备 328

11.1　自动导引车 329
　　11.1.1　自动导引车概述 330
　　11.1.2　自动导引车的构成及
　　　　　　工作原理 332
　　11.1.3　自动导引车的选型 336
　　11.1.4　自动导引车在物流中的
　　　　　　应用 337
11.2　物流机器人 339
　　11.2.1　机器人的用途和分类 339
　　11.2.2　物流机器人的应用 341
　　11.2.3　机器人的结构和主要
　　　　　　技术参数 345
11.3　智能物流系统 347
　　11.3.1　智能物流系统概述 347
　　11.3.2　智能物流系统体系结构 351
　　11.3.3　智能物流行业应用——
　　　　　　医药智能物流 355
本章小结 357
习题 358

参考文献 359

第1章 绪 论

【教学目标】
- 了解物流技术装备的概念、分类及发展趋势
- 掌握最常用的分类方法
- 熟悉常见的物流技术装备及归类方法

物流技术装备的发展与人们的生活息息相关。大家还应该记得杜牧的诗:"长安回望绣成堆,山顶千门次第开。一骑红尘妃子笑,无人知是荔枝来。"想当年,由于地域的不同、路途的遥远,一些时鲜水果要想在异地分享是多么困难的事情。而今天地域、距离的限制已不是难题,果农的产品基本上可以在第一时间送到消费者手中。

思考题:这得益于什么?

经济的全球化、制造业的国际化使得物流需求快速增长,对物流服务水平也提出了更高的要求,需要构建一个合理的物流网络体系,实现高效运转,而物流网络体系中的各个节点、环节的运作都有赖于物流技术装备的支持。

1.1 物流技术装备概述

1.1.1 物流技术装备的概念

现代物流通常由运输、装卸搬运、仓储、配送、包装与分拣、流通加工、信息处理等基本环节组成。随着全球经济的一体化以及制造业的国际化,现代物流正发展成为覆盖全球任何角落的基于动态企业联盟的集成化网络体系,实现高效、快捷、准确、安全的物流服务,而这一切都有赖于现代物流技术装备的支持。

物流技术装备是指用于存储、运输、装卸搬运、包装与分拣、流通加工、配送、信息采集与处理等物流活动的装备总称。物流技术装备是组织物流活动与物流作业的物质基础,是物流服务水平的重要体现。现代物流网络体系中的任何节点、任何环节都必须实现高度的机械化、自动化和信息化。因此没有现代物流技术装备的支持,就没有现代物流的实施与运作。物流技术装备在现代物流中具有非常重要的地位和不可替代的作用。现代物流运作过程及支撑装备如图1.1所示。

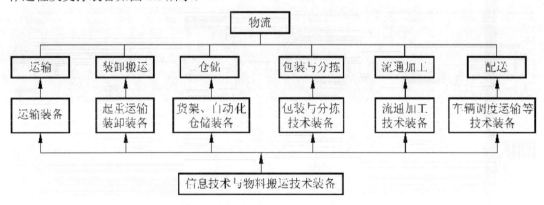

图 1.1 现代物流运作过程及支撑装备

1.1.2 物流技术装备的分类

物流技术装备有多种分类方法,通常按照功能不同分类。物流技术装备按功能不同可分为运输装备、装卸搬运装备、仓储装备、包装装备、流通加工装备、信息采集与处理装备、集装单元化装备7部分,见表1-1。

表1-1 物流技术装备按功能不同分类

按功能不同分类	具 体 分 类
运输装备	铁路运输装备、公路运输装备、水上运输装备、航空运输装备和管道运输装备
装卸搬运装备	装卸机械、搬运机械和装卸搬运机械
仓储装备	物资储藏、保管装备
包装装备	货架、托盘、计量装备、通风装备、温湿度控制装备、养护装备和消防装备等
流通加工装备	剪切加工装备、开木下料装备、配煤加工装备、冷冻加工装备、分选加工装备、精制加工装备、分装加工装备、组装加工装备
信息采集与处理装备	计算机及网络、信息识别装置、通信装备
集装单元化装备	集装箱、托盘、滑板、集装袋、集装网络、货捆、集装装卸装备、集装运输装备、集装识别系统等

1. 运输装备

运输装备是指用于较长距离运输货物的装备。利用运输装备,通过运输活动解决物资在生产地点和需求地点之间的空间距离问题,创造商品的空间效用,满足社会需要。根据运输方式,运输装备分为铁路运输装备、公路运输装备、水上运输装备、航空运输装备和管道运输装备这5种类型。

2. 装卸搬运装备

【参考视频】

装卸搬运装备是用来升降、搬移、装卸和短距离输送货物的机械装备。装卸是指在指定地点通过人力或机械将物品装入运输装备或从运输装备上卸下的一种作业活动,是一种以垂直方向移动为主的物流活动,包括物品装入、卸出、分拣、备货等作业行为;搬运是指在同一场所内,以对物品进行水平方向的移动为主的物流作业。装卸搬运是对运输、仓储、包装、流通加工等物流活动进行衔接的中间环节,包括装车、卸车、堆垛、入库、出库,以及连接这些作业活动的搬运。

装卸搬运装备根据作业性质不同分为:装卸机械、搬运机械和装卸搬运机械3大类;装卸搬运装备根据主要用途和结构特征不同分为:起重机械、连续运输机械、装卸搬运车辆和专用装卸搬运机械等;根据物品运动方式不同可分为水平运动方式、垂直运动方式、倾斜运动方式、垂直及水平运动方式、多平面运动方式这5类装卸搬运装备。图1.2、图1.3所示分别为典型的水平搬运装备和典型的垂直搬运装备。

常用的装卸搬运装备包括叉车、手推车、手动托盘搬运车、各种输送机、托盘收集机、自动引导机、升降机、堆垛机等。装卸搬运装备可以实现货物在仓库里短距离的水平或垂直的物品装卸搬运等作业。

3. 仓储装备

【相关案例】

仓储装备是指用于物资储藏、保管的装备。常用的仓储装备有自动化仓库、货架、托盘、计量装备、通风装备、温湿度控制装备、养护装备和消防装备等。图 1.4 所示为一种典型的存储装备。

图 1.2 典型的水平搬运装备——牵引车

图 1.3 典型的垂直搬运装备——堆垛机

图 1.4 货架

4. 包装装备

包装装备即包装机械，是指完成全部或部分包装过程的机器装备。包装过程包括充填、裹包、封口等主要工序，以及与其相关的前后工序，如清洗、堆码和拆卸等。此外，包装还包括计量或在包装件上盖印等工序。根据不同的标准，包装可进行不同分类，如按照包装装备功能标准不同可分为灌装机械、充填机械、裹包机械、封口机械、贴标机械、清洗机械、干燥机械、杀菌机械、捆扎机械、集装机械、多功能包装机械，以及完成其他包装作业的辅助包装机械和包装生产线。

5. 流通加工装备

流通加工装备是指用于物品包装、分割、计量、分拣、组装、价格贴付、标签贴付、商品检验等作业的专用机械装备。流通加工装备种类繁多，有多种分类方法。根据流通加工形式不同，可分为剪切加工装备、冷冻加工装备、分选加工装备、精制加工装备、分装加工装备、组装加工装备；根据加工对象的不同，流通加工装备可分为金属加工装备、水泥加工装备、玻璃加工装备、木材加工装备、煤炭加工机械、食品加工装备、组装产品的流通加工装备、生产延续的流通加工装备及通用加工装备等。

6. 信息采集与处理装备

信息采集与处理装备是指用于物流信息的采集、传输、处理等的物流装备。主要包括计算机及网络、信息识别装置、通信装备等。

7. 集装单元化装备

集装单元化装备是指用集装单元化的形式进行储存运输作业的物流装备，主要包括集装箱、托盘、滑板、集装袋、集装网络、货捆、集装装卸装备、集装运输装备、集装识别系统等。典型的集装单元化装备如图1.5所示。

图 1.5 集装箱

 案例 1-1

上海沪东集装箱码头

沪东公司是上海国际港务(集团)有限公司与著名的跨国企业埃彼穆勒-马士基集团旗下的码头公司在中国上海共同组建的合资公司，管理经营上海港外高桥港区4期集装箱码头。沪东公司以建设国际一流集装箱码头为目标，充分挖掘集装箱码头内在的潜力，提高码头效率和效益，为上海及长江三角洲、长江经济带的经济发展服务。沪东公司的经营范围有：国际国内航线的集装箱装卸、中转、仓储、分送、集装箱清洗及维修、拆装箱、堆存、运输、保管；与上述业务相关的技术咨询；集装箱码头的建设、管理及经营。图1.6是沪东公司下属的一个国际集装箱货运码头。

图 1.6 沪东公司国际集装箱货运码头

根据案例所提供的资料，试分析：这样一个国际集装箱货运码头应该用到哪些物流技术装备？

1.2 物流技术装备现状与发展趋势

物流技术装备是物流系统中的物质基础，伴随着物流的发展与进步，物流装备不断得到提升与发展。以减轻人们的劳动强度、提高物流运作效率和服务质量、降低物流成本为目的，物流装备在物流作业中起着重要的作用，极大地促进了物流的快速发展。反之，物流业的快速发展对物流装备也提出了更高的要求。

1.2.1 物流技术装备的现状

随着物流活动的发展，物流技术装备有了较快的发展，各种物流技术装备数量迅速增长，技术性能日趋现代化。随着计算机网络技术在物流活动中的应用，先进的物流技术装备系统不断涌现，如大型装卸装备和自动化物流系统。

1. 国外的发展历史及现状

(1) 初期。用传送带、工业输送带、起重机移动和搬运物料或货物；用货架和托盘、可移动式货架存储物料；用限位开关、螺旋机械制动和机械监视器等控制装备运行。

(2) 20世纪50—60年代。自动化技术被广泛运用，相继出现了AGV、自动货架、自动存取机器人、自动识别和自动分拣系统。英国最早研制了电磁感应导向的AGVS，欧洲AGVS迅速推广并应用于柔性加工系统(Flexible Manufacture System，FMS)，成为生产工艺的组成部分。

【相关案例】

(3) 20世纪70—80年代。出现了自动控制的旋转式货架、移动式货架、巷道式堆垛机，并应用于生产和流通领域。

(4) 20世纪80年代后期。大型起重机、自动运输机、自动分拣装备、自动上下料机械及智能型装卸堆垛机器人等装备相继出现并得到广泛应用。

2. 国内的发展历史及现状

(1) 20世纪70年代前。主要在商业物资仓储和运输系统有一定数量的起重机、载货汽车等装备，仓库的机械化作业率仅为50%左右。

(2) 20世纪70—80年代。物流技术装备的应用有了较快发展。新建了铁路、公路、港口、码头、增加了车辆，改进了技术，部分区段实现了电气化、高速化，开展了集装箱运输、散装运输和联合运输等。一些物流技术装备，如起重机、输送机、集装箱、散装水泥车等在仓库、货场、港口、码头得到了较为广泛的应用。

【行业实践】

(3) 20世纪90年代后期。随着计算机网络技术在物流活动中的应用以及物流配送中心的兴建，物流技术装备得到了广泛应用，先进的物流技术装备不断涌现。

1.2.2 物流技术装备的发展趋势

随着现代物流的发展，物流技术装备作为其物质基础表现出以下几个方面的发展趋势。

1. 大型化

大型化是指装备的容量、规模、能力越来越大，是实现物流规模效应的基本手段，大型化弥补了自身速度很难提高的缺陷。物流技术装备的大型化趋势，一是为了适应现代社会大规模物流的需要，以大的规模来换取高的物流效益；二是由于现代科学技术的发展和制造业的进步，为制造大型物流技术装备提供了可能。例如：2004年11月27日，带有42节挂车的世界上最长的卡车在法国MILLAU投入使用，如图1.7所示；油轮最大载重量达到56.3万吨，集装箱船的装载量已达6 790 TEU；在铁路货运中表现为重载化，在美国、俄罗斯、加拿大、澳大利亚、南非表现得最为突出，出现了装载71.6万吨矿石的列车；管道运输的大型化体现在大口径管道的建设上，目前最大的输油管道口径为1 220mm；在航空运输方面表现为货机的大型化，货机最大可载300t。这些物流装备的大型化基本满足了基础性物流需求量大、连续、平稳的要求。

图1.7 世界上最长的卡车

2. 高速化

高速化是指装备的运转速度、运行速度、识别速度、运算速度大大提高。主要体现在对"常速"极限的突破，高速化一直是各种物流技术装备追求的目标。在公路运输中，高速一般是指高速公路，目前各国都在努力建设高速公路网，作为公路运输的骨架。在铁路运输方面，正在发展的高速铁路有 3 种类型：一是传统的高速铁路，以日本和法国的技术最具商业价值；二是摆式列车，以瑞典为代表；三是磁悬浮铁路，我国上海磁悬浮列车示范运营线工程于 2002 年建成通车，是世界上第一条商业化运营的磁悬浮列车工程，设计时速 430km。航空运输中，高速是指超音速，超音速化将是民用货机的发展方向。在水运中，水翼船的时速已达 70km，气垫船时速最高，而飞翼船的时速则可达到 170km。在管道运输中，高速体现在高压力，美国阿拉斯加原油管道的最大工作压力达到 8.2MPa。

3. 实用化

实用化是指一个物流系统的配置，在满足使用条件下，应选择简单、经济、可靠的物流设施与装备，即在构筑物流系统时，要善于运用现有的各种物流技术装备，组成非常实用的简单系统，这种简单以满足需要为原则，自动化程度不一定越高越好。以仓储装备为例，仓储物流装备是在通用的场合使用，工作并不繁重，因此应该好使用、易维护、易操作，具有耐久性、可靠性和经济性，以及较高的安全性和环保性。该类装备需求批量大、用途广，要求在考虑综合效益的基础上，减小外形尺寸、简化结构、降低造价，同时也可减少装备的运行成本。因此，根据不同需求，开发出使用性能好、成本低、可靠性高的物流装备是一种发展趋势。

4. 专用化和通用化

随着物流活动的广泛深入，物流装备的品种越来越多且不断更新。物流活动的系统性、一致性、经济性、机动性、快速化，使得一些物流装备向专用化、通用化方向发展。

物流装备专用化是提高物流效率的基础，主要体现在两个方面：一是物流装备专用化；二是物流方式专用化。物流装备专用化是以物流工具为主体的物流对象专用化，如从客货混载到客货分载，出现了专门运输货物的飞机、轮船、汽车，以及专用车辆等装备和设施。运输方式专用化中比较典型的是海运，几乎在世界范围内放弃了客运，主要从事货运。管道运输是为输送流体货物而发展起来的一种专用运输方式。

通用化主要表现在两方面：一是以集装箱运输的发展为代表，集装箱在各种运输方式中通用，可直接实现各种运输方式间的转换，如公路运输的人型集装箱拖车可运载海运、空运、铁运的所有尺寸的集装箱。二是运输装备的通用化，如客货两用飞机、水空两用飞机及正在研究的载客管道运输等。通用化的运输技术装备实现了物流作业的快速转换，极大地提高了物流作业效率，为物流系统快速运转提供了基本保证。

5. 自动化和智能化

将机械技术和电子技术相结合，将先进的微电子技术、电力电子技术、光缆技术、液压技术、模糊控制技术等先进技术应用到机械的驱动和控制系统，实现物流装备的自动化和智能化将是今后的发展方向。应用人工智能技术，以降低工人的劳动强度，改善劳动条件，使操作更轻松自如。目前，人们在人工智能及其相关物流领域中的专家系统技术等方面进行了大量的研究。例如，大型高效起重机集机电液于一身，实现了全自动数字化控制系统，使起重机具有更高的柔性，以提高单机综合自动化水平；自动化仓库中的送、取货小车、智能式搬运车 AGV、公路运输智能交通系统(Intelligent Transportation Systems，ITS)受到广泛重视；卫星通信技术及计算机、网络等多项高新技术结合起来的物流车辆管理技术正在逐渐被应用。

6. 成套化和系统化

在物流装备单机自动化的基础上，通过计算机把各种物流装备组成一个集成系统，通过中央控制室的控制，与物流系统协调配合，形成不同机种的最佳匹配和组合。只有当组成物流系统的装备成套、匹配时，物流系统才是最有效、最经济的。如工厂生产搬运自动化系统、货物配送集散系统、集装箱装卸搬运系统、货物自动分拣与搬运系统等。以后将重点发展的有工厂生产搬运自动化系统、货物配送集散系统、集装箱装卸搬运系统、货物的自动分拣与搬运系统等。

7. 绿色化

所谓物流装备的绿色化就是使装备更有效地利用能源，减少污染排放，达到环保要求。随着全球环境的恶化和人们环保意识的增强，对物流装备提出了更高的环保要求，有些企业在选用物流装备时会优先考虑对环境污染小的绿色产品或节能产品。因此，物流装备供应商也开始关注环保问题，采取有效措施以达到环保要求，如尽可能选用环保型材料；有效利用能源，注意解决装备的排污问题，尽可能将排污量减少到最低水平；采用新的装置与合理的设计，降低装备的震动、噪声与能源消耗量等。

1.3　现代交通运输业与物流技术装备

传统意义的交通运输其内涵更多地集中于运输这一单一的功能上，而现代意义的交通运输是将公路、铁路、水运、航空和管道等各种运输方式单一或组合在一起，再与现代信息技术单一或组合在一起，包括装卸、搬运、储存等相关辅助服务，从而满足以物品移动为目的的经济活动。交通运输业成为生产与流通两大经济领域的融合点和黏合剂，为交通运输企业进入物流服务领域提供了可能，并为物流参与方建立协调合作的新型关系创造了物质上的基础条件。

简而言之，没有运输就谈不上物流，而仅依靠运输业也不可能满足日趋复杂的物流服务需求。物流技术装备的发展、理论的丰富和装备创新都会对运输业的经营与管理产生良好的示范与借鉴作用，进而促进交通运输业的观念更新与技术进步，成为交通运输业发展的新动力。交通运输业的稳定发展为经济的快速增长提供了基本保证；同时，现代物流技术装备的发展，将会对传统交通运输业产生巨大的冲击。

交通运输业是国民经济的基础性产业，而运输业是整个物流系统中最重要的组成部分，物流业包含了交通运输业的所有内容。国际经验表明，运输企业是物流服务的主体或主要提供者，具有发展物流服务的优势和条件。交通运输业在发展现代物流业中扮演着重要角色，已成为物流业中的主力。

物流技术装备在交通运输业中具有以下作用。

(1) 物流技术装备是交通运输的物质技术基础。不同的运输系统必须由不同的物流技术装备来支持才能正常运行。因此，物流技术装备是实现运输功能的技术保证，是实现运输业现代化、科学化、自动化的重要手段。交通运输业的正常运转离不开物流技术装备，正确、合理地配置和运用物流技术装备是提高运输业效率的根本途径，也是降低运输成本、提高经济效益的关键。

(2) 物流技术装备是交通运输业的重要资产。在交通运输业中，物流技术装备的投资比较大，随着物流技术装备技术含量和技术水平的日益提高，现代物流技术装备既是技术密集型的生产工具，也是资金密集型的社会财富，配置和维护这些装备需要大量的资金和相应的专业知识。现代化物流技术装备的正确使用和维护，对运输系统的运行效率是至关重要的，一旦装备出现故障，将会使运输系统处于瘫痪状态。

(3) 物流技术装备涉及运输业的各个环节。在整个运输业过程中，各个环节的实现都离不开相应的技术装备。因此，这些技术装备的性能好坏和合理配置直接影响着各环节的作业效率。

(4) 物流技术装备是交通运输业技术水平高低的重要标志。一个完善的交通运输业离不开现代先进水平的物流技术装备的应用。物流技术装备是推动科技进步、加快交通运输业发展的重要环节，也是内涵式提高运输效率的根本途径。

本 章 小 结

物流技术装备是组织实施物流活动的重要手段，是物流活动的基础。物流技术装备主要包括运输装备、装卸搬运装备、仓储装备、包装装备、流通加工装备、信息采集与处理装备、集装单元化装备共 7 大类。随着用户需求的变化、自动控制技术和信息技术在物流技术装备上的应用，以及在大力吸收国外先进技术、发展我国机械制造业的基础上，我国已建立了比较完善的物流装备制造体系，物流技术装备水平有了较大提高。现代物流技术装备正向大型化、高速化、实用化、专用化、通用化、自动化、智能化、成套化、系统化、绿色化方向发展。交通运输业的稳定发展为经济的快速增长提供了基本保证；同时，现代物流技术装备的发展，将会对传统交通运输业产生巨大的冲击。

关键术语

物流技术装备(Logistics Technique Equipment)

运输装备(Transportation Equipment)

装卸搬运装备(Handling Equipment)

仓储装备(Warehouse Equipment)

流通加工装备(Distribution Processing Equipment)

包装装备(Packing Equipment)

信息采集与处理装备(Information Collecting and Processing Equipment)

集装单元化装备(Container Unitization Equipment)

习 题

1. 填空题

(1) 现代物流通常由_____、_____、_____、_____、包装、流通加工、信息等基本环节组成。

(2) 物流技术装备按功能不同可分为_____、_____、_____、包装装备、流通加工装备、信息采集与处理装备、集装单元化装备共 7 部分。

(3) 装卸搬运装备根据主要用途和结构特征不同分为：_____、_____、_____和专用装卸搬运机械等。

2. 简答题

(1) 物流技术装备按用途不同是如何分类的？

(2) 简述国内外物流技术装备的现状。

(3) 简述物流技术装备的发展趋势。

(4) 如何理解物流技术装备的概念？

(5) 如何理解物流技术？通过不同渠道调查一下，目前我国各类企业物流技术装备的应用情况。

第2章 运输装备

【教学目标】
- 了解运输装备的发展趋势
- 了解公路运输装备的构成、特点
- 掌握汽车、货车的分类、基本结构
- 认识铁路运输装备的组成、类型及特点
- 了解水路运输装备的类型、特点及性能
- 认识航空运输装备的主要类型、系列机型
- 理解管道运输装备系统的构成及作用

> **导入案例**
>
> 在经济全球化背景下,世界制造业出现了全球的市场竞争与合作,使得国际物流活动十分活跃。联合运输在国际货物运输中得到了广泛应用,形成了一些运输通道,采用的运输装备有轮船、火车、汽车、飞机、管道等。
>
> 思考题:日常生活中接触到的运输装备有哪些,试着把它们归类。

运输包括客运和货运,本书主要涉及后者。所谓货运,即货物运输,是指用运输装备实现将物品从一地点向另一地点的位移,是物流的核心和基础,是实现流通的主要物质手段,也是调整产业结构、提高劳动生产率、改善人民生活水平的动因。在运输的发展过程中,运输装备发挥着重要的作用。

2.1 概　述

运输装备是指用于较长距离运输货物的装备。利用运输装备,通过运输活动,解决物资在生产地点和需要地点之间的空间距离问题,创造商品的空间效用,满足社会需要。据统计,物流费用中运输费用所占的比重最高,在物流费用中有将近50%的比例是运输费用,有些产品的运输费用甚至高于生产费用。显然,高效的运输系统不仅有利于以最短时间、最少成本实现物品的空间效用,而且还有利于促进国民经济的持续、稳定、协调发展。运输业的发展经历了最初的水运、铁路运输垄断、多种运输方式竞争等阶段。今天人们更注重于多种运输方式的协调发展,追求优势互补,构建综合运输网络,实现联合运输、多式联运。在保证运行安全、提高运载能力、实现运行自动化、运营管理自动化等目标的前提下,更注重追求环保、防止污染及节能等目标。

2.1.1 运输装备的分类及发展

1. 运输装备的分类

运输装备是运输系统的重要构成部分,在运输的发展过程中发挥着重要的作用。根据运输方式不同,运输装备分为公路运输装备、铁路运输装备、水路运输装备、航空运输装备和管道运输装备这5种类型。

【行业实践】

2. 运输装备的发展

1) 运输的发展过程

在人类的运输史上,运输发展经过了4个阶段。初期是水路运输阶段,历经了几千年,从初期的木船、排筏到机动船的出现,水路运输一直作为人类运输的主要方式。19世纪初期,铁路运输出现并很快形成了陆路运输的垄断地位。19世纪末,随着汽车的出现形成公路运输,之后航空、管道运输的出现形成了多种运输方式激烈竞争的局面。到20世纪50年代,随着科技的发展、管理水平的提高,运输进入了综合发展与科学管理阶段。

2) 运输的发展方向

现代化运输的发展方向主要是以保证运行安全、提高运载能力、实现运行自动化、运营管理自动化等为目标，同时对环保、防止污染及采用新燃料等方面提出新要求。由于现代空间技术和电子计算机的发展，加快了交通运输现代化的步伐。综合起来，主要体现在以下几个方面：运行操纵控制系统、全球卫星导航系统、监视与安全系统、微机联网系统、运输管理自动化等。

3) 我国运输的发展

我国目前运输的发展方针为：以铁路为骨干，以公路为基础，充分利用水运资源(内河、沿海、远洋)的作用，注重发展航空运输，适当发展管道运输，建立一个全国统一的综合交通运输体系。

每一种运输方式有其特定的运输线路和运输装备，形成了各自的技术运营特点、经济性能和合理使用范围。我国现已开办的综合运输服务有：货物联运、旅客联运、集装箱联运及国际联运等。衔接方式主要有：铁路与公路、航空与陆路、海运与陆路等多式联运。

2.1.2 运输装备的发展趋势

运输的发展是以运输技术装备为支撑的，目前运输装备的发展趋势主要表现在以下几个方面。

(1) 功能综合化。随着现代物流的发展，以客户为中心的"门到门"服务将成为运输的主要方式，因此集多种运输方式于一身的运输装备将逐渐成为关注的重点。

(2) 技术信息化。信息技术的发展为运输装备性能的改善提供了很好的途径，卫星通信、RF、GPS、GIS 等技术使现代运输装备具有了信息化和智能化的特征，运输装备的操作变得更加简单和安全。

(3) 规模大型化。为了实现规模经济，运输装备将向大型化发展，包括铁路货运的重载化、水路运输的大吨位化、管道运输的大口径化等。

(4) 速度极限化。运输速度的提高一直是各种运输装备的努力方向，这种提高正向极限突破。可以预见，未来的运输装备在速度上还将会有新的突破。

(5) 应用专门化。根据不同的运输对象，开发专业化的运输装备，有广泛的应用前景。

(6) 种类新型化。公路、铁路、水路、航空，以及管道运输装备作为传统运输装备将得到不断发展，但限于应用领域及经济等原因，还将出现许多新型运输装备，它们将成为未来不可或缺的运输力量。

(7) 环保化。在现代物流的经营中，在考虑企业自身效益的同时，还要考虑到社会效益，只有这样才能在持续发展中获得永久效益，这就要求运输装备的发展必须考虑环境保护。因此，未来环保型运输装备将赢得人们的青睐。

运输在物流中的独特地位对运输装备提出了更高的要求，要求运输装备尽可能齐全、最大可能地提高效率、降低成本。运输的发展是以运输装备的发展为基础的，物流装备的发展，集装箱、托盘等专用装备的出现，通信技术的发展使运输业真正出现了飞跃。

【知识拓展】

2.2 公路运输装备

公路运输是一种机动灵活、简捷方便的运输方式，在短途货物集散转运上比铁路、航空运输具有更大的优越性，尤其在实现"门到门"的运输中，其重要性更为显著。尽管其他运输方式各有其特点和优势，但或多或少都要依赖公路运输来完成最终端的运输任务。因此公路运输在物流领域占有重要的地位。

2.2.1 公路运输概述

公路运输是现代运输的主要方式之一，它在整个运输领域中具有重要的地位，并发挥着越来越重要的作用。

1. 公路运输的特点

（1）机动灵活便捷。汽车运输具有机动灵活、运输货物方便的特点。汽车运输既可以成为其他运输方式的衔接手段，又可以自成体系。由于我国的公路网分布广，尤其城市道路的密度更大，因而汽车可去的地方很多，运输方便。汽车运输在运输时间方面的机动性也比较大，各运输环节之间衔接时间较短。再次，汽车的载重量可大可小，可装载从几百千克货物直至上千吨的货物。汽车运输对货物批量的大小具有很强的适应性，既可以单车运输，又可以拖挂运输。

（2）快速。汽车运输的运送速度比较快，据资料统计，一般中、短途运输中汽车运输的平均运送速度要比铁路快 4~6 倍，比水路运输快约 10 倍。运送速度快，不仅可以加快资金周转、提高货币的时间价值，而且还有利于保持货物的不变质和提高客、货的时间价值。这一点对于运输贵重物品、鲜货及需要紧急运输的物资和人员等特别重要。

（3）可以方便实现"门到门"运输。汽车运输可以把旅客从居住地门口直接运送到目的地门口，也可以将货物从发货人仓库门口直接运送到收货人仓库门口，实现"门到门"的运输形式。其他运输方式一般需要中途倒运、转乘才能将客、货运达目的地，而汽车运输途中不需要中转，因此汽车运输在直达性方面有明显的优势。

（4）原始投资少，资金回收快。汽车运输不像铁路运输那样需要铺设铁轨、设置信号设备及其他投资昂贵的固定设施，而且车辆的购置费用也比较低，原始投资回收周期短。据相关资料介绍，一般公路运输的投资每年可以周转 1~2 次，铁路运输 3~4 年才周转一次，而飞机、轮船运输的周转速度更慢。由于汽车运输资金周转快，因而汽车运输服务容易实现扩大再生产。

（5）操作人员容易培训。汽车驾驶技术比较容易掌握，培训汽车驾驶员一般需要 3~6 个月，而培养火车、轮船和飞机的驾驶员至少需要几年，并且需要大量的费用。

尽管其他运输方式各有特点和优势，但或多或少都要依赖公路运输来完成最终两端的运输任务。例如铁路车站、港口码头和航空机场的货物运输都离不开公路运输的支持。当然，公路运输也具有一定的局限性，如载重量小，不适宜装载重件、大件货物，不适宜长途运输等。另外，车辆运行中震动较大，易造成货损货差，同时，运输成本也比较高。

2. 公路运输的功能

(1) 主要承担中、短途运输。我国规定 50km 以内的为短途运输，50～200km 的为中途运输。由于我国高速公路网的逐步形成，汽车运输将会形成短、中、远程运输并举的局面。长途运输将会有更广阔的市场。

(2) 补充和衔接其他运输方式。当其他运输方式担负主要运输时，由汽车担负起点和终点的短途集散运输，完成其他运输方式不能够到达的地区的运输任务。

3. 公路运输的发展前景

综观西方发达国家公路运输业的发展及汽车技术的不断更新，公路运输表现出了广阔的发展前景。

(1) 快捷运输发展潜力巨大。高速公路网的迅速发展，为快捷运输提供了广阔的发展空间。高速公路里程的不断延伸，拉开了快捷运输的序幕。实际上，公路运输、干线运输和一般公路运输作为大交通构架的组成部分，直接成为参与重要物资运输和城市之间客、货运输的主力。可以预计，随着各地公路网建设规划的完成，汽车运输将显现出巨大的潜能和实力。

(2) 大吨位汽车运输将得到加强。汽车运输有着向大型化和小型化两端发展、重型车比重下降的趋势。资料表明，在运距大于 120km 的条件下，载重量为 16t 以上的汽车和载重量为 4t 的汽车相比，运输效率提高 3～4 倍，运输成本可下降 80%～85%，随着运距的增加，大吨位汽车的优越性更加明显。因此合理调整车辆构成，提高汽车载重量，是汽车运输企业提高车辆运输经济效益的有效途径。

(3) 专用汽车货运发展迅速。为了有效地发挥高等级公路的效益和功能，高等级公路专用车辆的发展很快，特别是专用车辆朝着大型化、专用化方向发展，如汽车列车、集装箱运输车、大型罐式车、大型厢式车、大型冷藏车、轿车运输车等。

(4) 拖挂运输将迅速普及。汽车拖挂运输可以提高载重量，节约燃料和降低运输成本，因此得到广泛应用。近年来，汽车列车不断向大吨位方向发展，目前，一车一挂的汽车列车总重一般为 32～42t，一车两挂或三挂以上的汽车列车总重达 60t 以上。

(5) 环保货运的意识大大加强。汽车运行过程中将会产生大气污染和噪声污染。在城市大气环境污染中，汽车的分担率已达 75%。因此，注重环境保护，推动环保型汽车的发展普遍受到各国的重视。如采用柴油机共轨喷射技术、涡轮增压器、后处理装置、高品质燃油、混合动力等，在一定程度上解决了汽车运输自身的环境污染问题。

(6) 智能交通系统(ITS)蓬勃发展。智能交通系统是利用先进的信息通信技术，形成人、车、路三位一体，从而大大提高了汽车运输的安全性、运输效率、行车舒适性且有利于环保。智能交通系统在美国、日本和欧洲正处于开发试验阶段，其功能和规模在不断扩大。ITS 的相关技术也已在有关领域得到了应用，如电子自动收费(Electronic Toll Collection, ETC)，它无须停车即可实现收费功能，大大提高了道路的通行效率。

4. 我国公路运输装备的发展

随着国民经济的不断发展，我国汽车工业为了满足社会对公路运输业的需求，汽车行业在国家政策指导下得到了全面发展。自 1999 年以来，我国公路运输载货汽车拥有量及运输能力得到了快速发展，基本情况见表 2-1，并且随着社会对物流服务水平要求的不断提高，专用汽车也得到了快速发展。

表 2-1 我国载货汽车拥有量统计

统计年份	载货汽车数量/万辆			吨位/万吨		
	总计	普通货运汽车	专用汽车	总计	普通货运汽车	专用汽车
1999	409.62	401.28	8.34	1 481.02	1 406.00	75.02
2000	486.02	475.24	10.78	1 667.70	1 573.73	93.97
2001	509.27	496.65	12.62	1 733.58	1 621.40	112.17
2002	536.78	520.27	16.51	1 808.45	1 674.79	133.66
2003	572.45	553.23	19.22	1 941.52	1 788.86	152.66
2004	628.09	604.93	23.16	2 338.61	2 119.64	218.96
2005	604.82	580.28	24.54	2 537.75	2 282.15	255.60
2006	671.00	640.66	30.34	2 822.69	2 464.11	358.58
2007	684.49	648.01	36.49	3 135.69	2 643.74	491.94
2008	760.97	720.18	40.79	3 686.20	3 139.76	546.44
2009	906.56	859.27	47.29	4 655.23	4 002.80	652.43
2010	1 050.19	996.43	53.77	5 999.82	5 223.23	776.59
2011	1 179.41	1 116.36	63.05	7 261.20	6 273.51	987.69
2012	1 253.19	1 184.58	68.60	8 062.14	6 963.29	1 098.85
2013	1 419.48	1 080.75	46.21	9 613.91	5 008.34	514.45
2014	1 453.36	1 091.32	45.58	10 292.47	5 241.45	490.59
2015	1 389.19	1 011.87	48.40	10 366.50	4 982.50	503.09

2.2.2 公路运输装备分类

公路运输装备主要指机动车与挂车，国家标准 GB/T 15089—2001《机动车辆及挂车分类》将机动车辆和挂车分为 L 类、M 类、N 类、O 类和 G 类 5 大类，如图 2.1 所示。

(1) L 类是指两轮或三轮机动车辆。

(2) M 类是指至少有 4 个车轮并且用于载客的机动车辆(载客车辆)，按座位数和最大设计总质量划分为 3 类(M_1、M_2、M_3)。

(3) N 类是指至少有 4 个车轮并且用于载货的机动车辆(载货车辆)，按最大设计总质量划分为 3 类(N_1、N_2、N_3)。

(4) O 类是指挂车，包括半挂车、牵引杆挂车(全挂车)，按最大设计总质量划分为 4 类(O_1、O_2、O_3、O_4)。

(5) G 类是指满足某些特殊要求的 M 类、N 类的越野车。

公路运输中应用最多的运输装备主要有汽车、挂车，以及由汽车与挂车组成的汽车列车。

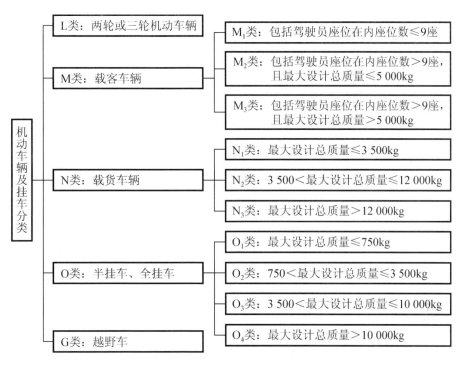

图 2.1 公路运输装备分类

2.2.3 汽车

根据国家标准 GB/T 3730.1—2001《汽车和挂车类型的术语和定义》，汽车指由动力驱动，具有 4 个或 4 个以上车轮的非轨道承载的车辆，主要用于：载运人员和/或货物、牵引载运人员和/或货物的车辆、特殊用途。

1. 汽车产品的型号

根据国家规定，汽车产品型号由企业名称代号、车辆类别代号、主参数代号、产品序号、专用汽车分类代号、企业自定代号 6 部分组成，表示方法如图 2.2 所示。

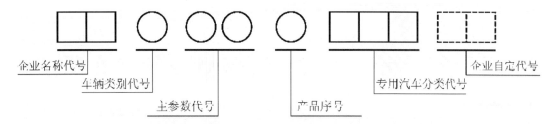

图 2.2 汽车型号表示方法

注：□或▭用汉语拼音字母表示；○用阿拉伯数字表示。

(1) 企业名称代号：通常用企业名称前两个汉字的第一个拼音字母表示。
(2) 车辆类别代号：见表 2-2。

表2-2 车辆类别代号

车辆类别代号	车辆种类	车辆类别代号	车辆种类	车辆类别代号	车辆种类
1	载货汽车	4	牵引汽车	7	轿 车
2	越野汽车	5	专用汽车	8	暂 空
3	自卸汽车	6	客 车	9	半挂及专用半挂车

(3) 主参数代号：对于货车、越野汽车、自卸汽车、牵引汽车、专用车与半挂车，其主参数以汽车的总质量(t)表示，当总质量超过100t时，允许用3位主参数代号表示；对于客车，其主参数以车辆的长度(m)表示，小于10m时，应精确到小数点后一位，并以其值的10倍数表示；对于轿车，其主参数以发动机排量(L)表示，精确到小数点后一位，以其值的10倍表示。

(4) 产品序号：是由企业自定的产品顺序号。

(5) 专用汽车分类代号：X—厢式汽车；G—罐式汽车；C—仓栅式汽车；T—特种汽车；Z—专用自卸汽车；J—起重举升汽车等。第二、三格为表示其用途的两个汉字的第一个拼音字母。

(6) 企业自定代号：表示同一种汽车因结构稍有变化而需区别者。

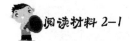

解读 EQ2080 型号、TY5106XLCEQP5K 型号和 CA7226L 型号：

① EQ2080 型号表示第二汽车制造厂生产的车风牌越野车，总质量为7.72t 的第一代车。

② TY5106XLCEQP5K 型号表示天云汽车改装厂生产的6t 厢式冷藏车(总质量10.75t)。

③ CA7226L 型号表示一汽集团生产的轿车，发动机工作容积为2.2L，序号6表示安装5缸发动机的车型，尾部字母L表示加长型(小红旗加长型中级轿车)。

2. 汽车的总体构造和主要参数

1) 汽车总体构造

汽车一般由动力装置、底盘、车身、电气设备4部分组成。典型载货汽车构造如图2.3所示。

(1) 动力装置。动力装置是驱动汽车行驶的动力源，目前汽车的动力装置多指发动机。其作用是使燃料燃烧产生动力，然后通过底盘的传动系驱动车轮使汽车行驶。发动机主要有汽油机和柴油机两种。发动机主要由曲柄连杆机构、配气机构和燃料供给系统、冷却系统和润滑系统等组成。

(2) 底盘。底盘是车身和动力装置的支座，同时是传递动力、驱动汽车、保证汽车正常行驶的综合体。底盘由传动系、行驶系、转向系和制动装备4部分组成。

① 传动系：将发动机的动力传到驱动轮。目前汽车传动系主要有机械式和液力机械式两类。机械式由离合器、变速器、万向传动装置、驱动桥等组成；液力机械式由液力变矩器、变速器、万向传动装置、驱动桥等组成。

② 行驶系：安装部件、支撑全车并保证行驶。由车架、车轮和悬架等组成。

③ 转向系：保证汽车按驾驶员选择的方向行驶。由转向器和转向传动机构组成。

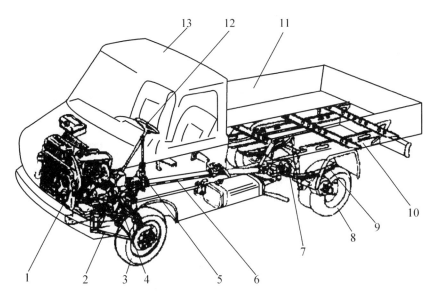

图 2.3 典型载货汽车的总体构造

1—发动机；2—前悬架；3—转向车轮；4—离合器；5—变速器；6—万向传动装置；
7—驱动桥；8—驱动车轮；9—后悬架；10—车架；11—车厢；12—转向盘；13—驾驶室

④ 制动装备：使汽车减速或停车，并保证驾驶员离去后汽车能可靠停驻。制动装备由若干个相互独立的制动系统组成，每个制动系统都由供能装置、控制装置、传动装置和制动器等部分组成。

(3) 车身。车身安装在底盘的车架上，是驾驶员工作的场所，也是装载旅客或货物的场所。轿车、客车的车身一般是整体结构，货车车身一般由驾驶室和货箱两部分组成。

(4) 电气设备。电气设备由电源和用电设备两大部分组成。电源包括蓄电池和发电机，用电设备包括发动机的启动系、汽油机的点火系和其他用电装置。

2) 汽车参数

汽车参数包括质量参数、尺寸参数、性能参数 3 部分。

(1) 质量参数。

① 整车整备质量：汽车完全装备好的质量。加满润滑油、水、燃料，包括随车工具、备胎等所有装置的质量。

② 载客量与装载质量：载客量用于客车、轿车与长途客车的载客量时，指的是座位数；城市客车的载客量指座位数加站立的乘员数；装载质量用于货车，指在硬质良好的路面上行驶时允许的额定装载量。

③ 总质量：指整车整备质量与载客量或装载质量及驾驶员质量的总和。通常用最大总质量(汽车满载时的总质量)来表征。

④ 轴载质量：汽车静止时单轴所承载的载荷。

(2) 尺寸参数(图 2.4)。

① 车长(L)：汽车长度方向两极端点之间的距离。

② 车宽(B)：汽车宽度方向两极端点之间的距离。

③ 车高(H)：汽车最高点至地面之间的距离。

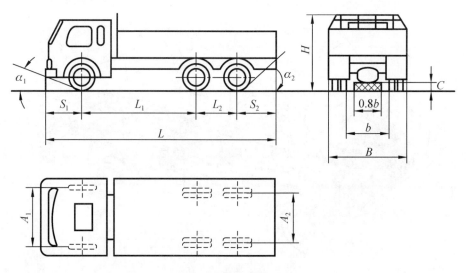

图 2.4 汽车的尺寸参数

④ 轴距(L_1L_2)：汽车前轴中心至后轴中心的距离。

⑤ 轮距(A_1A_2)：同一车桥左右轮胎胎面中心线之间的距离。

⑥ 前悬(S_1)：汽车最前端至前轴中心的距离。

⑦ 后悬(S_2)：汽车最后端至后轴中心的距离。

⑧ 最小离地间隙(C)：汽车满载时，最低点至地面的距离。

⑨ 接近角(a_1)：汽车前端突出点向前轮引的切线与地面的夹角。

⑩ 离去角(a_2)：汽车后端突出点向后轮引的切线与地面的夹角。

(3) 性能参数。

① 动力性参数：包含最高车速、加速时间、上坡能力、比功率或比转矩。最高车速指在规定装载状态下，水平良好路面上，变速器最高挡，节气门全开时，车辆稳定行驶的最高速度。加速时间指在平直良好的路面上从原地起步开始，以最大的加速度达到某一车速所用去的时间。上坡能力用汽车满载时的最大爬坡度(%)表示。

② 比功率：指汽车所装发动机标定的最大功率/汽车的最大总质量。

③ 比转矩：指汽车所装发动机标定的最大转矩/汽车的最大总质量。

④ 燃油经济性参数：用汽车在水平的水泥或沥青路面上以经济车速或多工况满载行驶的百公里燃油消耗量表示。

⑤ 最小转弯半径：转向盘转至极限位置时，汽车前外转向轮轮辙中心在支撑平面上的轨迹圆的半径。它是汽车转向能力和转向安全性的重要指标。

⑥ 通过性几何参数：指最小离地间隙、接近角、离去角等。

⑦ 制动性能参数：常用制动距离表征。制动距离指规定装载状态下，以一定车速行驶时，实施紧急制动，从踩制动踏板开始到完全停车为止测得的车辆驶过的距离。

⑧ 操纵稳定性参数：汽车操纵稳定性的评价参数主要有转向特性参数、车身侧倾角、制动前俯角等。

⑨ 舒适性参数：包括平顺性、车内噪声等指标。

3. 现行国家标准中汽车的分类

根据国家标准 GB/T 3730.1—2001 的规定汽车按用途不同分为乘用车和商用车,按照车辆的结构进一步给出不同种类车辆的术语和定义,其中乘用车包括 11 种车型,商用车辆包括客车、半挂牵引车和货车。

1) 乘用车

乘用车是指在设计和技术特性上主要用于载运乘客及其随身行李和/或临时物品的汽车,包括驾驶员座位在内最多不超过 9 个座位。如果需要,它也可以牵引一辆挂车。根据车身和车顶的形式,座位、车门和车窗的个数,可以将乘用车分为普通乘用车、活顶乘用车、高级乘用车、小型乘用车、敞篷车、仓背乘用车、旅行车、多用途乘用车、短头乘用车、越野乘用车、专用乘用车等。图 2.5 是乘用车示意图。由于它们并不是物流作业的主要车辆,所以这里不多加介绍。

(a) 普通乘用车

(b) 活顶乘用车

(c) 高级乘用车

(d) 小型乘用车

(e) 敞篷车

(f) 仓背乘用车

(g) 旅行车

(h) 多用途乘用车

(i) 短头乘用车

(j) 越野乘用车
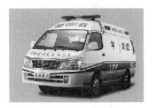
(k) 专用乘用车

图 2.5 乘用车

2) 商用车

商用车是指在设计和技术特性上用于运送人员和货物的汽车,并且可以牵引挂车,乘用车不包括在内。商用车又可以分为客车、半挂牵引车和货车。

(1) 客车指在设计和技术特性上用于载运乘客及其随身行李的商用车辆,包括驾驶员座位在内座位数超过 9 座。客车有单层的和双层的,也可牵引挂车。客车可以分为小型客车、长途客车、城市客车、旅游客车、铰接客车、无轨客车、越野客车和专用客车。图 2.6 是客车示意图,客车不是本书讨论的重点,在此也不作更多讨论。

(2) 半挂牵引车是装备有特殊装置的、用于牵引半挂车的商用车辆,该类车辆可以通过改变其后部的挂车装载各种集装箱和大型设备。半挂牵引车如图 2.7 所示。

(a) 小型客车　　　　(b) 长途客车　　　　(c) 城市客车　　　　(d) 旅游客车

(e) 铰接客车　　　　(f) 无轨客车　　　　(g) 越野客车　　　　(h) 专用客车

图 2.6　商用车

图 2.7　半挂牵引车

(3) 货车是一种主要为载运货物而设计和装备的商用车辆,它可独立使用,有些车型也可用于牵引全挂车。货车是货运汽车的简称,是公路运输车辆的主体,是用于物流领域、完成道路运输任务的主要物流装备。

除了国家标准对汽车车型和分类定义外,长期的历史原因还形成了许多日常生活中对货车的不同称呼,它们大多数是从各种角度观察汽车而形成的习惯叫法。

2.2.4　货车的分类及结构形式

1. 货车的分类

1) 国家标准 GB/T 3730.1—2001 对货车的分类

它可以分为普通货车、多用途货车、越野货车、专用货车、专用作业车等。

(1) 普通货车。在敞开(平板式)或封闭(厢式)载货空间内载运货物的货车,如图 2.8 所示。

(2) 多用途货车。在设计和结构上主要用于载运货物,但在驾驶员座椅后带有固定式或折叠式座椅,是一种可载运 3 人以上乘客的货车,如图 2.9 所示。

(3) 越野货车。在设计上,所有车轮可以同时进行驱动或几何特征、技术特性和其他的性能允许在非道路上行驶的一种车辆,如图 2.10 所示。

图 2.8 普通货车

图 2.9 多用途货车

(4) 专用作业车。在设计和技术特性上用于特殊工作的货车。例如，消防车、救险车、垃圾运输车(图 2.11)、应急车、街道清洗车、扫雪车、清洁车等。

(5) 专用货车。在设计和技术特性上，用于运输特殊物品的货车。例如，罐式车、乘用车运输车、集装箱运输车(图 2.12)等。

图 2.10 越野货车

图 2.11 垃圾运输车

图 2.12 集装箱运输车

2) 货车常见的分类

(1) 按最大总质量分类。货车按最大总质量分为微型货车、轻型货车、中型货车和重型货车 4 类，见表 2-3。

表 2-3 货车按最大总质量分类　　　　　　　　　　　　　单位：kg

类　型	微型货车	轻型货车	中型货车	重型货车
总质量 G	$G \leqslant 1\,800$	$1\,800 < G \leqslant 6\,000$	$6\,000 < G \leqslant 14\,000$	$G > 14\,000$

(2) 按用途及使用条件不同分类。由于货车所载运的物品种类较多，其装载量及车厢的结构也有所不同，因此按用途和使用条件不同可分为普通货运汽车和专用货运汽车两大类型。普通货运汽车具有栏板式车厢，可运载各种货物。专用货运汽车通常由普通货车改装，具有专用功能，用于承担专门运输任务的汽车，主要包括汽车列车、自卸式货车、厢式货车、罐式货车、冷藏式货车、特种车等。

(3) 按货厢形式不同分类。分为栏板式货车、自卸式货车、厢式货车、罐式货车、平台式货车、仓栏式货车、牵引—半挂车式货车。

2. 货车的结构形式

1) 栏板式货车

栏板式货车有普通栏板式、高栏板式、三面开栏板和单面开栏板式之分，图 2.13 为普通栏板式货车示意图。

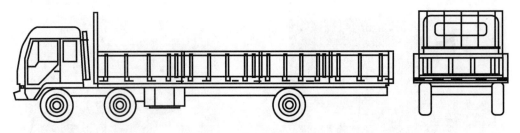

图2.13 普通栏板式货车

2) 自卸式货车

按照货物的倾斜方向,自卸式货车可分为后倾式、侧倾式和三面倾斜式3种类型,如图2.14所示。

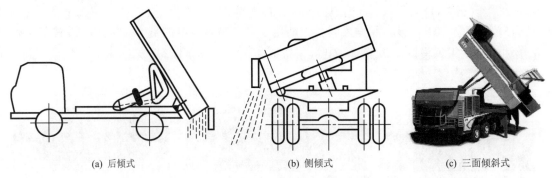

(a) 后倾式　　　　　　　(b) 侧倾式　　　　　　　(c) 三面倾斜式

图2.14 自卸汽车类型

后倾式自卸汽车应用最为广泛,它通过车厢向后倾翻实现货物的卸出,侧倾式自卸车通过车厢向左、右两侧倾翻一定的角度实现货物的卸出;三面倾卸式自卸汽车可以从3个方向卸货,提高了装卸货的方便性,但造价高、自重增加。自卸式货车利用发动机的动力,通过液压举升机构使车厢倾斜一定的角度,实现货物的自动卸出。普通自卸车一般是在同吨位的载货汽车二类底盘的基础上改装而成,与普通货车相比,自卸汽车的整备质量有所增加,装载质量有所减少,而其总质量和轴荷分配等原则上与原载货汽车相同。

自卸货车主要用于运输散装并可以散堆的货物(如砂土、矿石及农作物等),还可以用于运输成件货物。

车厢用于装载和倾卸货物。它一般由前栏板、左右侧栏板、后栏板和底板等组成。为了避免装载时物料下落碰坏驾驶室顶盖,通常车厢前栏板加做向上前方延伸的防护挡板。车厢底板固定在车厢底架上。车厢的侧栏板、前后栏板外侧面通常布置有加强筋。后倾式车厢广泛用于轻、中和重型自卸汽车。它的左右侧栏板固定,后栏板左右两端上部与侧栏板铰接,后栏板借此即可开启或关闭。图2.15所示为自卸式货车车厢结构图。

自卸式货车的举升结构如图2.16所示。卸载货物时,通过液压倾卸操作装置从取力器取出动力,驱动油泵工作,使得自卸车的倾卸机构将车厢抬起,从而实现自卸功能。

3) 厢式货车

厢式货车是在普通货车的基础上,将货厢封闭而成,具有防尘、防雨、防盗、清洁卫生的特点,通常用于没有温度要求的运输,如零担快运、电子产品、家用电器、服装、商业服务、银行运输及贵重商品的运输等。厢式汽车运输是封闭式运输，能够减少货物被盗的损失，大大提高了货物运输的安全性，因而在世界各国都得到了迅速的发展。图 2.17 为两款厢式货车。

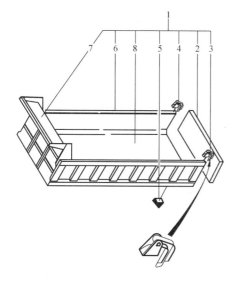

图 2.15　自卸式货车车厢结构图

1—车厢总成；2—后栏板；3、4—铰链座；5—车厢铰支座；
6—侧栏板；7—防护挡板；8—座板

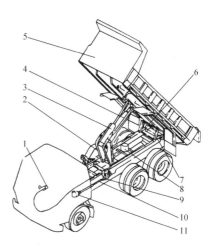

图 2.16　举升结构

1—液压倾卸操作装置；2—倾卸机构；3—液压缸；4—拉杆；
5—车厢；6—后铰链支座；7—安全撑杆；8—油箱；9—油泵；
10—传动轴；11—取力器

图 2.17　厢式货车

在我国，随着物流业的迅猛发展，对厢式汽车的需求量不断上升。近年来，轻质合金及增强合成材料的使用为减轻车厢自重、提高有效装载质量创造了良好的条件，使厢式载货汽车成为国际载货汽车市场的主力军。

按照厢式货车的结构和用途不同，主要有以下几种分类。

(1) 普通厢式货车具有封闭的货箱，带有反光带、标志牌及安全标示牌等，如图 2.18 所示。

(2) 厢式保温车。装有隔热结构的车厢，用于短途保温运输的专用汽车。它是运输低温物品的专用车辆，具有防尘、防雨、防盗、隔热的特点，广泛应用于卫生、化工、商场、科研、食品、厂矿等行业部门，是肉类海鲜、蛋类、瓜果、蔬菜、冷饮、食品、医药等保质运输的理想工具,如图 2.19(a)所示。

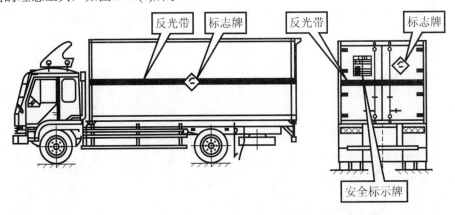

图 2.18　普通厢式货车

(3) 厢式冷藏车。该类车型是在厢式保温车的基础上添加制冷设备而成,既装有隔热结构的车厢,又装有制冷装置,用于运输生鲜食品,如图 2.19(b)所示。有的冷藏汽车还装有加热循环系统,以便在外界环境温度低于运输货物所要求的温度时,可利用加热装置使车厢内温度维持在指定的范围内。

(4) 厢式邮政车。厢式邮政车是在厢式运输车的基础上增添了邮政车特有部件而成,具有防尘、防雨、防盗、清洁卫生的特点,并设有通风换气装置,适用于邮政行业的运输,如图 2.19(c)所示。

(a) 厢式保温车　　　　　　　(b) 厢式冷藏车　　　　　　　(c) 厢式邮政车

图 2.19　厢式货车

4) 罐式货车

罐式货车是指装有罐状容器的运货汽车,用于运输水、油、液体、气体,以及粉粒状物料等。罐式货车具有密封较强的特点,常用于易挥发、易燃、危险品等货物的运输。某些罐式汽车还装有某种专用设备,用以完成特定的作业任务。图 2.20 所示为两款罐式货车。

图 2.20　罐式货车

(1) 罐式汽车的特点。罐式汽车具有以下优点。

① 提高了运输效率。由于罐体是装载物料的容器,可以采用机械化装卸方式,大大缩短了装卸时间,加快了车辆周转,从而提高了运输效率。

② 保证物料在运输途中不变质。罐体通常是个密封容器,罐内物料不受气候条件影响,如果物料对温度有要求,还可做成隔热罐体、加热罐体等特殊结构的罐体来保护物料。所以,物料不易变质,也不易污染和泄漏。

③ 改善装卸条件,减轻劳动强度。罐式汽车运输可实现装、运、卸机械化,且都在封闭状态下进行。大大减少了装卸工人人数和减轻了劳动强度,也避免了粉尘飞扬和散发异味。

④ 节省包装材料、降低运输成本。物料散装运输,节省了包装材料,增加了装载质量,从而降低了运输成本。

⑤ 有利于安全运输。由于是密封运输。物料不会泄漏,即使是有毒物质,也不会污染环境。对于易爆、易燃物品,也不易产生意外事故。

罐式汽车具有以下缺点。

① 因罐体是专用设备,只能装载规定的物料,往往在返程时是空车。

② 装卸货物要有相应的装料设备和接收设备。

(2) 罐式汽车的分类。按照运输货物种类和作业性质不同,可分为以下几类。

① 液罐汽车:用于装运液体物质的罐式汽车,如装运水、轻质燃油、润滑油、酸类、饮料、牛奶、酒类等的罐式汽车。液化石油气罐式汽车的结构如图 2.21 所示。

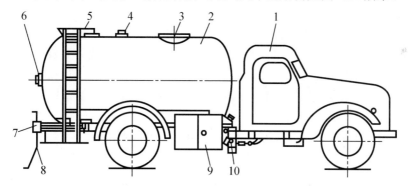

图 2.21 液化石油气罐式汽车的结构

1—汽车底盘;2—罐体;3—入孔;4—安全阀接管;5—扶梯及平台;6—液位指示器接管;
7—后保险杠;8—接地链;9—阀门箱;10—液泵

② 粉罐汽车:用于散装粉状物料的罐式汽车,如装运水泥、面粉、滑石粉、粉煤灰等的罐式汽车。图 2.22 为斜卧式粉罐车结构。

③ 颗粒罐汽车:用于散装颗粒状物料的罐式汽车,如装运谷物、豆类、颗粒盐、粒状塑料等的罐式汽车。

④ 气罐汽车:用于装运液化气体的罐式汽车,如装运液化石油气、液氮、液氧等的罐式汽车。

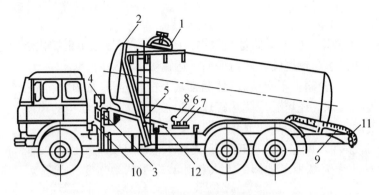

图 2.22 斜卧式粉罐汽车结构

1—装料口；2—排气阀；3—空气压缩机；4—滤气器；5—安全阀；6—进气阀；
7—二次喷嘴阀；8—压力表；9—装料口；10—调速器操纵杆；11—卸料软管；12—进气管道

⑤ 其他专用罐式汽车：能完成某种作业的罐式汽车。如混凝土搅拌运输车、洒水汽车等。

(3) 按照罐体能承受的内压力大小，可分为以下 4 个等级。

根据 GB 150—1989《钢制压力容器》，罐体按内压分级有 4 个等级。

低压罐体，$0.1 \leqslant p < 1.6$ MPa。

中压罐体，$1.6 \leqslant p < 10.0$ MPa。

高压罐体，$10 \leqslant p < 100$ MPa。

超高压罐体，$p \geqslant 100$ MPa。

(4) 按照罐体与汽车或挂车的连接方式不同，可分为以下两类。

① 半承载式罐车。罐体刚性固定在汽车或挂车的车架上，载荷主要由车架承受，罐体只承受部分载荷。罐体容积不太大的罐车多采用半承载式结构，如图 2.23(a)所示。

② 承载式罐车。罐体除作为容器外，还起车架作用，为无车架结构，全部载荷由罐体承受。由于省去了车架部分质量，所以在总质量一定情况下，装载质量要比半承载式罐车大一些，这对提高运输效率是有利的，但对罐体设计和制造要求也相应提高，如图 2.23(b)所示。

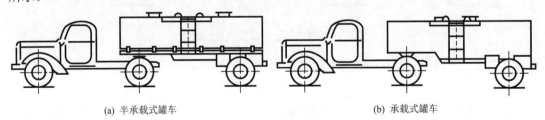

(a) 半承载式罐车　　　　　　　　　　　(b) 承载式罐车

图 2.23 罐车按连接方式分类

5) 平台式货车

平台式货车主要用于运输集装箱等，如图 2.24 所示。

6) 仓栅式货车

仓栅式货车由栏板式货车加装框架而构成，雨天还可以盖上帆布，如图 2.25 所示。

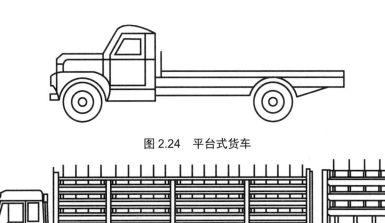

图 2.24 平台式货车

图 2.25 仓栅式货车

2.2.5 挂车

挂车是承载货物的平台或容器，本身没有动力，通过与牵引车连接后形成一个整体，应用于各种货物的运输。由于挂车相对独立，因此在货物运输抵达目的地或转运时可通过直接交付或交换挂车完成，减少作业时间、提高运输效率。挂车分为全挂车和半挂车等。

1. 挂车的分类

挂车可以按以下两种方式分类。

1) 按牵引连接方式不同分类

(1) 全挂车。全挂车是指至少具有两根车轴的挂车，采用牵引杆上的挂环与牵引车的牵引钩连接，牵引杆兼有牵引和转向功能，挂车的载荷全部由自身承受。全挂车按车轴数的不同可分为单轴、双轴和多轴全挂车。双轴和多轴全挂车结构分别如图 2.26(a)、(b)所示。

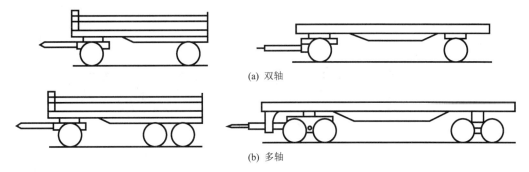

(a) 双轴

(b) 多轴

图 2.26 全挂车结构

(2) 半挂车。半挂车是指将车轴(单轴或多轴)置于车辆质心(均匀载荷时)后面，并且具有可将水平力和垂直力传递给牵引车的牵引连接装置的被牵引车辆。图 2.27 所示为半挂车结构，半挂车上的牵引连接装置通常采用牵引销，通过牵引销与牵引车的牵引座连接，挂车的部分载荷通过牵引座由牵引车承受。摘挂时用支撑装置维持半挂车的平衡。

图 2.27 半挂车结构

1—牵引销；2—支撑装置

2) 按用途不同分类

(1) 一般用途挂车：主要是指在敞开(平板式)或封闭(箱式)载货空间运载货物的挂车。在我国这是一种主要的汽车列车运输方式。

(2) 专用挂车：是用于承担专门运输任务或专项作业以及其他专项用途的车，它具有专用车厢及附属装置，只用于运输一定种类的货物，或某种特定形式的货物。

(3) 特种用途挂车：是用于承担专门作业任务、专供特种用途的挂车。它只有在装备了一定的专用设备后，才能用于运输货物或只完成特定的任务，如工程挂车，军用挂车(坦克运输车、导弹发射车)，移动电站等。特种挂车主要不是用来完成纯粹的运输任务，而是用来完成某一特定的工作任务的。

2. 挂车的主要技术参数

挂车的主要技术参数有两类，即尺寸参数和质量参数。

(1) 尺寸参数。挂车的尺寸参数主要包括：外廓尺寸(长、宽、高)，轴距，轮距，货台尺寸和挂车的连接尺寸等。

(2) 质量参数。

① 最大装载质量：挂车能够装载的最大质量。

② 整备质量：挂车带有全部装备、尚未装载时的挂车质量。

③ 总质量：最大装载质量与整备质量之和。

④ 质量利用系数：挂车的装载质量与挂车的整备质量之比。

3. 全挂车

挂车的总重量由它自身承受的称为全挂车，通常全挂车也简称挂车，如图 2.28 所示。它是一种本身无动力，独立承载，依靠其他车辆牵引行驶才能正常使用的无动力的道路车辆，用于载运人员和/或货物等。

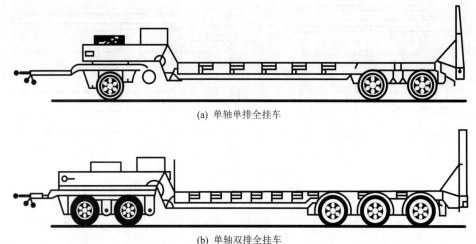

(a) 单轴单排全挂车

(b) 单轴双排全挂车

图 2.28 典型全挂车总体结构

全挂车在与牵引车拖挂之前不需依附支腿完成支撑,而半挂车需通过支腿支撑才能保持稳定结构。

4. 半挂车

半挂车是车轴置于车辆重心(当车辆均匀受载时)后面,并且装有可将水平或垂直力传递到牵引车的连接装置的挂车,即挂车的总重量一部分是由牵引车承受的。其特点是本身无动力,与主车共同承载,依靠主车牵引行驶。

半挂车的装载质量主要取决于轮胎、轴、架的允许负荷,所以车轮部分的变化决定了挂车的装载质量。按车轴的配置及数量变化,由轻到重,从一轴到多轴排列分类,具体如图 2.29 所示。

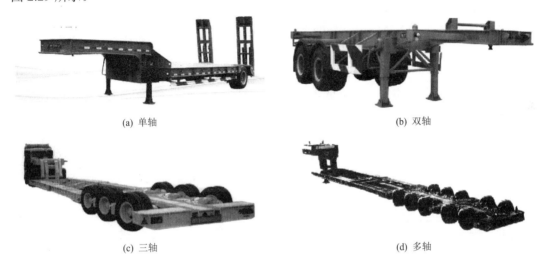

图 2.29 半挂车车轴配置

(1) 半挂车结构。由于半挂车的类型有多种,结构常依类型而异。多轴半挂车总体结构如图 2.30 所示。

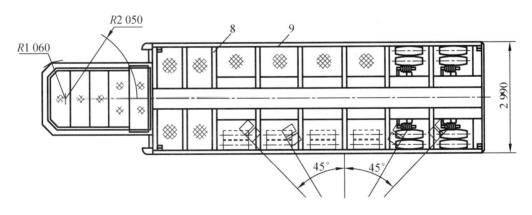

图 2.30 多轴半挂车总体结构

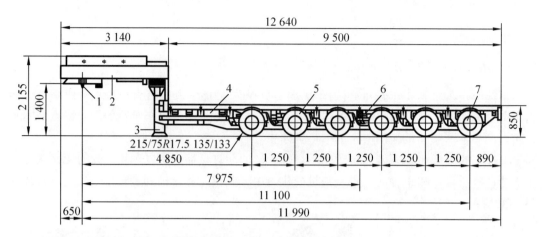

图 2.30 多轴半挂车总体结构(续)

1—牵引销；2—鹅颈；3—支撑装置；4—纵梁；5—车轮；6—悬架；7—制动系统；8—横梁；9—纵梁

半挂车的车架纵梁主要有平板式、鹅颈式和凹梁式3种结构，如图2.31所示。平板式车架整个货台是平直的，且在车轮之上，牵引车和半挂车的搭接部分的上部空间得到了充分利用，因而具有较大的货台面积。这种车架形式结构比较简单，容易制造，多用于超重型挂车。阶梯式车架亦称"鹅颈式"，车架呈阶梯形，货台平面在鹅颈之后，从而使货台主平面降低，便于货物的装卸和运输，但车架的受力情况不如平板式车架好。凹梁式车架货台平面呈凹形，具有最低的承载平面，一般适于运输大型或超高的设备。

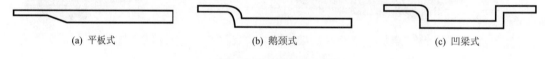

图 2.31 半挂车车架纵梁结构

(2) 半挂车的分类。按照半挂车的结构和用途不同分类，主要有以下几种类型，如图2.32所示。

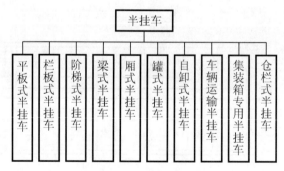

图 2.32 半挂车的分类

① 平板式半挂车。平板式半挂车整个货台是平直的，既无顶也无侧厢板，适于运输集装箱、钢材、木材及大型设备等，如图2.33所示。

② 栏板式半挂车。栏板式半挂车货台四周通过栏板保护，既可运输大型设备，又可运输散件货物，如图2.34所示。

图 2.33　平板式半挂车　　　　　　　图 2.34　栏板式半挂车

③ 阶梯式半挂车。阶梯式半挂车车架呈阶梯形，货台平面在鹅颈之后，由于阶梯式结构货台主平面降低，从而适合运输各种大型设备、钢材等，如图 2.35 所示。

④ 梁式半挂车。梁式半挂车货台平面呈凹形，具有最低的承载平面。凹形货台平面离地高度一般根据用户要求确定，适合超高货物的运输，如图 2.36 所示。

图 2.35　阶梯式半挂车　　　　　　　图 2.36　梁式半挂车

⑤ 厢式半挂车。厢式半挂车车身由用普通金属、复合材料或帘布等材料制造的全封闭厢体结构构成，以达到防腐蚀、防串味、防雨、防晒的目的，通常用于精密食品、饮料、干货、生鲜食品等货物的运输，如图 2.37 所示。

⑥ 罐式半挂车。罐式半挂车车身由罐体构成，可运输各类粉粒物料、液体等，既可节省包装，又可提高卸装料速度，载货后剩余率低，如图 2.38 所示。

图 2.37　厢式半挂车　　　　　　　图 2.38　罐式挂车

⑦ 自卸式半挂车。自卸式半挂车上设有液压举升装置，适用于各种物料的自卸运输，如图 2.39 所示。

⑧ 车辆运输半挂车。车辆运输半挂车专门用于运输轿车、面包车、吉普车、小型货车等车辆，如图 2.40 所示。

⑨ 集装箱专用半挂车。集装箱专用半挂车的货台为骨架结构，专门用于运输国际标准的 6.096m 集装箱、12.192m 集装箱，如图 2.41 所示。

⑩ 仓栏式半挂车。仓栏式半挂车车身由金属材料栅栏等制造全封闭箱体，用于禽畜等货物运输，如图 2.42 所示。

图 2.39　自卸式半挂车

图 2.40　车辆运输半挂车

图 2.41　集装箱专用半挂车

图 2.42　仓栏式半挂车

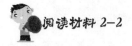

国产半挂车未来的发展势头

挂车的种类很多，包括厢式半挂车、罐式半挂车、平板半挂车、集装箱半挂车、车辆运输半挂车等。

有数据表明，目前全国半挂车的市场保有量近 20 万辆。从 2000 年开始，在国内宏观经济调控及国民经济高速发展的影响下，半挂车的市场需求量不断增大，每年的产销量呈翻番增长态势，2004 年达到 121 250 辆的高峰。但是，2005 年半挂车的产销量突然急转而下降至 8 万余辆，半挂车的市场需求顿时出现了"拐点"。许多规模稍小及资金不足的半挂车生产企业都陷入困境，众多半挂车生产企业一时无所适从。

根据权威统计数据和业内专家的分析可以作出以下判断：宏观经济环境、标准法规变化是国内半挂车市场下滑的主要原因；未来两年国内半挂车市场需求将稳步增加；厢式半挂车、罐式半挂车将成为主打车型。

2.2.6　汽车列车

汽车列车是指一辆汽车与一辆或一辆以上挂车的组合。汽车为汽车列车的驱动车节，称为主车；被主车牵引的从动车节称为挂车。汽车列车是公路运输的重要车型之一，采用汽车列车运输是提高经济效益最简单而有效的一种手段。它具有快速、机动灵活、安全等优势，可方便地实现区段运输、甩挂运输和滚装运输。

汽车列车由牵引车、挂车和连接装置 3 大部分组成。常见的汽车列车主要有以下 5 种类型，各车型如图 2.43 所示。

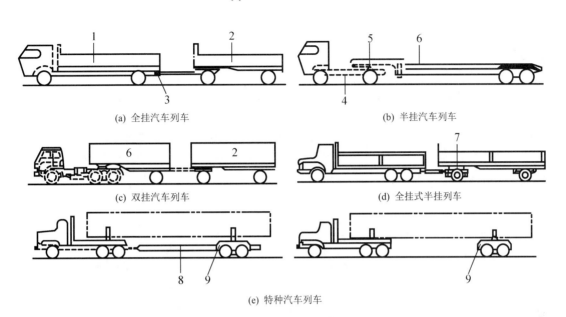

图 2.43 汽车列车的类型

1—货车；2—全挂车；3—牵引钩-挂环；4—牵引车；5—牵引座-牵引销；
6—半挂车；7—牵引拖台；8—可伸缩牵引杆；9—特种挂车

1. 汽车列车的结构及特点

1) 全挂汽车列车

全挂汽车列车是指由一辆牵引车用牵引杆连接一辆或一辆以上的全挂车组合而成的汽车列车。牵引车是一辆载货汽车或配带牵引鞍座的专用汽车，在牵引汽车与全挂车之间用牵引连接装置连接组成全挂汽车列车。全挂车可以自行承担自身重量和载荷。牵引汽车在摘掉挂车后，可单独从事货运或拖带另一辆全挂车。

全挂汽车列车具有以下优点。

(1) 全挂汽车列车运输效率高，一般全挂汽车列车的装载量是单车的 2 倍左右。

(2) 全挂汽车列车燃料消耗低，百吨/km 燃料消耗比单车低 40%左右。

(3) 全挂车的制造成本低，一般一辆全挂车要比相配挂的牵引汽车的制造成本低 50%～60%。

(4) 全挂车结构简单，维修方便，维修费用低。

(5) 全挂车摘挂后可长期单独使用。

2) 半挂汽车列车

半挂汽车列车是指一辆半挂牵引汽车和一辆半挂车组合而成的汽车列车。半挂牵引车是用来牵引半挂车的汽车，其结构与普通载货汽车的区别是车架上无货厢，而装有鞍式牵引座，通过鞍式牵引座承受半挂车的部分载重量，并且锁住牵引销，带动半挂车行驶。半挂车是承载货物的平台或容器，本身没有动力，通过牵引车连接后形成一个整体，应用在各种货物运输中。由于半挂车相对独立，因此在货物运输抵达目的地或转运时，可通过直接交付或交换半挂车完成，减少了传统的装卸工序，显著提高了运输效率。

如图 2.44 所示是我国生产的一种车辆运输半挂汽车列车。为了能多装车辆，牵引车采用载货汽车底盘改装,既能牵引,又能装车辆。牵引车与半挂车之间采用球铰连接,车身采用了特种车架结构,具有上、下两层,上车架的后端能绕前端铰点向下摆动,如虚线所示。下车架的后端装有弹簧助力式翻转后跳板总成,这样,装载车辆能自行装卸。装车时,跳板先伸出,再由液压举升装置将半挂车上车架后端向下摆到最低位,装载车辆经跳板自行上车,然后上车架在液压举升装置推动下后端向上摆,升到原定高度时由定位锁紧装置固定于后立柱上,使液压举升机构卸载。上层装满后再装下层,下层装毕后跳板复位。装载车辆的前后轮均用三角斜块定位,用固定带将装载车辆的车轮可靠地固定在车架底板上,以保证装载车辆运输安全。

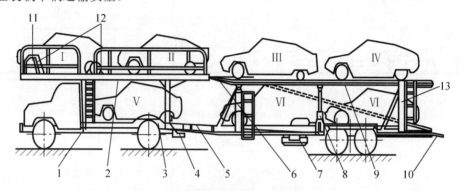

图 2.44　车辆运输半挂列车

1—牵引车；2—牵引车上车架；3—牵引车下车架；4—球铰总成；5—中部下跳板；6—中部上跳板；7—半挂车下车架；8—液压举升装置；9—半挂车上车架；10—后跳板总成；11—固定带总成；12—前后三角楔块总成；13—后立柱

另一种轿车运输半挂车结构如图 2.45 所示,采用了专用底盘,有较低的货台,装载车辆的密度也有增加,从而提高了运输效率和经济性,但结构较复杂。

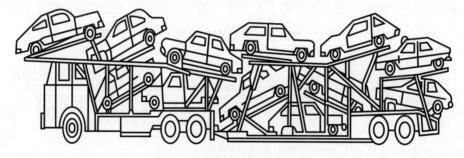

图 2.45　轿车运输半挂车结构

半挂汽车列车与全挂汽车列车相比,具有以下优点。

(1) 整体性能和机动性得到改善。牵引车与挂车之间是通过牵引座和牵引销相连接,因此,缩短了汽车列车的总长,因而使半挂汽车列车更具有整体性,机动性也较全挂车得到改善。

(2) 车厢装载面积进一步增大。

(3) 由于半挂汽车列车的部分装载质量通过牵引座作用到牵引车驱动桥上,从而可使驱动桥的附着质量增大,牵引车的牵引力得到充分利用。

(4) 牵引车的动力性能得到充分发挥。

(5) 由于采用牵引座和牵引销连接形式，行驶时的摆振现象大大减少，提高了行驶稳定性，因此半挂车汽车列车行驶稳定性较全挂汽车列车好。

(6) 避免了全挂汽车列车牵引钩与挂环之间的撞击、振荡现象，降低了行驶时的噪声。

3) 双挂汽车列车

双挂汽车列车是指由一辆半挂牵引车与一辆半挂车和一辆全挂车组合而成的汽车列车。由于双挂汽车又增加了一节挂车，所以载重量增加了，运输效率大大提高。但它要求牵引车具有更大的发动机功率，并且要求运行的道路条件要好。

4) 全挂式半挂汽车列车

全挂式半挂汽车列车是指由一辆牵引车用牵引杆连接一辆或一辆以上的半挂车组合而成的汽车列车。

5) 特种汽车列车

特种汽车列车是指具有特殊结构或装有专用设备的汽车列车，为专门运输长形物料的一种汽车列车，物料的前后两端分别与牵引车和挂车有机连接，物料本身构成了汽车列车的一部分。

2. 汽车列车的合理拖挂

汽车列车拖挂的主要问题是列车拖挂质量的确定。牵引车的拖挂质量就是牵引车能够牵引挂车的最大质量，所以，拖挂质量也就是挂车的总质量。试验证明：一般牵引车在额定载荷下用直接挡，以常用速度在良好路面上行驶时，仅利用了发动机相应转速下最大功率的40%~50%，相当于发动机最大功率的20%。因此，为了充分利用发动机的后备功率，有必要合理地确定拖挂质量。

确定合理的牵引车拖挂质量，必须以满足汽车列车的动力性和驱动条件为依据，具体应考虑以下基本条件。

1) 汽车列车满足比功率要求

汽车列车的比功率是指牵引车发动机的有效功率 P_e 与汽车列车的总质量之比，它是综合评价汽车列车动力性能的主要指标。要使汽车列车具有较高的平均行驶速度，并能在8%坡道上行驶，其速度不低于20 km/h 时，比功率至少为6.8kW/t。在高速公路上行驶的汽车列车的比功率应在 6.6~8.1kW/t。为保证汽车列车具有一定的动力性和较好的经济性，我国规定：汽车列车的比功率不得小于4.78kW/t，对于总质量45t以上的汽车列车，一般比功率范围为2.2~3.68kW/t，最低比功率值不得小于1.10kW/t。根据比功率的定义

$$P_C = \frac{P_e}{G_1}$$

式中：P_C——汽车列车的比功率；

P_e——牵引车发动机的有效功率；

G_1——汽车列车的总质量。

只要确定了汽车列车的比功率值，且已知牵引车的总质量，就可计算出牵引车的拖挂质量。

设牵引车的总质量为 G_0，则拖挂质量 G_{t_1} 为

$$G_{t_1} = G_1 - G_0$$

式中：G_{t_1}——拖挂质量，指挂车的总质量(挂车总重+载重)。

2) 汽车列车满足起步条件要求

牵引车拖挂后，要求汽车列车在最大坡道上能用头挡起步。汽车列车在坡度为 i 的最大坡道上起步时(不计空气阻力)，驱动力平衡方程式为

$$F_{t_1 \max} = G_2\left(af + i + \delta_L \frac{j}{g}\right)$$

式中：$F_{t_1 \max}$——牵引车头挡最大驱动力，N；

G_2——满足起步要求的汽车列车总质量，N；

a——起步附加阻力系数，其数值取决于运行条件，如大气温度和路面状况，据试验，夏天取 1.5~2.5，冬天取 2.5~5.0；

f——滚动阻力系数(取 0.013 左右)；

i——最大坡度(取 8%~9%)；

δ_L——汽车列车头挡的旋转质量系数，在起步时通常取 1；

j——汽车列车起步时的加速度，其数值可取为 0.3~0.5，m/s²。

满足起步条件的拖挂质量为

$$G_{t_2} = G_2 - G_0$$

3) 汽车列车满足爬坡能力要求

牵引车拖挂后，要求汽车列车能用二挡通过最大坡道，其驱动力计算公式为

$$F_{t_2 \max} = G_3(f + i)$$

式中：$F_{t_2 \max}$——牵引车二挡的最大驱动力，N；

f——滚动阻力系数(取 0.013 左右)；

i——最大坡度(取 8%~9%)；

G_3——满足爬坡能力要求的汽车列车总质量，N。

满足汽车列车爬坡能力要求的拖挂质量为

$$G_{t_3} = G_3 - G_0$$

4) 满足汽车列车大部分时间能用直接挡行驶

牵引车的动力性要求汽车列车在大部分时间能用直接挡行驶，汽车列车直接挡行驶的驱动力计算公式为

$$F_{t_0 \max} = G_4 D_{0\max} + F_w$$

式中：$F_{t_0 \max}$——直接挡的最大驱动力，N；

G_4——满足大部分时间直接挡行驶的汽车列车总质量，N；

F_w——对应直接挡最大驱动力车速时的空气阻力，N；

$D_{0\max}$——直接挡最大动力因数(一般取 0.025~0.03)。

满足汽车列车大部分能用直接挡行驶的拖挂质量为

$$G_{t_4} = G_4 - G_0$$

合理的拖挂质量应取上述 4 个计算值中的最小者，即合理的拖挂质量为

$$G_t = \min\{G_{t_1}, G_{t_2}, G_{t_3}, G_{t_4}\}$$

案例 2-1

发展道路甩挂运输正当时

在美国、加拿大、西欧等发达国家，甩挂运输方式占社会运输总量的 70%~80%，最高时速达 120km。在新加坡、韩国、巴西等发展中国家，也得到很广泛的应用。如澳大利亚，一车 3 挂屡见不鲜，列车总长达 30~40m，核载质量达 70~80t。而在我国当前的物流大环境下，甩挂运输还难以全面推广，有必要、有条件开展甩挂运输的企业多之又多，真正取得成效的企业却寥若晨星，整体运输效能与欧美等发达国家之间存在着差距。

道路甩挂运输之所以能够成为当今世界通行的、先进的主流运输组织方式，与定挂运输相比，具有单位成本低、运行效率高、周转快等显著特点，可以产生可观的经济效益和良好的环境效果。

1. 能够有效节约资源

在相同的运输条件下，汽车运输效率的高低取决于汽车的载重量、技术速度和装卸时间 3 个主要因素。道路甩挂运输使汽车运输列车化，能相应提高车辆每趟次的载质量，从而提高驾驶员的工作效率，避免空车行驶，免除了装卸货的等候时间。试想，我国现有载货汽车保有量为 720 万辆，如果全面实行甩挂运输，那么，企业可减少 50%以上的牵引车购置成本或租赁费用，提高车辆平均运输生产力 30%~50%，降低成本 30%~40%，油耗下降 20%~30%。另外，道路甩挂运输事先把要运输的零散货物采用机械化手段装在承载装置中，大大缩短了车辆停驶和货物出库的时间，加快了货物周转的速度，创造了时间效益。运输工具的规格统一、容积固定、限量承载货物，有利于从根本上遏制超限超载运输现象。同时，也有效促进了"大吨小标"整改工作。

2. 促进多式联运的发展

为了提高运输效率，发达国家从 20 世纪 40 年代就开始多式联运。由牵引车将装载货物的集装箱拖至铁路货场或港口，牵引车与半挂车承载的集装箱分离后，再将集装箱吊装到火车或货船上进行转运。到达目的地后，由货物终到地的牵引半挂车运至堆场，这种运输大合作的组织形式降低了铁路车辆和船舶的搬运装卸频率。道路甩挂运输可衔接多种运输方式，采用整箱搬运装卸，几乎可以完全消除货损货差，实现"门到门"运输，使企业"零库存"变为可能，有利于建立循环经济运输产业。

3. 市场前景十分广阔

近年来，我国面临着巨大的区域经济增长和区域财富转移发展机遇，具有比较优势的高附加值、高科技产品和土特产品的贸易量迅猛增长，如日用百货、家用电器等，非常适合道路甩挂运输，货源稳定且充足。尤其是随着"东北振兴、中部崛起、西部开发"等开发战略的实施，宏观环境对社会需求的拉动力持续增长，西气东输、西电东送、南水北调等工程，还有年前的世博会工程等一大批国家重点项目开工建设，都将激发道路甩挂运输的市场需求量，交通运输业正迎来新一轮的黄金季节，道路甩挂运输业绩增长的动能极为充沛。

现在，我国正在大力推广道路运输专用车辆、厢式车辆、重型车辆，以优化运力结构，保障经济和社会发展需求。国家发改委和科技部等联合发布的《中国节能技术政策大纲年鉴》中提出"下一步将提高专用车、厢式车和重型汽车列车在载货车辆中的比重"。毋庸置疑，这是汽车运输发展史上运输装备的一次重大革新。

根据本案例所提供的资料，试分析以下问题。
1. 道路甩挂运输为什么能够成为当今世界通行的、先进的主流运输组织方式？
2. 我国为了适应道路运输发展的需要，运输装备应该如何应对？

【行业实践】

2.3 铁路运输装备

铁路是主要的现代化的运输工具，与其他运输方式相比，铁路运输广泛地应用于城市间的中长途客货运输，城市内和市郊的公共交通，特别是大量、快速的公共交通。铁路运输装备按其应用类型不同可分为：轻轨交通列车、快速轨道交通列车、市郊铁路列车、铁路客运列车、铁路货运列车、普通铁路列车、高速铁路列车、磁悬浮铁路列车等多种。常见的铁路列车由铁路机车与车辆组成。铁路运输在我国的国民经济中占有重要的地位。

2.3.1 铁路运输概述

1. 铁路运输的特点

铁路运输与其他运输方式相比，具有以下优点：运输能力大、运营费用低、适合于大批量低值商品的长距离运输；运行的计划性强、运输的准时性好；维护工作少、耐久性高、安全性强；可以方便地实现背驮运输、集装箱运输及多式联运。

同时铁路运输具有以下缺点：运行需要进行列车编组和中转改编等作业环节，占用时间较长，因而增加了货物的运输时间；由于装卸次数多，货物毁损或丢失事故通常比其他运输装备多；通常需要依靠其他运输装备的配合，才能实现"门到门"运输；对铁路路线的依赖性强，一旦某一路段发生故障，将影响其在全线上的正常运行。

2. 铁路运输的功能

铁路运输担负的主要功能是：既适合大宗低值货物的中、长距离运输，也适合运输散装的罐装货物，如煤炭、矿石、谷物、化工产品、石油产品等；大批量旅客的中、长途运输；货物的集装箱运输；市区及市郊的旅客运输。

3. 铁路运输及铁路运输装备的发展趋势

铁路运输近年来在客、货运输方面都得到了快速的发展，运输装备在技术性能方面也有了显著的提高。

1) 铁路运输重新得到各国政府的重视

铁路运输发展至今已有一百七十多年的历史，由于它具有许多优点，在19世纪末及20世纪初得到较快发展。凡经历了铁路大发展的国家，其现代经济也得到了快速发展，并演变为当今的发达国家。第二次世界大战后，由于航空和汽车工业的发展，尤其是高速公路的崛起，一些国家把交通运输的重点转向了公路和民航。但是成功的背后带来的诸多负面影响是公路交通拥挤不堪、事故频繁。尤其是大城市，尽管周边公路纵横，市区遍地高架，但汽车仍不能畅行。这些使人们不得不重新正视铁路运输的优越性，把发展大通道上的客货运输方式再度转向铁路运输，尤其是在发展城市及市郊旅客运输方面提倡城市铁路或轨道交通，铁路运输再度受到各国政府的重视。

2) 合理提高客货列车的运行速度

速度是交通运输现代化最重要的表现。客、货的送达速度是铁路运输的重要的技术经济指标，也是主要的质量指标。从货物运输的角度来看，提高运输车辆的运行速度，可以有效缩短货物的在途时间，增强铁路集装箱与公路、航空运输的竞争力。因此，各国都大幅度地提高了现有的列车运行速度。

3) 发展高速铁路已成为世界潮流

为了适应旅客运输高速化的需要，在 20 世纪 60 年代日本率先建成了时速 210km 的东海道铁路新干线。它成功的运营实践为铁路输入了新鲜血液，在世界范围内掀起了修建高速铁路的浪潮。法国、德国、英国、瑞典、西班牙等国家都修建了高速铁路，至今世界新建和改建的高速铁路总里程已超过了 15 000km，平均运行速度已经普遍提高到了 300km/h 左右。

4) 重视发展重载货物运输

铁路重载技术始创于 20 世纪 20 年代的美国，后来得到世界各国的重视。实践证明，重载运输是扩大运输能力、提高运输效率、加快货物输送和降低运输成本的有效方法。重载列车所能达到的重量，在一定程度上反映了一个国家铁路重载运输技术综合发展的水平。不同国家之间在列车重量标准上存在较大差异，基本上都是根据各自的铁路机车车辆特性、线路条件和运输实际需要确定列车的重量标准。为了充分利用铁路线路的能力，我国铁路运输要求货物列车牵引定数不得小于 2 600t，实际牵引重量一般为 3 000～4 000t。国外重载铁路的列车轴重大多集中在 28～32.5t，最大达 40t。目前美国、澳大利亚、瑞典、南非、巴西、俄罗斯等国的货车轴重均达到了 27t 以上，我国研发的 30t 轴重重载列车及其配套技术 2015 年已通过综合试验。

5) 应用新型大功率机车

为了适应重载列车重量大和列车编组长的特点，世界各国都在积极开发采用新型大功率机车，增加轮周牵引力；车辆提高轴重、减轻自重、采用刚性结构增加载重量；装设性能可靠的制动装置、高强度车钩和大容量缓冲器。

6) 增加行车密度

在大力提高列车重量和运行速度的同时，也要强调积极增加行车密度。因此，必须尽可能压缩追踪间隔时间，最大限度地增加行车密度。目前，先进国家已经普遍实行 5min 的运行间隔；一些国家的个别区段铁路运输间隔已经缩短至 4min。我国铁道部 2000 年 8 月也已发布"技术政策"，要求全国普遍提高密度，具体为：以客运为主的快速铁路，列车追踪间隔按 5min 设计；繁忙干线区段按 6min 设计。

7) 采用先进的信息控制技术和指挥系统

研制和采用先进的信息控制技术和通信信号设备，在营运中实现管理自动化、货物装卸机械化和行车调度指挥自动化等，同时也对技术站、装车站和卸车站进行与之配套的自动化设备改造。

2.3.2 铁路列车的参数

铁路列车的参数主要包括以下几个。

(1) 机车整备质量：机车按出厂技术条件装备完整(如备胎、工具等安装齐备)，各种油水添满后的质量。

(2) 制动功率：机车在制动时制动器在单位时间内发出的功。

(3) 轴距：机车或其他车厢的轴距，又分固定轴距和全轴距。全轴距即最前轴到最后轴的距离，是影响列车"转盘长度"的主要参数。固定轴距则是在火车运行中始终平行的最前轴到最后轴的距离。如固定轴距过长，转弯时对轨道压力增加，甚至会导致出轨。

(4) 轴重：指的是转向架每根车轴可以承受的重量。

(5) 轴式：就是一台机车转向架的数目和每台转向架上车轴的数量。其中：A—一根动轴，B—每台转向架上两根轴，C—每台转向架上3根轴；转向架的数量用"—"来表示；"0"表示该车轴上装有牵引电机。

(6) 启动牵引力：列车在启动时，动力输出装置输出的牵引力。

(7) 持续牵引力：列车匀速运行时，机车的牵引力。

2.3.3 铁路机车

铁路机车俗称火车头，是铁路运输的基本动力。列车的运行和机车车辆在车站做有目的的移动均需要机车的牵引或推送。从原动力来看，铁路机车分为蒸汽机车、内燃机车、电力机车，如图2.46所示。从运用的角度铁路机车分为客运机车、货运机车、调车机车。客运机车要求速度快，货运机车需要功率大，调车机车要有机动灵活的特点。

(a) 蒸汽机车　　　　　　　(b) 内燃机车　　　　　　　(c) 电力机车

图2.46　铁路机车类型

铁路运输装备的发展主要体现在铁路机车的动力源上，铁路机车的动力源发展经历了以下3个阶段。

(1) 蒸汽机车。蒸汽机车以蒸汽机作为动力源。利用燃煤将水加热成水蒸气，再将水蒸气送入汽缸，借以产生动力，来推动机车的车轮转动。由于其热效率低、能耗高、污染严重，因此在现代铁路运输中，蒸汽机车已经逐渐被其他类型的机车所取代。

(2) 内燃机车。内燃机车以内燃机为动力源，目前多为柴油内燃机。柴油内燃机可分为两类：一种是将内燃机所产生的动力经变速箱以机械的方式传递至车轮，称为柴油机车；另一种则是利用内燃机发电后供给马达，用电带动车轮产生动力，称为柴电机车，是我国铁路运输的主力机型。

(3) 电力机车。电力机车通过机车上部的受电弓与铁路沿线的电网接触获取电量，一方面对内部的牵引电动机进行驱动，带动车轮转动，产生牵引动力；另一方面提供车内用电设备的用电。电力机车功率大，因而能高速行驶，牵引较重的列车，启动、加速快，爬坡性能好，环境污染小，但电气化线路投资大。

2.3.4 铁路车辆

铁路车辆是运送旅客和货物的工具，本身没有动力装置，需要连挂编组后与牵引机车组成铁路列车。按照其用途不同，铁路车辆可分为客车和货车两大类。

1. 客车

按层数的不同，客车有单层客车和双层客车，如图2.47所示。按功能和作用不同，客车又可以分为以下3类。

(1) 运送旅客的车厢，常见的有硬座车(YZ)、软座车(RZ)、硬卧车(YW)、软卧车(RW)。
(2) 为旅客提供服务的车厢，常见的有餐车(CA)、行李车(XL)。
(3) 特殊用途的车厢，包括邮政车(UZ)、公务车、卫生车、义务车、试验车和维修车等。

(a) 单层客车

(b) 双层客车

图2.47 铁路客车

2. 货车

货车是指以运输货物为主要目的的铁道车辆。在特殊情况下，个别货车也用来运送旅客或兵员。有些铁道车辆并不直接参加货物运输，而是用于铁路线路施工、桥梁架设及轨道平衡检测等，这些车辆也归入货车类。

根据运输货物的类型不同，货车分为通用货车和专用货车两大类。其中，通用货车包括棚车、敞车和平车，能够装运多种货物；专用货车只能装运某些种类的货物，包括罐车、冷藏车、矿石车、长大货物车、毒品车、家畜车、水泥车、粮食车等。

(1) 棚车。在铁路物流中应用的主要铁道车辆之一，是铁道上主要的封闭式车型，应用较多的是侧滑开门式，可以采用小型叉车、手推车、手车等进入车厢内装卸；也有车顶设滑动顶棚式，拉开后和敞车类似，可采用吊车从上部装卸。主要装运防雨、防潮、防止丢失、散失等较贵重的物品，必要时也可运送人员或牲畜，如图2.48所示。

(2) 敞车。在货车总数中，敞车占50%左右。敞车有地板、侧墙和端墙，而没有车顶，主要用来运输煤炭、矿石以及木材、钢铁等不怕雨淋的货物，货物上盖上防水篷布可代替棚车运送怕湿货物。有的敞车在地板上设底开门，散粒货物可由此卸到位于轨下的货位；有的敞车在端墙上开门，以便于容纳长的货物。目前，为了适应重载运输，敞车正向大载重方向发展，如图2.49所示。

图 2.48 棚车

图 2.49 敞车

(3) 平车。平车没有侧墙、端墙和车顶，但有的具有可以放倒的侧板和端板，总体讲为单纯的底架承载结构，可装运大型建筑材料、钢材、汽车、拖拉机及军用装备，低边平车还可装运矿石、煤炭等货物，如图 2.50 所示。

(4) 罐车。罐车专门用于装运液体、液化气或粉末状货物的车辆，外形为一个卧放的圆筒体。从结构上看，罐车可分为有底架和无底架两种结构。罐体既是装货容器，又是主要的承载部件。罐车按运载货物的类型分为轻油罐车、黏油罐车、沥青罐车、酸碱罐车、水泥罐车等，如图 2.51 所示。

图 2.50 平车

图 2.51 罐车

(5) 冷藏车。冷藏车的外形结构类似棚车，也是整体承载结构，车体设有隔热层，加装有冷冻设备以控制温度，用于装运新鲜易腐货物。冷藏车具有车体隔热、气密性好的特点，在温热季节能通过车内的冷却装置使车内保持比外界气温低的温度；在寒季，还可用不加冷运送或用电热器加温运送，在车内保持比外界气温高的温度。根据制冷机制的不同，冷藏车可分为加冰冷藏车和机械冷藏车两大类，如图 2.52 所示。

(6) 家畜车。家畜车的结构类似于棚车，常用于活家畜及家禽的运输。家畜车一般为双层或多层结构，侧墙和端墙设有通风栅栏，如图 2.53 所示。

(7) 漏斗车。漏斗车车体的下部设有一个或多个漏斗形卸货口，卸货时货物从这里卸下。漏斗车可分为无盖漏斗车和有盖漏斗车两类，其主要特点是卸货方便，打开漏斗口的挡板，货物靠重力自行卸下。漏斗车主要用于装运煤、石碴、粮食、石灰石等散粒货物，如图 2.54 所示。

图 2.52　冷藏车

图 2.53　家畜车

(8) 长大货物车。用于装运大型或重型货物，如电力、冶金、化工、重型机械等行业的发电机定子、变压器、轧钢机牌坊、核电站压力壳等。长大货物车结构多种多样，以适应各种大型货物的运输，主要有长大平车、凹底平车、落下也车、双联平车、钳夹车等，如图 2.55 所示。

图 2.54　漏斗车

图 2.55　长大货物车

案例 2-2

"满俄欧"专列，推进经济新飞跃

(人民网 2016 年 3 月 26 日)

2016 年 3 月 25 日下午，首列从中国内蒙古满洲里始发的班列"满俄欧"装载着 43 个集装箱从满洲里铁路出发，前往目的地——俄罗斯雅罗斯拉夫尔。这条班列的开通将大大缩短中俄货物运输的时间和物流成本，并将充分发挥满洲里口岸城市的独特优势。

在世界经济一体化的今天，交通的快捷程度也在决定着各区域经济的发展状况，因而建设快捷的交通通道，发挥现有交通设施的优势，推动着地区经济的发展。中国与欧洲在产业与产能方面有着各自的优势，完全能够实现互利互补，中欧间的贸易量会越来越大，因而中欧在互通有无的贸易中，交通工具的选择，不仅要考虑物资运输的速度，即所运货物到达的时间，还应核算物资的运费如何，最大限度地降低物流成本，从而降低产品的成本，提高产品的竞争力。俄罗斯对我国的产品有着极大的需求，通过开通"满俄欧"班列，也会使国内的企业受益，将会运输更多国内的产品到俄罗斯，为国内企业在俄罗斯开拓新的销售市场和消费群体；同时，"满俄欧"班列始发于满洲里，也必将会带动当地企业发展，大大提升当地物流等一系列企业的发展，将当地升级为货物集散地，带动其他企业共同发展，对满洲及龙江经济带的经济发展起到促进作用。

随着"一带一路"倡议的进一步实施,中欧各国、各地区之间的贸易量会越来越大,因而需要更加便捷的交通来满足物资贸易的需要。那么,随着我国铁路建设的逐步推进铁路网会越来越完善,西部铁路的运能、运量会越来越大,因而中欧贸易的铁路通道,会更加便捷,会助力"一带一路"建设快速的发展,助力地区经济实现质的飞跃。

根据本案例所提供的资料,试分析以下问题。

1. 铁路运输对国际物流业有什么影响?
2. 铁路运输将会给我国经济建设带来哪些影响?

【参考视频】

2.4 水路运输装备

水路运输是指利用船舶和其他浮运工具在江河、湖泊、水库等天然或人工水道和海洋上运送旅客和货物的一种运输方式。水路运输装备是指在江、河、湖、海上进行客货运输的各种船舶。在全球货物运输中水路运输量占运输量的70%,与其他几种运输方式相比,水路运输具有占地少、通航能力大、运量大、运输成本低等优点。在整个运输体系中,水路运输主要承担大批量货物,特别是集装箱货物、原料和半成品散货的运输,如建材、石油、煤炭、矿石、粮食等,同时水路运输也是国际贸易运输的主要工具。水路运输的缺点是航速较低、受自然条件影响较大等。

2.4.1 水路运输概述

水路运输既是一种古老的运输方式,又是一种现代化的运输方式。在历史上,水路运输的发展对工业的布局和发展影响很大。水路运输为产品在商业的流通中提供运输服务,不仅是服务部门,而且是国民经济的基础产业,是联系全球性经济贸易的主要方式,担负着全球性、区域之间的货物运输,成为世界经济全球一体化和区域化服务的重要运输纽带,具有资本密集、技术密集、劳动密集和信息密集的特征。

1. 水路运输的特点

1) 水路运输优点

(1) 水路运输在技术性能上具有以下主要优点。

① 运输能力大。船舶可供货物运输的舱位及装载量比陆地和空中运输大。以石油运输为例,现有的超大型油轮,其每次运载的原油数量可以高达56万吨。而在长江干线,一只拖驳或推驳船队的载运能力已经超过万吨。

② 在运输条件良好的航道,船舶的通过能力几乎不受限制。通过江、河、湖、海及人工水道,将内陆经济腹地与世界连通。一般来说,水运系统综合运输能力主要由船队的运输能力和港口的通行能力决定。

③ 水路运输通用性能也不错,可以运输各种货物。水路运输的主要货物,以煤炭及其制品、石油天然气及其制品、矿石、建筑材料、粮食和钢铁材料为主,特别用于大宗货物的运输。

(2) 从经济指标上来看,水路运输具有以下主要优点。

① 水运建设投资少。水路运输可利用天然水道,除必须投资的各种船舶、港口

设施外，沿海航道几乎不需投资。且水运航道几乎不占用土地，节约了国家的土地资源。

② 运输成本低。水路运输在所有运输方式中是最为便宜的运输方式。运输 1t 货物至同样的距离，水运尤其是海运所消耗的能源最少；水运的运输成本约为铁路运输的 1/25～1/20，公路运输的 1/100。

③ 续航能力大。一艘大型船舶出航，所携带的燃料、食物和淡水，可以历时数日，这是其他运输方式无法比拟的。而且，现代化的船舶还具有独立生活的种种设备，如发电、淡水制造等，使船舶的续航能力大大提高、运输距离大大延长。

2) 水路运输缺点

水路运输与其他运输方式相比，主要有以下缺点。

(1) 运输速度较慢。船舶的平均航速较低，一般为 15～50km/h。运输途中时间长会增加货主的流动资金占有量。

(2) 受气候和商港的限制，可及性较低。水路运输过程由于受自然条件影响较大，特别是受气候、季节条件的影响较大，船舶遇暴风雨需及时躲避以防损失，遇枯水季节无法通行，因此呈现较大的波动性和不平衡性。水路运输受河流通航条件及海岸和港口条件的限制，其普遍性不如公路、铁路运输。此外，水路运输过程往往需要公路、铁路运输系统的配合才能完成。

(3) 船舶投资和港口建设投资巨大。航运公司订造或购买船舶需要花费大量的资金，回收期较长，且船舶一般没有移作其他用途的可能。港口基础设施的修建费用巨大，船舶大型化和装卸自动化的趋势使港口设施建设的投资费用进一步提高。

2. 水路运输与水路运输装备的发展

1) 水路运输的发展

近年来，水路运输得到了蓬勃的发展，而运输的发展也得益于运输装备的发展，二者相得益彰，水路运输发展主要体现在以下 6 个方面。

(1) 运输功能的拓展与运输方式的变革。现代运输强调物流的系统观念，在拓展港口功能、充分发挥港口集疏运作用的前提下，建立以港口为物流中心的由公路、铁路、水路、航空、管道等多种运输方式优化组合的多式联运系统，使整个物流流通更加通畅。海陆联运是国际多式联运的主要组织形式，这种组织形式以航运公司为主体，签发联运单，与航线两端的内陆运输部门开展联运业务，与大陆桥运输展开竞争。此外，海空联运的组织形式也得到了发展，这种组织形式以海运为主，最终交货运输区段由空运承担，充分发挥了海运和空运各自的优点。

(2) 转变航运经营方式与提高竞争能力。在航运市场竞争激烈的形势下，航运公司和港口的经营观念从单纯追求利润转变为追求低成本和高服务质量。这就要求航运公司和港口必须从单一的运输、装卸、仓储等分段服务，向原材料、产成品到消费者全过程的物流服务转变，为用户提供报关、流通加工、包装、配送等增值服务，运用"一票到底"的多式联运模式，以最简便的方式、最佳的运距、最短的时间完成运送程序，使物流的效率与效益得以最大限度地发挥。同时，服务价格也朝着更加弹性化、多样化、组合化的公开价格策略转变。所有这些，只有通过调整企业内部的经营结构，建立完善的港口物流管理系统，提高物流服务功能和效率，降低服务成本，才能真正提高竞争力。

(3) 船运专业化与运输全球化。在经济贸易全球化的现实下，运输全球化是必然的趋势，长距离的海上运输促进了船舶的大型化和专业化。从全球船型构成来看，油轮和散装船舶等专业化船舶占有很大的比例。随着集装箱运输的发展，杂货集装箱化的比重不断提高，集装箱船舶得到了迅速发展。

(4) 泊位深水化、码头专用化、装卸机械自动化。船舶大型化的趋势对港口航道、水域和泊位前沿的水深提出了更高的要求。例如，随着 5 500～6 500TEU 的超巴拿马型集装箱船成为干线运输的主流船型，就必然要求港口能够提供水深达 15m 以上的深水泊位，以满足大型集装箱船舶运营的需要。对流量大而稳定的货物，如散货、石油及其制品和集装箱的运输，出现了专用码头泊位。为了提高港口装卸的经济效益，专用的自动化装卸机械得到广泛应用，这些都大大提高了港口的通行能力。因此，泊位的专用化和装卸的高效化已成为现代化港口的发展趋势。

(5) 信息化、网络化。信息化、网络化是现代港口发展的重要特征。没有稳定高效的计算机物流系统，就没有港口集装箱运输系统的高效运作。现代物流管理和配送技术中大量使用着先进的信息技术和商品物流技术。应用先进技术手段，可实现物流全过程的可视化、自动化、无纸化和智能化，使得现代物流企业将包装、运输、装卸、仓储、配送、流通加工及物流信息处理等有机地结合在一起作为一个系统来管理。要求港口建立和完善港口 EDI 中心，实现电子通关和贸易无纸化，建立公共交易平台，充分利用物流能力，扩大增值服务，增强港口辐射能力。

(6) 国际海运市场的重心逐步转移。近几年来，在新技术的应用与推广、资本的积累、区域内贸易快速增长等方面，亚太地区一直维持着强劲的发展态势。世界船队的主要运力，如油轮、散装货轮、集装箱船等，目前已有 40%由亚太地区控制。以日本、韩国和中国为首的造船业已成为世界造船中心。我国集装箱生产量位居世界第一位，市场占有率高达 70%。在世界散货进口量和世界集装箱吞吐量中，亚太地区也占绝对优势。据统计，世界前 20 大集装箱班轮公司和集装箱港口中有 2/3 在亚洲。在亚洲海运业对国际海运业发展的重要影响中，我国所发挥的作用更是名列前茅。

2) 水路运输装备的发展

为适应水路运输的发展，水路运输装备的发展主要体现在船舶的大型化、高速化、专用化、自动化、节能与环保化 5 个方面。

(1) 大型化。随着货运需求量的增长、现代造船技术的发展、大型的船舶不断涌现，如：超大型油轮的载重量达 56.3 万吨，被称为新巨型集装箱船——"马六甲"船集装箱载箱量达 18 000 TEU。

(2) 高速化。随着造船技术的发展，船舶速度在不断提高，飞翔船的时速可达 160km。但由于船舶的装载量大，在低速范围内较其他运输工具的经济性高，目前在货物运输中追求的是综合性能。

(3) 自动化。由于信息技术、通信技术等高新技术的应用使得船舶自动化程度不断提高，近年来国外提出"智能化船舶"的概念。所谓"智能化船舶"是一种全自动化、全电脑化的船舶，其操纵和管理系统将由中心计算机统一指挥。该中心计算机可由船上人员控制，也可由地面控制站通过卫星通信进行监察和指挥。必要时，地面控制站还能向中心计算机发布和修改指令，直至改变航行计划。

(4) 专用化。为适应特种货物贸易的需求和应付高成本的市场竞争，常规船型逐步向技术先进、营运效率高的专用船型发展。主要表现在两个方面：一是运输对象的专门化，早期表现为客货混载的客货混装船已逐步弱化，出现专门运输货物的货轮和专门运输旅客的客轮。二是针对某类货物的专门化，出现了专门运输某一类货物的运输工具。从航运市场的角度来分析，开展专用化运输有利于以密集型技术取代昂贵的劳动力，增加收入、提高效率。从造船角度看，专用船型可在一定程度上弥补产量的不足，因此形成了常规船型向专用化发展的市场吸引力。为了满足特种货物日益增长的运输需要，液体化学品、散装水泥、成套设备、浆状散货、汽车、牧畜等运输船型的发展十分引人注目。西欧地区的大多数船队都趋向于以技术密集型的高附加值专用船型取代常规船型。

(5) 节能化与环保化。节能与环保是当今世界人类追求的共同目标。船舶的节能以降低能源消耗、提高能源综合利用效率为目的。当前船舶燃油的消耗已经占到整个船舶营运开支的60%(国外)，国内为30%~40%。日本专家对一艘载重量120 000t 油船的耗能装置的燃油和润滑油的耗能量计算表明，几乎有62%的能量被徒劳地损耗掉。在62%的损耗能量中：19%被排入大气；14%损耗在螺旋桨上；13%损耗在发动机的压缩空气里；7%损耗于冷却水；4%损耗在润滑油中，由此可以看出节能的潜力。

随着人们对环境污染的日益重视，《国际防止船舶污染海洋公约》(MARPOL 73/78 公约)的生效与实施，使得减少船舶对海洋和大气的污染成为未来船舶的发展趋势，出现了"绿色船舶"的概念。日本的"挑战21计划"提出未来造船技术的3大发展方向为：提高船舶的安全性；减少船舶对海洋和大气的污染；应用尖端新技术提高船舶技术水平。并据此形成了安全船舶计划、绿色船舶计划和尖端技术开发计划，这体现了未来船舶的发展方向。

2.4.2 船舶的构造、主要性能及分类

1. 船舶的构造

从事运输的船舶主体是机动船舶，虽有大小之分，但其结构的主要部分大同小异。机动船舶主要由船体、船舶动力装置、舵设备、船舶舾装及其他装置和设备等部分构成。

1) 船体

船体是船舶的基本部分，可分为主体部分和上层建筑部分。主体部分一般指上甲板及以下的部分，由船壳(船底及船侧)和上甲板围成的具有特定形状的空心体，是保证船舶具有所需浮力、航海性能和船体强度的关键部分。船体一般用于布置动力装置、装载货物、储存燃油和淡水，以及布置其他各种舱室。为保障船体强度、提高船舶的抗沉性和布置各种舱室，通常设置若干强固的水密舱壁和内底，在主体内形成一定数量的水密舱，并根据需要加设中间甲板或平台，将主体水平分隔成若干层。上层建筑位于上甲板以上，由左、右侧壁，前、后端壁和各层甲板围成，其内部主要用于布置各种用途的舱室，如工作舱室、生活舱室、储藏舱室、仪器设备舱室等。上层建筑的大小、楼层和形式因船舶用途和尺度而异。

2) 船舶动力装置

船舶动力装置是指保证船舶航行、作业、停泊及船员旅客正常工作和生活所需的机械设备的总和。包括推进装置、辅助机械设备和系统两大部分。

(1) 推进装置由主机、减速装置、传动轴系及驱动推进器等部分组成。主机经减速装

置、传动轴系以驱动推进器。目前，船舶的主机可分为蒸汽动力式、汽轮机式、柴油机式、燃气轮机式、核动力式等多种形式，在商务运输船上多采用柴油机式。

(2) 辅助机械设备和系统(也称辅机)包括：为推进装置的运行服务的部分，如燃油泵、滑油泵、冷却水水泵、加热器、过滤器、冷却器等；船舶电站，为船舶的甲板机械、机舱内的辅助机械和船上照明等提供电力；其他辅助机械和设备，如锅炉、压气机、船舶各系统的泵、起重机械设备、维修机床等。

3) 舵设备

舵设备关系到船舶的操纵性能，是保证船舶安全航行并使船舶按照设定航线航行的主要设备。舵设备主要由操纵机构、舵机、转舵机构，以及舵等几部分组成。

4) 船舶舾装

船舶舾装包括舱室内装结构(内壁、天花板、地板等)，家具和生活设施(炊事、卫生等)，涂装和油漆，门窗，梯和栏杆，桅杆，舱口盖等。

5) 其他装置和设备

其他装置和设备包括锚设备与系泊设备，救生设备，消防设备，船内外通信设备，照明设备，信号设备，导航设备，起货设备，通风、空调和冷藏设备，海水和生活用淡水系统，压载水系统，液体舱的测深系统和透气系统，舱底水系统，船舶电气设备等。

2. 船舶的主要性能

1) 航行性能

为了确保船舶在各种条件下的安全和正常航行，要求船舶具有良好的航行性能，这些航行性能包括浮性、稳性、抗沉性、快速性、摇摆性和操纵性。

(1) 浮性：在一定的装载情况下，船舶在水中具有正常浮态漂浮的能力。

(2) 稳性：船舶在外力(或外力矩)的作用下偏离原平衡位置时，当外力(矩)消除后船舶恢复到原平衡位置的能力。

(3) 抗沉性：当船舶破舱淹水后保持浮性和稳性不致沉没和倾覆的能力。

(4) 快速性：船舶主机功率一定时所能达到最高航速或者在一定的航速要求下船舶消耗最小功率的性能。

(5) 摇摆性：船舶在外力的影响下，做周期性的横纵向摇摆和偏荡运动的性能。

(6) 操纵性：船舶保持航向和改变航向的能力。

2) 船舶载重性能

船舶作为运载货物的工具，其装载货物重量的大小的能力，主要取决于船舶载重性能，通常用船舶排水量、载重量和载重线标志等方法表示。

(1) 排水量：船体在水中的部分所排开水的重量(单位：吨)。按照船舶装载状态的不同，排水量可分为：空船排水量、满载排水量、装载排水量。

(2) 载重量：在船舶运输生产中更为重要的是船舶的载重能力，即船舶的载重量。载重量分为总载重量和净载重量。

(3) 载重线标志：勘绘在船中部两侧船壳板上作为在不同条件下船舶的载重量限制，保证船舶在不同条件下航行的安全。

3) 船舶容积性能

船舶所具有和容纳各类货载体积的性能就是船舶的容积性能，通常由船舶的货舱容积、登记吨位和舱容系数来反映。

(1) 货舱容积：是指船舶货舱实际能够装载货物的空间，一般分为散装容积与包装容积两种。

(2) 登记吨位：是指船舶为登记注册的需要，按照有关的丈量公约或规范所规定的丈量办法和计算公式和船舶容积吨位，一个"吨位"等于 2.83m 的丈量容积，又称 1 个容积吨。根据不同的用途分为总吨位、净吨位和运河吨位。

(3) 舱容系数：是指货舱总容积和船舶净载重量的比值，即每一吨净载重所拥有的货舱容积。舱容系数可表示船舶适宜装载重货还是轻货。船舶资料中所列的舱容系数是指船舶在夏季满载水线下为保持最大续航能力装足燃油、淡水、供应品等重量的这一条件下的数值。

3. 船舶分类

随着世界经济的发展，现代运输船舶种类繁多，分类方式也有多种，各种分类不尽相同。常按照有无推进动力、国籍、航程，以及目的和用途等分类。

(1) 按有无推进动力，船舶可分为机动船和非机动船，机动船按推进主机的类型又分为蒸汽机船(现已淘汰)、汽轮机船、柴油机船、燃气轮机船、联合动力装置船、核动力船等。

(2) 按照国籍不同分为国轮与外轮。国轮指在本国登记并悬挂本国国旗的船舶，外轮指在外国登记并悬挂外国国旗的船舶。

(3) 按照航程远近分为近海轮与远洋轮，两者的航行能力是不同的。

(4) 按目的和用途不同船舶可分为军用船与民用船。民用船又可分为商船、工程船、工作船、渔船、渡轮等。商船指用于载运旅客和货物的船舶，也称为运输船舶。按用途不同运输船舶分为客船、货船、客货船等。专门用于运送旅客的船舶称为客船；专门用于运送货物的船舶称为货船；客货兼运的船舶称为客货船。工程船是从事水上专门工程技术业务的船舶总称，包括挖泥船、起重船、浮船坞、救捞船、布设船、打桩船等。工作船是指为航行服务或进行其他业务工作的船舶，包括破冰船、领航船、供应船、消防船、测量船等。渡轮以运载汽车为主，兼载少量的货物、乘客。

2.4.3 货船

根据所运输货物的种类不同，货船分类如图 2.56 所示。

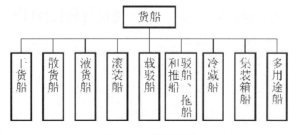

图 2.56 货船分类

1. 干货船

干货船又称杂货船。以装运成包、成箱、成捆，以及各种包装、桶装等货物为主要业务。干货船排水量可从几吨到几万吨，根据运输货物的批量及航线和港口情况进行选择。

干货船具有2~3层全通甲板,根据船的大小设有3~6个货舱,每个货舱的甲板上有舱口及吊杆或吊车以装卸货物,底部常采用双层底结构以保证船舶的安全。干货船还可分为普通型和多用途型。普通型干货船装卸效率较低;多用途型干货船,既可装件杂货,又可装散货、集装箱,甚至原装货,以提高揽货能力与装卸效率,提高水运运营的经济性,如图2.57所示。

2. 散货船

散货船指专门载运谷物、煤炭、矿石等粉末状、颗粒状、块状的非包装类大宗货物的运输船舶。它具有运货量大、运价低等特点,目前在各类船舶的总吨位数量排名中占据第二位,约为1.5亿吨。为了具有良好的适航性能,散货船具有特殊的结构,其主要特点有:单层甲板,设有双层底舱、船舱多在船尾、船体宽大、航速较低,多在15节以下(1节=1海里/小时=1 852m/h),如图2.58所示。

图 2.57　干货船

图 2.58　散货船

根据散货船的功能不同可分为以下3类。

(1) 专用散货船,即专门用于某种货物运输的散货船,如运煤船、散粮船、矿砂船、散装水泥船等。

(2) 兼用散货船,在装运散货的同时,还能装运其他特定货物,如车辆散货船、兼用船等。

(3) 特种散装船,包括大舱口散货船(舱口宽度达船宽的70%,装有起货设备)、自卸散货船(通过所装载的自卸系统实现卸货自动化)和浅吃水肥大型船等。

3. 液货船

液货船主要是专门用于运输液态货物的船舶,如油船、液化气船和液体化学品船等。由于液体散货的理化性质差别很大,因此运送不同液货的船舶,其构造与特性均有很大差别。

1) 油轮

油轮是专门用来装运散装石油类(原油以及石油产品)液体货物的船舶。一般分为原油船和成品油船两种。油船通常只设一层甲板,住舱及上层建筑均设置在船尾部以便防火与输油管道布置。其油货舱为双层纵舱壁和双层壳的结构形式,各个油货舱都是油气膨胀舱口,设有水密舱口盖,并依靠油泵和输油管进行装卸。甲板上布置有大量的与泵连接的输油管道,并设有纵通全船的步桥,供船员通行。油轮在所有的船舶中吨位最大,目前全油船总吨数已达 3.7 亿吨，单船最大吨位达 70 万吨，如图 2.59(a)所示。

2) 液化气船

液化气船是用来专门装运液化天然气和石油气的船舶。将气体冷却压缩成为液体，大大减少它的体积后装载在船内运输，这种专用船即称为液化气船。液化气船分为液化石油气船(Liquefied Petroleum Gas，LPG)、液化天然气船(Liquefied Natural Gas，LNG)和液化化学气船(Liquefied Chemical Gas，LCG)。采用常温加压方式运输的液化气体，装载于固定在船上的球形或圆筒形的耐压容器中。采用冷冻方式运输的液化气体，装入耐低温的特种钢材制成的薄膜式或球式容器内，外面包有绝热材料，并装有冷冻系统。加压式适用于小型船舶，载重量在 4 000t 以上的船舶以冷冻方式运输较多。此外，还有一种低温低压式液化气船，又称半冷冻式液化气船，它采用的是在一定压力下使气体冷却液化的方式，如图 2.59(b)所示。

3) 液体化学品船

液体化学品船是专门载运各种液体化学品，如醚、苯、醇、酸等的液货船。由于液体化学品一般都具有易燃、易挥发、腐蚀性强等特征，有的还有剧毒，所以对船舶的防火、防爆、防毒、防泄漏、防腐等方面有较高的要求，通常设双层底和双重舷侧。一般化学品船舱室小而数量多，备有泵及管系和灵活的装卸设备，如图 2.59(c)所示。

(a) 油轮　　　　　　　　　(b) 液化气船　　　　　　　(c) 液体化学品船

图 2.59　液货船

4. 滚装船

滚装船装运的货物单元为载货车辆。它类似于汽车与火车渡船，将载货的车辆连货带车(或带轮托盘、半挂车)一起装船，到目的港后一起开出船外。车辆通过在船尾部或船首部、船舷部的跳板进出船舶，因此船舶及码头均无须装卸设备，没有货舱口，装卸效率较高。滚装船改变船舶垂直方向装卸为水平方向装卸，从而借助于车辆进行滚上滚下装卸。滚装船具有多层甲板，主甲板下通常是纵通的无横舱壁的甲板间舱，甲板间舱高度较大，适用于装车；首尾设有跳板，供车辆上下船用；船内有斜坡道或升降机，便于车辆在多层甲板间舱行驶；主甲板以下两舷多设双层船壳；机舱位于尾部，多采用封闭式；从侧面看，水上部分很高，没有舷窗。滚装船装卸速度较高，可达普通货船的 10 倍，适宜装载特大、特重、特长货物，便于实现"门到门"运输。但滚装船的舱容效率较低，通常为 30%～40%，空船较重且为调整稳定性需加压载，船舶造价最贵，如图 2.60 所示。

5. 载驳船

载驳船也称母船，驳船也称子船，是由一种特殊的运输方法而得名的。载驳船运输时先将货物装到同一规格的驳船上，再将驳船装到载驳船上，到达目的港后将驳船卸到水中由拖船(推船)拖(推)至目的地，是一种大船装小船的运输方法。相对其他货船，载驳船的运输方法最大优点是装卸效率高,运输成本低;不受港口水深影响,不需占用码头泊位,不需装卸机械。载驳船的装卸方式有 3 种:利用载驳船上的尾部门式起重机、尾部驳船升降平台或浮船坞原理装卸载驳船。这种运输方法是实现河海直达运输的有效方法,如图 2.61 所示。

图 2.60　滚装船

图 2.61　载驳船

6. 驳船、拖船和推船

驳船没有动力推进装置、没有锚或舵、没有装卸机械等设备,是靠工作船拖动的单甲板船。多用于转驳那些由于吃水原因不便于进港靠泊的大型船舶的货物或组成驳船队运送货物。驳船具有结构简单、造价低廉、管理维护费用低、编组灵活等特点,适用于浅狭水道运输,如图 2.62(a)所示。拖船和推船专门用于拖拽或顶推其他船舶、驳船队、木排或浮动建筑物的机动船,它本身并不装载货物,是一种多用途的工作船,如图 2.62(b)所示。

(a) 驳船

(b) 拖船

图 2.62　驳船和拖船

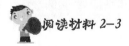

中国石油首个"工厂化"作业示范区建成

"我们在苏里格地区已经建成中国石油首个'工厂化'作业示范区。"2016 年 6 月 13 日,看到川庆钻探长庆 50053 钻井队、50065 钻井队和 40636 钻井队同栖苏里格东南 G0—7 井场联动作业的壮观场面,长庆油田公司采气一厂副厂长、产能建设项目经理王振嘉说,"目前在苏里格地区,像 G0—7 井场这样大规模的'工厂化'作业,已部署 9 处。"

"工厂化"作业作为一项先进的施工组织管理模式,在国外天然气开采企业已运作多年。油气田开发的"工厂化"作业,即采用"群式布井、规模施工,整合资源、统一管理"方式,把钻井中的钻前施工、材料供应、电力供给等,储层改造中的通井、洗井、试压等,以及工程作业后勤保障和油气井后期操作维护管理等工序,按照"工厂化"组织管理模式,形成一条相互衔接和管理集约的"一体化"组织纽带,并按照各工序统一标准的施工要求,以流水线方式,对多口气井施工过程中的各个环节,同时利用多机组进行批量化施工作业,从而集约建设开发资源,提高开发效率,降低管理和施工运营成本。

苏里格气田属于国际上罕见的低渗、低压和低丰度气田,开发难度属世界级,开采成本高。2012年,按照中国石油"将苏里格东南区建成世界典型致密气田开发'工厂化'作业示范区"的要求,负责这个地区开发管理的长庆油田采气一厂,在认真分析国外"工厂化"作业技术特点及先进经验的基础上,不断加强自主研发及试验,在大井组井场布局、快速钻井技术、高效水平井压裂工艺等方面,率先进行"工厂化"作业。

2016年年初,采气一厂利用川庆钻探长庆井下S00519—机组,在靖43—38井水平井井组,通过采用长庆自主研发的水力喷射工具,首次实施"工厂化"压裂作业试验,一次性压裂改造达9段。批量化的压裂组织方式,实现提速提效的双赢。与常规施工相比,施工时效提高35%左右,储液罐等设施的一次安装综合利用,避免重复动迁,单井降低作业费用10万元。压裂液的集中回收,避免或减少了对环境的污染。

初尝甜头的采气一厂把"工厂化"作业在气田开发中大面积推广。目前,在采气一厂已完成的近百口水平井"工厂化"作业中,以部署9口井的一个规模化施工井场为例,井场平整仅需用地0.5公顷,比原模式开发节约用地1.29公顷。新模式减少井场道路8条,节约用地3.2公顷;气井采用串接式管线,少建管线45.5公里。集约式井场的利用,减少钻前井场施工周期45天。

7. 冷藏船

冷藏船是专门运输易腐货物,如鱼、肉、水果、青菜等的船舶。它通过特有的制冷和隔热系统,将货物保持在一定的低温条件下,以使货物送达目的地时仍能保持一定的新鲜程度。冷藏船舱口尺寸较小,设有多层甲板,舱口高度较小,船壳多漆成白色,以防日晒的热气辐射。除航行动力及装卸主副机外,还装有冷冻机、送风机、抽风机等。根据不同货种,冷藏舱的温度可在-25℃～15℃进行调整。冷藏船的吨位较小,航速较高,如图2.63所示。

8. 集装箱船

集装箱船是装运规格统一的标准集装箱的货船。集装箱船在船型与结构方面与常规杂货船有明显不同,其外形瘦长,通常设置单层甲板,设有巨大的货舱口,上甲板平直,货舱内部与甲板上均可装载集装箱。绝大多数的集装箱船上不设起货设备,因而需停靠专用集装箱码头,通过岸上专用起重机、集装箱装卸桥来进行装卸。集装箱船按载箱数多少(按标箱TEU计算)分为第一代、第二代、第三代等。载箱数大致分别为1 000TEU、2 000TEU及3 000TEU,现已发展到第五代、第六代集装箱船,载箱数为6 000TEU以上。集装箱船的平均航速在20节(1节=1海里/小时=1.852公里/小时)左右,最高可达33节。集装箱船具有装卸效率高、经济效益好等优点,因而得到迅速发展,如图2.64所示。

图2.63 冷藏船

图2.64 集装箱船

9. 多用途船

【参考视频】

多用途船即可以装运杂件货、散货、集装箱、重大件货和滚装货的船舶，是在 20 世纪 60 年代发展起来的。大多数多用途船设置两层甲板，机舱口在尾部，其型宽比普通货船大，型深以装运集装箱所需层数确定，吃水多在 9.5m 以下，符合世界大多数港口要求，一般设置舷边舱作压载舱，航速多为 16~18n mile/h。多用途船适宜在不定期航线及班轮航线运输非适箱货和部分集装箱，发展前途很好。

2.5 航空运输装备

【行业实践】

航空运输是指使用航空器运送人员、货物、邮件的一种运输方式。它是现代旅客运输，尤其是远程旅客运输的重要方式；也是国际贸易中的贵重物品、鲜活货物和精密仪器运输的重要运输方式。航空运输装备主要指航空器，航空器分为重于空气和轻于空气两种类型，而每一种又分为有动力驱动和无动力驱动两类。飞机是重于空气且用动力驱动的，是航空运输的主要运输装备。

2.5.1 航空运输概述

1. 航空运输的特点

现代航空运输是社会生活和经济生活的一个重要组成部分，是目前发展最快的一种运输方式。航空运输的快速发展和它自身的特点密切相关。与其他运输方式相比，航空运输的优点表现在以下几个方面。

(1) 速度快。航空运输在各种运输方式中运输速度最快，也是航空运输的最大特点和优势，其时速为 1 000km 左右，且距离越长，所能节省的时间越多，快速的优势也越显著。因而航空运输适用于中长距离的旅客运输、邮件运输和精密、贵重货、鲜活易腐物品的运输。

(2) 机动性大。飞机在空中运行，受航线条件限制的程度相对较小，可跨越地理障碍将任何两地连接起来。航空运输的这一优点使其成为执行救援、急救等紧急任务中必不可少的手段。

(3) 舒适、安全。现代民航客机平稳舒适，且客舱宽敞、噪声小，机内有供膳、视听等设施，旅客乘坐的舒适程度较高。随着科技进步和管理的不断改善，航空运输的安全性比以往有很大的提高。

(4) 基本建设周期短、投资少。发展航空运输的设备条件是添置飞机和修建机场。这与修建铁路和公路相比，建设周期短、占地少、投资省、收效快。

航空运输的主要缺点是飞机机舱容积和载重量都比较小，运载成本和运价比地面运输高。飞机飞行往往要受气象条件限制。此外，航空运输速度快的优点，在短途运输中难以显示。

2. 我国航空运输的前景

2005 年，我国内地航空公司定期航班完成总周转量 257.765 亿吨·千米。国际民航组织(International Civil Aviation Organization，ICAO)的统计信息显示，除我国香港、澳门和台湾地区的民航空运量，中国民航航空运输总周转量在全世界的排名为第二位。其中，国际航线完成运输总周转量 83.87 亿吨·千米，世界排名第十位；客运完成 2 019.61 亿客·千米，排名第二位，仅次于美国；货运完成了 75.79 亿吨·千米，排名第四位。20 世纪 90 年代以来，中国民航进入了高速发展时期，航班、航线年均增长速度达到 9.1%以上。截至 2004 年年底，我国定期航班航线达到 1 200 条，其中国内航线(包括香港、澳门航线)975 条，国际航线 225 条，境内民航定期航班通航机场 133 个(不含香港、澳门)，形成了以北京、上海、广州机场为中心，以省会、旅游城市机场为枢纽，其他城市机场为支干，连接国内 127 个城市，连接 38 个国家 80 个城市的航空运输网络。

截至 2015 年年底，全国 31 个省市共规划了 150 多个航空产业园，无一例外都将飞机制造作为核心产业。根据中国民航总局的规划，到 2018 年，中国将形成基本覆盖全国的辐射式航线网络。届时，中国民航的机队将达到 1 618 架，其中大型飞机 1 219 架，小型飞机 399 架。未来中国国内航线布局发展的重点将在沿海开放地区、西部交通不便地区和中部的一些旅游城市。因此，中国民航将继续扩大以北京、上海、广州等城市为中心的航线网络布局；增加省会、自治区首府城市和主要开放城市及旅游城市之间的航班密度；同时，进一步完善和发展中西部地面交通不便地区和东南沿海经济发达地区的支线航线。除现有以乌鲁木齐、昆明、成都为中心的辐射式航线网外，中国民航还将逐步形成以杭州、广州、武汉、哈尔滨和西安为中心的辐射式航线网和以济南为中心的环渤海、黄海支线网络。

2.5.2 飞机的基本组成

常用的民用运输飞机由 5 个主要部分组成：机翼、机身、尾翼、起落装置和动力装置，如图 2.65 所示。

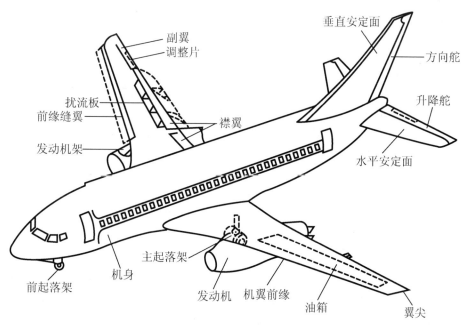

图 2.65 飞机组成示意图

1. 机翼

机翼的主要功用是为飞机提供升力，以支持飞机在空中飞行，也起一定的稳定和操纵作用。在机翼上一般安装有副翼和襟翼。操纵副翼可使飞机滚转，放下襟翼能使机翼升力系数增大。另外，机翼上还可安装发动机、起落架和油箱等。机翼有各种形状，数目也有不同。在航空技术不发达的早期，为了提供更大的升力，飞机以双翼机甚至多翼机为主，但现代飞机一般是单翼机。

2. 机身

机身的主要功用是装载乘员、旅客、武器、货物和各种设备，还可将飞机的其他部件如尾翼、机翼及发动机等连接成一个整体，但是飞翼是将机身隐藏在机翼内的。

3. 尾翼

尾翼包括水平尾翼(平尾)和垂直尾翼(垂尾)。水平尾翼由固定的水平安定面和可动的升降舵组成(某些型号的民用机和军用机整个平尾都是可动的控制面，没有专门的升降舵)。垂直尾翼则包括固定的垂直安定面和可动的方向舵。尾翼主要是用来操纵飞机俯仰和偏转，以及保证飞机能平稳地飞行。

4. 起落装置

起落装置又称起落架，用来支撑飞机并使它能在地面和其他水平面起落和停放。陆上飞机的起落装置，一般由减震支柱和机轮组成，此外还有专供水上飞机起降的带有浮筒装置的起落架和雪地起飞用的滑橇式起落架。它用于起飞与着陆滑跑、地面滑行和停放时支撑飞机。

5. 动力装置

动力装置主要用来产生拉力或推力，使飞机前进。其次还可以为飞机上的用电设备提供电力，为空调设备等用气设备提供气源。

现代飞机的动力装置主要包括涡轮发动机和活塞发动机两种，应用较广泛的动力装置有4种：航空活塞式发动机加螺旋桨推进器、涡轮喷射发动机、涡轮螺旋桨发动机、涡轮风扇发动机。随着航空技术的发展，火箭发动机、冲压发动机、原子能航空发动机等也有可能会逐渐被采用。动力装置除发动机外，还包括一系列保证发动机正常工作的系统，如燃油供应系统等。

飞机除了上述5个主要部分之外，还装有各种仪表、通信设备、领航设备、安全设备和其他设备等。

2.5.3 民用飞机的技术性能

民用运输机的主要特点是经济、舒适，要求最大限度地提高燃油效率，降低飞行成本。因此，客舱的设计要求能为旅客提供优越、舒适的旅途环境与条件。不同用途的飞机，对飞行性能的要求有所不同。对现代民用飞机而言，主要考虑速度、爬升、续航和起降等性能指标。

1. 速度性能

飞机优于其他运输工具的主要特征之一是飞行速度快。标志飞机速度性能的指标是飞机的最大平飞速度，即当飞机作水平直线飞行时，飞机的阻力与发动机的最大可用推力相等时，飞机能达到的最大飞行速度。由于飞机的阻力和发动机的推力都与高度有关，所以飞机的最大平飞速度在不同的高度上是不相同的。通常在 11km 左右的高度上，飞机能获得最大的最大平飞速度。但是，飞机不能长时间地以最大平飞速度飞行。原因是这样会损坏发动机，而且当飞机的飞行速度增大时，飞机的阻力就增大，克服阻力需要的发动机推力也相应增大，消耗的燃油增加。所以，对于民用运输机这类需要进行长途飞行的飞机而言，更注重的是巡航速度，即发动机每千米消耗燃油最少情况下的飞行速度。也就是说，飞机以巡航速度飞行时最为经济，航程最远或航时最长。

2. 爬升性能

飞机的爬升受到高度的限制，因为高度越高，发动机的推力就越小。当飞机达到某一高度，发动机的推力只能克服平飞阻力时，飞机不能再继续爬升了，这一高度称为飞机的理论升限。而通常使用的是实用升限，即飞机还能以 0.5m/s 的垂直速度爬升时的飞行高度，也称之为飞机的静升限。民用飞机是以最大爬升速率和升限来表征其主要爬升性能的。

3. 续航性能

民用飞机主要以航程和续航时间(航时)来表征其续航性能。所谓航程是指飞机起飞后，爬升到平飞高度平飞，再由平飞高度下降落地，且中途不加燃油和滑油，所获得的水平距离的总和。飞机的航程不仅取决于飞机的载油量和飞机单位飞行距离耗油量，而且也与业务载重量有关。飞机在最大载油量和飞机单位飞行距离耗油量最小的情况下，飞行所获得的航程，就是飞机的最大航程。

4. 起降性能

飞机的起降性能包括飞机起飞离地速度和起飞滑跑距离、飞机着陆速度和着陆滑跑距离。

2.5.4 飞机的分类

飞机通常有以下几种分类方式。

(1) 按照飞机的用途不同划分：运输机有民用航空飞机和国家航空飞机之分。国家航空飞机是指军队、警察和海关等使用的飞机；民用航空飞机泛指一切非军事用途的飞机，包括旅客机、货机、公务机、农业机、体育运输机、救护机、实验研究机等。

(2) 按照发动机及其产生的推力类型不同划分：运输机有螺旋桨飞机和喷气式飞机之分。螺旋桨式运输机是指用空气螺旋桨将发动机的功率转化为推进力的飞机；喷气式飞机是一种使用喷气发动机作为推进力来源的飞机。

(3) 按照发动机的数量不同划分：运输机有单发(动机)飞机、双发(动机)飞机、三发(动机)飞机、四发(动机)飞机之分。

(4) 按照飞行速度不同划分：运输机有亚音速飞机和超音速飞机之分，亚音速飞机又分为低速飞机和高亚音速飞机。多数喷气式飞机为高亚音速飞机。

(5) 按照飞机的航程不同划分：运输机可分为远程飞机、中程飞机、近程飞机和短程飞机。

(6) 按照机翼是否固定划分：运输机可分为定翼机和旋翼机(如直升机)。

2.5.5 运输机的主要系列

目前世界上主要的运输机型有波音系列(B-)、麦道系列(MD-)、安系列(An-)、图系列(Tu-)、伊尔系列(IL-)、空中客车系列(A-)，以及我国的运系列(Y-)、新舟60、运输直升机系列等。

1. 波音系列(B-)

波音系列是美国波音公司研制生产的运输机，从波音707到波音777系列。波音707主要型号有707-120、707-220、707-320和707-420等。波音777是美国波音公司研制的双发宽体客机。图2.66所示为波音777。

2. 麦道系列(MD-)

麦道系列飞机是美国麦克唐纳·道格拉斯公司研制的运输机，包括MD-11中远宽机身运输机、MD-12大型远程四发宽机身客机、MD-80中短程客机、MD-90双发中短程客机、MD-95双发喷气商用运输机等。图2.67所示为MD-90。

图 2.66　波音 777

图 2.67　MD-90

3. 安系列(An-)

安系列运输机是由乌克兰安东诺夫航空科研技术联合体研制的飞机，包括An-12军用运输机、An-74短距起落运输机、An-24双发涡轮螺旋桨支线客机、An-26双发涡轮螺旋桨支线运输机、An-32双发短程运输机、An-124四发远程重型运输机、An-225六发涡轮风扇型重型运输机。图2.68所示为An-225。

4. 图系列(Tu-)

图系列飞机是俄罗斯波列夫设计局研制的系列运输机，包括Tu-114超音速客机、Tu-134支线运输机、Tu-144超音速客机、Tu-154三发中程客机和Tu-21M双发中程客机。图2.69所示为Tu-154。

5. 伊尔系列(IL-)

伊尔系列飞机是由俄罗斯伊留申设计局研制的运输机，包括IL-114双发涡轮螺桨短程客/货支线运输机、IL-18 四发螺桨短程客机、IL-62 远程客机、IL-76 四发中远程重型运输机、IL-86 四发宽机身客机、IL-96 四发远程宽体客机等。图 2.70 所示为 IL-96。

图 2.68 An-225

图 2.69 Tu-154

6. 空中客车系列(A-)

空中客车系列是由国际合作欧洲空中客车工业公司研制的系列运输飞机,包括 A300 双发宽机身客机、A310 中宽机身客机、A318 双发中/短程窄机身客机、A319 双发中/短程客机、A319/A321 双发中/短程客机、A330/A340 双过道宽机身客机、A350 四发洲际航程宽体客/货两用运输机,以及最新研制生产的 A380 货机。图 2.71 所示为 A380。

图 2.70 IL-96

图 2.71 A380

7. 运系列(Y-)

运系列飞机是我国研制的运输机,包括 Y-5、Y-7、Y-8、Y-10、Y-11、Y-12 等。其中,Y-8 是陕西飞机制造公司研制的四发涡轮螺桨中程多用途运输机,又有 Y-8A(直升机载机)、Y-8B(民用型)、Y-8C(全气密性)、Y 8D(出口型)、Y-8E(无人机载机)、Y-8II(民航机)、Y-8Г(货运型)、Y-8X(海上巡逻机)等 17 个型号。图 2.72 所示为 Y-8X。

8. 新舟 60

新舟 60 是中国西安飞机工业公司在 Y-7200 基础上研制生产的新一代双发涡轮螺桨短/中程客货运输机。此运输机采用了世界先进水平的航空技术和成果,座位数为 50~60 座,最大商业载量为 5.5t。图 2.73 所示为新舟 60。

9. 运输直升机系列

运输直升机的机型也较多,主要有以下 4 种。

图 2.72　Y-8X　　　　　　　　　　　　图 2.73　新舟 60

(1) "黑鹰" S-70 突击运输直升机，是美国西科斯基飞机公司研制的双发单旋翼战斗突击运输直升机，如图 2.74(a)所示。

(2) CH-53 运输直升机，是美国西科斯基飞机公司研制的双发重型突击运输直升机，如图 2.74(b)所示。

(3) CH-47 "支奴干" 运输直升机，是美国波音公司为美国陆军研制的全天候中型运输直升机，如图 2.74(c)所示。

(4) 米-26 "光轮" 运输直升机，是俄罗斯米里莫斯科直升机厂研制的多用途重型直升机，是当今世界上起飞重量最大的直升机，如图 2.74(d)所示。

(a) "黑鹰" S-70 运输直升机　　　　　　(b) CH-53 运输直升机

(c) CH-47 "支奴干" 运输直升机　　　　　(d) 米-26 "光轮" 运输直升机

图 2.74　运输直升机

10. 其他机型

除以上机型外，另外一些应用较多的机型主要有以下几种。

(1) C-133 "运输霸王"，是美国空军的 4 发涡轮螺桨远程运输机，如图 2.75(a)所示。

(2) C-130 "大力士"，是美国洛克希德·马丁公司研制的 4 发涡桨式多用途战术运输机，如图 2.75(b)所示。

(3) C-5 "银河" 运输机，是美国洛克希德·马丁公司研制的亚音速远程军用运输机，如图 2.75(c)所示。

(4) A300-608ST 特种运输机，由法国宇航公司和戴姆勒·奔驰宇航和空中客车公司联合投资成立的特种飞机运输公司(SATIC)研制和生产的大型货运运输机，如图 2.75(d)所示。

(a) C-133 "运输霸王"

(b) C-130 "大力士"

(c) C-5 "银河" 运输机

(d) A300-608ST 特种运输机

图 2.75　大型运输机

 案例 2-3

物流园区建设方兴未艾

1. 机场建设带动了物流园区建设

航空物流园区的建立有助于航空货运的发展、货运枢纽港的形成、供应链系统的完善和地区经济的发展。"十二五"期间，我国航空物流园的建设依附于机场建设得到了飞速发展。对于机场来说，航空物流园区的建立是机场航空货运业务升级、航空物流发展的重要手段。"十二五"期间北京首都机场、上海浦东机场、深圳机场、南京机场等机场的建设和扩容为物流园区的建设创造了条件。

北京空港物流园区与上海、广州、南京、深圳，以及天津等地规划的空港物流园区不同，它不是"机场行为"，而是利用首都机场的资源，依托机场而不是依附机场。北京空港物流园区周边紧邻天竺出口加工区、空港工业区、林河工业区、北京现代汽车以亚太航空枢纽港为建设目标。浦东机场规划 3 个货运区，设计货运能力达 75 万吨，货运中心相对集中于机场西部，实现与市域交通的连接，与机场客运分流，并能与周边地区联动发展。浦东空港物流园区拥有连接世界、聚焦亚太、辐射全国的交通运输能力，对上海建设国际、国内和长三角区域多级物流中心具有重要意义。

深圳机场物流园是深圳市规划建设的六大物流园区之一，位于机场区域内，紧邻机坪，规划占地面积 116 万平方米，由国际货运村、国内货运村、物流大厦等基础设施组成。在这里，航空运输和物流业的从业者将享受办公及通关事务的一站式服务，享受物流和商务信息的快速交换，享受一流的物业管理服务及交通、停车之便利，并感受深圳机场航空港日益繁荣的经济氛围。深圳机场现代物流有限公司是深圳机场航空物流园的经营管理机构，负责打造开放的物流基础设施平台、专业的物流信息化平台、高效的物流运营环境平台和创新的物流业务发展平台，通过专业化运营，持续提升物流发展综合竞争力和物流资源及服务业务整体价值，构建一流的航空物流发展平台和良好的物流生态体系。

天津航空物流园区依托于天津机场建设，更好地承接首都高端快递物流功能溢出，着力推动建设的。2014 年 7 月，圆通、中外运、京东等 12 家快递企业已经入驻天津航空物流园区，入驻企业将在园区内建设分拨中心、仓储中心、呼叫中心和信息中心等。

2. 抓机遇多管齐下

航空货运是现代物流中的重要组成部分，其安全、快捷、方便和优质的服务正好符合现代物流服务的基本要求；而传统意义上的机场货运功能已不再适应现代物流的要求。拥有高效率并能提供综合性物流服务的机场在降低商品生产和经营成本、提高产品质量、保护生态环境、加速商品周转等方面将发挥重要作用。

航空物流园区以航空飞行器及机场地面配套物流设施为核心，为多家航空公司、航空货运代理、综合物流企业提供公共物流设施、物流信息服务及综合物流服务。航空物流园区主要包括 3 大功能平台：物流核心功能平台、物流增值功能平台和航空物流服务支持平台。物流核心功能平台是航空物流园区的核心功能部分，包括货站、仓库、地勤、航空快递中心；物流增值功能平台用于为园区的参与者提供增值服务，如对货物进行简单的加工、分拣等；信息平台为物流园区的参与者提供多方的信息支持服务，是航空物流园区的重要组成部分。

航空货运作为现代物流中的重要环节，正得到政府的高度重视，获得新的发展机遇。为提高机场竞争力，许多国家按照现代物流重要节点的要求对机场进行设计、建设，将兴建物流园区作为发展航空货运的主要战略之一。

在我国周边地区已基本形成亚太地区航空枢纽港，日本成田、韩国仁川、中国香港、新加坡和泰国曼谷5 大国际客货混合中枢机场，吸引了大量的中国客源和航空货源在这些机场中转。许多机场正在扩建，并不断完善货运基础设施，兴建航空物流园区，以便形成在国际和地区性航空货运中占据战略要点的货运枢纽机场。如韩国仁川航空物流园区的建立，吸引了大量中国的国际中转货物，增加了其航空货运吞吐量，为进一步巩固其东北亚航空货运枢纽的地位发挥了重要作用。仁川机场将继续投资 40 亿美元进行二期建设。作为一种战略资源，在全球范围内争夺货运枢纽机场的竞争将更加激烈。

根据本案例所提供的资料，试分析以下问题。
1. 建设航空物流园区对促进区域经济发展有什么意义？
2. 建设航空物流园区应考虑哪些因素？

2.6 管道运输装备

【知识拓展】

管道运输是利用管道装备通过一定压力差驱动货物(多为液体、气体、粉粒、颗粒状货物)沿着管道流向目的地的一种现代运输方式。管道运输承担着很大比例的能源物资运输，包括原油、成品油、天然气等。管道既是管道运输的运输装备，又使运输通道、运输装备和通道合为一体。

2.6.1 管道运输概述

1. 管道运输的特点

与其他运输装备相比，管道运输装备具有以下特点。

(1) 基本没有活动部分，维修方便，费用低。

(2) 可以连续不断地运行，运量大。根据其管径的大小不同，一条油料运输管线每年的运输量可达数百万吨到几千万吨，甚至亿吨以上。

(3) 管道埋于地下，占地少，仅为公路的 3%、铁路的 10% 左右。

(4) 管道运输装备将石油、天然气等与空气、水、土壤进行了隔绝，因此减少了发生事故的机会，比较安全，同时也减少了污染。

(5) 管道运输耗能少、成本低、效益好。以运输石油为例，管道运输、水路运输、铁路运输的运输成本之比为 1∶1∶1.7。

(6) 管道运输主要适用于液体和气体输送，不如其他运输装备(如汽车、飞机等)那样能够灵活运输多种物资，同时也不容易随便扩展管线。

(7) 虽然管道运输也可以运输粉粒状固体物资，但只能在近距离进行，成本比较高。

(8) 管道运输一般适用于连续运输的物资，对于少量或不连续需求的物资，一般采用容器包装输送。

2. 我国管道运输的发展概况

1958 年建设的克拉玛依至独子山炼油厂的输油管道是我国第一条长距离输油管道。我国建设的第一条长距离天然气管道是 1961 年的巴县石油沟至重庆化工厂的供气管道，到 2015 年油气管道全程达 15 万千米。"十三五"在能源输送方面，将形成"四横三纵"输送格局，内外衔接，海陆并举。关于天然气运输，"十三五"将重点加快西气东输三四线建设和五线的开工，同时计划建设一条新粤浙煤制气运输管道。能源储备方面，将启动三期国家战略石油储备工程，建立企业义务储备，鼓励发展商业储备。加强能源输送通道建设，加快布局新储气库建设、完善加气站及配套管网、扩大油气储备规模，加快石油储备基地和天然气储气库建设，提高天然气应急调峰能力将成为本个五年计划的重要发力点。预计到 2020 年，成品油输送能力达 2.5 亿吨，天然气输送能力达 4 800 亿立方米，天然气主干道里程达 12 万千米。随着经济的快速发展，以及对空气质量提出的更高要求，石油天然气将是目前以及未来很长一段时间内全球重要清洁能源。强化国际油气管道的建设、海上油气管道建设、成品油管道建设、城市内部的天然气管道的铺设，以及各种与油气管道建设或发展相关的技术的研究与推广，是我国迫切需要解决的重要问题。新时期油气管道的建设仍是保证我国国民经济稳定发展的设施工程，因而未来我国油气管道建设任重道远且前景辽阔。

3. 管道运输装备的输送能力参数

表征管道运输装备输送能力的参数有输送压力、管道直径、输送距离等。

2.6.2 管道运输装备的分类

管道运输装备指运输管道及其辅助设备。运输管道按运输的物品不同分为输油管道、天然气管道和固体货物运输管道。

1. 输油管道运输装备

长距离输油管道由输油站和管线两大部分组成。输送轻质油或低凝点原油的管道不需加热，油品经一定距离后，管内油温等于管线埋深处的地温，这种管道称为等温输油管，它不需要考虑管内油流与周围介质的热交换。对易凝、高黏油品，不能采用这种方法输送，因为当油品黏度极高或其凝固点远高于管路周围环境温度时，每千米管道的压降将高达几个甚至几十个大气压，这种情况下，加热输送是最有效的办法。因此，热油输送管道不仅要考虑摩阻的损失，还要考虑散热损失，输送工艺更为复杂。

输油管道的起点称为首站，输油管道沿途设有中间泵站，输油管道末站接受输油管道送来的全部油品，供给用户或以其他方式转运，故末站有较多的油罐和准确的计量装置。输油站包括首站、末站、中间泵站等。输油管道的线路(管线)部分包括：管道、沿线阀室、穿越江河、山谷等的设施和管道阴极防腐保护设施等。为了保证长距离输油管道的正常运营，还设有供电和通信设施。长距离输油管道的组成如图2.76所示。

输油管道系统主要包括以下装备。

(1) 输油管。输油管分原油管和成品油管两种，提供油料输送介质的功能。

(2) 油罐。它设置在首站输油站、末站输油站中，用于对发、收的油品进行存储。在首站输油站中，油罐接受油田、海运、炼油厂等地的油品进行临时存储，等待用泵抽取，输往中下游输油站。在末站输油站中，油罐接受管道来油，等待用其他运输方式转运。

(3) 泵机组。输油泵和带动它的原动机，以及相应的连接装置或变速装置组成泵机组，供给输油所需的压力能，是泵站的核心装备。

(4) 阀门组。各种阀门的主要功能是对输送路径、压力、流量、平稳性等进行调节和控制。

(5) 清管器收发装置。清管是指在输油前清除遗留在管内的机械杂质等堆积物，以及在输油过程中清除管内壁上的石蜡、油脂等凝聚物，以及盐类的沉积物等。以保证管道能长期在高输量下安全运转。清管器有刷形、皮碗刮刀形、球形等。

(6) 计量装备。计量装备主要由流量计、过滤器、温度及压力测量仪表、标定装置、通向污油系统的排污管5部分组成。其中以流量计和标定装置最为关键。流量计是监视输油管运行的中枢，如根据流量计调整全线的最佳运行状态，校正输油压力和流速，及时发现泄漏；标定装置有单向回球型标定管装置、U形管三球式标定装置等几种。

(7) 加热装置。在输送含蜡多、黏度大、倾点高的原油时需要通过加油装置进行加热输送。加热装置有加热炉、换热器等。利用加热炉直接加热，设备简单，费用较省，应用较普遍，但热效率只有70%，且原油在炉管内直接加热存在结焦的可能，一旦断流，易造成事故。换热器加热，利用不怕高温、不结焦的中间热载体进行，加热效率可达80%~85%，对含水、含盐较多的原油特别适合，虽然投资增加了，但从根本上消除了炉管结垢带来的不安全因素。

(8) 辅助装备。为了保证泵机组的正常运行，输油站内还要有一系列辅助装备。柴油机往复泵机组的辅助设备包括柴油供应装备、润滑油供应装备、冷却水装备、压缩空气供应装备、废热利用装备等。电动机离心泵机组的辅助装备包括电动机和离心泵的轴润滑装备、冷却水装备等。

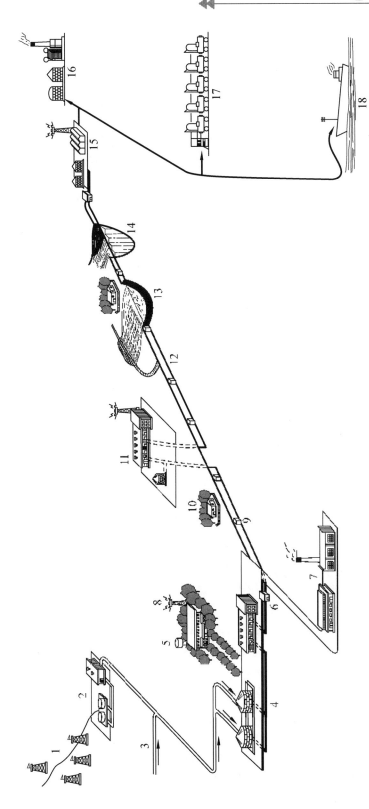

图 2.76 长距离输油管道组成

1—井场；2—转油站；3—油田输油管；4—首站罐区和泵房；5—全线调度中心；6—清管器发送室；7—首站锅炉房，机修辅助设施；8—微波通信塔；9—线路阀室；10—管道维修人员住所；11—中间输油站；12—穿越铁路；13—穿越河流的弯管；14—跨越工程；15—末站；16—油轮站；17—中间输油站；18—油轮装油码头

2. 天然气管道运输装备

天然气管道输送的流程是天然气从气田的各井口装置采出后，经由矿场集气网汇集到集气站，再由各集气站输往天然气处理厂进行净化后，送入长距离输气管道，再送往城市和工矿企业的配气站，在配气站经过除尘、调压、计量和添味后，由配气管网送给用户。长距离输气管道由首站输气站、中间输气站和终点储气库组成，输气站起着为天然气加压、气体净化、混合、计量、压力调节和清管器发送等作用。天然气管道运输装备主要有以下几种。

(1) 输气管。输气管分为矿场输气管、干线输气管和城市输气管 3 类。矿场输气管用于将天然气井场采集的气体送往天然气处理厂；干线输气管是长距离供气用的动力系统，大型输气管的管径为 720mm、820mm、1 020mm 和 1 420mm 几种规格，长度有 1 000km、2 000km 和 2 000km 以上。干线输气管的全部管段与输气站互为联系，个别管段或个别站的工况的变化将影响全部输气管或整个输气管系统。城市输气管是构成城市配气网的输气管，分为输气干线和配气管线。

(2) 压缩机组。压缩机及与之配套的原动机统称为压缩机组。压缩机组是干线输气管道的主要工艺设备，同时也是压气站的核心部分，其功能是提高进入压气站的气体的压力，从而使管道沿线各管段的流量满足相应的任务输量的要求。

(3) 燃气计量仪表。燃气的数量可以用它的标准体积、质量或能量值(热值)来度量，据此可将燃气计量方法分为体积流量计量、质量流量计量和能量流量计量 3 种。

(4) 储气装备。储气装备包括储气罐和地下储气管束。储气罐通常为建在地面上的钢罐，根据储气压力的高低，储气罐分为低压罐和高压罐，而低压罐又分为湿式与干式两种。

(5) 辅助装备。辅助装备通常包括压缩机组的能源装备、汽缸冷却装备、密封油装备、润滑油装备、润滑油冷却装备，以及整个压气站的仪表监控装备、通信装备、给排水装备、通风装备、消防装备、放空装备等。

3. 固体料浆管道运输装备

用管道输送各种固体物质的基本措施是将待输送的固体物质破碎为粉粒状，再与适量的液体配置成可泵送的浆液，通过长输管道输送这些浆液到目的地后，再将固体与液体分离送给用户。目前浆液管道主要用于输送煤、铁矿石、磷矿石、铜矿石、铝矾土和石灰石等矿物，配制浆液的主要是水，还有少数采用燃料油或甲醇等液体作为载体。

料浆管道的基本组成部分与输气、输油管道大致相同，但还有一些制浆、脱水干燥设备。以煤浆管道为例，整个系统包括煤水供应系统、制浆厂、干线管道、中间加压泵站、终点脱水与干燥装置。它们也可分为 3 个不同的组成部分：浆液制备厂、输送管道、浆液后处理系统。固体料浆管道运输装备主要有以下装备。

(1) 浆液制备系统。以煤为例，煤浆制备过程包括洗煤、选煤、破碎、场内运输、浆化、储存等环节。为了清除煤中所含的硫及其他矿物杂质，一般要采用淘选、浮选法对煤进行精选，也可采用化学法或细菌生物法。煤浆管道首站一般与制浆厂合在一起，首站的增压泵从外输罐中抽出浆液，经加压后送入干线。

(2) 中间泵站。中间泵站的任务是为煤浆补充压力能。停运时则提供清水冲洗管道。输送煤浆的泵也可分容积式与离心式两种，其特性差异与输油泵大致相同。泵的选用要结合管径、壁厚、输量、泵站数等因素综合考虑。

为了减少浆液对活塞泵缸体、活塞杆、密封圈的磨蚀，国外研制了一种油隔离泵，可避免浆液进入活塞缸内，活塞只对隔离油加压并通过它将压力传给浆液。

(3) 后处理系统。煤浆的后处理系统包括脱水、储存等部分。管输煤浆可脱水储存，也可直接储存。脱水的关键是控制煤表面的水含量，一般应保证为7%～11%。

影响脱水的因素主要有浆液温度与细颗粒含量。浆液先进入受浆罐或储存池，然后再用泵输送到振动筛中区分为粗、细浆液。粗浆液进入离心脱水机，脱水后的煤粒可直接输送给用户，排出的废液输入浓缩池与细粒浆液一起，经浓缩后再经压滤机压滤脱水，最后输送给用户。

案例2-4

中俄签署30年天然气购销合同

中俄2015年5月21日在上海签署两国政府《中俄东线天然气合作项目备忘录》、中国石油天然气集团公司和俄罗斯天然气工业股份公司《中俄东线供气购销合同》两份能源领域重要合作文件，中国国家主席习近平和俄罗斯总统普京共同见证了签字仪式。

根据合同，从2018年起，俄罗斯开始通过中俄天然气管道东线向中国供气，输气量逐年增长，最终达到每年380亿立方米，累计合同期30年。

合同约定，主供气源地为俄罗斯东西伯利亚的伊尔库茨克州科维克金气田和萨哈共和国恰扬金气田，俄罗斯天然气工业股份公司负责气田开发、天然气处理厂和俄罗斯境内管道的建设。中石油负责中国境内输气管道和储气库等配套设施建设。

中俄东线天然气合作，是在中俄两国领导人亲自关心和推动下，在两国政府直接指导和参与下，在双方企业长期共同努力下实现的，是中俄加强全面能源合作伙伴关系、深化全面战略协作伙伴关系的又一重要成果，充分体现了互信互利原则。双方将共同努力，落实相关工作，确保项目圆满实施。

中石油有关负责人表示，中俄天然气合作将加快俄罗斯远东地区经济社会发展和远东地区油气资源开发，实现出口多元化。俄罗斯进口天然气目标市场主要是中国东北、京津冀和长三角地区，满足中国国内能源消费增长、改善大气环境、优化能源利用结构、促进能源进口多元化等需求，并带动沿线地区相关产业发展。

根据本案例所提供的资料，试分析以下问题。
1. 了解中俄天然气项目。
2. 分析中俄天然气项目的建设对我国国民经济的影响。

本 章 小 结

运输在整个物流系统中起着举足轻重的作用，本章针对常见的5种运输装备进行了分析和介绍。分析了公路运输装备中的汽车的主要类型、特点，介绍了汽车型号的表示方法，并就挂车结构和厢式车进行了重点阐述，包括它们的组成、基本车型、应用领域等；对铁路运输装备进行了介绍，分析了其主要优势和缺点，就铁路机车、铁路车辆的主要用途、种类、特点等进行了介绍；对水路运输装备进行了简要介绍，阐述了其主要性能和特点，在此基础上对各种类型的常用货船进行了重点分析；概述了航空运输装备的分类与特点，并对一些运输直升机等进行了说明；阐述了管道运输的发展状况和运行特点，对油料管道运输装备和天然气管道运输装备的组成及其作用进行了细致的分析。

 关键术语

公路运输装备(Road Transportation Equipment)　　汽车(Automobile)
挂车(Trailer)　　汽车列车(Tractor Trailer)
铁路运输装备(Railway Transportation Equipment)
水路运输装备(Waterway Transportation Equipment)
航空运输装备(Aviation Transportation Equipment)
管道运输装备(Tube Transportation Equipment)

习　题

1. 填空题

(1) 公路运输的特点简而言之是_____、_____、_____、_____。
(2) 铁路列车由_____、_____组成。
(3) 铁路机车按照其所用能源不同可以分为_____、_____、_____3种。
(4) 飞机的基本组成有_____、_____、_____、_____。
(5) 输气管道系统主要由_____、_____、_____和_____等设备组成。

2. 简答题

(1) 物流系统中主要有哪几种运输装备？它们具有什么特点？
(2) 货车是如何分类的？全挂汽车列车及厢式汽车的特点及其优点是什么？
(3) 什么是半挂车？半挂车有哪些类型？它们的主要用途是什么？
(4) 铁路货车有哪几种？
(5) 货运船舶主要有哪几种？驳船与载驳船的区别是什么？
(6) 运输机有哪些类型？
(7) 管道运输的主要优点是什么？
(8) 油品管道运输装备主要由哪些装置组成？它们的作用是什么？
(9) 运输装备的发展趋势如何？

第 3 章 装卸搬运装备

【教学目标】

- ➢ 了解装卸搬运装备的基本概念、特点和类型
- ➢ 了解起重机械及输送机的分类、组成和作用
- ➢ 掌握起重装备、输送机,以及叉车的主要技术参数及特征
- ➢ 掌握叉车的特点、分类和作用

玉米的国际化销售流程

某贸易公司做出口玉米业务。在粮食收获季节，公司便派人去玉米产地收购玉米。每天工作人员将收购进来的玉米装进麻袋，用人力装上汽车后运往火车站，到火车站后由人力从汽车上卸下装上火车运往转运站。到转运站后，将玉米倒出麻袋，用皮带输送机运进粮仓储存。在和国外买方签订贸易合同后，在约定的时间之前把粮食再装进麻袋，用火车运进港口的后方仓库堆放。运粮船靠泊的前一天，将粮袋由后方仓库移至码头前沿。装船时，用吊车将麻袋吊至舱口，装卸工割口，将玉米倒进船舱。

思考题：该物流过程用到了哪些物流装备，如果想提高效率、减少员工的劳动强度，还应该采用哪些物流装备？

物资的装卸搬运是物流的主要功能之一。装卸搬运活动渗透到物流各领域、各环节，成为物流顺利进行的关键。物资装卸搬运伴随着物流的始终，联系着物流的其他功能，成为提高物流效率、降低物流成本、改善物流条件和保证物流质量的最重要的环节之一。

3.1 概　　述

装卸搬运装备指在场所内部用来搬移、升降、装卸和短距离输送货物的装备。它不仅用于完成车辆与船舶货物的装卸，而且还可完成库场货物的堆码、拆垛、运输，以及车内、舱内、库内货物的起重输送和搬运。

在物流过程中，装卸搬运活动出现的频率高于其他各项物流活动，装卸活动花费时间很长，所使用的人力也很多。因此，装卸费用在物流成本中所占的比重也较高，是降低物流费用的重要环节。

3.1.1 装卸搬运的概念

装卸搬运指在同一区域范围内，以改变物资的存放状态和空间位置为主要内容和目的的活动。习惯上"装卸"是指以垂直位移为主的实物运动形式，"装卸"作用的结果是物资从一种支撑状态转变为另一种支撑状态。前后两种支撑状态无论是否存在垂直距离差别，总是以一定的空间垂直位移的变化实现的。习惯上的"搬运"是指物资在区域范围内(通常指在某一个物流结尾，如仓库、车站或码头等)所发生的短距离，以水平方向为主的位移。在流通领域，人们常把装卸搬运活动称为"物资装卸"，而生产领域则把这种活动称为"物料搬运"。

装卸搬运是随物品运输和保管而附带发生的作业。装卸是物流系统的一个重要构成要素。运输能产生空间上的效用，保管能产生时间上的效用，而装卸本身并不产生新的效用或价值。虽然装卸本身不能创造出新的效用，但是在供应物流、企业内物流、销售物流等整个供应链物流过程中，装卸作业所占的比重较大。装卸作业质量的好坏和效率的高低不仅影响物流成本，还与物品在装卸过程中的损坏、污染等造成的损失成本及保护物品的包装成本相关,并与是否能及时满足顾客的服务要求相关。因而,装卸作业的合理化是实现物流活动效率化、顾客服务高度化的重要手段之一。

装卸搬运是人与物的结合,而完全的人工装卸搬运在物流发展到今天几乎已经不复存在。现代装卸搬运表现为由劳动者、装卸搬运装备设施、货物,以及信息、管理等多项因素组成的作业系统。只有按照装卸作业本身的要求,在进行装卸作业的场合,合理配备各种机械装备、合理安排劳动力,才能使装卸搬运各个环节互相协调、紧密配合。

物流各环节的前后和同一环节不同活动之间,都需要进行装卸搬运作业。美国产业界人士明确指出,当前美国全部生产过程中只有5%的时间用于加工制造,95%的时间则用于装卸搬运、储存等物流过程。根据运输部门考察,在运输的全过程中(包括运输前后的装卸搬运),装卸搬运所占的时间为全部运输时间的50%。正是装卸搬运活动把物流运动的各个阶段连接起来,成为连续的流动过程。在生产企业物流中,装卸搬运成为各生产工序之间连接的纽带,它是以原材料、设备等装卸搬运为始,以产品装卸搬运为终的连续作业过程。从宏观物流考察,物资离开生产企业到进入再生产消费和生活消费,装卸搬运像影子一样伴随流通活动的始终。

3.1.2 装卸搬运装备的工作特点

为了顺利完成装卸搬运任务,装卸搬运装备必须适应装卸搬运作业的要求。装卸搬运作业要求装卸搬运装备结构简单牢固、作业稳定、造价低廉、易于维修保养、操作灵活方便、生产率高、安全可靠、能最大限度地发挥其工作能力。装卸搬运装备的性能和作业效率对整个物流的作业效率影响很大,其工作特点主要有以下几方面。

(1) 适应性强。由于装卸搬运作业受货物品类、作业时间、作业环境等影响较大,装卸搬运活动各具特点。因而,要求装卸搬运装备具有较强的适应性,能在各种环境下正常工作。

(2) 工作能力强。装卸搬运装备起重能力大、起重量范围大、生产作业效率高、具有很强的装卸搬运作业能力。

(3) 机动性较差。大部分装卸搬运装备都在设施内完成装卸搬运任务,只有个别装备可在设施外作业。

(4) 安全性要求高。安全性是指装卸搬运装备在预定使用条件下执行其预定功能时不产生损伤或危害健康的能力。装卸搬运机械在带来高效、快捷、方便的同时,也带来了不安全因素,如起重机常会发生事故。机械装备事故给操作者带来痛苦,使货物损坏,严重影响企业的经济效益。物流机械装备的安全水平,关系到操作者的安全和健康,关系到装卸搬运质量。因此,安全性已成为选用装卸搬运装备时应重点考虑的因素,机械装备安全性越来越受到企业管理者的重视。

(5) 工作忙闲不均。有些装卸搬运装备工作繁忙,而有些装卸搬运装备长期闲置。无论哪一种情况,都要求加强检查和维护,保证装卸搬运装备始终处于良好的技术状态。

3.1.3 装卸搬运装备的作用

装卸搬运装备是机械化生产的主要组成部分,是实现装卸搬运作业机械化的物质技术基础,是实现装卸搬运合理化、效率化、省力化的重要手段。在装卸搬运作业中,要不断反复进行装、搬、卸操作,这些都靠装卸搬运设备有效的衔接才能完成。因此,合理配置和应用装卸搬运装备,安全、迅速、优质地完成货物装卸、搬运、码垛等作业任务,对于实现装卸搬运作业的自动化,加快现代化物流发展,促进经济发展,均有着十分重要的作用。装卸搬运装备的作用主要体现在以下几个方面。

(1) 提高装卸搬运效率。节约劳动力,减轻装卸工人的劳动强度,改善劳动条件。

(2) 缩短作业时间。加速车辆周转,加快货物的送达和发出。

(3) 提高装卸质量。保证货物的完整和运输安全,特别是长大、笨重货物的装卸。

(4) 降低装卸搬运作业成本。装卸搬运装备的应用,势必会提高装卸搬运作业效率,而效率提高使每吨货物摊到的作业费用相应减少,从而使作业成本降低。

(5) 充分利用货位,加速货位周转,减少货物堆码的场地面积。采用机械作业,装卸搬运速度快,可以及时腾空货位,因此可以减少场地面积。

随着物流现代化的不断发展,装卸搬运装备将会得到更广泛的应用。因此,科学地使用好、管理好装卸搬运装备,充分发挥装卸搬运装备的潜能,实现装卸搬运机械作业,是实现良好装卸搬运效率的重要手段。

3.1.4 装卸搬运装备的分类

装卸搬运装备所装卸搬运的货物来源广、种类繁多、外形和特点也各不相同,如箱装货物、袋装货物、桶装货物、散货、易燃易爆及剧毒品等。为了适应各类货物的装卸搬运和满足装卸搬运过程中各个环节的不同要求,各种装卸搬运装备应运而生。装卸搬运装备的机型和种类已达数千种,而且各国仍在不断研制新机种、新机型。装卸搬运装备通常有以下几种分类方法。

1. 按照主要用途或结构特征不同分类

按主要用途或结构特征不同分类,装卸搬运装备可分为起重装备、连续运输装备、装卸搬运车辆、专用装卸搬运装备。其中,专用装卸搬运装备指带专用取物装置的装卸搬运装备,如托盘专用装卸搬运装备、集装箱专用装卸搬运装备、船舶专用装卸搬运装备、分拣专用装备等。

2. 按照作业方向不同分类

按作业方向不同,装卸搬运装备可分为以下3类。

(1) 水平方向作业的装卸搬运装备。这种装卸搬运装备的主要特点是沿地面平行方向实现物资的空间转移,如各种机动、手动搬运车辆,各种皮带式、平板式输送机等。

(2) 垂直方向作业的装卸搬运装备。这种装卸搬运装备所完成的是物资沿着与地面垂直方向的上下运动,如各种升降机、堆垛机等。

(3) 混合方向作业的装卸搬运装备。这种装备综合了水平方向和垂直方向两类装卸搬运装备的特长,在完成一定范围的垂直作业的同时,还要完成水平方向的移动,如门式起重机、桥式起重机、叉车、轮胎起重机等。

3. 按照装卸搬运货物的种类不同分类

(1) 长大、笨重货物的装卸搬运机械。长大、笨重货物通常指大型机电设备、各种钢材、大型钢梁、原木、混凝土构件等，这类货物的装卸搬运作业通常采用轨行式起重机和自行式起重机两种。轨行式起重机有龙门起重机、桥式起重机、轨道起重机；自行式起重机有汽车起重机、轮轨起重机和履带起重机等。

(2) 散装货物的装卸搬运机械。散装货物通常是指成堆搬运不计件的货物，如煤、焦炭、沙子、白灰、矿石等。散装货物一般采用抓斗起重机、装卸机和输送车等进行机械装车，机械卸车主要用链斗式卸车机、螺旋式卸车机和抓斗起重机等。散装货物搬运主要用输送机。

(3) 成件包装货物的装卸搬运机械。成件包装货物一般是怕湿、怕晒，需要在仓库内存放并且多用棚车装运的货物，如日用百货、五金器材等。该类货物一般采用叉车，并配以托盘进行装卸搬运作业，还可以使用牵引车和挂车、带式输送机等解决成件包装货物的搬运问题。

(4) 集装箱货物装卸搬运机械。1t 集装箱一般选用 1t 内燃叉车或电瓶叉车作业。5t 及以上集装箱采用龙门起重机或旋转起重机进行装卸作业，还可以采用叉车、集装箱跨车、集装箱牵引车、集装箱搬运车等。近年来，随着集装箱运输的发展，出现了专门化的搬运作业设备。

3.1.5 装卸搬运装备的选型

不同类型的货物，不同的装卸搬运场所，所需要的装卸搬运装备不尽相同。合理选择装卸搬运装备，无论在降低装卸搬运费用上，还是在提高装卸搬运效率上，都有着重要的意义。

1. 选型的基本原则及考虑因素

1) 选型原则

装卸搬运装备的选择应本着经济合理、提高效率、降低费用的总原则。具体来说，应遵循以下几项基本原则。

(1) 根据不同类物品的装卸搬运特征和要求，合理选择具有相应技术特性的装卸搬运装备。各种货物的单件规格、物理化学性能、包装情况、装卸搬运的难易程度等，都是影响装卸搬运装备选择的因素。因此，应从作业安全和效率出发，选择合适的装卸搬运装备。

(2) 应根据物流过程输送和储存作业的特点，合理选择装卸搬运装备。货物输送过程中，不同的运输方式具有不同的作业特点。因此，在选择装卸搬运装备时，应根据不同运输方式的作业特点选择与之相适应的装卸搬运装备。同样，货物在储运中也有其相应的作业特点，诸如储存物品规格不同、作业类别较多、进出数量难以控制、装卸搬运次数较多和方向多变等。因此，为了适应储存作业的特点，在选用机械作业时尽可能选择活动范围大、通用性强、机动灵活的装卸搬运装备。

(3) 根据运输和储存的具体条件和作业的需要，在正确估计和评价装卸搬运的使用效益的基础上，合理选择装卸搬运装备。这就是说，在选择机械装备时一定要坚持技术经济的可行性分析，使装备的选择建立在科学的基础上，以充分利用机械装备和提高作业效率。

2) 选择依据

(1) 装卸搬运装备的选择应以满足现场作业为前提。物流作业现场的具体情况不同，可根据作业需要选择合适的装卸搬运装备类型。例如，在有铁路专用线的车站、仓库等，可选择门式起重机；在库房内可选择桥式起重机；在使用托盘和集装箱作业的生产条件下，可尽量选择叉车以及跨载起重机。

(2) 装卸搬运装备的选择，应以现场作业量、物资特性为依据。一般来说，吞吐量较大的车站、码头、货场，应选择较大吨位的装卸搬运装备，这样可在作业次数相对较少的情况下完成较大的作业量。对于长大、笨重的物资，可选择较大吨位的起重装备；对单体重量较轻的物资，可选择相应较小吨位的机械。应对现场要求进行周密的计划、分析之后，才能确定装卸机械的具体吨位。

(3) 在能完成同样作业效能的前提下，应选择性能好、节省能源、便于维修、有利于环境保护、利于配套、成本较低的装卸搬运设备。

3) 考虑的因素

在装卸搬运设备的选择时要考虑影响物流现场装卸作业量的因素。考虑企业物流的具体情况，由于生产发展水平的制约及作业现场物流量的需要，应力求做到装备的作业能力与现场作业量之间形成最佳的配合状态。这就是说，装备的作业能力达不到或超过这一状态点都可能造成不良后果。当装备作业能力达不到现场作业要求时，物流受阻；超过现场作业的要求时，生产能力过剩，装备能力得不到充分发挥，超过得越多，经济损失也就越大。影响物流现场装卸作业量的因素很多，通常有以下几个方面。

(1) 吞吐量。无论是车站、码头还是仓库等各种物流作业现场，吞吐量都是装卸作业量核定的最基本的因素。

(2) 堆码、搬倒作业量。在装卸作业现场中，物资并非都是经过一次装卸作业就能完成入港、离港、入库、出库、入站、出站等作业的。往往由于货场的调整、保管的需要，发运的变化等因素，必须对物资进行必要的搬倒、堆码作业。堆码、搬倒的次数越多，装卸作业量也就越大。这部分装卸作业量当然越少、越接近于零越好。

(3) 装卸作业的高峰期。由于直接受到物资流动不均衡的影响，装卸作业装备在使用上可能发生忙闲程度的不同。为了能适应装卸搬运作业现场可能出现的高峰期，装备作业能力应对此有必要的、充分的准备。

2. 选择的指标体系

在选择和配置装卸搬运设备过程中，都希望选择技术可靠、经济合理、操作方便的装备。然而，在实践当中常会存在一些矛盾，例如技术上先进的装备价格会很高。因此，在实际选用和配置过程中，必须根据企业的实际情况和侧重点进行合理的选择和配置。这里介绍根据指标体系进行配置、选择的基本方法。

装卸搬运装备配置、选择的指标体系主要由 5 个部分组成，即技术指标、经济指标、适应性指标、组织性指标和人机关系指标。可根据使用中对各性能的要求不同进行科学合理的选择。

1) 技术指标

技术指标是反映装卸搬运设备主要性能的指标，也是反映设备在技术性能、自动化程度、结构优化、环境保护、操作条件、现代新技术的应用等方面是否具有先进性的指标。每一种装卸搬运装备都有自己的技术指标。因此，在选择装备时，应以装卸搬运作业适用为前提,根据不同要求和具体情况,选择不同的技术指标。例如,在堆垛巷道较窄的仓库中,选择叉车时主要考虑的技术指标是叉车的宽度,这样叉车的宽度指标在选择中就占有较大的权重。

2) 经济指标

经济指标是指装卸搬运装备在购置和使用过程中所涉及的成本效益问题。

任何装卸搬运装备的使用都受经济条件的制约,低成本是衡量装备技术可行性的重要标志和依据之一。在多数情况下,装卸搬运装备的技术先进性与低成本可能会发生矛盾。在满足使用的前提下,应对技术先进与经济上的耗费进行全面考虑和权衡,做出合理的判断,这就需要进一步做好成本分析。

装卸搬运装备的选择与装卸搬运装备作业所发生的费用有极大关系,这些费用主要包括装备投资费、装备运作费,以及装卸作业成本等。

(1) 设备投资费用。装卸搬运设备投资费用,是平均每年机械装备投资的总和与相应的每台机械在1年内完成装卸作业量之比。

$$C_{设}=C_{投}/(365G)$$

式中:$C_{设}$——装卸装备投资费用,元/年;

$C_{投}$——平均每年装卸装备的总投资,元/年;

G——装卸设备平均每日装卸作业量。

其中,平均每年装卸搬运装备的总投资包括装卸装备的购置费用、装备安装费用,以及与装备直接有关的附属装备费用。即

$$C_{投}=(C_{机}+C_{装})K_{折}+C_{附}K_{折}$$

式中:$C_{机}$——装卸装备的购置费,元/年;

$C_{装}$——装备安装费用,元/年;

$K_{折}$——各项设备的基本折旧率;

$C_{附}$——附属设备费用,此项包括购置车库、充电设备,以及安装电网、起重运行轨道等费用,元/年。

(2) 装备运作费用。运作费用是指在某一种装卸搬运装备作业现场,1年内运营总支出和装备完成装卸量之比。

$$C_{运}=C/C_{年}$$

式中:$C_{运}$——装卸每吨货物支出的运营费用,元/年;

$C_{年}$——装卸装备年作业量,吨;

C——1年内运营投资总费用,此项包括装备维修、燃料和电力、劳动工资、照明等费用,元/年。

(3) 装卸搬运的作业成本。装卸搬运成本是指装卸搬运装备在某一作业场所每装卸1t货物所支出的费用,即每年平均装备投资支出和运营费用支出的总和,与每年装卸搬运装备在作业现场完成的装卸总吨数之比。

$$C_{本}=(C_{支}+C_{运})/G_{年}$$

式中:$C_{本}$——装卸1t支出的费用,元/年吨;

$C_{支}$——每年装备投资支出的费用,元/年;

$G_{年}$——每年装备完成的总吨数,吨。

3) 组织性指标

组织性指标是指装卸搬运装备作业和供货的及时性与可靠性。为了保证装卸装备正常工作，在配置、选择设备时，必须考虑设备及配件备件的供应及时性和可靠性、维修网点、供应商服务内容等情况，以便最大限度地发挥装备效能。

4) 适用性指标

适用性是装卸搬运装备满足使用要求的能力，它包括适应性和实用性。在配置与选择装备时，应充分注意装卸搬运作业的实际需要，应符合货物的特性，适应货运量的需要，适应不同的工作条件和多种作业性能的要求，操作使用灵活方便。因此，首先应明确装卸搬运装备的必要功能是什么，根据具体的作业任务来确定需要什么样的装备，做到装备作业配套，充分发挥装备效能。

5) 人机关系指标

人机关系问题目前已经发展成为一个重要的科学分支——人机工程学，人机关系指标也越来越受到人们的重视。人机关系指标主要反映搬运车辆操作的舒适性。为此，在配置和选择搬运车辆时，要看设备外观是否符合现代美学观念，视野是否宽阔，是否给人以美的感受，是否容易操作，是否无噪声或只有较小的噪声，从而选择具有较好舒适性的装卸搬运装备。

3.2 起重装备

起重装备是一种以间歇作业方式对物料进行起升、下降和水平运动的机械装备的总称。它可以减轻或代替人们的笨重体力劳动、提高劳动生产率、保证作业质量、降低生产成本、改善劳动条件，并且能够使某些生产过程的特殊工艺操作实现机械化和自动化。起重设备在国民经济的各个部门都已得到了广泛的应用，如现代化的港口、铁路枢纽和仓库等处。

3.2.1 起重装备概述

1. 起重装备的特点

起重装备是一种重复循环工作的间歇动作的货物装卸搬运机械。起重装备的种类不同，其构造和工作原理也不相同，但是各类起重装备的工作特性基本相同。起重装备在搬运物料时，通常经历着上料、运送、卸料，以及回到原处的过程，各工作机构在工作时做往复周期性的运动。它的工作程序是：吊挂抓取货物，提升后进行一个或数个动作的运移，将货物放到卸载地点，然后返程做下一次动作准备，称为一个工作循环。完成一个工作循环后，再进行下一次的工作循环。每一个工作循环中都包括载货和空返行程。因此，起重设备是一种间歇动作的机械，它具有间歇重复的特点。在工作中，它的各工作机构经常处于反复超动、制动的状态，而稳定运动的时间相对于其他机械而言则较为短暂。以吊钩起重机为例，它的工作程序通常是：空钩下降至装货点，货物挂钩，把货物提升和运送到卸货点，卸货，空钩返回原来位置准备第二次吊货。起重机的工作循环过程如图 3.1 所示。

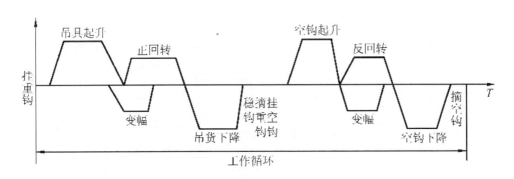

图 3.1　起重机的工作循环过程示意图

起重机以装卸为主要功能,搬运的功能较差,搬运距离很短。大部分起重机械机体移动困难,因而通用性不强,往往是港口、车站、仓库、物流中心等的固定设备。同样,起重机的作业方式是从货物上部起吊,因而作业需要的空间高度较大。

2. 起重装备的分类

起重装备的分类方法目前尚无统一的标准。起重装备的类型多种多样,通常的分类是按照其功能和结构特点不同分类,如图 3.2 所示。除此以外,起重机还有多种分类方法。按照取物装置和用途不同分类,有吊钩起重机、抓斗起重机、电磁起重机、堆垛起重机、集装箱起重机和救援起重机等;按照运移方式不同分类,有固定式起重机、运行式起重机、爬升式起重机、随车起重机等;按照驱动方式不同分类,有支撑起重机、悬挂起重机等;按照使用场合不同分类,有车间起重机、仓库起重机、建筑起重机、港口起重机、船上起重机等。

3. 起重装备的组成及其作用

各种类型起重机通常由工作机构、金属结构、动力装置与控制系统 4 部分组成。这 4 个组成部分及其功用分述如下。

1) 工作机构

工作机构是为实现起重机不同的运动要求而设置的。要把一个重物从某一位置搬运到其他任意位置,则此重物不外乎要做垂直运动和沿两个水平方向的运动。起重机要实现重物的这些运动要求,必须设置相应的工作机构。不同类型的起重机,其工作稍有差异。例如桥式起重机如图 3.3(a)所示,龙门起重机如图 3.3(b)所示。要使重物实现 3 个方向的运动,则设置有起升机构(实现重物垂直运动)、小车运行和大车运行机构(实现重物沿两个水平方向的运动)。而对于汽车起重机[图 3.3(c)]、履带式起重机[图 3.3(d)]和塔式起重机[图 3.3(e)]而言,一般设置起升机构、变幅机构、回转机构和运行机构。依靠起升机构实现重物的垂直上下运动,依靠变幅机构和回转机构实现重物在两个水平方向的移动,依靠运行机构实现重物在起重机所能及的范围内任意空间运动和使起重机转移工作场所。因此,起升机构、运行机构、回转机构和变幅机构是起重机的四大基本工作机构。

(1) 起升机构。起升机构是起重机最主要的机构,也是其最基本的机构。它由原动机、卷筒、钢丝绳、滑轮组和吊钩等组成。

大型起重机往往备有两套起升机构:吊大重量的称为主起升机构或主钩;吊小重量的称为副起升机构或副钩。副钩的起重量一般为主钩的 1/5～1/3 或更小。

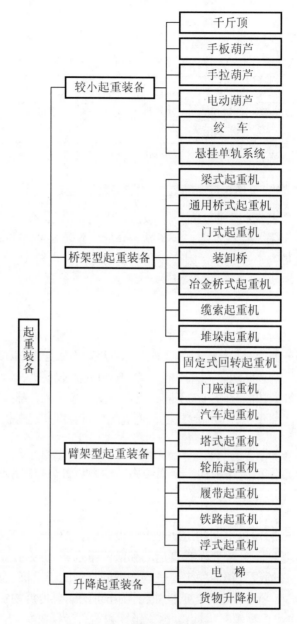

图 3.2 起重装备的分类

为了使重物停止在空中某一位置或控制重物的下降速度，在起升机构中必须设置制动器或停止器等控制装置。

(2) 变幅机构。起重机变幅是指改变取物装置中心铅垂线与起重机回转中心轴线之间的距离，这个距离称为幅度。起重机通过变幅，能扩大其作业范围，即由垂直上下的直线作业范围扩大为一个面的作业范围。不同类型的起重机，变幅形式也不同。

(3) 回转机构。起重机的一部分相对于另一部分做旋转运动称为回转。为了实现起重机的回转运动而设置的机构称为回转机构。起重机的回转运动，使其从线、面作业范围又扩大为一定空间的作业范围。回转范围分为全回转(回转 360°以上)和部分回转(可回转 270°左右)。

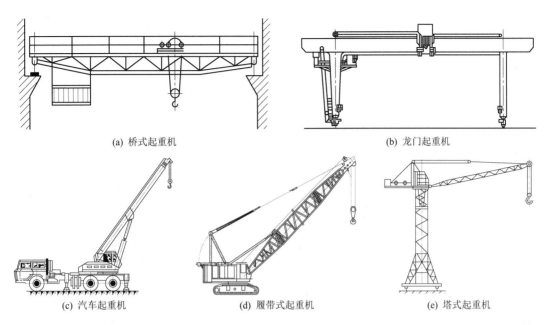

(a) 桥式起重机　　　　　　　　　　(b) 龙门起重机

(c) 汽车起重机　　　(d) 履带式起重机　　　(e) 塔式起重机

图3.3　各种起重机结构示意

(4) 运行机构。轮式起重机的运行机构是通用或专用汽车底盘，或专门设计的轮胎底盘。履带式起重机的运行机构就是履带底盘。桥式起重机、龙门起重机、塔式起重机和门座起重机的运行机构，是专门设计的在轨道上运行的行走台车。

2) 金属结构

桥式类型起重机的桥架、支腿，臂架类型起重机的吊臂，回转平台，人字架，底架(车架大梁、门架、支腿横梁等)和塔身等金属结构是起重机的重要组成部分。起重机的各工作机构的零部件都是安装或支撑在金属结构上的。起重机的金属结构是起重机的骨架，它承受起重机的自重及作业时的各种外载荷。组成起重机金属结构的构件较多，其重量通常占整机重量的一半以上，耗钢量大。因此，合理的起重机金属结构设计，对减轻起重机自重、提高起重性能、节约钢材、提高起重机的可靠性都有重要意义。

3) 动力装置

动力装置是起重机的动力源，是起重机的重要组成部分。它在很大程度上决定了起重机的性能和构造特点，不同类型的起重机，配备不同的动力装置。轮式起重机和履带式起重机的动力装置多为内燃机，一般可由一台内燃机对上、下车各工作机构供应动力。对于大型汽车起重机，有的上、下车各设一台内燃机，分别供应起重作业(起升、变幅、回转)的动力和运行机构的动力。塔式起重机、门座起重机、桥式起重机和龙门起重机的动力装置是外接动力电源的电动机。

4) 控制系统

起重机的控制系统包括操纵装置和安全装置。动力装置是解决起重机做功所需要的能源，而控制系统则是解决各机构怎样运动的问题。例如，动力传递的方向、各机构运动速度的快慢，以及使机构制动和停止等。相应于这些运动要求，其中的控制系统设有离合器、制动器、停止器、液压传动中的各种操纵阀，以及各种类型的调速装置和起重机上专用的安全装置等部件。这些控制装置能够改善起重机的运动特性，实现各机构的启动、调速、转向、制动和停止。从而达到起重机作业所要求的各种动作，保证起重机安全作业。

3.2.2 较小起重装备

较小型起重装备一般只有一个升降结构,其特点是结构紧凑、自重轻、操作方便。

1. 千斤顶

千斤顶是利用高压油或机械传动使刚性承重件在小行程内顶举或提升重物的起重工具。千斤顶按其构造和工作原理不同,可分为齿条式、螺旋式和液压式 3 种,其中液压式又包括液压立式和液压卧式两种类型,如图 3.4 所示。

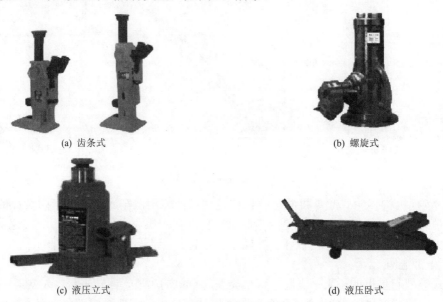

图 3.4 千斤顶

(1) 齿条式千斤顶。齿条式千斤顶结构简单、使用方便、自重轻、支撑高度可调,适用于工厂、仓库、码头、矿上和建筑工程等场所做支撑重物和辅助起升重物之用,如图 3.5 所示。

图 3.5 齿条式千斤顶

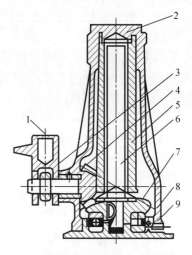

图 3.6 普通螺旋千斤顶

1—手柄;2—钢螺母;3—棘轮组;4—小锥齿轮;5—升降套筒;
6—锯齿形螺杆;7—大锥齿轮;8—机架;9—底座

(2) 螺旋千斤顶。普通螺旋千斤顶用自锁螺纹,螺旋角 $\alpha = 4°\sim 4.5°$,效率较低(30%~40%),如图3.6所示。

(3) 液压千斤顶。液压千斤顶有立式液压千斤顶和卧式液压千斤顶。结构示意如图3.7所示。

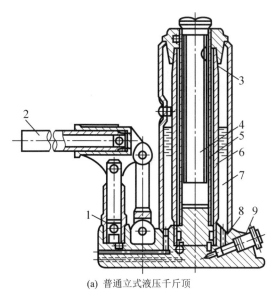

(a) 普通立式液压千斤顶

1—油泵;2—手柄;3—限位油孔;4—调整螺杆;5—活塞;6—液压缸;7—储油室;8—通油孔;9—回油阀

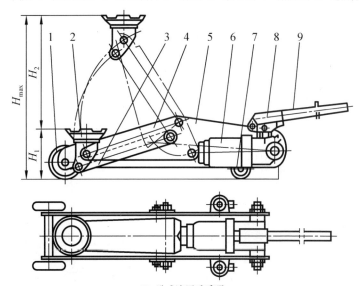

(b) 卧式液压千斤顶

1—前轮;2—托盘;3—连杆;4—起重臂;5—墙板;6—液压缸总成;7—后轮;8—撬手;9—手柄

图3.7 液压千斤顶

2. 手扳葫芦、手拉葫芦和电动葫芦

手扳葫芦是由人力通过手柄扳动钢丝绳或链条,来带动取物位置运动的起重葫芦,如图3.8(a)所示;手拉葫芦是以焊接环链作为挠性承载件的起重工具,如图3.8(b)所示;电动葫芦有钢丝绳式、环链式和板链式3种,如图3.9所示。

(a) 手扳葫芦　　　　　　　　　　(b) 手拉葫芦

图 3.8　手扳葫芦和手拉葫芦

(a) 钢丝绳式　　　　　　(b) 环链式　　　　　　(c) 板链式

图 3.9　电动葫芦

3. 绞车

绞车也称卷扬机，是由动力驱动的卷筒通过挠性件(钢丝绳、链条)起升、运移重物的起重装备。绞车是起重运输作业的主要基础装备，广泛用于装备安装、矿山、建筑工地、车站码头等地进行物料提升和牵引作业。

绞车按照动力分为手动、电动、液压 3 类。手动绞车如图 3.10(a)所示，一般用在起重量小、设施条件较差或无电源的地方。电动绞车如图 3.10(b)所示，广泛用于工作繁重和所需牵引力较大的场所。一般额定载荷低于 10t 的绞车可以设计成电动绞车。液压绞车主要是额定载荷较大的绞车，一般情况下，载荷 10t 以上到 5 000t 的绞车适合设计成液压绞车。图 3.11 是 3 种绞车的实物图。

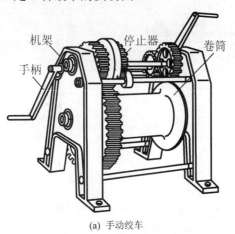 

(a) 手动绞车　　　　　　　　　　(b) 电动绞车

图 3.10　绞车示意图

(a) 手动　　　　　　　　　(b) 电动　　　　　　　　　(c) 液压

图 3.11　绞车实物图

3.2.3　桥架型起重装备

桥架型起重装备是指具有能运行的桥架结构和设置在桥架上的能运行的起升机构组成的起重机械。常见的桥架型起重装备有梁式起重机、通用桥式起重机、门式起重机、装卸桥和缆索起重机等。

1. 梁式起重机

起重小车(主要是起重葫芦)在单根工字梁或其他简单组成断面梁上运行的简易桥架型起重机，统称为梁式起重机。根据结构不同，可分为单梁桥式起重机和双梁桥式起重机两种类型，如图 3.12 所示。

(1) 单梁桥式起重机。单梁桥式起重机桥架的主梁多采用工字钢或型钢与钢板的组合截面，起重小车常为手拉葫芦、电动葫芦或用葫芦作为起升机构部件装配而成。按桥架支撑形式不同，分为支撑式和悬挂式两种；单梁桥式起重机还可分为手动和电动两种。

(2) 双梁桥式起重机。双梁桥式起重机由直轨、起重机主梁、电动环链葫芦、小车和电器控制系统组成，特别适合于大悬挂跨度和大起重量的平面范围物料输送。

(a) 单梁结构　　　　　　　　　　　　　(b) 双梁结构

图 3.12　梁式起重机

2. 通用桥式起重机

通用桥式起重机通常称为"天车"或"行车"，是在一般环境中工作的普通用途的桥式起重机(见国标 GB/T 14405—1993)。

1) 通用起重机的类型

通用桥式起重机主要有通用吊钩桥式起重机、抓斗桥式起重机、电磁桥式起重机、两用桥式起重机、三用桥式起重机、双小车桥式起重机这 6 种。

(1) 通用吊钩桥式起重机。通用吊钩桥式起重机由金属结构、大车运行机构、小车运行机构、起升机构、电器及控制系统及机室组成。取物装置为吊钩。额定起重量为 10t 以下的多为 1 个起升机构；16t 以上的则多为主、副两个起升机构。这类起重机能在多种作业环境中装卸和搬运物料及设备。图 3.13 所示的是通用吊钩桥式起重机示意图。

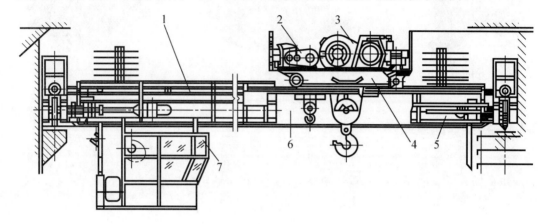

图 3.13　通用吊钩桥式起重机

1—小车导电装置；2—副起升机构；3—主起升机构；4—小车总成；5—大车运行机构；6—桥架；7—司机室

(2) 抓斗桥式起重机。抓斗桥式起重机的取物装置为抓斗，以钢丝绳分别联系抓斗、起升机构、开闭机构。这种起重机主要用于散货、废旧钢铁、木材等的装卸、吊运作业。它除了起升闭合机构以外，其结构部件等与通用吊钩桥式起重机相同。图 3.14 所示的是抓斗桥式起重机示意图。

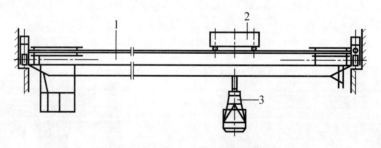

图 3.14　抓斗桥式起重机示意图

1—主梁；2—运行小车；3—抓斗

(3) 电磁桥式起重机。电磁桥式起重机的基本构造与吊钩桥式起重机相同，不同之处是吊钩上挂有一个直流起重电磁铁(又称为电磁吸盘)，用来吊运具有导磁性的黑色金属及其制品。通常是经过设在桥架走台上电动发电机组或装在司机室内的可控硅直流箱将交流电源变为直流电源，然后再通过设在小车架上的专用电缆卷筒，将直流电源用挠性电缆送到起重电磁铁上。

(4) 两用桥式起重机。两用桥式起重机有 3 种类型：抓斗吊钩桥式起重机、电磁吊钩桥式起重机和抓斗电磁桥式起重机。其特点是在一台小车上设有两套各自独立的起升机构，一套为抓斗用，一套为吊钩用(或一套为电磁吸盘用，一套为吊钩用；或一套为抓斗用，一套为电磁吸盘用)。

(5) 三用桥式起重机。三用桥式起重机(图 3.15)是一种一机多用的起重机。其基本构造与电磁桥式起重机相同。根据需要可以用吊钩吊运重物，也可以在吊钩上挂一个电动抓斗装卸物料，还可以把抓斗卸下来，再挂上电磁盘吊运黑色金属，故称为三用桥式(可换)起重机。

抓斗靠交流电源工作，电磁盘靠直流电源工作。因此，该机型必须同电磁桥式起重机一样，设置电动发电机组或可控硅直流电源箱。这种起重机适用于需经常变换取物装置的场合。

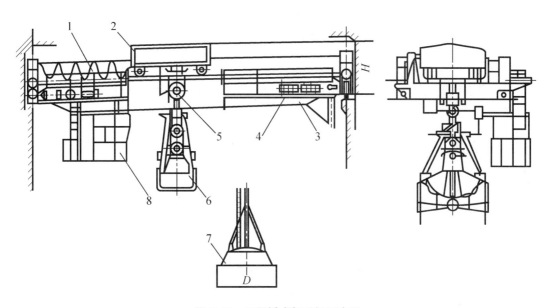

图 3.15　三用桥式起重机示意图

1—导电装置；2—小车；3—桥架；4—大车运行机构；5—吊钩；6—抓斗；7—电磁盘；8—司机室

(6) 双小车桥式起重机。这种起重机与吊钩桥式起重机基本相同，只是在桥架上装有两台起重量相同的小车。这种机型用于吊运与装卸长形物件。图 3.16 为双小车桥式起重机示意图。

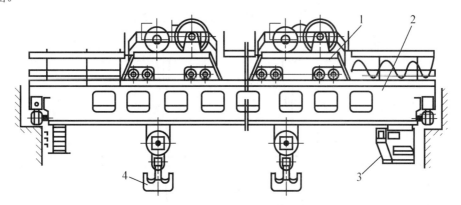

图 3.16　双小车桥式起重机示意图

1—小车总成；2—桥架；3—司机室；4—吊钩

2) 通用桥式起重机的组成

通用桥式起重机由4大部分组成：桥架、大车运行机构、起重小车(包括横向传动机构和吊钩的升降机构)、司机室(包括操纵机构和电气设备)。

(1) 桥架。桥式通用起重机的桥架由两根主梁和两根端梁及走台和护栏等零部件组成，其结构形式有箱形桥架和桁架桥架两种。

(2) 大车运行机构。桥式起重机的大车运行机构的作用是驱动大车的车轮转动并使其沿着起重机轨道做水平方向的运动。它包括电动机、制动器、减速器、联轴器、传动轴、角型轴承箱和车轮等零部件。车轮通过角型轴承箱、端梁和主梁，支撑起重机自身的重量及其全部外载荷。

(3) 起重小车。桥式起重机的起重小车，是由小车架、起升机构和小车运行机构组成的。按照小车的主梁结构形式不同，它可以分成单梁起重机小车和双梁起重机小车。

(4) 司机室。司机室是起重机操作者工作的地方，里面设有操纵起重机的控制设备、信号装置和照明设备。上档架的梯门和舱口都设有电气安全开关，并与保护盘互相连锁。只有梯门和舱口都关闭好之后，起重机才能开动，这样可以避免车上有人工作或人还没安全进入司机室时就开车而造成的人身事故。

3. 门式起重机

门式起重机是桥式类型起重机的机型之一，它是桥架通过两侧支腿支撑在地面轨道或地基上的桥架型起重机，又称龙门起重机。如果桥架一侧直接支撑在高架或高建筑物的轨道上，另一侧通过支腿支撑在地面轨道或地基上，则为半门式起重机。

门式起重机具有场地利用率高、作业范围大、适应面广、通用性强等特点，广泛使用于港口、货场等物流场所。

1) 门式起重机分类

门式起重机一般根据门架结构形式、主梁形式等来进行分类。

(1) 按照门架结构不同分类，主要有全门式起重机、半门式起重机、单悬臂门式起重机、双悬臂门式起重机4种类型，分别如图3.17(a)~(d)所示。其中，全门式起重机主梁无悬挂，小车在主跨度内运行；半门式起重机的支腿有高有低，可根据使用场地的土建要求而定；单悬臂门式起重机的结构形式往往是因场地的限制而被选用；双悬臂门式起重机是最常见的一种结构形式，其结构的受力和场地面积的有效利用都是较合理的。

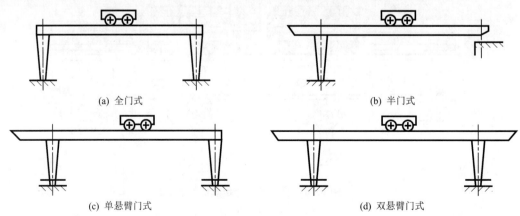

图 3.17　门式起重机按门架结构划分类型

(2) 按照主梁结构形式不同分类,有单主梁门式起重机和双主梁门式起重机。单主梁门式起重机结构简单、制造安装方便、自身质量小、主梁多为偏轨箱形架结构。与双主梁门式起重机相比,整体刚度要弱一些。因此,当起重量 $Q \leqslant 50t$、跨度 $S \leqslant 35m$ 时,可采用这种形式。单主梁门式起重机门腿有 L 型和 C 型两种形式。L 型的制造安装方便,受力情况好,自身质量较小,但是,吊运货物通过支腿处的空间相对小一些,如图 3.18 所示。C 型的支脚做成倾斜或弯曲形成 C 形,目的在于有较大的横向空间,以便货物顺利通过支脚,如图 3.19 所示。双梁门式起重机承载能力强、跨度大、整体稳定性好、品种多,但自身质量与相同起升重量的单主梁门式起重机相比要大些,造价也高些,如图 3.20 所示。根据主梁结构不同,又可分为箱形梁和桁架两种形式,目前一般多采用箱形梁结构。

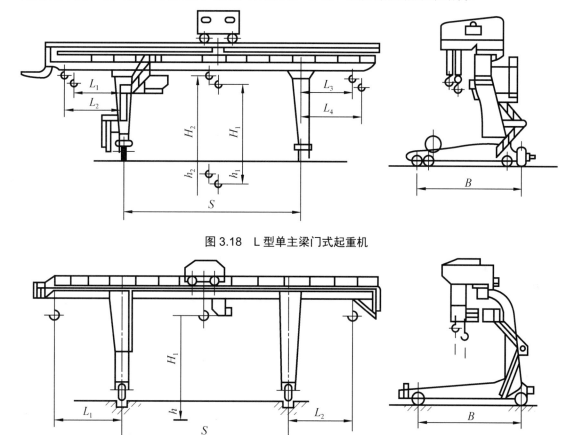

图 3.18　L 型单主梁门式起重机

图 3.19　C 型单主梁门式起重机

2) 门式起重机型号的表示方法

门式起重机型号用代号、额定起重量、跨度和工作级别号和标注代号 5 个主要特征要素来表示,如图 3.21 所示。

(1) 代号的含义。用大写英文字母表示,首字母为 M,表示门式;当 M 后面加一个字母(E、Z、C、N\P、S 中的一个)时,为双梁;加两个字母(DE、DZ、DC、DN、DP、DS 中的一组)时,为单梁。如:MG 表示双梁单小车吊钩门式起重机;ME 表示双梁双小车吊钩门式起重机;MDN 表示单主梁单小车抓斗吊钩门式起重机;MDS 表示单主梁单小车三用门式起重机。

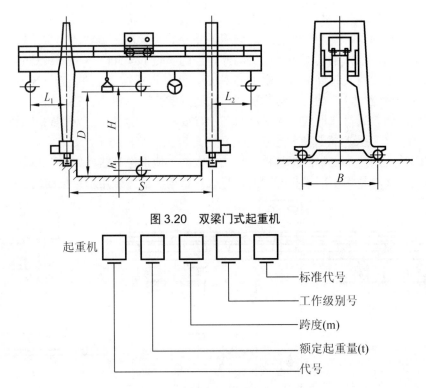

图 3.20 双梁门式起重机

图 3.21 门式起重机型号表示方法

(2) 举例。

起重机 1VIEG20/5-22A4GB/T 14406—1993：表示具有主、副钩的起重量为 20/5t、跨度为 22m、工作级别为 A4 的单梁吊钩门式起重机。

起重机 MES0/10+50/10-35A4GB/T 14406—1993：表示起重量为 50/10t+50/10t、跨度为 35m、工作级别为 A4 的双梁双小车吊钩门式起重机。

3) 门式起重机的选用

(1) 单主梁与双主梁龙门起重机的选用。一般情况下，起重量在 50t 以下，跨度在 35m 以内，无特殊使用要求，宜选用单主梁门式起重机。如果要求门腿宽度大，工作速度高，或经常吊运重物、长大件，则宜选用双梁门式起重机。

(2) 跨度和悬臂长度。门式起重机的跨度是影响起重机自身质量的重要因素，选择满足装备使用条件和符合跨度系列标准的前提下，应尽量减小跨度。悬臂长度的选择要考虑门式起重机跨度和悬臂长度合理的比值关系，力求使主梁自身质量最小。其原则是，符合等刚度和等强度理论，即当小车运行到悬臂极限位置时、主梁支腿处的强度与小车运行到跨中附近处的主梁的强度应尽可能相等或下挠度同时接近许用值。

(3) 轮距。轮距应能满足门架沿起重机轨道方向移动的稳定性要求；能使货物的外形尺寸顺利通过支腿平面刚架；轮距和跨度应保持轮距等于 1/4 或 1/6 跨度的比例关系。

(4) 间距尺寸。在工作时，门式起重机外部尺寸与堆场的货物及运输车辆通道之间应留有一定的空间尺寸，以利于装卸作业。一般运输车辆在跨度内装卸时，应保持与门腿有 0.7m 以上的间距。吊具在不工作时应与运输车辆有 0.5m 以上的间距。货物过门腿时，应有 0.5m 以上的间距。

4. 装卸桥

通常把跨度大于 35m、起重量不大于 40t 的门式起重机称为装卸桥，主要用于在港口、码头、车站等大型散堆货场装卸和搬运散状物料，如谷物、化肥、沙子、煤炭等。

装卸桥的特点是装卸效率高，一般生产率达 500t/h 以上。通常也以生产率来衡量和选择装卸桥。装卸桥的起升和小车运行机构是工作机构，速度较高，起升速度大于 60m/min；小车运行速度在 120m/min 以上，最高达 360m/min。为了减少冲击力，在小车上设置减振器。大车为调整装卸桥工作位置而运行，为非工作性机构，速度较低，一般为 25m/min 左右。

装卸桥的结构方式有桁架式和箱型门架式两种，如图 3.22 和图 3.23 所示。采用桁架结构可减少整机自身质量，而采用箱型结构便于制造。

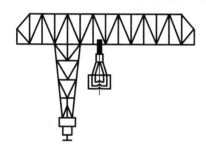
图 3.22 悬臂桁架式装卸桥

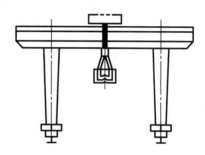
图 3.23 双悬臂箱型门架式装卸桥

装卸桥取物装置以双绳抓斗或其他专用吊具为主，抓斗装卸桥是目前国内外广泛使用的一种大型散货装卸机械，矿石煤炭、散粮等货物大多数都由抓斗装卸桥进行装卸。抓斗装卸桥广泛使用的原因是其技术成熟并且机动性好。目前在用的抓斗装卸桥各种机型都有成熟的技术和成功的经验，它利用柔性钢索作为抓取或提升货物的传动件，不受船型、车型变化条件的限制，只要抓斗能顺利地打开和抛入物料，即能进行装卸作业。

岸边装卸桥又称桥式抓斗卸船机，是一种桥架起重机，主要作为港口码头船舶装卸之用，其特点是在高大的门架上装设有轨桥架，使载重小车沿桥架运行。进行散货卸货作业时，抓斗自船舱抓取散货，提升出舱后，载重小车(抓斗小车)向码头方向运行，将散货卸入前门框内侧的漏斗内，经胶带输送系统送到货场。

在选用装卸桥时，必须根据具体的使用条件、服务对象、主要性能技术参数要求、安装和维修能力、经济性要求等方面综合考虑，通过技术经济论证或评估后作出合理的决策。

5. 缆索起重机

利用张紧在主副塔架之间的承载索作为载重小车行驶轨道的起重机，如图 3.24 所示。适用于地形复杂，难以通行的施工场地，如低洼地带的土方工程，水坝、河流、山谷等地区的物料输送。在主塔和副塔之间，装设一根承载索，作为载重小车的轨道，牵引机构牵引载重小车在承载索上来回行驶，运送物料。起升机构上下运动升降物料。主副塔架的行走机构，使主副塔架沿地面轨道同步行走。工作机构由主塔架上的司机室进行控制。

图 3.24　缆索起重机

3.2.4　臂架型起重装备

臂架型起重机由行走、起升、变幅、旋转机构组成。主要利用臂架的变幅(俯仰)和绕垂直轴线回转配合升降运行，可在一个圆柱形空间范围内起重和搬运货物。臂架类起重机种类繁多，下面介绍几种常见的臂架式起重机。

1. 门座起重机

1) 门座式起重机的概念与分类

门座式起重机是装在沿地面轨道行走的门形底座上的全回转臂架起重机。根据不同的方法，可以将其分成不同的种类，如港口和货场使用的门座式起重机按照用途不同分为通用式和专用式两种。专用门座式起重机通常只能用于某一种货物的装卸，而通用门座式起重机是用吊钩或抓斗装卸货物，货物种类较杂。如带斗门座式起重机专用于煤炭装卸，通常它的生产率比通用门座式起重机高。又如：按补偿方式不同，门座式起重机可分为象鼻梁式门座起重机、连杆式门座起重机和臂架式门座起重机等。

2) 门座式起重机构造和工作原理

一台门座式起重机主要包括金属结构、4 大机构和电气系统等组成部分。其结构示意图如图 3.25 所示。其中，起重臂系统、平衡系统、转盘、人字架(转柱或立柱)、机房、司机室、门架、运行机构均衡梁等是起重机的金属结构。起升机构、变幅机构、回转机构、运行机构就是它的 4 大机构。在电气系统中，其供电一般是通过电缆卷筒将电输送到中心受电器上，通常港口式起重机多为低压供电上机，但在大起重量的机型上也有使用高压供电上机的，此时机上需设有变电装置和高压控制柜。港口门座式起重机均采用电力驱动，电气控制部分集中在操纵室和电气房内，电阻箱布置在机器房内，安全保护装置设置在适当的位置上。

(1) 起升机构。为了便于使用双绳抓斗装卸散货，门座式起重机一般采用双卷筒的起升机构，即由两台电动机分别带动各自的减速器，经过 3 级减速后输出，并带动各自的钢丝绳卷筒。起升钢丝绳一端固定在卷筒上，另一端通过人字架上的补偿滑轮及象鼻梁两个端部的滑轮，固定于吊钩或抓斗上，如图 3.26 所示。

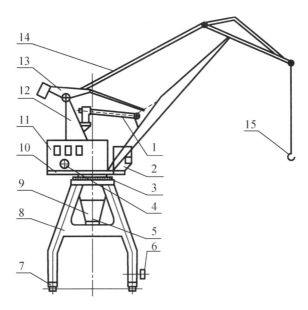

图 3.25 门座起重机结构示意图

1—变幅机构；2—司机室；3—旋转机构；4—起升机构；5—电器系统；6—卷筒；7—行走机构；
8—门架；9—转柱；10—转盘；11—机房；12—人字架；13—平衡系统；14—起重臂系统；15—吊钩

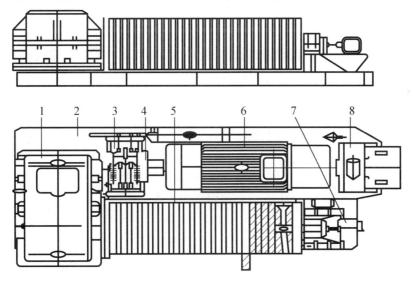

图 3.26 门座起重机起升机构

1—减速器；2—机架；3—制动器；4—联轴器；5—卷筒；6—启动机；7—控制元件；8—涡流制动器

(2) 变幅机构。根据工作性质不同，变幅机构分为非工作性(调整性)的和工作性的两种。一般情况均为工作性变幅，非工作性变幅只在小型机上使用。为了提高起重机的工作效率和更好地满足作业要求，门座式起重机采用了工作性变幅机构，即带载变幅。这种变幅机构的特点是工作次数频繁、变幅阻力较大和变幅速度较快。如果起重机仅采用简单摆动臂架的方式变幅，则会引起臂架重心、取物装置及吊物在水平移动的同时产生升降运动。当臂架变动一个角度时，所吊物移动了一定的距离，同时吊物也增加了一定的高度 H，如

图 3.27 所示。这使驱动装置在变幅过程中,除了必须克服一定的阻力外,还必须克服由于臂架自重和吊重升降所引起的阻力,不仅驱动功率要增大,而且增加了司机操作定位的困难。为了在变幅过程中保持载荷水平位移,常采用绳索补偿法和组合臂架法使重物在变幅过程中沿着接近于水平的轨道移动。

绳索补偿法的工作原理是:当臂架摆动时,依靠特殊设计的起升绳卷绕系统,适当地放出或收进一定长度的起升绳来补偿货物悬挂点的升降,以达到货物在变幅过程中水平位移的目的,如图 3.28 所示。

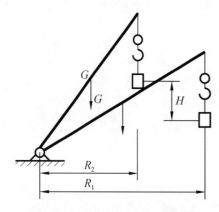

图 3.27 变幅过程中吊物的移动

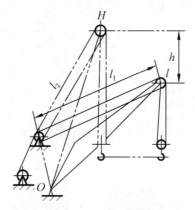

图 3.28 绳索补偿法

这种补偿方法构造简单,臂架端部的合力接近通过骨架下铰点,臂架承受较小的弯矩,可获得较小的工作幅度。但起升绳较长且磨损较快,小幅度时货物颠簸大,适用于中小起重量的港口起重机。

组合臂架补偿法的工作原理是,依靠组合臂架象鼻架端部滑轮在变幅过程中的特殊运动(水平线或近似水平线)来保证货物的水平移动。只要将四连杆机构各构件(包括连接拉杆下铰和臂架下铰的基础构件)的尺寸选择适当,使有效幅度控制在双叶曲线接近水平的区段上,变幅过程中吊钩就能做近似的水平移动,如图 3.29 所示。这种补偿和布置方式比较简单,在港口起重机中应用得非常普遍,拉杆常做成刚性结构,以承受工作过程中可能产生的轴向压力。

(3) 回转机构。由一个或两个旋转电动机输出的转矩经涡轮减速器或行星齿轮减速器减速后,带动旋转小齿轮,小齿轮再带动固定于转柱上的旋转大齿轮,从而使门座起重机的上部旋转,以完成作业任务。

(4) 行走机构。由两台或 4 台行走电动机输出转矩经各自的减速器减速后,传递到开式齿轮组,再驱动门座行走轮沿轨道运动,从而使门座改变工作位置。它也可用于装卸货物行走。

门座式起重机的起升、旋转、变幅 3 个机构可单独作业,也可联合作业,以完成所需的作业内容。

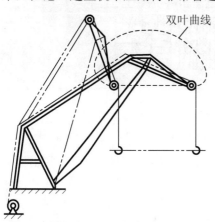

图 3.29 四连杆补偿机构

2. 汽车起重机

汽车起重机是安装在标准的或专用的载货汽车底盘上的全旋转悬臂起重机,其车轮采用弹性悬挂,行驶性能接近于汽车。一般车头设有司机室,此外,绝大多数还在转台或转盘上设有起重驾驶室。汽车起重机行驶速度高、越野性能好、作业灵活、能迅速改变作业场地,特别适合于流动性大、不固定的作业场所。汽车起重机一般作业时都放下支腿,不能带负荷行驶,且不能配套双绳抓斗使用,因而其使用受到一定限制。图 3.30、图 3.31 分别为汽车起重机的构造图和外观图。

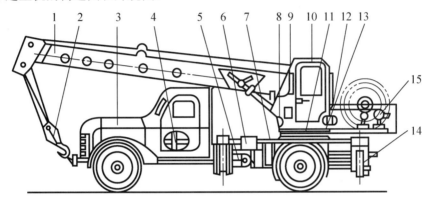

图 3.30 汽车起重机的构造图

1—起重臂;2—吊钩;3—发动机;4—取力装置操纵杆;5—取力装置;6—支腿操纵台;7—底架;
8—加速踏板;9—上车操纵杆;10—驾驶室;11—转台;12—回转机构;13—滚柱转盘;14—支腿;15—起升机构

3. 轮胎起重机

轮胎起重机是将起重工作装置和装备装设在专门设计的自行轮胎底盘上的起重机,如图 3.32 所示。轮胎起重机与汽车起重机相比,两者的区别主要体现在以下两方面。

图 3.31 汽车起重机外观图　　　　图 3.32 轮胎起重机

(1) 底盘不同。汽车起重机使用的是标准的或专用的汽车底盘,轮胎起重机使用专用底盘,其轮距和轴距配合适当,从而稳定性好,能在平坦的地面上吊货行驶,但行走速度低,所以适合在一个货场内作业。

(2) 驾驶室的数目不同。轮胎起重机只有一个驾驶室,位于转台上,起重机的各个机构都从这个驾驶室操纵;而汽车起重机有两个驾驶室,一个在转台上,操纵起升、回转和变幅机构;另一个在起重机前方,操纵起重机的行驶和转向。

4. 履带起重机

这是一种将起重工作装置和设备设在履带式底盘上,靠行走支撑轮在自身封闭的履带上滚动运行的起重机,如图 3.33 所示。与轮胎式起重机相比,履带对地面的平均压力小,可在松软、泥泞的地面上进行作业。此外,它的爬坡能力强,牵引性能好。

5. 浮式起重机

浮式起重机是以专用浮船作为支撑和运行装置,浮在水上作业,可沿水道自航或拖航的水上臂架起重机,如图 3.34 所示。它广泛应用于港口,可单独完成船岸之间或船船之间的装卸作业。

图 3.33　履带起重机

图 3.34　浮式起重机

3.2.5　起重机的主要属具

起重机的属具包括索具和取物装置两大类,常用的索具有钢丝绳、麻绳、化学纤维绳等;常用的取物装置有吊钩、抓斗、电磁吸盘等。

1. 钢丝绳

钢丝绳是起重装备中最常用的挠性件。在起重作业中被广泛用作起重绳、变幅绳、小车牵引绳,在装卸过程中还可用于货物的捆扎。钢丝绳具有承载能力大、过载能力强、挠性好、自重轻和传动平稳无噪声等优点,适用于高速运动。由于绳股中钢丝断裂是逐渐产生的,一般不会发生整根钢丝绳突然断裂的现象,所以工作较可靠。

钢丝绳比链条在起重机上有更为广泛的应用,原因是:①链条的强度、承载能力,以及弹性均不如钢丝绳好;②一旦发生重物过重难以起吊时,链条通常是骤然断折;③链条的成本较高;④链条高速运转时噪声大;⑤链条的自重较重。

2. 麻绳

麻绳具有质地柔韧、轻便、易于捆绑、结扣和解脱方便等优点，但其强度较低，一般麻绳的强度只有相同直径钢丝绳的10%左右，而且易磨损、腐烂、霉变。因此，麻绳在起重作业中主要用于重量较小的重物的捆绑，吊运500kg以下的较轻物体。当吊起重物时，麻绳拉紧物体，以保持被吊物体的稳定和在规定的位置上就位。

3. 化学纤维绳

化学纤维绳俗称尼龙绳或合成纤维绳，目前多采用锦纶、尼龙、维尼纶、乙纶、丙纶等合成纤维搓制而成。它有质轻、柔软、耐腐蚀、强度及弹性比麻绳好等优点；其缺点是不耐热，使用中忌火、忌高温。

在吊运表面光洁、不允许擦伤的物件和装备时，使用化学纤维绳比使用钢丝绳更有利于防止擦伤吊物表面；而且化学纤维绳能耐酸、耐碱、耐油和耐水，在特殊条件下使用可充分发挥它的优点。

4. 吊钩

吊钩是起重机中应用最广泛的取物装置，它由吊钩、吊钩螺母、推力轴承、吊钩横梁、护板等组成。吊钩分单钩和双钩，如图3.35所示。通常80t以下用单钩，80t以上用双钩。成批生产的吊钩宜用模锻，大吨位、单件生产的吊钩采用自由锻或板钩(片式吊钩)。

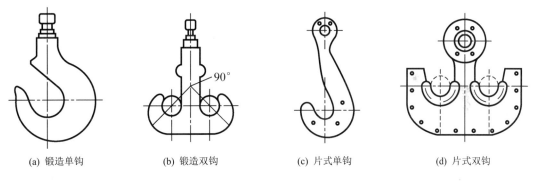

(a) 锻造单钩　　(b) 锻造双钩　　(c) 片式单钩　　(d) 片式双钩

图 3.35　吊钩的种类

5. 抓斗

抓斗是一种由机械或电动控制的自动取物装置，主要用于装卸散装货物，有时还用于抓取长材。抓斗的种类很多，根据抓取的货物不同可分为散粮抓斗、煤炭抓斗、矿石抓斗和木材抓斗等。

根据所抓取货物的堆积密度不同，抓斗可分为5种类型，见表3-1。

表 3-1　按照所抓货物的堆积密度不同划分抓斗

货物堆积密度/(t/m³)	<0.8	0.8～1.2	1.2～2.0	2.0～2.8	>2.8
抓斗类型	特轻型	轻型	中型	重型	特重型
主要货种	散粮	焦炭、煤	磷矿、石灰石	小块铁矿	大矿石、废钢

根据操纵抓斗的原理不同，可分为单绳、双绳和电动抓斗3种，双绳抓斗使用广泛。

双绳抓斗如图 3.36 所示，由颚板、撑杆、上承梁(抓斗头部)和支撑杆这 4 个基本部分组成。抓斗悬架在支持绳(起升绳)和开闭绳上，两根钢丝绳分别绕入驱动卷筒上。双绳抓斗的动作完全由支持绳和开闭绳的运动速度来操纵，其工作过程可分为以下 4 步。

(1) 降斗：卸载后张开的抓斗依靠自重下降到散货堆上，这时开闭绳和支撑绳以相同的速度下降，但开闭绳较松，以免下降过程中抓斗自动关闭。

(2) 闭斗：抓斗插入物料后，支撑绳保持不动，而开闭绳开始收紧使颚板闭合，将散粒物料抓到斗中。

(3) 升斗：抓好散粒物料后，开闭绳和支撑绳以同样的速度起升，直到所需高度。

(4) 开斗：支撑绳不动，开闭绳放松，这时颚板在自重和下横梁的共同作用下张开，并卸出抓斗中的物料，然后进入下一个工作循环。

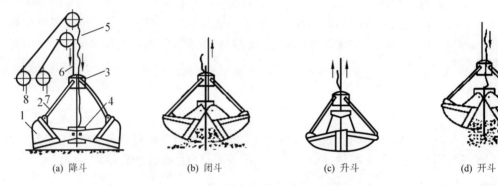

图 3.36 双绳抓斗工作原理图

1—颚板；2—撑杆；3—抓斗头部；4—支撑杆；5—开闭绳；6—支撑绳；7、8—驱动卷筒

6. 电磁吸盘

电磁吸盘是靠电磁力自行吸取导磁物品的取物装置。

通常靠线圈通电激磁吸料，断电去磁卸料。图 3.37 所示的电磁吸盘由铸钢外壳和装在其内的线圈组成。电流通过挠性电缆输入线圈通电后即产生磁力线，磁力线在外壳与磁性物料之间形成闭合回路，于是物料被电磁吸盘吸住。线圈断电后，物料自行脱落。电磁吸盘使用直流电为宜，因为直流电工作可靠，磁力损失及旋涡损失小，电感影响也较小。

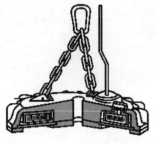

图 3.37 电磁吸盘

利用电磁吸盘来装卸钢锭、生铁、废钢等铁磁性货物，可避免繁重的体力劳动，达到很高的生产效率。影响电磁盘起重量的主要因素有：磁场强度、钢铁件的外形、重量、纯度和温度。钢铁件碎小、外表不平、含杂质和高温等，都会引起导磁不良而降低起重量。

3.2.6 起重装备的配置与选择

1. 起重装备的主要性能参数

在对起重机械进行配置与选择之前，需要弄清楚起重机械的主要性能参数，它们包括起重量、工作幅度、起重力矩、起升高度，以及工作速度等。

1) 起重量

起重量是指起重机能吊起重物的质量，其中应包括吊索和铁扁担或容器的质量，它是衡量起重机工作能力的一个重要参数。通常称为额定起重量，用"Q"表示。起重量的单位用"吨"表示。

起重机随着工作幅度的变化，其起重量也随之变化。因此，额定起重量有最大起重量和最大幅度起重量。最大起重量是指基本起重臂处于最小幅度时所允许起吊的最大起重量；最大幅度起重量是指基本起重臂处于最大幅度时所允许起吊的最大起重量。一般起重机的额定起重量是指基本起重臂处于最小幅度时允许起吊的最大起重量，也就是起重机铭牌上标定的起重量。

2) 工作幅度

工作幅度是指在额定起重量下，起重机回转中心轴线到吊钩中心线的水平距离，通常称为回转半径或工作半径，用"R"表示，单位为"m"。工作幅度表示起重机不移位时的工作范围，它包括最大幅度(R_{max})和最小幅度(R_{min})参数。对于俯仰变幅的起重臂，当水平夹角为13°时，从起重机回转中心轴线到吊钩中心线的水平距离最大，为最大幅度；当起重臂仰到最大角度(一般水平夹角为78°)时，回转中心轴线到吊钩中心线距离最小，为最小幅度。对于小车变幅的起重臂，当小车处于臂架头部端点位置时，为最大幅度；当小车处于臂架根部端点位置时，为最小幅度。

起重机的起重量随幅度变化而变化，同一台起重机，幅度不同，其起重量也不同。对于有支腿装置的轮式起重机，还应以有效幅度 A 表示，即支腿侧向工作时，在额定起重量下，吊钩中心垂线到该侧支腿中心线的水平距离。有效幅度反映起重机的实际工作能力，没有使用支腿侧向工作时，则工作幅度用 A_1(单胎)或 A_2(双胎)表示，如图 3.38 所示。

3) 起重力矩

起重力矩是指起重机的起重量与相位幅度的乘积，用 M 表示，$M=QR$。起重力矩的单位用 t·m 表示，也可用 kN·m 表示，它是起重机的综合起重能力参数，能全面和确切地反映起重机的起重能力。

塔式起重机需要经常在大幅度情况下工作，故以起重力矩作为表示型号的主参数。塔式起重机的起重力矩，通常是指最大幅度时的起重力矩。

起重机的起重特性曲线是表示起重机的起重量与幅度关系的曲线，不同幅度有不同的额定起重量，将不同幅度和相应的额定起重量以线连接起来，可以绘制成起重特性曲线。所有起重机的操纵台旁都有这种曲线图，使操作人员能很快查出起重机在某一幅度时的最大起重量。对于能配用几种不同臂长的起重机，对应每一种长度的起重臂都有其起重特性曲线。

4) 起升高度

起升高度是指自地面到吊钩钩口中心的距离，用"H"表示，单位为"m"，它的参数标定值通常以额定起升高度表示。额定起升高度是指满载时吊钩上升到最高极限，自吊钩中心到地面的距离。当吊钩需要放到地面以下吊取重物时，则地面以下深度叫下放深度，总起升高度为起升高度和下放深度之和。图3.39给出了起升高度的计算方法。

5) 工作速度

起重机的工作速度包括起升、变幅、回转和行走等速度。

(1) 起升速度。起升速度是指起重吊钩上升或下降的速度，单位为"m/min"。起重机的起升速度和起升机构的卷扬牵引速度有关，而且与吊钩滑轮组的倍率有关。2 绳比 4 绳快一倍，单绳比双绳快一倍。表示起升速度参数时，应注明绳数。

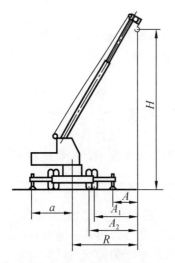
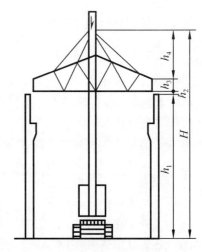

图 3.38 起重机工作幅度和起升高度　　　　图 3.39 起升高度计算

(2) 变幅速度。变幅速度是指吊钩从最大幅度到最小幅度的平均线速度,单位为"m/min"。俯仰变幅起重臂的变幅速度也就是起重臂升起和降落的速度,一般落臂速度要快于升臂速度。

(3) 回转速度。回转速度是指起重机在空载情况下,其回转台每分钟的转数,单位为"r/min"。

(4) 行走速度。行走速度是指起重机在空载情况下,行走时最大的速度,单位为"m/min"。

6) 自重及质量指标

(1) 自重。起重机的自重是指起重机处于工作状态时起重机本身的总重,以"G"表示,单位为"t"或"kN"。

(2) 质量指标。质量指标是指起重机在单位自重下有多大的起重能力,通常用质量利用系数 K 表示,它反映了起重机设计、制造和材料的技术水平,K 值越大,越先进。起重机质量利用系数的表示形式是以起重力矩和与此相对应的起升高度来表示,即:$K=QRH/G$。

2. 起重机械的选择

起重机的工作级别由起重机的利用等级和载荷状态确定,可分为 A1~A8 共 8 个等级,它反映了起重机在设计寿命期内,使用时间的长短和负载的繁重程度。对起重机械划分工作级别,有利于合理地设计和选用起重机。当起重机利用等级和载荷谱系数无法确定时,可按起重机用途,并参照表 3-2 选定合适的起重机。

表 3-2 起重机工作级别举例

起重机形式		工 作 级 别	
桥式起重机	吊钩式	电站安装及维修用	A1~A3
		车间及仓库用	A3~A5
		繁重工作车间及仓库用	A6、A7
	抓斗式	间断装卸用	A6
		连续装卸用	A6~A8

续表

起重机形式	工作级别	
门式起重机	一般用途吊钩式	A3～A6
	装卸用抓斗式	A6～A8
	电站用吊钩式	A2、A3
	造船安装用吊钩式	A3～A5
	装卸集装箱用	A5～A8
装卸桥	料场装卸用抓斗式	A7、A8
	港口装卸用抓斗式	A8
	港口装卸集装箱用	A6～A8
门座起重机	安装用吊钩式	A3～A5
	装卸用吊钩式	A5～A7
	装卸用抓斗式	A6～A8
塔式起重机	一般建筑安装用	A2～A4
	用吊罐装卸混凝土	A4～A6

1) 起重机技术性能的选择

起重机的技术性能必须和施工方案相适应，主要对起重量、起升高度、工作幅度等性能参数予以选择。

(1) 起重量的选择。起重机的起重量必须大于吊装构件的最大起重量和索具质量之和。必须注意，不能依据起重机额定最大起重量，而应根据起吊构件时的工作幅度所允许的起重量。其计算公式为

$$Q \geqslant Q_1 + Q_2$$

式中：Q——起重机的起重量，t；

Q_1——吊装构件的最大起重量，t；

Q_2——索具的质量，t。

(2) 起升高度的选择。起重机的起升高度必须满足所吊装构件的起升高度的要求，如图 3.39 所示。其计算公式为

$$H \geqslant h_1 + h_2 + h_3 + h_4$$

式中：H——起重机的起升高度，从停机地面算起至吊钩中心，m；

h_1——安装构件的表面高度，从停机地面算起，m；

h_2——安装间隙，视具体情况而定，一般不小于 0.3m；

h_3——绑扎点至构件吊起后至地面的距离，m；

h_4——索具高度，自绑扎点至吊钩中心的距离，视具体情况而定，m。

(3) 工作幅度的选择。在一般情况下，当起重机可不受限制地开到构件吊装位置附近去吊装时，需要考虑达到安装高度时所吊构件与起重臂之间的距离，以避免碰撞或提升不到预定高度。据此，按起重量 Q 和起升高度 H 查阅起重机起重性能表或曲线图来选择起重机型号和起重臂长度，并可查得在一定起重量 Q 和起升高度 H 下的工作幅度 R，作为起重机停机位置及行走路线时的参考。

如果起重机不能开到吊装位置附近去吊装，必然要增加工作幅度，就应根据起重量 Q、

起升高度 H 和工作幅度 R 这 3 个参数查阅起重机起重特性曲线来选择起重机型号及起重臂长度。

2) 起重机数量的选择

起重机数量应根据工程量、工期和起重机台班定额产量而定，其计算公式为

$$N = \frac{1}{TCK} \sum \frac{Q_i}{P_i}$$

式中：N——起重机台数，台；

　　　T——工期，天；

　　　C——每天作业班数，班；

　　　K——时间利用系数，取 0.8~0.9；

　　　Q_i——每种构件的吊装工作量，吨；

　　　P_i——起重机相应的台班产量定额，吨/台班。

此外，在决定起重机数量时，还应考虑到构件装卸、拼装和就位的作业需要。

3) 起重机经济性的选择

起重机的经济性和其在工地使用的时间有很大关系。使用时间越长，则平均到每个台班的运输和安装费用越少，其经济性越好。各类起重机的经济性比较曲线如图 3.40 所示。在同等起重能力下，如果使用时间短，则使用汽车式或轮胎式起重机最经济；如果使用时间较长，则履带式起重机较经济；如果长期使用，则使用塔式起重机最经济。

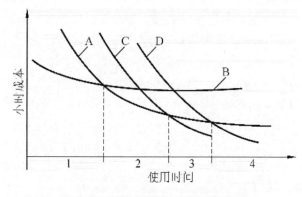

图 3.40　各类起重机经济性比较曲线

A—轮胎起重机；B—汽车起重机；C—履带起重机；D—塔式起重机

案例 3-1

我国起重机行业的现状及发展趋势

随着我国经济的迅速发展，起重运输机在工业生产中也取得了很大的进步，目前我国起重机械设备生产企业高达 3500 多家，其中 1898 家企业拥有了安装、拆卸许可证，它们具有较先进的制造能力，其中"十二五"期间，起重机械产品的工业生产总值和销售收入，分别每年增长 30%，但产品总体上与国外还是有较大差距。

1. 发展制约因素

2011—2015 年，我国的工程机械行业发展的并不是非常好，起重机的销量一直都是处于一种低迷

的状态,这其中的因素是多方面的。

1) 价格因素

国家更注重于工程机械工程的环境保护,所以随着起重机技术的提升成本也有所增加。

2) 市场竞争日益激烈

面临着非常严重的全球化竞争,很多国际品牌加入国内品牌的竞争中,企业要在技术上不断创新。

2. 发展趋势

起重设备正在经历着一场巨大的变革,正处于市场高速发展期,具有较大的市场发展潜力。而随着现代化建设进程越来越快,对起重机械的要求也越来越高,起重机械向大型化、通用产品小型化、轻型化和多样化,系列产品模块化、组合化和标准化,产品性能自动化、智能化和数字化,产品吨位两极化发展。

1) 重点产品大型化

目前世界上最大的履带起重机起重量3000t,最大的桥式起重机起重量1200t,集装箱岸连装卸桥小车的最大运行速度已达350m/min,堆垛起重机级最大运行速度240m/min,垃圾处理用起重机的起升速度达100m/min。

2) 系列产品模块化、组合化和标准化

用模块化设计代替传统的整机设计方法,将起重机上功能基本相同的构件、部件和零件制成有多种用途,有相同联接要素可互换的标准模块,通过不同模块的相互组合,形成不同类型和规格的起重机。设计新型起重机,只需选用不同模块重新进行组合。可使单件小批量生产的起重机改换成具有相当批量的模块生产,实现高效率的专业化生产,企业的生产组织也可由产品管理变为模块管理。

3) 通用产品小型化、轻型化和多样化

有相当批量的起重机是在通用的场合使用,工作并不很繁重。这类起重机批量大、用途广,考虑综合效益,要求起重机尽量降低外形高度,简化结构,减小自重和轮压,也可命名整个建筑物高度下降,建筑结构轻型化,降低造价。

4) 产品性能自动化、智能化和数字化

起重机的更新和发展,在很大程度上取决于电气传动与控制的改进。将机械技术和电子技术相结合,将先进的计算机技术、微电子技术、电力电子技术、光缆技术、液压技术、模糊控制技术应用到机械的驱动和控制系统,实现起重机的自动化和智能化。大型高效起重机新一代电气控制装置已发展为全电子数字化控制系统。

5) 产品吨位两极化发展

我国起重机产业在大型化方面的飞跃尤为突出,而微型化的趋势更多地体现在国外的起重机品牌身上,未来起重机产品吨位有向两极化发展的趋势。

根据本案例所提供的资料,试分析以下问题。

(1) 我国起重机参与国际市场竞争有哪些优势?

(2) 我国起重机行业与世界先进水平相比主要差距体现在哪些方面?

【参考视频】

3.3 输送装备

物料输送是"装卸搬运"的主要组成部分,在物流各阶段前后和同一阶段的不同活动之间,都必须进行输送作业。在现代物流活动中,输送机械承担货物的运输任务，具有把各物流阶段连接起来的作用。输送装备是指以连续的方式沿着一定的线路从装货点到卸货点均匀输送散料或成件包装货物的机械。输送机械与起重机械相比较，其工作时输送货物是沿着一定的线路不停地输送；工作构件的装卸和卸载都是在运动过程中进行的，无须停车，启动制动少；被输送的散货是以连续形式分布于承载件上，输送的成件货物也同样按一定的次序以连续的方式移动。

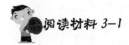

输送机械的发展现状

自从20世纪80年代以来，中国经济快速发展，一大批港口、电厂相继建成并投入使用，许多国家重点工程引进了国外的先进技术和设备，相继建成秦皇岛港、日照港、青岛前湾港、连云港港、宁波港、天津港等大型物料装卸港口，这些港口的主要装卸货物为煤炭或铁矿石。大量的老电厂已不再使用推土机、装卸桥、叉车等低效率的输送设备。新建电厂已全部采用高效率的输送连续设备。国内用户采用引进及合作制造等多种方式使用国外先进设备。国产设备还出口到其他国家。散料机械设备有了长足的进步。大量的国外公司加入中国的基本建设中，在此期间相继引进了德国、荷兰、美国、法国、日本、英国等国家的大型设备。主要有大型抓斗岸桥、斗轮堆取料机、大型装船机，以及整个散货装卸系统，同时也促进了国内此类设备的设计水平和制造水平。

3.3.1　输送机概述

输送机在一个区间内能连续搬运大量货物，搬运成本非常低廉，搬运期间比较准确，货流稳定，因此，被广泛用于现代物流系统中。从国内外大量自动化立体仓库、物流配送中心、大型货场来看，其装备除起重机械以外，大部分都是连续输送机组成的搬运系统。整个搬运系统均由中央计算机控制，形成了一整套复杂完整的货物输送、搬运系统，大量货物或物料的进出库、装卸、分类、分拣、识别、计量等工作均由输送机系统来完成。在现代化货物搬运系统中，输送机发挥着重要的作用。

1. 输送机的特点

输送机具有以下特点。

(1) 输送机的装料和卸料是在输送过程不停顿的情况下进行的，输送机一经启动，就以稳定的输送速度沿着一定路线输送物料，可以采取很高的输送速度，连续而高速的物料流使输送机可以获得很高的生产率。

(2) 沿固定的中线输送货物，动作单一，故结构简单，便于实现自动控制。在同样生产率的条件下，载荷均匀、速度稳定、连续输送机功率较小。

(3) 重量较轻，结构紧凑，造价较低，输送距离长。但当输送路线复杂时，会造成结构复杂；当输送路线变化时，需要重新布置输送机。

(4) 通用性较差，每种机型只适用一定类型的货种，一般不适于运输重量很大的单件物品或集装容器。

(5) 大多数连续输送机不能自行取货，因而需采用一定的供料装备。

2. 输送机的分类

输送机的形式、构造和工作原理都是多种多样的。由于生产发展的要求,新的机型正在不断增加。按照不同的分类方式,输送机可以分为以下几种。

(1) 按照它所运货物的种类,可分为输送件货和输送散货两种。

(2) 按照安装方式的不同,输送机可分为固定式输送机和移动式输送机两大类。固定式输送机主要用于固定输送场合,如专用码头、仓库中货物移动、工厂生产工序之间的输送、原料的接收和成品的发放等。它具有输送量大、单位电耗低、效率高等特点。移动式输送机具有机动性强、利用率高、能及时布置输送作业达到装卸要求的特点,这类设备输送量不太高,输送距离不长,适用于中小型仓库。

(3) 按照传动特点的不同,输送机可分为挠性构件牵引的和无挠性构件牵引的两类。有挠性牵引的输送机是利用挠性构件传动力和运动,并且依靠挠性牵引构件把物料运到各工序的部位上。牵引构件是往复循环的一个封闭系统,通常是一部分输送货物,另一部分牵引构件返回,常见的有带式输送机、链式输送机、斗式提升机、悬挂输送机等。无挠性构件的输送机的工作特点是利用工作构件的旋转运动或振动,使货物向一定方向运送,它的输送构件不具有往复循环形式,常见的有气力输送机、螺旋输送机、振动输送机等。

(4) 按照输送货物力的形式不同,输送机可分为机械式、惯性式、气力式、液力式等几大类。

(5) 按照货物性质的不同,输送机可分为连续性输送机和间歇性输送机。连续性输送机主要用于散装货物的输送装卸。间歇性输送机主要用于集装单元货物(即成件包装货物)的输送,所以又称为单元负载式输送机。

3. 输送机在现代物流系统中的作用

输送机在现代物流系统中,特别是在港口、车站、库场、货栈内,承担大量的货物运输任务,同时也是现代化立体仓库中的辅助设备,它具有把各物流站点衔接起来的作用。物料输送是"装卸搬运"的主要组成部分,在物流各阶段、环节、功能之间,都必须进行输送作业。

输送机是生产物流中的重要装备。在生产车间,输送装备起着人与工位、工位与工位、加工与储存、加工与装配之间的衔接作用,具有物料的暂存和缓冲功能。通过对输送装备的合理运用,使各工序之间的衔接更加紧密,提高生产效率,它是生产中必不可少的调节手段。

4. 主要技术参数

(1) 生产率。生产率是指单位时间内能够运送物料的质量。它是反映输送机工作性能的主要指标,计算公式为

$$m=3.6qv/g$$

式中:m ——单位时间内能够运送物料的质量,t/h;

q ——输送带线载荷,单位长度承载构件上货物或物料的重量,N/m;

v ——输送带速度,m/s;

g ——重力加速度,m/s²。

(2) 输送速度。输送速度是指被运货物或物料沿输送方向的运行速度。其中带速是指输送带或牵引带在被输送货物前进方向的运行速度。

由生产率的计算可知，带速是提高输送机生产率的主要因素。在同样生产条件下，带速越大，单位长度的输送带上的负荷越小，即可以减小输送带层数，降低了输送带的成本；同时，带速增加，也可以为采用较窄的输送带创造条件，从而使整个输送机系统结构紧凑。但带速太大，会使带子产生较大横向摆动，加速输送带的磨损，同时还会增加脆性材料的破损程度；当运送干燥的粉末物料或粒度很小的物料时，还增加了粉尘的飞扬。

(3) 带宽。带宽是输送机的一个重要尺寸参数，其大小取决于输送机的生产率和速度。一般情况下，带速与带宽的关系见表3-3。

表 3-3 输送机带宽与带速的关系

带宽 B/mm	500	650	800	1 000	1 200	1 400
带速 v/(m/s)	1.25	1.25	2.0	2.5	3.15	4.0

(4) 充填系数。充填系数是输送机承载件被物料或货物填满的程度的系数。

(5) 输送长度。输送长度是指输送机装载点与卸载点之间的展开距离。

(6) 提升高度。提升高度是指货物或物料在垂直方向上的输送距离。

此外，还有安全系数、制动时间、启动时间、电动机功率、轴功率、单位长度牵引构件的质量传入点张力、最大动张力、最大静张力、预张力和拉紧行程等。

3.3.2 输送机的应用及结构

1. 带式输送机

带式输送机是连续运输机中效率最高、使用最普遍的一种机型，广泛应用于采矿、冶金、水电站建设工地、港口及工业企业内部流水生产线上。

1) 带式输送的结构及特点

带式输送机的结构特征和工作原理是：输送带既是承载货物的构件，又是传递牵引力的牵引构件，依靠输送带与滚筒之间的摩擦力平稳地进行驱动。输送带按种类不同分为橡胶带、帆布带、塑料带和钢芯带4大类，其中以橡胶输送带应用最广。带式输送机如图3.41所示。

图 3.41 带式输送机

带式输送机主要用于在水平方向或坡度不大的倾斜方向连续输送散粒货物,也可用于输送重量较轻的大宗成件货物。其特点是:输送距离大;输送能力大、生产率高;结构简单、基建投资少、营运费用低;输送线路可以呈倾斜布置或在水平方向、垂直方向弯曲布置,受地形条件限制较小;工作平衡可靠;操作简单、安全可靠、易实现自动控制。正是由于其优越的特点,使其应用场合遍及仓库、港口、车站、工厂、煤矿、矿山、建筑工地。但带式输送机不能自动取货,当货流变化时,需要重新布置输送线路,输送角度不大。

2) 带式输送机主要结构部件

典型的带式输送机的结构组成如图 3.42 所示,主要由输送带、支承托辊、驱动装置、制动装置、装载装置、卸载装置和清扫装置组成。

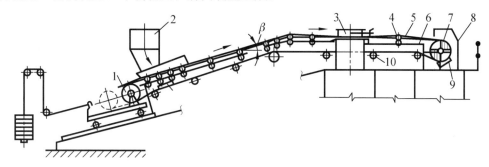

图 3.42 带式输送机结构示意图

1—张紧滚筒;2—装载装置;3—卸料挡板;4—上托辊;5—输送带;
6—机架;7—驱动滚筒;8—卸载罩壳;9—清扫装置;10—支承托辊

(1) 输送带。输送带用来传递牵引力和承载被运货物,因此要求强度高、抗磨耐用、挠性好、伸长率小和便于安装修理。

(2) 支承托辊。支承托辊的作用是支撑在输送带及带上的物料,减少输送带的垂度,使其能够稳定运行。托辊的维修或更换费用是带式输送机营运费用的重要组成部分。为了减少托辊对输送带的运动阻力,必须注意托辊两端滚动轴承的密封和润滑,以保证托辊转动灵活和延长使用寿命。

(3) 驱动装置。驱动装置的作用是驱动输送带运动,实现货物运送。

通用固定式和功率较小的带式输送机都采用单滚筒驱动,即电动机通过减速器和联轴器带动一个驱动滚筒运转。一般采用封闭式鼠笼电动机。当功率较大时,可配以液力耦合器或粉末联轴器,使启动平稳。长距离生产率高的带式输送机可采用多滚筒驱动,大功率电动机可采用绕线式电动机,它便于调控,使长距离带式输送机平稳启动。此外还可采用摆线针轮减速器传动或采用电动滚筒。

(4) 制动装置。对倾斜布置的带式输送机,为了防止满载停机时输送带在货重的作用下发生反向运动,引起物料逆流,应在驱动装置处设制动装置。制动装置有滚柱逆止器、带式逆止器、电磁瓦块式或液压电磁制动器。

(5) 张紧装置。张紧装置的作用是使输送带保持必要的初张力,以免在驱动滚筒上打滑,并保证两托辊之间输送带的垂度在规定的范围以内。张紧装置的主要结构形式有螺旋式、小车重锤式、垂直重锤式 3 种。

(6) 改向装置。改向装置有改向滚筒和改向托辊组两种,用来改变输送带的运动方向。

改向滚筒适用于带式输送机的平行托辊区段，如尾部或垂直重锤张紧装置处的改向滚筒等。

改向托辊组是若干沿所需半径弧线布置的支承托辊，它用在输送带弯曲的曲率半径较大处，或用在槽形托辊区段，使输送带在改向处仍能保持槽形的横断面。

(7) 装载装置。装载装置的作用是对输送带均匀装载，防止物料在装载时洒落在输送机外面，并尽量减少物料对输送带的冲击和磨损。物料在下滑到输送带上时，应保持尽可能小的法向分速度(相对于带面)和尽量接近于带速的切向分速度。

(8) 卸载装置。带式输送机可在输送机端部卸料，也可在中间卸料，前者物料直接从滚筒处抛卸，后者可采用卸载挡板或卸载小车。

(9) 清扫装置。为了提高输送带的使用寿命和保证输送机的正常运行，必须进行清扫。常用的清扫装置是弹簧清扫器和犁形刮板。

2. 链式输送机

链式输送机用环绕若干链轮的无端链条作牵引件，由驱动链轮通过轮齿和链节的啮合将圆周牵引力传递给链条，在链条上固定着一定的工作物件以输送货物。货物放在运动着的链条上移动是最简单的链式输送机。

链条是用特殊形状的链片制成的，可以用来安装各种附件，如托板等，用链条和托板组成的链板输送机(图 3.43)是一种广泛使用的连续输送机械。链板输送机用链条作牵引构件，由固定在链条上的板片承载货物，靠链条与齿轮的啮合驱动传递牵引力。与带式输送机相比，它的优点是板片上能承放较重的件货，链条挠性好、强度高，可采用较小直径的链轮和传递较大的牵引力；缺点是自重、磨损、消耗功率都比带式输送机大，而且链条与链轮啮合时，链条随链轮多边形的各个边运动，链条中会发生动载荷，使工作速度受到限制。

(a) 转弯型

(b) 多排差速

图 3.43　链板输送机

3. 螺旋输送机

螺旋输送机是利用带有螺旋叶片的螺旋轴的旋转使物料产生沿螺旋面的相对运动，物料受到料槽或输送管壁的摩擦力作用与螺旋一起旋转，从而将物料推移向前来实现物料输送的机械。普通螺旋输送机(图 3.44)由一个头节、一个尾节和若干个中间节，以及具有螺旋叶片和轴组成的旋转体构成。图 3.45 为螺旋输送机实物图。

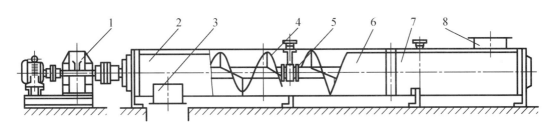

图 3.44 螺旋输送机结构

1—驱动装置；2—头节；3—卸料口；4—螺旋轴；5—吊轴承；6—中间节；7—尾节；8—进料口

螺旋输送机的优点是结构简单、紧凑，没有空返分支，因而横断面积小，可在多点装货和卸货；装、卸料点选取灵活，随处可取；工作可靠，易于维修，价格低；输送散货时能在料槽内实现密闭输送，对环境污染小。它的缺点是由于物料对螺旋、物料对料槽的摩擦和物料的搅拌，在运送过程中的阻力大，使单位功率消耗较大；螺旋和料槽容易磨损，物料也可能破碎；螺旋输送机对超载较敏感，

图 3.45 螺旋输送机

易产生堵塞现象。因此，一般来说螺旋输送机输送距离不长，生产率低，适于输送摩擦性较小的物料，不宜输送黏性大、易结块及大块的物料。

螺旋输送机按料槽的走向可分为直线螺旋输送机和曲线螺旋输送机两种。前者可在水平方向、倾斜方向(不超过 20°)、垂直方向对散堆物料和成件、包装件进行输送，分为水平螺旋输送机和垂直螺旋输送机；后者可对这些货物进行空间多维可弯曲输送。在水平螺旋输送机中，料槽的摩擦力是由物料自重引起的；而在垂直螺旋输送机中，输送管壁的摩擦力主要是由物料旋转离心力所引起的。

按所运货物的性质不同，螺旋输送机可分为散粒货物螺旋输送机和成件、包装件螺旋输送机两种。根据结构不同，螺旋输送机还可分为双螺旋输送机和单螺旋输送机两种，后者使用较多。螺旋输送机的安装方式不同有固定式和移动式两种，大部分螺旋输送机采用固定式。

4. 气力输送机

气力输送机是采用风机使管道内形成气流来输送散粒物料的装备。它的输送原埋是将物料加到具有一定速度的空气气流中，构成悬浮的混合物，通过管道输送到目的地，然后将物料从气流中分离出来卸出。气力输送机主要用于输送粉状、粒状及块度不大于 30mm 的小块物料，选择不同的风速，既要保证物料在管道内成悬浮状态，不堵塞管道，又要尽可能多地输送物料，做到既经济又合理。

气力输送机主要由送风装置(抽风机、鼓风机或气压机)、输送管道及管件、供料器、除尘器等组成。物料和空气的混合物能在管路中运动而被输送的必要条件是：在管路两端形成一定的压力差。按压力差的不同，气力输送机可分为吸送式、压送式和混合式 3 种。

(1) 吸送式气力输送机。如图 3.46 所示，它可以装配多根吸料管，同时从多处吸取物料，但输送距离不能过长。由于真空的吸力作用，供料装置简单方便，吸料点不会有粉尘飞扬，对环境污染小，但对管路系统密封性要求较高。此外，为了保证风机可靠工作和减少零件的磨损，进入风机的空气必须除尘。

(2) 压送式气力输送机。如图 3.47 所示，它可实现长距离的输送，生产效率较高，并可由一个供应点，向几个卸料点输送，风机工作条件较好，但它要把物料送入高于外界大气压力的管道中，所以供料器比较复杂。

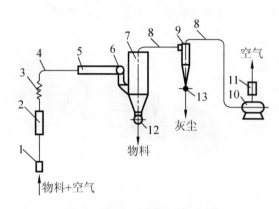

图 3.46　吸送式气力输送机示意图

1—吸嘴；2—垂直伸缩管；3—软管；4—弯管；5—水平伸缩管；
6—铰接弯管；7—分离器；8—风管；9—除尘器；10—鼓风机；
11—消声器；12—卸料器；13—卸灰器

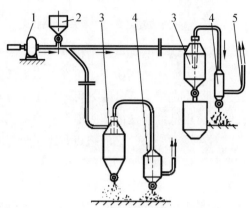

图 3.47　压送式气力输送机示意图

1—鼓风机；2—供料器；3—卸料器；
4—除尘器；5—排出管

(3) 混合式气力输送机。如图 3.48 所示，它综合了吸送式和压送式气力输送机的优点：吸取物料方便且能较长距离输送，可以由几个地点吸取物料，同时向几个不同的目的地输送。但是，它的结构比较复杂。

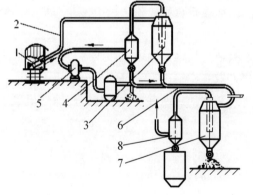

图 3.48　混合式气力输送机示意图

1—吸嘴；2—吸料管；3—分离器；4—除尘器；5—鼓风机；
6—输料管；7—卸料器；8—除尘器

气力输送机的优点是：可以改善劳动条件，提高生产效率，有利于实现自动化；可以减少货损，保证货物质量；结构简单，没有牵引构件；生产率较高，不受管路周围条件和气候的影响；输送管道能灵活布置，适应各种装卸工艺；有利于实现散装运输，节省包装费用，降低成本。

气力输送机的缺点是：动力消耗较大，噪声大；被输送的物料有一定的限制，不宜输送潮湿的、黏性的和易碎的物料；在输送磨损性大的物料时，管道等部件容易磨损。

5. 辊道式输送机

辊道式输送机是利用辊子输送成件物品的输送机。它由一系列以一定间距排列的辊子组成，用于输送成件货物或托盘货物。它可沿水平或曲线路径进行输送，其结构简单，安装、使用、维护方便,对不规则的物品可放在托盘或者托板上进行输送。货物和托盘的底部必须有沿输送方向的连续支撑面,为保证货物在辊子上移动时的稳定性,该支撑面至少应该接触4个轮子,即辊子的间距应小于货物支撑面长度的1/4,如图3.49所示。

辊道式输送机按驱动方式分为无动力辊道输送机、动力辊道输送机(链传动、摩擦传动)。

无动力辊道输送机,货物由人力推动,辊道也可以布置一定的斜度,使货物能靠自身的重力从一处自然移动到另一处。这种动力方式的辊道的优点是结构简单;缺点是输送机的起点和终点有高度差。如果输送距离较长,必须分成几段,在每段的终点设一个升降台,把货物提升至一定的高度,使物料再次沿辊道移动。

图3.49 辊道式输送机

6. 斗式提升机

斗式提升机是一种在垂直方向或大于70°倾角方向上输送粉粒状货物的输送设备。根据牵引构件的不同,斗式提升机可分为带斗式提升机和链斗式提升机。带斗式提升机适用于粉末或块状磨损性较小的物料,可以有很高的工作速度,但其强度较低,不能用于承载力很大、工作繁忙的场合;链斗式提升机工作速度较低,但其有很高的强度,可用于提升中等或大块度的物料,大型货场采用的卸煤机、卸矿石机等都采用链斗式提升机。

斗式提升机通常由牵引构件、料斗、机头、机座、机筒、驱动装置等组成,如图3.50所示。它由牵引构件环绕并张紧于斗轮与底轮之间。在牵引构件上每隔一定的间距固定着承载物料的料斗。全部构件都密封在密闭的外壳中,防止灰尘的飞扬和物料的洒漏。外壳上端称为机头,下端称为机座,中间称为机筒。机筒的长短可根据提升高度由若干节组成。

(a) 外观图

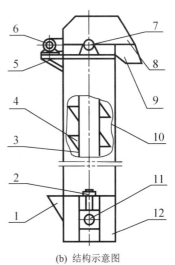

(b) 结构示意图

图3.50 斗式提升机

1—进料口;2—拉紧装置;3—牵引机构;4—料斗;5—驱动平台;6—驱动装置;
7—传动轮;8—头部罩壳;9—卸料口;10—中间罩壳;11—拉紧轮;12—底座

斗式提升机的工作过程分为 3 个阶段：装料、提升、卸料，其中装料与卸料尤为重要，对提升机的生产率起决定性的作用。提升较为简单，只要胶带或链条强度有保证，输送过程无打滑或抖动现象，基本上就可保证提升平衡，不洒料。斗式提升机的装料方式有注入式和挖取式两种。注入式装料由前方的加料料斗加料，物料迎着向上运动的料斗注入，主要适用于输送较重、大块货物，如砾石、矿石等。挖取式装载的料斗，是从料堆中取料。物料从料斗中卸出，根据物料受力情况的不同，可分为离心式、重力式和混合式 3 种。

斗式提升机在港口、仓库、粮食加工厂、油厂、食品厂等部门中得到广泛的应用。它的优点是：结构简单，外形尺寸小；占地面积小；提升高度和输送能力强；在全封闭的机身内工作，对环境的污染小；耗用的动力小。其缺点是：过载时容易堵塞；需要均匀供料；料斗容易磨损等。

案例 3-2

自动化物流输送系统

> 物流输送系统以输送机械设备为基础，输送机械设备主要有：提升机、辊道输送机、链条输送机、皮带输送机、穿梭加料装置、暂存装置等。可根据实际工艺特点灵活选择所匹配的物料输送设备，组成经济、实用、高效的输送系统，可以是单一设备，也可以是多种输送机械的组合。
>
> 根据本案例所提供的资料，试了解各类输送机在物流系统的作用。

【行业实践】

3.4 叉　　车

叉车又称铲车，是物流领域中应用最广泛的装卸搬运装备之一。它以货叉作为主要的取货装置。叉车的前部装有标准货叉，可以自由地插入托盘取货和放货，依靠液压起升机构升降货物，由轮胎式行驶系统实现货物的水平搬运。叉车除了使用货叉外，通过配备其他取物装置后，还能用于散货和多种规格品种货物的装卸作业。

叉车具有良好的动力性能。根据叉车工作的需要，叉车的前进和后退的最大行驶速度相同，前进挡和后退挡的挡数相同。叉车的上方设置护顶架，部分叉车装有司机室。

3.4.1 叉车的特点及总体结构

1. 叉车的特点

叉车主要具有以下几个特点。

(1) 通用性。叉车在物流的各个领域都有所应用，如仓库、车站、码头和港口都要应用叉车进行作业。如果叉车与托盘配合，它的应用范围会更广，同时可以提高作业的效率。

(2) 机械化程度高。叉车是装卸和搬运一体化的设备，它将装卸和搬运两种作业合二为一，作业的效率高。

(3) 机动灵活性好。叉车外形尺寸小，轮距较小，这样叉车的转弯半径很小，能在作业区域内任意调动，机动灵活性好，在许多机械难以使用的领域都可以采用叉车。

(4) 经济效果比较好。与大型起重机械比较，叉车成本低，投资少，能获得较好的经济效益。

(5) 装卸效率高和装卸安全性强。叉车作业可缩短装卸、搬运、堆码的作业时间。加速车船周转，有利于开展托盘成组运输和集装箱运输；另外叉车作业可减少货物破损，提高作业的安全程度。

(6) 提高仓库容积利用率。叉车作业可使货物的堆垛高度大大增加，仓库和货舱的空间位置得到了充分利用。

2. 叉车的总体结构

叉车是一种复杂的机器，尽管叉车的吨位大小、型号、式样不同，但都必须具备以下装置和系统，才能在使用中发挥作用。

叉车从总体结构上可分为动力系统、传动系统、转向系统、制动系统、起重系统、液压系统、电器设备和行驶系统 8 大部分。

(1) 动力系统。动力系统是叉车行驶和工作的动力来源。目前在叉车上采用的发动机 80%为往复式。内燃机按燃料不同分为汽油机、柴油机。动力分为两端输出，后端通过飞轮与离合器连接，将动力传递给传动系统，前端经分动箱将动力传递给液压齿轮油泵。

(2) 传动系统。传动系统的作用是将发动机传来的动力有效地传递到车轮，满足叉车实际工况的需要。传动系统由离合器、变速器、驱动桥等组成。传动系统的传动方式有机械式传动、液力式传动和静压传动。

(3) 转向系统。转向系统是在驾驶操纵下，控制叉车的行驶方向。它由转向机、转向联动机构两部分组成。转向方式有机械转向器、具有液力助力器的机械转向器和全液压转向器。

(4) 制动系统。制动系统使叉车能迅速地减速或停车，并使叉车能稳妥地停放，以保证安全。制动系统通常由手制动和脚制动两个独立部分组成，它们又由制动器和制动驱动机构组成。制动驱动方式有机械驱动机构和液压驱动机构两种。

(5) 起重系统。起重系统的作用通过起重装置实现对货物的装卸、堆垛。由内外门架、货叉架、货叉(前移叉和油桶挂钩等属具)组成。

(6) 液压系统。液压系统是利用工作油传递能量的机构，通过液压油把能量传给各执行元件，以达到装卸货物的目的。通常把液压系统的工作过程称为液压传动。

(7) 电器设备。电器设备包括发电机、启动机、照明、蓄电池、喇叭和仪表等。

(8) 行驶系统。行驶系统承受叉车的全部重量，传递牵引力及其他力和力矩，并缓冲对叉车的冲击，以保证叉车平稳地行驶，它由车架、悬挂装置、车轮等组成。

3.4.2 叉车的分类、结构及性能特点

叉车按动力装置的不同，可分为电动式叉车和内燃式叉车。按照结构和用途的不同，

可分为平衡重式叉车、插腿式叉车、前移式叉车、侧面式叉车、集装箱式叉车、伸缩臂式叉车、低货位拣选式叉车、高货位拣选式叉车、托盘式叉车和跨运车。

1. 平衡重式叉车

平衡重式叉车是叉车中应用最广泛的一种形式，约占叉车总数的80%以上，其特点是工作装置位于叉车的前端，货物载于前端的货叉上，为了平衡前端货物的重量，需要在叉车的后部装有平衡重。叉车的前轮为驱动轮，后轮为转向轮。

由于其结构上无支撑臂，而是以较长轮距和平衡重块来平衡载荷的，所以叉车的重量和尺寸较大，作业时需要较大的空间。同时，货叉直接从前方叉取货物，对所叉货物的体积一般没有要求。平衡重式叉车的动力较大、底盘较高，具有较强的地面适应能力和爬坡能力，适宜在室外作业，如图 3.51 所示。

2. 插腿式叉车

插腿式叉车前方带有小轮子的支腿能与货叉一起伸入货物底部，由货叉托起货物。货物的重心位于前后车轮所包围的支撑平面内，稳定性好，不必再设平衡重。插腿式叉车一般由电动机驱动，蓄电池供电，起重量在 2t 以下。它的作业特点是起重量小、车速低、结构简单、外形尺寸小，行走轮直径小，对地面要求较高，适用于通道狭窄的仓库和室内堆垛、搬运作业，如图 3.52 所示。

图 3.51　平衡重式叉车

图 3.52　插腿式叉车

3. 前移式叉车

前移式叉车的货叉可沿叉车纵向前后移动。它有两条前伸的支腿，与插腿式叉车相比，前轮较大，支腿较高，作业时支腿不能插入货物的底部。前移式叉车与插腿式叉车一样，都是货物的重心落到车辆的支撑平面内，因此，稳定性很好，如图 3.53 所示。

前移式叉车又可分为门架前移式和叉架前移式两种。前者的货叉和门架一起移动，叉车驶近货垛时，门架可能前伸的距离要受外界空间对门架高度的限制，因此，只能对货垛的前排货物进行作业。叉架前移式叉车的门架则不动，货叉借助于伸缩机构单独前伸。如果地面上具有一定的空间允许插腿插入，叉车能够超越前排货架，对后一排货物进行作业。前移式叉车一般由蓄电池作动力，起重量在 3t 以下。优点是车身小、重量轻、转弯半径小、机动性好，适合于通道较窄的室内仓库作业。

4. 侧面式叉车

侧面式叉车的门架和货叉在车体的侧面还有一货物平台,侧面式叉车的特点是:由于货物沿纵向旋转,适于搬运条形尺寸货物;货叉位于侧面,使得叉车在作业的过程中,车体进入通道,货叉面向货架或货垛,这样在进行装卸时不必转弯再作业;货物放置在货物平台上,叉车行驶时稳定性好;司机视野比平衡重式叉车好。缺点是门架和货叉只能向一侧伸出,当需要在对侧卸货时,必须将叉车驶出通道,掉头后才能卸货,如图3.54所示。

图 3.53　前移式叉车　　　　　　　　图 3.54　侧面式叉车

5. 集装箱式叉车

集装箱叉车是集装箱码头和堆场上常用的一种集装箱专用装卸机械,主要用作堆垛空集装箱等辅助性作业,也可在集装箱吞吐量不大的综合性码头和堆场进行装卸与短距离搬运,如图3.55所示。

6. 伸缩臂式叉车

与平衡重式叉车相比,伸缩臂式叉车(图3.56)具有以下特点。

图 3.55　集装箱式叉车　　　　　　　　图 3.56　伸缩臂式叉车

(1) 适用的作业范围广。伸缩臂式叉车可以跨越障碍进行货物的堆垛作业,并通过变换叉车属具进行多种作业。

(2) 稳定性有所改善。伸缩臂式叉车整车重心后移,利于提高运行的稳定性,通过臂杆的移动而不需要车辆的移动来对准货位，利于提高堆垛的稳定性。

(3) 前方视野良好。驾驶室前方无障碍物遮挡，作业区域可全部暴露在操作者的视野范围内。

7. 低位拣选叉车

低位拣选叉车进行操作时，操作者可站立在上下车便利的平台上。低位拣选叉车(图 3.57)适于车间内各个工序间加工部件的运输，减轻操作者搬运、拣选作业的强度。一般乘立平台离地高度为 200mm 左右，支撑脚轮直径较小，仅适用于在车间平坦路面上行驶。

8. 高位拣选叉车

高位拣选叉车的主要作用是高位拣货，这类叉车主要是在物流中心或配送中心的高架仓库内完成货物的存取作业。特点是货叉可以向前、向左、向右三个方向旋转，通常在高层货架区的窄通道内进行货物的存取作业。起升高度一般为 4~6m，最高可达 13m，大大提高了仓库的空间利用率。为了保证安全，操作台起升时，只能微动运行。这类叉车所需的作业空间小，使得仓库的空间能够高效利用，大大提高了存储面积的利用率，如图 3.58 所示。

图 3.57 低位拣选叉车

图 3.58 高位拣选叉车

9. 托盘式叉车

托盘式叉车又称为托盘搬运车，是以搬运托盘为主的搬运车辆，如图 3.59 所示。托盘搬运车包括手动托盘搬运车和电动托盘搬运车。托盘搬运车与平衡重式叉车相比，体形小、重量轻。采用人工操作时，负载不能太大。当搬运两吨以上的货物时，搬运起来就比较费力，适合于短距离搬运。在物流活动中，手动托盘搬运车主要用于区域装卸。当搬运距离加大时，应采用电动托盘搬运车。

10. 跨运车

跨运车是由门形车架和带抱叉的提升架组成的搬运机械，如图 3.60 所示。作业时，门形车架跨在货物上，由抱叉托起货物进行搬运和码垛。在港口，跨运车可用来搬运和堆码钢材、木材和集装箱等。跨运车起重量大、运行速度较高、装卸快，甚至可做到不停车装载，但跨运车本身重量集中在上部，重心高，空车行车时稳定性较差，要求有良好的地面条件。

图 3.59　托盘式叉车

图 3.60　跨运车

3.4.3　叉车型号

内燃叉车型号标注由 7 项内容组成，依次是：厂牌、叉车代号、结构形式代号、动力类型代号(用燃料代号表示)、传动形式代号、主参数代号和改进代号，如图 3.61 所示。

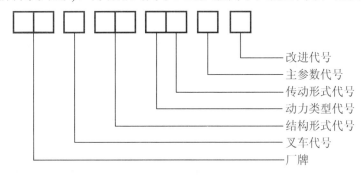

图 3.61　叉车型号示意图

(1) 厂牌：用汉语拼音字母表示或由两个汉字表示，由厂家自定，可省略。

(2) 叉车代号：用 C 表示。

(3) 结构形式代号：P 表示平衡重式，C 表示侧叉式，Q 表示前移式，B 表示低起升高度插腿式，T 表示插入插腿式，Z 表示跨入插腿式，X 表示集装箱叉车，K 表示通用跨车，KX 表示集装箱跨车，KM 表示龙门跨车。

(4) 动力类型代号：汽油机标字母 Q，柴油机标字母 C，液态石油气机标字母 Y。

(5) 传动形式代号：机械传动不标字母，动液传动标字母 D，静液传动标字母 J。

(6) 主参数代号：以额定起重量(t)×10 表示。

(7) 改进代号：按汉语拼音字母顺序表示。

例：CPQ10B 表示平衡重式叉车，以汽油机为动力，机械传动，额定起重量 1t，同类同级叉车第二次改进。

CPCD160A 表示平衡重式叉车,以柴油机为动力,动液传动,额定起升质量为 16t,同类同级叉车第一次改进。

3.4.4 叉车的主要技术参数

叉车的技术参数主要说明叉车的结构特征和工作性能,是选择叉车的主要依据。它主要包括额定起重量 Q、载荷中心距 C、最大起升高度 H、最大起升速度、门架倾角等,现具体说明如下。

(1) 额定起重量 Q 和载荷中心距 C。额定起重量是指货物的重心处于载荷中心距以内时,允许叉车举起的最大重量。载荷中心距是指叉车设计规定的额定起重量的标准货物重心到货叉垂直段前臂之间的距离,单位为 mm。额定起重量与载荷中心距是叉车的两个相关的指标。载荷中心距是根据叉车稳定性设计决定的,起重量不同,载荷中心距是不一样的。

(2) 最大起升高度 H 和自由起升高度。最大起升高度是指在额定起重量下、门架垂直而货物起升到最高位置时,货叉水平段的上表面距地面的垂直距离。自由起升高度是指不改变叉车总高时,货叉可能起升的最大高度。

(3) 最大起升速度。最大起升速度是指叉车在额定起重量下、门架处于垂直位置时货物起升的最大速度。

(4) 最高行驶速度。最高行驶速度是指叉车在垂直、干硬的路面上满载行驶时所能达到的最高车速,以 km/h 表示。提高时速,可以提高作业效率,但是由于叉车运距短、停车和起步频繁等特点,过于提高时速,不仅没有必要;相反,很不经济、不安全。一般情况下,内燃叉车的最高运行车速为 20~27km/h,库内作业的最高运行车速为 14~18km/h。

(5) 最大爬坡度。最大爬坡度是指叉车在正常路面情况下,以低速挡等速度行驶时所能爬越的最大坡度,以度或百分数表示,分为空载和满载两种情况。叉车满载的最大爬坡度一般由原动机的最大扭矩和低速挡的总传动比决定。空载的最大爬坡度通常取决于驱动轮与地面的黏着力。

(6) 门架倾角。门架倾角是指叉车在平坦、坚实的路面上,门架相对于垂直位置向前或向后的最大倾角,门架前倾的目的是便于货叉取货,门架后倾的目的是为了防止叉车载货行驶时货物从货叉上滑落。一般叉车门架的前倾角和后倾角分别为 6°和 12°。

(7) 最小转弯半径。叉车在空载低速行驶、打满方向盘(即转向轮)使叉车处于最大偏转角时,车体最外侧点和最内侧点到转弯中心的距离,分别称为叉车最小外侧转弯半径和最小内侧转弯半径。最小转弯半径一般是指最小外侧转弯半径。转弯半径越小,叉车机动性越好。

(8) 叉车的外形尺寸。叉车的外形尺寸用叉车的总长、总宽、总高表示。总长是指叉车纵向叉尖至叉车最后端之间的距离;总宽是指叉车横向左右最外侧之间的距离;总高是指叉车门架垂直、货叉落地时,叉车最高点到地面的垂直距离。

(9) 最小离地间隙。最小离地间隙是指在叉车轮压正常时,叉车最低点距地面的距离。离地间隙越大,则通过性能越好,但离地间隙太大,会影响叉车的稳定性。

(10) 轴距和轮距。轴距是指叉车的前后车桥中心线之间的水平距离;轮距是指叉车的同一车桥左右两个(或两组)车轮中心面之间的距离。

(11) 叉车的稳定性。叉车的稳定性是指在作业过程中抵抗倾翻的能力,是保证叉车工作安全的重要指标。叉车的稳定性分为纵向稳定性和横向稳定性。平衡重式叉车由于货物重力及惯性力的作用有可能向前纵向倾翻,转弯时的离心动力又可能使叉车横向倾翻。

3.4.5 叉车的选用与使用管理

1. 叉车的选用原则

叉车的种类很多,形式规格各异。在流通管理中首先应了解叉车的选用原则,才能充分发挥叉车的使用价值。选用原则有以下两条。

(1) 应首先满足使用性能要求。选用叉车时应合理地确定叉车的技术参数,如起重量、工作速度、起升高度、门架倾斜角度等。还要考虑叉车的通过性能是否满足作业场地及道路要求,如转弯半径、最小离地间隙,以及门架最高位置时的全高、最低位置时的全高等。除此之外,选用叉车要求工作安全可靠,无论在什么作业条件下,都要具有良好的稳定性。

(2) 选择使用费用低、经济效益高的叉车。选择叉车除考虑叉车应具有良好的技术性能外,还应有较好的经济性,使用费用低、燃料消耗少、维护保养费用低等。可用重量利用系数和比功率大小,定量比较叉车的经济性。

重量利用系数 $K=Q/G$,它是叉车载重量 Q 和自重 G 的比值,表明叉车制造、设计的综合水平。减轻叉车自重 G,不但节省原材料,降低生产成本,而且减少燃料的消耗和轮胎的磨损。

比功率 $f=N/(Q+G)$,表明叉车单位总重量(自重与载重之和)所需耗用的功率。它是叉车动力性能的综合指标,直接影响燃料的消耗。

2. 叉车在仓库中的维护保养

通常叉车的技术维护保养措施分为以下 3 级。

(1) 日常维护。检查库房内的温度、湿度,清洗叉车上的污垢、泥土等,进行外表保养。

(2) 一级技术保养。叉车在库房存放一段时期(3~6 个月)后,要进行一级技术保养,检查汽缸压力或真空度,调整气门间隙,检查节温器、液压系统各元件,以及变速器的换挡工作是否正常。检查制动系统、调整制动片与制动鼓间隙。检查发电机及启动机安装是否牢固、灰刷和整流子有无磨损、风扇皮带的松紧程度。检查曲轴和通风接管是否完好,清洗滤油器。同时还要检查车轮安装是否牢固,轮胎的气压是否符合要求等。对于那些因进行保养而拆卸的零部件,重新装配后,要进行路试,使之达到技术要求。

(3) 二级技术保养。叉车存放半年以上时,要进行二级技术保养,除了以上日常保养和一级技术保养项目之外,还要增添拆卸工作,更换生锈不能用的零部件,如拆卸水箱、柴油箱盖、水泵及汽缸盖,清除锈蚀,检查性能是否可靠等。如果叉车长期存放,要用木材顶住平衡块,避免两个后轮长期受载。

3. 叉车在特殊条件下的正确使用

叉车在一些特殊条件下使用时,需要特别注意一些事项。

1) 走合期的正确使用

按技术规定,新购置的叉车在正常使用之前,需要有一段时间的磨合期,这称为走合期。走合期一般为新车开始使用的 50h 左右,走合期里程为 500km。叉车走合期的正确使用和保养对叉车的使用寿命及日后的工作可靠性都有一定的影响，在走合期内叉车的使用应注意以下事项。

(1) 载重量要求。在走合期内，首先以额定起重量的 1/3 走合 5～6h，再以额定起重量的 1/2 走合 25～30h，最后以额定起重量的 3/4 走合 14～20h。

(2) 转速要求。在走合期内，发动机不得高速运转，限速装置不得任意调整或拆除，车速应经常保持在 10km/h 以下，按照驾驶要领和操作规程进行操作。

(3) 燃料要求。根据季节、环境、车型的不同，正确选用燃油和润滑油。

走合期结束后，要认真清洗发动机、驱动桥、变速箱、转向器和油箱，重新更换润滑脂，严格按换油工艺更换液压系统液压油。此外，还要检查各零部件的紧固情况、皮带的松紧度、蓄电池电解液液面的高度和密度、制动总泵液面的高度、离合器踏板和制动踏板的自由行程等。检查确认各部位状态良好后，方可投入正常使用。

2) 严寒地区叉车的正确使用

严寒地区气温低、润滑油黏度较大、燃油气化性能差、发动机启动困难。进入严寒季节前，应做好叉车的换季保养工作，主要作业内容是更换发动机和液压系统的油液、调整电解液密度、放净冷却水、加注防冻液等。改善发动机的低温启动性能，常用的方法是热水预热发动机，柴油发动机还可以加装启动预热装置。经常清洗油箱、滤清器和油管，防止有水结冰。叉车行驶时，禁止急转弯和急刹车。叉车工作中，当停机时间较长时，应间断地启动发动机，使冷却水保持一定温度。停车时，应选择干燥、朝阳、避风的地点，以防发动机温度下降过快。

3) 炎热地区叉车的正确使用

在炎热的夏季容易产生水箱"开锅"、燃油系统"气阻"、蓄电池电解液消耗过快、液压制动失灵、轮胎气压升高等问题。

驾驶员在夏季作业时要注意：进入夏季前，放出发动机、驱动桥、变速箱、转向机等处的润滑油，并按规定加注夏季用的润滑油。清洗水道，清除冷却系统中的水垢，检查散热器工作状况及风扇皮带的松紧度。作业中，随时注意发动机温度，经常检查和补充冷却水。

4) 在危险环境中叉车的正确使用

《机动工业车辆安全规范》明确规定，在易燃、易爆环境中作业的车辆必须获得在此环境中作业的许可证方可进行作业。在危险环境中使用的叉车必须符合我国有关的防爆安全法规要求，应该选用防爆叉车。

3.4.6 叉车属具

叉车属具是一种安装在叉车上以满足各种物料搬运和装卸作业特殊要求的辅助机构，它使叉车成为具有叉、夹、升、旋转、侧移、推拉、倾翻等多用途和高效能的物料搬运工具。由于货物形状和尺寸的差异，需要配备多种叉车属具以提高叉车的通用性。叉车属具可以扩大叉车的使用范围、保证作业安全、减少工人的劳动强度、提高叉车的作业效率。常用的叉车属具有货叉、吊架、侧夹器、推货器和集装箱吊具等。

1. 叉车属具的分类

(1) 按照操作方式的不同分类。按操作方式的不同，叉车属具的分类如图 3.62 所示。

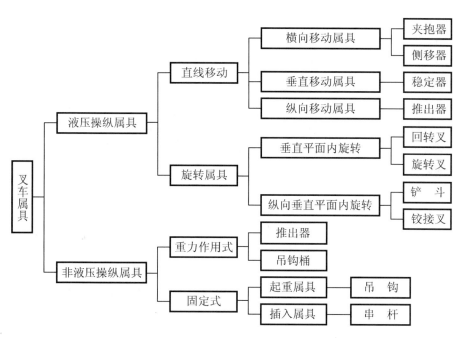

图 3.62 叉车属具按照操作方式不同分类

(2) 按照工作部分形状的不同分类。按工作部分形状的不同，叉车属具的分类如图 3.67 所示。

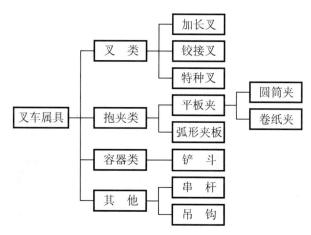

图 3.63 叉车属具按工作部分形状不同分类

2. 常用的叉车属具

1) 货叉

货叉是叉车最常用的属具，是叉车重要的承载构件，如图 3.64 所示。它的形状呈 L 形，水平段用来叉取并承载货物。水平段的上表面平直、光滑，下表面前端略有斜度，叉尖较薄较窄，两侧带有圆弧。货叉水平段的长度一般是载荷中心距的两倍左右。如果需要搬运体积大、质量轻的大件货物，需换用加长货叉或在货叉上套装加长套。货叉的垂直段与滑架连接。根据连接方式的不同，货叉有挂钩型和铰接型两种。中、小型叉车一般采用挂钩型货叉,大型叉车一般采用铰接型货叉。

2) 侧移叉

侧移叉是一种横向移动属具,其结构和在车上的工作状况如图 3.65 所示。带侧移叉叉车与标准叉叉车相比,结构中主要增加了侧移叉架导轨与油缸。工作时驾驶员操纵侧移叉阀杆的控制手柄,侧叉油缸就产生收缩运动,带动装有货叉的侧移叉左右移动,以使货叉对准或者叉取侧面紧靠障碍物的货物。侧移叉取货物时,能使货叉处于最有利的位置,按照指定地点正确卸放,以减少叉车的倒车次数,提高叉车的作业效率。侧移叉的侧向行程一般为 250mm 左右。

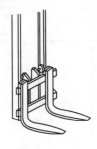

图 3.64 货叉

图 3.65 侧移叉

3) 夹持器

夹持器是一种以夹持方式搬运货物的属具。搬运装卸比重较小,外形规则(网柱体、立方体、长方体),不怕挤压的货物常使用这种属具。夹持器形式很多,常用的有移动式夹持器如图 3.66(a)所示和旋转式夹持器如图 3.66(b)所示。旋转式夹持器一般为在平行货叉架的平面内旋转。横向移动式夹持器主要由夹板、导轨副、油缸等部件组成。当油缸举动夹板相向移动时,夹板就对货物产生夹持力,这样依靠货物与夹板的摩擦力就能搬运货物。夹板可以两块同时进行等距离运动,也可以一块固定不动,另一块作左右移动。旋转夹持器是在移动式夹持器结构中增加旋转机构,它由液压马达、蜗轮副、回转齿轮副等组成。

(a) 移动式

(b) 旋转式

图 3.66 夹持器

4) 悬臂吊

叉车上使用的臂吊的结构形式很多,常见的为单臂式,吊钩可根据需要在臂上移动以调节卸载距离。但是为了保证叉车的纵向稳定性,使用时必须根据制造厂提供的载荷特性曲线,使吊运货重不超过吊钩所在位置的额定起重量。

5) 串杆

串杆主要用来装卸环状货物,如钢丝卷、空心的筒状货物等,图 3.67 所示即为装有串杆的叉车。

6) 推出器

推出器是可以将货物从货叉上推出的属具,如图 3.68 所示。推出器有液压作用式和重力作用式两种。液压推出器的推出动作由多路换向阀控制。

图 3.67　串杆

图 3.68　推出器

案例 3-3

【行业实践】

我国叉车行业发展综述

1. 我国叉车行业历史和现状

我国叉车工业起步于 20 世纪 50 年代末,从 70 年代后期到 80 年代中期,从引进国外先进技术入手,分析研发自主产品。如北京叉车总厂引进日本三菱 1～5t 内燃平衡重叉车技术,大连叉车总厂引进日本三菱 10～40t 内燃平衡重叉车和集装箱叉车技术,天津叉车总厂引进保加利亚巴尔干车辆公司 1.25～6.3t 内燃叉车技术,杭州叉车总厂引进西德 O&K 公司静压传动叉车、越野叉车和电动叉车技术,合肥叉车总厂、宝鸡叉车公司引进日本 TCM 株式会社 1～10t 叉车技术,湖南叉车公司引进英国普勒班机械公司内燃防爆装置技术;自 90 年代开始,在消化吸收引进技术的基础上积极对产品进行更新和系列化。电动叉车因受基础技术落后的制约,整体水平与世界先进水平差距很大,每年仍需进口叉车产品。

目前全球约有 250 多家叉车生产企业,年产量保持在 50 万台左右。由于竞争的加剧,同 20 世纪 80 年代比,世界叉车工业出现了销售额增长而利润减少的反常现象。一方面,为了降低成本,叉车巨头纷纷在发展中国家建厂。例如,在中国建厂的有厦门林德、安徽 TCM、北京汉拿、湖南德士达、烟台大宇重工、上海海斯特等。这些公司把国外 20 世纪 90 年代中期的产品和技术带到国内,促进了我国叉车技术的快速发展,同时对国内市场也造成了很大的冲击。另一方面,随着市场经济的发展,物流技术在经济发展中的地位与作用越来越明显,叉车普及率越来越高,已从过去单一的港口码头进入国民经济的各行各业。

随着人们对环境污染危害的深刻认识,环保已成为世界共同关注的焦点,因此,环保型叉车将成为市场主流;其次,自动仓储系统、大型超市的纷纷建立,刺激了对室内搬运机械需求的增长,高性能电动叉车、前移式叉车、窄巷道叉车等各类仓储机械迅速发展是未来叉车市场的又一特征;另外,全球经济一体化必将带来全球工业的国际化,使得各国间及国内贸易大幅上升。有资料表明全世界集装箱吞吐量每年以 30% 左右的速度递增。贸易的增加将推动现代集装箱搬运与堆垛设备的高速发展。

2. 现代叉车技术发展趋势

1) 产品的系列化与多样化

根据美国工业车辆协会的分类法,叉车分(1、2、3、4、5、6 和 7)7 大类,分别为电动乘驾式叉车、电动窄巷道叉车、电动托盘搬运车、内燃平衡重式实心胎叉车、内燃平衡重式充气胎叉车、电动与内燃乘驾式叉车和越野叉车。1999 年 7 月，美国《现代物料搬运》杂志评出世界 20 强叉车公司，其中排在前 10 位的公司(产品种类)是：Linde(1、2、3、4、5 和 6)Toyota(1、2、3、4、5 和 6)，Nacco/MHG(1、2、3、4 和 5)，Jungheinrich(1、2、3、4 和 5)，BT Industries(1、2、3、4 和 5)，Mitsubshi/Caterpillar(1、2、3、4 和 5)，Crown(1、2、3)，Komatsu(1、2、3、4 和 5)，Nissan(1、2、3、4 和 5)，TCM(1、4 和 5)。另外，产品品种和系列也非常齐全，如德国 Linde 公司有柴油、液化石油气、电动平衡重叉车、前移式叉车、堆垛车、拣选车、侧面式叉车、电动牵引车等近 110 种；而我国最大的叉车制造企业安徽叉车集团生产 1~16t 15 个级别 80 种机型 400 多个品种的叉车。各叉车公司皆以产品种类、系列的多样化去充分适应不同用户、不同工作对象和不同工作环境的需要，并不断推出新结构、新车型，以多品种小批量满足用户的个性化要求。

2) 绿色化推动叉车动力技术的发展

叉车分内燃叉车和电动叉车。内燃叉车以发动机为动力，功率强劲，使用范围广，缺点是排气和噪声污染环境，损害人类健康。环保要求推动了动力技术的更新：TCM 于 20 世纪 70 年代更新了 3.5t 柴油叉车，将预热燃烧室改为直喷式，省油 17%~20%；80 年代初 Perkins 发动机推出扁唇式燃烧系柴油机，省油 7%~8%；80 年代中期德国 Deute 公司开发出 F913G 型叉车专用柴油机，省油 60%，降噪 6dB，而瑞典推出柴油机蓄电池混合动力叉车；90 年代液化石油气(LPG)叉车、压缩天然气(CNG)叉车、丙烷叉车等低公害叉车面市，且发展势头强劲，电动叉车具有能量转换效率高、无废气排放、噪声小等突出优点，是室内物料搬运的首选工具，但其受蓄电池容量限制，功率小，作业时间短。

3. 发展趋势

我国叉车能否逐鹿国际市场，并在与世界强手的竞争中立于不败之地，将依赖于叉车整体技术水平的提高，特别是电动叉车技术的飞速发展。

1) 从供给侧着手，提高产品技术性能

电动叉车将成为未来的主要产品。从近期看电动叉车是柴油叉车的互补性产品，而从中长期来看车间空气质量和噪声的严格控制、企业内部的多频次小批量搬运需求，都会促成电动叉车在中小吨位上大面积替代柴油叉车。电动叉车在欧美日普及化应用之后，随着自己的跨国公司客户一同进入中国，培育并初步壮大了国内的高端市场。国内电动叉车品牌，有三类。一类是油车品牌的延伸，在现有的油车渠道顺带销售和售后；另一类是手动叉车的升级，从半电动过渡到全电动，顺应客户对高效仓储物流的新需求；还有一类就是新入行者，以全新的设计理念、技术研发、差异化营销战略，把电动叉车从配角扶正为主角。其中，仓储电动叉车的专业型品牌，占据主导地位。电动叉车的技术加快了国内仓储自动化的步伐。

目前国内外均在不断改进铅酸蓄电池技术，通过提高材料纯度等使其在复充电次数、容量和电效率方面有了很大提高。由于技术的进步，电动叉车现已突破只能用于小吨位作业的局限性；同时电动汽车的动力、传动、控制、安全等技术在叉车上的应用，将会使电动叉车整机性能有一个质的变化。新型蓄电池技术将在同业的努力下，实现新的突破。

2) 电动叉车将成为仓储物流搬运的主流方式

在劳动力成本节约、搬运效率方面，电动叉车则是手动、半电动叉车的全方位升级版，解决了很多企业的生产效率瓶颈问题。

目前国际电动叉车的产量已占叉车总量的 40%(国内为 10%~15%)，在德国、意大利等一些西欧国家电动叉车比例高达 65%。发动机尾气催化、净化技术的发展将有效降低有害气体和微粒的排放。LPG、CNG 等燃料叉车及混合动力叉车将进一步发展。

3) 服务模式多元化

近期叉车行业传统的服务模式改变为多元化的服务模式。叉车有五种利润来源，分别包括产品销售、配件销售、维修服务、租赁和二手车交易。在目前的经济形势下传统的服务模式约束了产品的发展。多元化的服务模式，从单一的销售，发展到二手车交易、租赁服务、配件销售、维修服务等业务交叉模式，任何一笔交易都有可能带动多笔业务，利润倍增。同时整车与配件销售、售后维修等结合，进而利用手头的客户资源，带动租赁和二手车业务。

根据本案例所提供的资料，了解国内外主要叉车生产企业的状况。

3.5 其他装卸搬运装备

【参考视频】

除了以上介绍的几类主要的广泛使用的搬运装卸装备外，本节还将介绍另外几种比较普遍使用的装卸搬运装备。

3.5.1 牵引车

牵引车是指具有牵引装置、专门用于牵引载货挂车进行水平搬运的车辆，牵引车主要用于仓库、火车站台与库房之间或从库内到库房门口装卸台之间的物资运输。牵引车没有取物装置和载货平台，不能装卸货物，也不能单独搬运货物。

牵引车作业时，台车的装卸时间与牵引车的运输时间可交叉进行，且可牵引一组台车，从而提高工作效率。

根据不同的标准和分类方法，牵引车可以分为不同的类别，见表 3-4。

表 3-4 牵引车分类表

分类标准	类别
动力提供方式	内燃牵引车、电动牵引车
动力大小	普通牵引车、集装箱牵引车
轮子与地面接触方式	有轨牵引车、无轨牵引车
操作方式	人工驾驶车、无人驾驶车(自动导向)
作业场所	室内牵引车、室外牵引车

内燃牵引车一般采用经济性较好的柴油机进行驱动，只有小型牵引车才采用汽油机进行驱动。内燃牵引车的底盘结构形式与普通汽车类似，主要适用于室外的牵引作业；电动牵引车采用蓄电池和直流电动机进行驱动，主要适用于室内的牵引作业。

普通牵引车可以拖挂平板车，用于装卸区内的水平搬运；集装箱牵引车用于拖挂集装箱挂车，用于长距离搬运集装箱。

室内牵引车(图 3.69)操作平台离地较低、实心车轮直径较小，适用于室内平坦地面。室外牵引车(图 3.70)为充气轮胎，直径较大，可在室外不平的路面上行驶。

我国牵引车的发展起步较晚，但是发展较快，经历了有轨到无轨，再到自动导向牵引车的过程。随着物流业的发展，特别是自动化立体仓库的发展，牵引运输逐步实现自动化、无人化。

图 3.69 室内牵引车

图 3.70 室外牵引车

3.5.2 人力搬运车

人力搬运车是一种以人力为主，从事运输的搬运车。随着手动液压、电动液压技术的应用，并与托盘运输相结合，人力搬运车目前已成为车间、仓库、站台、货场等最常见的搬运方式之一。

1. 手推车

手推车是一种以人力为主，在路面上从事水平运输的搬运车。在物流作业过程中，人力车辆的作业也占有一定的比重，尤其在设施外的偶发的物流活动，难以实现机械化作业时常会采用。此外，由于物流活动的复杂性和用户需要的多样性，常会以人力作业来衔接，以补充机械化的工艺流程。图 3.71 是几种常见的手推车。

手推车具有轻巧灵活、易操作、回转半径小、价格低等优点，可广泛应用于车间、仓库、站台、货场等处，是短距离运输轻小货物的一种方便而经济的搬运工具。

手推车的类型较多，形状各异。根据车轮数目不同分类，手推车可分为独轮车、双轮车、三轮车、4 轮车等；根据手柄不同分类，手推车可分为单手柄、双手柄、带挡板手柄、固定手柄式和折叠手柄式；根据层数不同分类，手推车可分为单层、双层、3 层等；根据车底部不同分类，手推车可分为平底式和骨架底式。

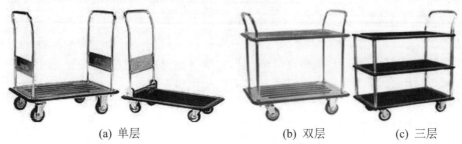

(a) 单层　　　　　　　　(b) 双层　　　　　　　　(c) 三层

图 3.71 手推车的类型

2. 手动液压升降平台车

手动液压升降平台车(图 3.72)是采用手压或脚踏为动力，通过液压驱动使载重平台做升降运动的手动平台车。可调整货物作业时的高度差，减轻操作人员的劳动强度。

为了装载和卸货的安全方便，手动液压升降平台车有安全轮保护的牢固的小脚轮和位于两个旋转脚轮之间的制动器。

图 3.72　手动液压升降平台车

3. 手拉液压托盘搬运车

手拉液压托盘搬运车(图 3.73)是一种轻小型搬运装备，是物料搬运中不可缺少的辅助工具，它有两个货叉似的插腿，可插入托盘底部，插腿的前端有两个小直径的行走轮，用来支撑托盘货的重量。货叉可以通过手泵油缸抬起，使托盘或货箱离开地面，然后用手拉或电动驱动使之行走。手拉液压托盘搬运车由舵柄、架体与机身、液压起升系统、车轮及承载滚轮组成。

4. 手推液压堆高车

手推液压堆高车是利用人力推拉运行的简易式叉车。根据起升机构不同分类，手推液压堆高车分为手摇机械式、手动液压式和电动液压式 3 种，适用于工厂车间及仓库内对效率要求不高，但需要有一定装卸高度的场合。

图 3.73　手拉液压托盘搬运车

本 章 小 结

装卸搬运是改变了物资的存放状态和空间位置的一项重要活动，将物流活动的各个阶段连接起来，成为连续的流动过程。生产企业物流中，装卸搬运是各生产工序之间的纽带；流通企业物流中，装卸搬运也是生产企业、仓储、消费者等环节的纽带。

起重装备是一种循环、间歇运动的机械，主要用于垂直升降货物，起重装备是实现物流作业机械化和自动化，改善物料搬运条件，减轻劳动强度，提高生产率必不可少的重要机械装备，在港口、仓库、车站、工厂、建筑工地等领域得到广泛的运用。输送机是以连续方式沿着一定的线路均匀输送货物的搬运设备，由于输送机能连续搬运大量货物，并且搬运成本低，搬运时间准确，在自动化立体仓库、物流配送中心、大型货场等场所得到广泛应用。叉车是物流领域装卸搬运设备中应用最广泛的一种设备，叉车除了使用货叉以外，通过配备其他取物装置后，能对散货和多种规格品种货物进行装卸作业。在物流作业过程中，人力车辆的作业也占有一定的比重，在难以实现机械化作业的场所，手推车是机械化作业的补充。先进装卸搬运装备的广泛应用，必然促使我国的物流事业进一步蓬勃发展。

关键术语

装卸搬运装备(Handling Equipment)　　　　起重机(Crane)
输送机(Conveyor)　　　　　　　　　　　　叉车(Forklift)
牵引装备(Traction Equipment)

习　题

1. 填空题

(1) 装卸搬运是指在物流过程中对货物进行_____、_____、_____、_____等作业。

(2) 按主要用途或结构特征不同分类，装卸搬运装备可分为_____、_____、_____、_____。

(3) 起重机的种类较多，按功能和结构特点不同可分为_____、_____、_____。

(4) 各种类型的起重机通常由_____、_____、_____与_____4部分组成。

(5) 带式输送机的结构特征和工作原理是：_____。

(6) 叉车按动力装置不同，可分为_____和_____。按照结构和用途不同，可分为_____、_____、_____、_____、_____、_____、_____。

2. 简答题

(1) 什么是装卸搬运？装卸搬运的主要有哪些方法？
(2) 简述起重装备的类型、特点及应用场合。
(3) 如何选用门式、桥式起重机？其主要的性能参数有哪些？
(4) 汽车起重机和轮胎起重机的主要区别是什么？
(5) 如何对输送机分类，每种输送机的应用场合及特点是什么？
(6) 普通带式输送机的总体结构由哪几部分组成？各组成部分的基本作用是什么？
(7) 叉车由哪几部分组成，各部分的作用是什么？
(8) CPQ1、CPC3B型叉车的字母和数字各代表什么意思？
(9) 如何合理选用叉车？

第4章 仓储技术装备

【教学目标】

> 了解仓储技术装备的分类、特点
> 掌握货架的作用与分类
> 掌握托盘的分类和其标准化相关知识
> 明确仓储设备选用的步骤和方法

连云港外贸冷库

连云港外贸冷库于 1973 年由外经贸部投资兴建,是我国外贸系统的大型冷藏库之一,由 12 000t 的低温库(-18℃)和 5 000t 的保鲜库(0℃)组成,配备双回路电源。另有 3 000m² 的普通仓库、100t 运力的冷藏车队、年加工能力为 1 500t 的冷冻品加工厂。其经营范围为物资储存、商品储存、加工;食用油及制品、副食品、饲料、建筑材料、金属材料的销售、代购、代销、公路运输服务等。

冷库所处区位优越,在连云港港区内,门前公路东接港口,西接宁连、徐连、汾灌高速公路,距离连云港民航机场只有 50km,库内有铁路专用线与亚欧大陆桥东桥头堡相连,毗邻公路、铁路客运站,交通十分便捷。

设备完善的主库和从日本引进的组装式冷库构成了一流的冷冻冷藏条件,保鲜库为国内外客户储存苹果、蒜头、洋葱等果品、蔬菜类保鲜食品。冷冻品加工厂设备完善,质保体系严格,采用恒温避光作业,拥有蔬菜、水产品两条加工生产线,可常年同时加工鲜、冻农副产品及水产品,其附属仓库在存放商品方面条件优越。

思考题:
1. 该仓储系统有哪些优越性?
2. 结合案例谈一下在仓库的选址和设计中应注意哪些方面?

仓储是物流的基础,是发展现代物流的基地,也是发展现代物流的硬件,仓储活动在物流领域中起着"物流支柱"的作用,它的基本功能包括物资的保管、调节物资的供需、调节物资的运输、实现物资的配送和节约物资。仓储活动离不开储存设备的支持,储存设备选择得是否合理,直接影响仓库的作业效率。

4.1 概 述

仓储和保管是物流的主要功能要素之一,是第三利润源的重要源泉之一,其类型按照保管的目的不同可分为具有发货、配送和流通加工功能的配送中心(流通中心)型仓储和以储存为目的的存储中心。按照建筑形态不同可分为平房型仓储、楼库型仓储、地下仓储或库洞型仓储、高货架立体仓储。按照存储的方式可分为手工作业式仓储、机械作业式仓储和自动化仓储系统。随着现代经济和物流技术的发展,自动化仓储系统得到了迅速的开发和广泛的使用。

4.1.1 仓储及其作用

物流中的"仓储"是一个非常广泛的概念,物流学要研究的就是包括储备、库存在内的广义的仓储概念。与运输的概念相对应,仓储是以改变"物"的时间状态为目的的活动,从克服产需之间的时间差异中获得更好的效用。

仓储的作用也是很明显的,主要表现在以下几个方面。

1. 仓储是物流的主要功能要素之一

在物流中,运输承担了改变"物"的空间状态的重任,物流的另一项重任,即改变"物"的时间状态是由仓储来承担的。所以,在物流系统中,运输和仓储是并列的两大主要功能要素,被称作物流的两根支柱。

2. 仓储是社会物质生产的必要条件之一

仓储作为社会再生产各环节之中,以及社会再生产各环节之间的"物"的停滞,构成了上一步活动和下一步活动的必要条件。仓储作为社会物质生产是多种多样的,从生产和消费的连续性来看,各种产品都有不同的特点。

有的产品是均衡进行的,而消费却是不均衡的,例如,生活资料中的啤酒、清凉饮料就是一年四季连续不间断地生产,而消费的高峰却集中在夏季;生产资料中的某些建筑材料也有类似的特点。有一些产品生产是不均衡的,而消费却是均衡不断地进行,最典型的产品是粮食。在生产资料中,木材也有类似的特点。当然,还有不少产品生产和消费都不均衡(如冬存夏用的冰),也有不少产品生产和消费都是均衡连续的。

现代生产强调生产和消费要均衡协调,以获得较好效果。这一目标在汽车制造业、电气工业、机械加工工业中已经广泛地实现,出现所谓"传送带式生产""无库存的滚动式生产"等生产方式。

但是,生产的复杂性决定了在经济领域中不可能全面实现这一目标。生产和消费在时间上的不均衡、不同步的现象是客观存在的,因此,就需要进行调整,即生产的产品要经过一定时间的仓储保管才能和消费相协调。此外,出于备战、备荒的要求,出于合理使用资源、防止产品一时过剩造成浪费的要求,出于延迟一段时间出售产品而获取较优价格的要求,都需要对生产的产品进行一定时间的仓储。仓储的这种作用称作"蓄水池"作用和"调节阀"作用。

3. 仓储可以创造"时间效用"

时间效用的含义是,同种"物"由于时间状态不同,其使用价值的实现限度发挥到最佳水平,最大限度地提高了产出投入比,就称为"时间效用"。通过仓储,使"物"在效用最高的时间发挥作用,就能充分发挥"物"的潜力,实现时间上的优化配置。从这个意义来讲,也相当于通过仓储提高了物的使用价值。

4. 仓储是"第三个利润源"的重要源泉之一

"第三个利润源"中,仓储是主要部分之一。仓储作为一种停滞,时时有冲减利润的趋势,在"存"的过程中使用价值降低,各种仓储成本支出又必然起冲减利润的负面作用。

利润主要有以下几个方面。

(1) 有了库存保证,就可免除加班赶工,省去了增大成本的加班赶工费。

(2) 有了仓储保证,就无须紧急采购,不会导致加重成本,使该赚的利润少赚。

(3) 有了仓储保证,就能在有利时机进行销售,或在有利时机进行购进,这当然增加了销售利润,或减少了购入成本。

(4) 仓储是大量占用资金的一个环节,仓库建设、维护保养、进库出库等又要耗费大量人力、财力、物力,此外仓储过程中各种损失,也是很大的消费。因而,仓储中节约的潜力也是巨大的。通过仓储的合理化,通过减少仓储时间,降低仓储投入,加速资金周转,走降低成本路子来增加利润。

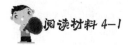阅读材料 4-1

仓储的逆作用

物流系统中,仓储作为一种必要活动,由其特点决定,也经常有冲减物流系统效益、恶化物流系统运行的趋势。所以甚至有人明确提出,仓储中的"库存"是企业的癌症,这主要由于仓储的代价太高所致:①库存会引起仓库建设、仓库管理、仓库工作人员工资、福利等费用开支增高;②仓储货物占用资金所付之利息,以及这部分资金如果用于另外项目的机会损失都是很大的;③陈旧损坏与跌价损失,货物在库存期间可能发生物理、化学、生物、机械等损失,严重者会失去全部价值及使用价值。随着仓储时间的增加,存货无时无刻不在发生陈旧,一旦错过有利的销售期,又不可避免出现跌价损失。④保险费支出,近年来为了分担风险,我国已开始对储存物采取投保缴纳保险费方法,保险费支出在有些国家、地区已达到很高的比例;⑤进货、验货、保管、发货、搬运等工作所花费的费用等。

上述各项费用支出都是降低企业效益的因素,再加上在企业全部运营中,仓储占用达到40%~70%的比例,在非常时期,有的企业库存竟然占用了全部流动资金,使企业无法正常运转。所以有些经济学家和企业家将其看成是"洪水猛兽",当然也就不足为怪了。

4.1.2 仓储技术装备的分类、特点及发展趋势

仓库在物流系统中扮演着极为重要的角色,仓库的最基本功能是储存和保管物资。为了满足市场少批量多样化需求,仓库还担负着流通加工、拣选、配送和信息服务等功能。它的基本活动包括储存、保养、维护和管理。仓储活动离不开仓储技术装备的支持。仓储技术装备是仓库进行生产和辅助生产作业以及保证安全作业所必需的各种机械设备和设施的总称。

1. 仓储技术装备的分类

按照功能的不同分类,仓储技术装备可分为储存设备(货架)、物料搬运设备、分拣设备、计量设备、商品保养设备、维修设备、安全设备等。

按照作业方式的不同分类,仓储技术装备可分为搬运机械设备(叉车和输送机等)、起重吊装机械设备(桥式起重机和龙门起重机等)、存取设备(巷道堆垛起重机和装卸堆垛机器人等)。

按照使用范围的不同分类,仓储技术装备可分为专用机械设备和通用机械设备。

按照作业形式的不同分类,仓储技术装备可分为固定式机械设备和流动式机械设备。

2. 仓储技术装备的特点

仓储技术装备是在特定环境中完成特定的物流作业功能,它们在结构外形和功能上差异很大的同时,又存在一些共性。

(1) 仓储技术装备一般在物流据点内工作,其作业场所固定,工作范围相对较小,运行路线比较固定。

(2) 对安全性、节能性、环保性和经济性的要求高。

(3) 机械化、自动化程度高。
(4) 专业化、标准化程度高。

3. 仓储设备的发展趋势

现代仓储机械设备是仓库运作的必要条件，它不仅直接影响企业为物流需求者提供的物流量、物流服务质量以及作业效率，而且影响现代物流企业的物流成本、物流速度、安全生产以及物流作业的生产秩序。设备的好坏，对现代物流企业的生存和发展都有重大影响。因此，把握仓储机械设备的发展趋势，对正确、合理配置和运用仓储机械设备有重大意义。

4.2 仓 库

自从人类社会生产有剩余产品以来，就产生了储存活动，也就有了仓库。早在原始社会末期，就出现了专门储存产品的场所和条件，考古发现在半坡村的仰韶遗址，有许多储存食物的用具的窑穴，它们多密集在居住区，和房屋交错在一起，这称得上为我国仓库的雏形，随着社会生产水平的提高和社会化生产方式的出现，产品空前丰富，出现了大量为商品流通服务的仓库。《中国通史》上记载的"邸店"可以说是商业仓库的最初形式，其后，我国仓库经历了"塌房""堆栈"的变迁，新中国成立后对仓库进行的国有化改造大大加快了仓库建筑、设施设备的发展，为仓储业的现代化奠定了基础。特别是20世纪60年代以来，随着世界经济发展和现代科学技术的突飞猛进，仓库的性质发生发根本性变化，从单纯地进行储存保管货物的静态储存发展为多功能的动态储存新领域，成为生产、流通的枢纽和服务中心，特别是大型自动化立体仓库的出现，使仓储技术又上了一个新台阶。

4.2.1 仓库的概念和功能

1. 仓库的概念

仓库是保管、储存物品的建筑物和场所的总称，是仓储环节最主要的设施。

2. 仓库的功能

在现代物流系统中，仓库的功能已不是单纯地保管存储，它已成为生产和消费领域中物资集散的中心环节，是物流系统的调运中心。通过采用先进的仓库管理手段与技术，可以有效处理物流的静与动，解决生产与消费之间的不一致性，使物流系统更顺畅、更合理地运行。

一般来说，仓库应具有以下功能。

1) 储存和保管功能

这是仓库最基本的传统功能，因此，仓库应具有的空间用于容纳物品。库容是仓库的基本参数之一。保管过程中应尽量保有商品的价值，保证商品不丢失、不损坏、不变质。要有完善的保管制度和安全措施，合理使用搬运机具，有正确的操作方法，在搬运和堆放时不能碰坏或压坏货物。

应根据所储存货物的特性选择合适的仓储条件，仓库里应配有相应的实施设备，以保持储存物品的完好性。易腐烂变质的物品和鲜果、鲜肉类需要对温度进行严密控制,可放入冷藏仓库及冷冻仓库;储存精密仪器的仓库应防潮防尘、保持温度恒定,需要空气调节及恒温设备;一些储存挥发性溶剂的仓库必须有通风设备,以防止空气中挥发性物质含量过高而引起爆炸。

2) 调节供需的功能

随着经济的全球化,产品的生产和消费逐渐全球化,因此生产某种商品的各零部件及成品的生产者相距越来越远,生产者与消费者在商品生产与消费地理上、时间上存在不一致性,生产方式与消费方式上也存在差异,这些供需的不平衡就需要仓储的储存作为平衡环节加以调控,使生产和消费协调起来,这也体现出物流系统创造物资时间效用的基本职能。

3) 调节货物运输能力的功能

各种运输工具的运量相差很大,船舶的运量大,海运船一般是万吨以上,内河船也以百吨或千吨计。火车的运量较小,每节车皮能装 30~60t,一列火车的运量多达数千吨。汽车的运量最小,一般每车只有 4~10t。在码头和车站进行不同运输方式的转运时,运输能力是很不匹配的,这种运力的差异必须通过仓库或货场将货物短时存放以进行调节和衔接。

4) 配送和流通加工的功能

现代仓库的发展趋势是从保管储存为主要任务向流通性仓库的方向发展,仓库成为流通、销售、零部件供应的中心,其中一部分在所属物流系统中起着货物供应的组织协调作用,被称为物流中心。该类仓库不仅具备储存保管货物的设施,而且增加了分拣、配送、捆包、流通加工、信息处理等设施,这样既扩大了仓库的经营范围、提高了物资的综合利用率,又促进了物流合理化、方便了消费者、提高了服务质量。现代物流中心更重视仓库的流通功能,功能划分更细,如出现集货中心、分货中心、配送中心、加工中心、转运中心、配载中心、储调中心等。我国目前的保管型仓库还是占大多数,而具备物流中心作用的仓库还较少,但随着国民经济的发展和物流系统总体水平的提高,仓储业的现代化指日可待。

4.2.2 仓库的分类

仓库的种类很多,由于各种仓库的所有权不同,在物流中担当的功能有差别,而且被储存规格繁多、性能差异大,因而仓库的分类标准也是多种多样的。

1. 按所有权不同分类

(1) 自有仓库。自有仓库是生产或流通企业为了本企业经营的需要投资兴建的仓库,完全用于储存本企业的原材料、燃料、产成品等货物。建立自有型仓库的最大优点是企业拥有仓库的所有权和控制权,可以自由安排物流活动,物流保障度高且使用方便。但投入大量资金,另外对企业的仓库管理水平要求较高。一旦决策不当,可能造成人力和财物方面的浪费,仓库的专业化程度一般也不高。

(2) 营业仓库。营业仓库是某些企业专门为了经营储运业务而修建的仓库。该类仓库一般因拥有专业管理人员而管理水平较高。企业利用营业仓库可以在享受高效服务的同时节省大量的建设资金,但是企业仓库的控制能力有限。

(3) 公用仓库。公用仓库是由国家或一个主管部门修建的为社会服务的仓库，如机场、港口、铁路的货场、库房等仓库。

(4) 出口监管仓库。出口监管仓库是经海关批准，在海关监管下，存放已按规定领取了出口货物许可证或批件，已对外买断结汇并向海关办完全部出口海关手续的货物的专用仓库。

2. 按功能不同分类

(1) 流通型仓库。主要用于商品的保管、分类、中转、配送的仓库属流通型仓库。如集货中心、中转中心、配送中心等。该类仓库以商品的流通中转和配送为主要功能，机械化程序比较高，周转快，保管时间短，功能齐全。

(2) 储存型仓库。该类仓库以物资的长期保管或储备为目的，货物在库时间长，周转速度慢。除了战略储备外，也可为常年出国工作的高薪阶层存放高档家具、字画等贵重物品；为企事业单位存放重要档案、机密文件等。

3. 按商品的种类不同分类

(1) 原料、产品仓库。生产企业用来储存备用或待用的原材料、燃料，以及待销售的成品、半成品的仓库。

(2) 危险品仓库。用来专门储存油料、炸药、烟花爆竹、化学药品、天然气等易燃、易爆物资的仓库。为了防止意外，一般都将危险品仓库设在远离人群的偏僻地带。

(3) 冷藏仓库。储存肉类、海产品等保鲜的食品。

(4) 恒温仓库。储存罐头、食品、水果、蔬菜、鲜花等物品的仓库为恒温仓库。在寒冷酷热的地区和季节，类似上述的物品需要在恒温状态下保管。

(5) 储备仓库。用于粮食、棉花、武器弹药等战略物资的储备，以防止自然灾害和突发事件。该类仓库一般由国家设置，货物在这类仓库中储存的时间较长，并且为保证储存物资的质量需定期更新储存的物资。

(6) 水面仓库。指利用货物的特性及宽阔的水面来保存货物的仓库。例如，在水中储存原木、竹排等。

(7) 保税仓库。指存放保税物资的仓库。为满足国际贸易的需要，设置在一国国土之上，但在海关关境以外的仓库。外国货物可以免税进出这些仓库而不需办理海关申报手续。并且，经批准后，可在保税仓库内对货物进行加工、存储、包装和整理等业务。对于在划定的一定区域内的货物保税，则称为保税区。

4. 按建筑结构不同分类

(1) 平房仓库。平房仓库一般只有一层建筑，不设楼梯，有效高度不超过 6m，构造简单，全部仓储作业都在一个层面上进行，货物在库内装卸和搬运方便，各种设备(如通风、供水、供电)的安装和维护比较方便，而且仓库地面能承受较重货物的堆放。

(2) 楼房仓库。指二层以上建筑的仓库。上、下楼的货物运送依靠垂直输送设备(如电梯可倾斜皮带输送机等)。有的楼房仓库，卡车可以直接开到楼上。楼房仓库比平房仓库占地占地面积少，在土地价格昂贵的国家数量比较多。而且，楼房仓库可适用于各种不同的使用要求，如办公室与库房可分别使用不同的楼面；分层的仓库结构将库区自然分开，有助于仓库的安全和防火等。

(3) 高层货架仓库。又称立体仓库，实质上是一种特殊的单层仓库。它利用高层货架堆放货物，高度一般不超过 30m，与之配套的是在库内采用自动化、机械化的搬运设备，由计算机控制。全自动化立体仓库主要有整体式和分离式两种。整体式立体仓库货架兼做外围墙支撑物，建筑物与货架整合一体；分离式立体仓库货架与外围墙分开，相互独立。

(4) 罐式仓库。罐式仓库的构造特殊，成球形或柱形，主要是用来储存石油、天然气和液体化工品等。

(5) 简易仓库。简易仓库的构造简单，造价低廉，一般是在仓库不足而又不能及时建库的情况下采用的临时代用办法，包括一些固定或活动的简易货棚等。

4.2.3 仓库的结构

仓库的结构对实现仓库的功能起着很重要的作用。仓库的结构设计应考虑以下几个方面。

1. 平房建筑和多层建筑

仓库的结构，从出、入库作业的合理化方面看，尽可能采用平房建筑，这样，储存产品就不必上下移动。但为了充分利用土地，许多仓库采用多层建筑。在采用多层仓库时，要特别重视对货物上下楼的通道建设。如果是流通仓库，则采用二层立交斜路方式，车辆可直接行驶到二层仓库，二层作为收货、验货、保管的场所，而一层则可以作为理货、配货、保管的场地来使用。

2. 库房出、入口和通道

可通行载货汽车的库房出、入口，要求宽度和高度的最低限度必须达到 4m(米)。可通行铲车的出、入口，宽度和高度必须达到 2.5~3.5m。通常库房出、入口采用卷帘或铁门。库房内的通道是保证库内作业顺畅的基本条件，通道应延伸至每一个货位，使每一个货位可以直接进行作业，通道需要道路平整和平直，减少转变和交叉。作为大型卡车入库的通道宽度应大于 3m，叉车作业通道宽度应达到 2m。

3. 立柱间隔

库房内的立柱是出、入库作业的障碍，会导致保管效率低下，因而立柱应尽可能减少。一般仓库的立柱间隔，因考虑出、入库作业的效率，以汽车或托盘的尺寸为基准，通常以 7m 的间隔比较适宜，它适合 2 台大型货车(宽度 2.5m×2)或 3 台小型载货车(宽度 1.7m×3)的作业。采用托盘存货或作业的，因托盘各类规格不同，以适合放标准托盘 6 个为间隔，如采用标准托盘时，间隔略大于 7.2m(1.2m×6)平房建筑的仓库，拓宽立柱间隔较为容易，可以实现较大的立柱间隔。而钢骨架建筑的仓库可不要立柱。

4. 天花板的高度

机械化、自动化的仓库对仓库天花板的高度也提出了很高的要求，即使用叉车的时候，标准提升高度是 3m，使用多段式高门架的时候要达到 6m。另外，从托盘装载货物的高度看，包括托盘的厚度在内，密度大且不稳定的货物通常以 1.2m 为标准，密度小而稳定的货物通常以 1.6m 为标准。以其层数来看，1.2m×4=4.8m，1.6m×3=4.8m，因此，仓库天花板高度最低应该为 5～6m。

另外，有的仓库内部设置夹层楼板，也叫临时架，是在地板与楼板之间另加一层楼，能成倍地利用保管的空间，并能够有效地利用仓库梁下的空间。

5. 地面

地面的承载力应根据承载货物的各类或堆码高度来确定。通常，普通仓库的地面承载力为 $3t/m^2$，流通仓库的地面承载力则必须保证重型叉车作业的足够受力。地面的形式有低地面和高地面两种。为了防止雨水注入仓库，低地面式的地面比基础地面高出 20～30cm，而且由于叉车的结构特点，出、入口是较平衡的坡度；高地面式的高度要与出、入库车厢的高度相符合。通常，大型载货车(5 吨以上)为 1.2～1.3m，小型载货汽车(3.5t 以下)为 0.7～1.0m，铁路货车站台为 1.6m。

一般情况下，在经营原材料和半成品的仓库，因为载重汽车直接出、入库的频率较高，所以低地面较为有利。而流通型仓库，因为在库内分货、配货，并根据商品的不同，采取不同的存放方式，有些就陈列在柜台。因此，高出地面的台式较为合适。

4.2.4 仓库管理技术

在仓储管理活动中，信息化技术的应用越来越广泛、深入。想要高效地管理仓储作业，就必须了解现代的仓储技术。

1. 条码技术

条码技术是实现计算机管理和电子数据交换时必不可少的前端采集技术，主要包括条码的编码、标识的设计、快速识别技术和计算机管理技术。条码技术是实现 POS(销售时点信息)系统、EDI(电子数据交换)、电子商务、供应链管理的技术基础，是仓储管理现代化的重要技术手段。

1) 条码的组成

条码是将宽度不等的多个黑条和空白，按照一定的编码规则排列，用以表达一组信息的图形标识符。常见的条码是由反射率相差很大的黑条和白条平行排成的图案。条码可以标示出物料生产地、制造厂家、物料名称、生产日期、分类号等信息，因而在物料流通领域中得到了广泛的应用。

2) 条形码的编码规则

条形码作为一种识别工具，其编码时需要遵循以下原则。

(1) 唯一性：同一规格同一种类的物料对应同一个产品代码。物料的性质，如质量、包装、规格、气味、颜色、形状等不同，则会被赋予不同的物料代码。

(2) 永久性：物料代码一经分配，则不再更改，并且是终身的。即便该种物料不再用于生产时，其对应的物料代码也不得再行分配给其他物料类别使用。

(3) 无含义：为了保证代码有足够的容量以适应物料更新换代的需要，最好采用无含义的顺序码。

3) 条码技术的优点

条码是迄今为止最为经济、实用的一种自动识别技术，其优点见表 4-1。

表 4-1　条码技术的优点

优点	说明
输入速度快	与键盘输入相比，条码输入的速度是键盘输入的几倍，并且能够实现"即时数据输入"
采集信息量大	条码可以标示出物料的产地、制造厂家、名称、生产日期、分类号、所经过的生产环节、相关负责人等一切与物料相关的信息
可靠性高	键盘输入数据出错率为三百分之一(统计规律)，利用光学字符识别技术出错率为万分之一，而条码技术误码率低于百万分之一
灵活实用	条码标识既可以作为一种识别手段单独使用，也可以和有关识别设备组成一个系统实现自动化识别，还可以和其他控制设备连接起来实现自动化管理
	条码标签易于制作，对设备和材料没有特殊要求，识别设备操作容易，不需要特殊培训，且设备也相对便宜

4) 条码技术在存储管理中的应用

杂乱无序的物料仓库作业和复杂的生产备料及采购计划，会严重影响仓储管理水平，增加仓储管理的成本。条形码技术将为解决这些问题发挥很大的作用。

(1) 条码技术在存储作业管理中的应用。借助条码技术，可以对仓库中每一种物料、每一个储位做出标识，既便于定期对物料进行盘查，又可以最大限度地减少手工录入工作，有效降低错误率。

(2) 条码技术在装卸搬运管理中的应用。装卸搬运是仓储管理中的一个重要环节。由于物料种类很多，信息量大，而且包装规格差异较大，这使得标识制作工作的难度较大。条码技术正好规避了以上难点，解决了这个问题。

(3) 条码技术在配送中心管理中的应用。在配送中心，条码技术的应用无处不在。例如，在制成品进入配送中心时可应用条码技术进行信息采集，完成对制成品的筛选；根据配送要求，对制成品进行重新包装、分拣时，需要再次用到条码。

(4) 条码技术在存储管理中的应用范围较广，是一种常用的、高效的物料识别方法。通过进行物料编码和条码标签，不仅便于物料跟踪管理，杜绝因物料无序而导致的损失和混乱，也有助于做好物料库存准备，提高生产效率。

2. 声控技术

声控技术是随着计算机的广泛应用而出现的。所谓"声控技术"就是利用声学与电子学原理，即声音传感器，将声音信号转换成电信号，再推动触发器工作的技术。目前，声控技术已在存储中起到了很好的应用效果。

声控技术在开关领域的应用声控技术在开关领域最常见的应用就是声控开关，用声音就可以打开门窗、电灯、电视机等。在仓库中声控开关应用最多之处应该是照明工具。以声控灯为例，声控灯是一种声控电子照明装置，它提供了一种操作简便、灵活、抗干扰能力强、控制灵敏的声控开关方式。人们只需发出约 1s 的控制信号"嘶"声，即可方便、及时地打开和关闭声控照明装置，并可以自动延时关闭。在仓库里采用声控灯的优点是，不仅节约了电能资源，而且使用起来较为方便，不必在黑暗中或抱有物料脱不开手时再去摸索开关，省时、方便。当然，声控开关的应用也有弊端。由于开关的应用频率比较高，开关本身的使用寿命会大大降低，同时也会造成一定的噪声污染。在仓库安全系统中使用声音识别技术，会使仓库的安全系数更高。

声控技术在物料挑拣过程开始逐渐被运用起来，包括库存盘点、入库检验、订单挑拣。声控技术在仓储管理系统的运作过程中是将语音识别和语音合成整合起来，使得仓库现场工作人员能和仓储管理系统相联系，形成一种新的沟通界面和作业模式。在语音辨识拣货系统的环境中，理货工作人员发出需要拣货的命令，待自动拣货机接到拣货命令后，即会按照指示进行拣货，待拣货完成后，再通过警示信号指示理货员确认。声控技术实现了存储管理的最大实时性，让存储作业人员的手、眼均能轻松自如地与仓储管理系统进行互动，大大提升了拣货的效率。

声控技术在存储技术中尚属新技术，应用起来方便、灵活，但是这种新技术的使用成本比较高。对于仓库管理来说，要视要求与经济情况而决定是否采取。

3. 计算机技术

在存储管理自动化的环境中，计算机技术的应用是必不可少的，其应用主要集中在以下几个领域。

(1) 数据统计分析。仓储管理人员在对物料相关数据进行收集后，会对相关数据进行分析统计，以便为其他部门(如采购部门)制定决策提供依据；而计算机技术对处理大量数据具有得天独厚的优势，极大地降低了仓储管理人员的工作量，具体表现在以下几个方面。

① 物料进出库单据自动生成。
② 物料分类快速查询。
③ 物料定期统计(数据量较大，必须借助计算机技术来提高效率)。
④ 仓库物料进出动态变化。
⑤ 仓库物料存货发展预测。

(2) 进出库数据采集。借助计算机技术，可以对出入库数据进行实时记录与跟踪。入库数据主要来自收货单证，出库数据则主要来自出库凭据。在采集数据方面，可以与条码技术一并应用。

(3) 库存盘点。采用计算机技术时，可以通过一些关键词(如物料编号、用途方向等)的输入，方便、快捷地完成物料盘点工作。

(4) 储位分配和查找。通过计算机自动下达的储位分配指令，在任何时段都能保持储位合理的分配状态，大大减免了调仓作业的频率。计算机的储位分配流程可以用图 4.1 来表示。

收到入库指令后，经计算机的运作可以很快收集仓库储位信息，从而在最短的时间内指出储位。如今，计算机技术在仓储管理中的应用越来越多，由此也发展出一系列管理软件，其中发展最完善、使用最广的应用系统是物料需求计划(Material Requirements Planning, MRP)。MRP 是用于库存管理信息处理的系统，根据总生产进度计划中规定的最终产品交货日期，规定必须完成各项作业的时间，编制所有较低层次零部件的生产进度计划，进而编制物料需求计划。

可以说，仓储设施、设备与技术给仓储作业提供了极大的帮助，大大降低了仓储管理人员的工作量和工作难度。如果仓储管理人员对这些仓储管理活动中经常接触的设施、设备与技术十分了解，则会使其管理工作更为得心应手。

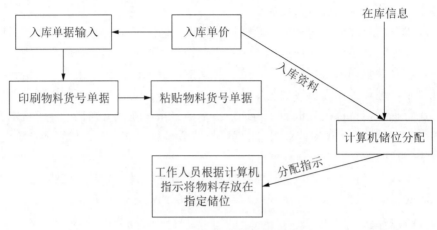

图 4.1　自动分配储位流程

4.3　货　　架

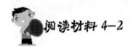

货架行业：快速发展，直面挑战

(上海精星仓储设备工程有限公司总经理/崔雄)

2014 年的中国货架行业如年初预计的那样，随着物流业的蓬勃发展，市场规模持续扩大，行业发展进入了一个快速增长期。

2014 年度回顾

1. 货架市场总体情况分析

2014 年国内货架行业市场整体保持了较快的增长，增幅超过 20%。钢材价格在 2013 年走低的情况下，2014 年再度走低，货架按产量计算的增长率仍要高于按订单额计算的增长率，因此市场实际增长应超过 25%，总体市场规模为 50 亿元~60 亿元。自动化立体仓库货架、以电商需求为代表的组合货架和穿梭小车货架成为市场的三大主力军，占据绝对的市场份额。

1) 货架市场的地域分布情况

华东、华北和华南地区依然是市场销售的主战场，在市场规模扩大的情况下，其所占的比例仍有上升的态势，体现"强者恒强"。华中、西南地区得益于"中部崛起"战略、"一带一路"倡议等的实施，需求有较大幅度增长，是市场的板块新亮点。而东北、西北市场仍无明显增长迹象。在海外市场方面，单纯的货架出口没有亮点；相反地，在包括安装的工程项目出口中，中国货架企业已成功完成或正在施工数个项目，这将为中国货架企业开辟新的广阔市场空间。

2) 货架市场的行业分布状况

2014 年货架需求与上一年基本保持一致，商业物流、医药化工、食品饮料三个行业牢牢占据货架需求前三名，表明货架在关于民生的领域中需求最高。其中商业领域排名不断上升，市场份额不断扩大，这主要得益于电商的迅猛发展。

3) 货架行业竞争状况

受项目大型化、复杂化趋势影响,对货架厂商的资金实力、设备工艺、工期保证等提出了更高的要求,这些直接导致在货架厂商的竞争中,第一梯队相较于第二梯队明显处于有利地位,但第一梯队之间的竞争仍旧非常激烈。

2014年年初,一些货架厂商出于种种考虑,开始逐步向系统集成方向发展。但有趣的现象是,也有原来的货架厂商在向集成商走了一段时间后,又重新把货架作为经营主攻方向。市场上还有集成商在酝酿建厂,大规模制造货架的传闻。在转型升级的时代,一切皆有可能,但均需面临市场考验。做专做强,一门深入,是多数货架企业的选择。

2. 货架市场发展特点分析

1) 货架新技术新产品应用提速

应用主要集中在两个方面,一是自动化立体仓库货架向更高、更重型方向发展中的应用,二是货架在密集式高效率存储系统发展中的应用。

2) 电商行业货架需求依然保持爆发式增长

电商行业的货架需求在近两年保持爆发式增长,电商货架并不是单一类型的货架,而是以电商需求定制的一揽子货架总称,通常包括但不限于阁楼式货架、搁板式货架和横梁式货架。其目的都是为了实现电商的高效率存储、高速度拣选,突出货物快速流动的特点。电商行业订单下单量大,工期严苛,加工复杂,对货架其综合能力考验巨大。

3) 项目大型化趋势再上台阶

单个货架项目金额从超1 000万元开始,短短两三年迅速达到超3 000万元。2014年市场出现了单个货架项目超5 000万元、超亿元的大单,使项目大型化趋势再上台阶。如笔者所在公司2014年就有两个亿元大单。

4) 东南亚货架工程项目获得起步

以往的海外出口,以纯货架买卖居多。以印尼、泰国、越南、马来西亚为代表的东南亚市场,由于地少人多,再加上近几年来全球劳动密集型制造业的迁入,货架需求保持增长。中国货架企业在东南亚市场已成功起步,目前实施了多个项目。最具代表性的是上海精星公司在印尼某烟草公司获得超亿元人民币的"库架合一"大单,目前该项目第一个库已经主体吊装完毕。

2015年度回顾

1. 货架企业面临的挑战

目前中国经济面临转型之际,经济下行压力不小,中国制造行业面对诸多挑战,货架企业身处制造行业自然不能幸免。概括来说,有四个方面的挑战需要面对。

1) 总体产能过剩

虽然相较许多不景气的行业而言,货架市场需求旺盛,但是从总体上来说,产能也是过剩的,开工不足的货架企业不在少数。许多原来从事出口或其他机械、金属加工的企业很容易进入中低端的货架制造领域。

2) 成本上升压力巨大

这里的"成本"主要是指以劳动力、土地为主体的生产经营成本。近几年来,尽管货架行业每年增长率不低,但与平均工资的上涨幅度相比仍是"差着一大截"。长此以往,企业所承受的压力可想而知。钢材价格目前处于近20年的低位,2015年上涨可能性增大,届时对签有年度协议的订单和延期实施的订单极为不利。

3) 资金流动性风险

一方面,流入实体经济部门的资金持续降低,造成项目付款条件差、付款周期长、垫资多(货架企业钢材采购要全额付现)、垫资时间长、现金少、承兑汇票多,货架企业应收账款压力不小;另一方面,是全社会的融资难、融资贵。两面夹击下,货架企业资金的流动性风险凸显,要管控好、平衡好绝非易事。

4) 创新能力不足

大家都已形成这样的共识：自主创新，提高企业核心竞争力。可现在问题的关键是两个：一个是投入，一个是思路。在激烈竞争的市场环境中，利润是微薄的，企业没有足够的积累，没"钱"创新。企业首先是生存，有没有足够的时间让企业静下心来研发创新。同时，创新的方向在哪里，创新的机制体制保证，知识产权的保护，这些现实问题也困扰着企业。

2. 货架企业的发展机遇

展望 2016 年，机遇和挑战并存。货架企业纷纷采取措施，迎接挑战，把握行业发展机遇，简单梳理如下。

(1) 以客户需求为导向，紧跟国际物流装备行业发展趋势，引进国际国内先进制造设备，加速货架新技术新产品的应用。

(2) 聚焦优势产品和领域，有所为，有所不为，实行错位竞争。

(3) 自觉维护行业市场秩序。大到具有国际水准的高含金量的行业标准的制定，小到坚持维护正常的付款条件，每一个行业内成员的努力，都将为营造良好的行业发展生态"添砖加瓦"。

(4) 利用资本市场多渠道融资功能，解决资金问题。有企业引进风险投资，有企业准备上市。

(5) 异地建厂，以期降低土地、劳动力和运输等成本，扩大产能，抢占当地市场并辐射周边，最终完成全国布局。

总之，我们认为货架行业正处于国内物流行业发展的快速上升期，在未来较长一段时间内会保持高速增长。前文所分析到的 2014 年货架市场的特点和趋势将持续深入发展，2015 年的货架市场充满期待。

4.3.1 货架的概念和作用

1. 货架的概念

在仓库设备中，货架是指专门用于存放成件物品的保管设备。货架在物流及仓库中占有非常重要的地位，随着现代工业的迅猛发展，物流量的大幅度增加，为了实现仓库的现代化管理、改善仓库的功能，不仅要求货架数量多，而且要求具有多项功能，并能实现机械化、自动化要求。

2. 货架的作用与功能

货架在现代物流活动中，起着相当重要的作用，仓库管理实现现代化，与货架的种类、功能有直接的关系。

货架具有以下作用及功能。

(1) 货架是用钢材或钢筋混凝土制成的架子，可以用增大货架的高度来充分利用仓库的空间，提高仓库利用率，扩大仓库的储存能力。

(2) 存放在货架中的货物，相互之间不接触、不挤压，减少了货物的损坏。

(3) 采用货架储存货物存取方便，结合计算机管理容易实现先进先出。

(4) 可以采用防潮、防尘、防盗等措施来提高货物储存的质量。

(5) 新型货架的结构形式有利于实现仓储系统的自动化管理。

4.3.2 货架的分类

货架的种类很多，目前使用较多的有以下几种货架。

1. 按货架的发展不同分类

(1) 传统式货架。包括层架、层格式货架、抽屉式货架、橱柜主货架、U形货架、悬臂架、栅架、鞍架、气管钢桶架、轮胎专用货架等。

(2) 新型货架。包括旋转式货架、移动式货架、装配式货架、调节式货架、托盘货架、进车式货架、高层货架、阁楼式货架、重力式货架、臂挂式货架等。

2. 按货架结构不同分类

(1) 整体式货架。货架是库房的骨架，仓库的屋顶支撑在货架上。

(2) 分体式货架。货架独立地建在库房里，货架与仓库是分开的。

3. 按货架的承载量不同分类

(1) 轻型货架。每层货架的载重量为150kg以下，如超市货架。

(2) 中型货架。每层货架的载重量为150～500kg，如中型工业货架。

(3) 重型货架。每层货架载重量为500kg以上，如重型工业货架。

4. 按货架高度不同分类

(1) 低层货架。高度为5m以下的货架，一般用于普通仓库。

(2) 中层货架。高度为5～15m的货架，可用于立体仓库。

(3) 高层货架。高度为15m以上的货架，一般用于立体仓库。

5. 按货架形式不同分类

(1) 通道式货架。这种形式的货架之间要留有通道，通道宽度根据作业的方式和所使用的机械而定。货柜式货架、托盘式货架、悬臂式货架和贯通式货架都属于通道式货架。

(2) 密集型货架。这种形式的货架之间的通道数可以减少，大大节省了通道面积并提高了库容率。移动式货架、重力式货架是使用较多的密集型货架。

(3) 旋转式货架。这种形式的货架在动力驱动下能沿轨道运行，将货物所在的货格旋转到拣货点，可以方便地拣选储存在货格里的货物。常见的旋转式货架有水平旋转式和垂直旋转式。

4.3.3 几种典型的货架

1. 重力式货架

重力式货架又称流动式货架，特点是每一个货格是一个具有一定坡度的滑道，货架的一侧有存货时用的通道，另一侧有取货时用的通道，如图4.2所示。由叉车或堆垛机装入滑道的货物单元能够在重力作用下，自动地由入库端向出库端滑动，直到到达滑道的出库端或碰上滑道上的已有货物单元停住为止。位于滑道出库端的第一个货物单元被取走之后，在它后面的各货物单元便在重力作用下依次向出库端移动一个货位。

重力式货架的滑道根据其滑动原理和结构的不同，可分为滚道式、气囊式和气膜式3种。为防止货物单元滑到出库端时与端挡或与前面货物产生冲击和碰撞，在滚道式滑道上一般每隔一定距离要安装一个限速器，降低货物单元的滑行速度从而减小碰撞时所产生的冲击力。同时，为保证出货作业的顺利完成，在出货端都设有停止器。气囊式和气膜式滑道则是通过脉冲式充气和放气，使货物单元在滑道上时动时停，从而保证货物以平稳的速度滑到出库端。

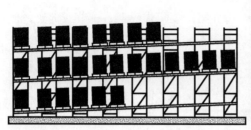

图 4.2　重力式货架

对于滚道式重力货架，滑道坡度的大小是一个非常重要的参数，坡度的大小主要取决于货物单元底部的材质。对于木托盘，可取 3.0%～3.5%；对于塑料托盘，可取 2.0%～2.5%；对于钢质托盘，可取 1.5%～2.0%。

重力式货架的优点是能充分利用仓库的面积，但滑道越长，货架的下"死角"也越大，从而造成仓库的容积不能充分利用。由于重力式货架的进货端和出货端分在不同区域，对货架进行补货时不会影响货物的出货，但是，储存在同一层上的货物应是相同的货物或同一次入库和出库的货物，故重力式货架适宜少品种、大批量、周转快货物的存储，所以在配送仓库的分拣区及工厂装配车间中应用广泛。重力式货架的出货及补货方式如图 4.3 所示。

2. 贯通式货架

采用货格货架，必须为作业机械安排工作巷道，因而降低了仓库单位面积的库容量。贯通式货架如图 4.4 所示，它取消了两排货架之间的巷道，将所有货架合并在一起，使同一层、同一列的货物互相贯通，托盘或货箱搁置于货架的牛腿上，叉车可直接进入货架每列存货通道内作业。这种货架比较适合于同类大批货物的储存。

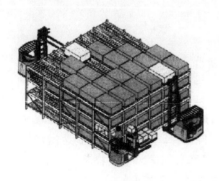
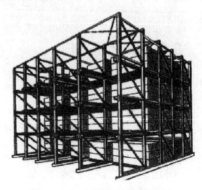

图 4.3　重力式货架的出货及补货方式　　　图 4.4　贯通式货架

由于贯通式货架的巷道较窄，司机的视线较差，叉车进出巷道作业时容易与货架相碰，从而造成事故，故而产生了动力式贯通货架，如图 4.5 所示。这种货架用链式输送机取代了传统贯通式货架的牛腿，货物放在链式输送机上，由输送机将货物从入库端送到货架的出库端，再由叉车在货架的出货端将货物取走。

3. 悬臂式货架

悬臂式货架如图 4.6 所示，又称树枝形货架，由中间立柱向单侧或双侧伸出悬臂而成。悬臂可以是固定的，也可以是可调节的，一般用于储存长、大件货物和不规则货物，如圆钢、型钢、木板和地毯等，其前伸的悬臂具有结构轻巧、载重能力好的特点。如果增加隔板，特别适合空间小、高度低的库房。一般高度在 6m 以下为宜，空间利用率低，为 35%～50%。此种货架可采用起重机起吊作业，也可采用侧面叉车或长料堆垛机作业。

4. 阁楼式货架

阁楼式货架如图 4.7 所示，其特点是可充分利用仓储空间，适用于库房较高、货物较轻、人工存取且储货量大的情况，特别适用于现有旧仓库的技术改造，提高仓库的空间利用率。货架的底层货架不但是保管物料的场所，而且是上层建筑承重梁的支撑(柱)。货架可设计成多楼层(通常 2～3 层)，配有楼梯、扶手和货物提升电梯等。适用于五金、汽配、电子元件等的分类存储。

图 4.5　动力式贯通货架

图 4.6　悬臂式货架

图 4.7　阁楼式货架

5. 移动式货架

移动式货架将货架本体放置在轨道上，在底部设有行走轮或驱动装置，靠动力或人力驱动使货架沿轨道横向移动，如图 4.8 所示。因一组货架只需一条通道，大大减少了货架之间的巷道数，所以在相同的空间内，移动式货架的储货能力要比货格式货架高得多。

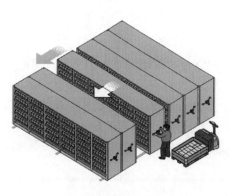

图 4.8 移动式货架

在不进行出入库作业时，各货架之间没有通道相隔，紧密排列，全部封闭，并可全部锁住，可确保货物安全，同时又可防尘、防光；当进行存取货物时，可以使货架移动，使相应的货架开启成为人员或存取设备的通道。

为了减小运行阻力，移动货架一般采用钢轮支撑，在钢轨上移动。对于载重较轻的或较矮的货架，可以采用人力驱动方式；对于载重较大的货架，必须采用动力驱动，并设置必要的安全保护装置。例如在货架底部设缓冲停止器，一旦碰到障碍物，可以自动停止运动，避免挤伤滞留在通道内的拣货人员。

6. 旋转式货架

传统仓库是由人或机械到货架前取货，而旋转货架是将货架上的货物送到拣货点，再由人或机械将所需货物取出，所以拣货路线短，操作效率高。

旋转货架的货格样式很多，一般有货架式、盘式、槽式、提篮式、抽屉式等，可根据所存货物的种类、形状、大小、规格等的不同进行选择，货格可由硬纸板、塑料板、钢板制成。

旋转货架适用于以分拣为目的的小件物品的存取，尤其对于多品种的货物分拣更为方便。它占地面积小，储存密度大，易于管理。如采用计算机控制，可使操作员摆脱人工寻货的负担，避免看错、看丢的现象，提高分拣质量并缩短拣货时间。另外由于拣货人员工作位置固定，故可按照人机工程的原理，设计操作人员的工作条件。这种货架的规模可大可小，企业可根据实际情况，控制投资规模。

旋转货架分为整体旋转式(整个货架是一个旋转整体)和分层旋转式(各层分设驱动装置，形成各自独立的旋转体系)，其中整体旋转式又分为垂直旋转式和水平旋转式两种。

1) 垂直旋转货架

这种货架本身是一台垂直提升机。提升机的两个分支上悬挂着成排的货格。根据操作命令，提升机可以正反向回转，使需要拣取的货物停到拣选平台，如图 4.9 所示。这种货架的高度一般为 2～3m，为了利用空间也有高达 6m 的。拣货平台可以是一个，也可以设置多个。

图 4.9 垂直旋转货架

2) 水平旋转货架

水平旋转货架的原理与垂直旋转货架相似，只是货格在水平方向回转。各层货格同时回转的水平旋转货架称作整体水平旋转货架；各层可以独立地正反向旋转的货架称为分层水平旋转货架。

整体水平旋转货架(图 4.10)，由多个独立的货柜构成，用一台链式输送机将这些货柜串联起来，每个货柜下方都有支撑滚轮，上部都有导向滚轮。链式输送机运转时，带动货柜运动。需要拣取某种货物时，操作人员只需在控制台上给出指令，货柜便自动转到拣货点并停止，拣货人员就可从中拣选货物。分层水平旋转货架由环状排列的货盘多层重叠而成，如图 4.11 所示。每层的货盘都用链条串在一起，各层都有相应的轨道，由分设的驱动装置驱动，形成各自独立的旋转体系。这种货架可同时执行几个命令，效率高于整体水平旋转货架。

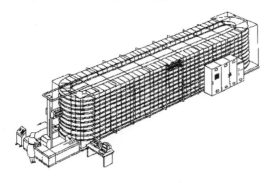

图 4.10 整体水平旋转货架

【知识拓展】

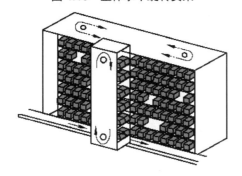

图 4.11 分层水平旋转货架

4.4 托 盘

4.4.1 托盘概述

托盘是使物品能有效地装卸、运输、保管的工具，将其按一定数量组合放置于一定形状的台面上，这种台面有供叉车从下部叉入并将台板托起的叉入口。以这种结构为基本结构的平板台板和在这种基本结构基础上所形成的各种形式的集装器具，都可统称为托盘。

托盘是一种重要的集装器具，是在物流领域中适应装卸机械化而发展起来的一种集装器具。托盘的发展可以说是与叉车同步，叉车与托盘的共同使用如图 4.12 所示，形成的有效装卸系统，大大促进了装卸活动的发展，使装卸机械化水平大幅度提高，解决了长期以来在运输过程中的装卸瓶颈问题。所以，托盘的出现也有效促进了全物流过程水平的提高。

托盘最初是在装卸领域出现并发展的。20 世纪 30 年代，托盘首先在工业部门得到广泛应用。第二次世界大战期间，为解决大量军用物资的快速装卸问题，托盘的应用得到进一步发展。

第二次世界大战后，随着经济活动总量的增长，仓库发挥的作用越来越大，为提高仓库的出、入库效率和仓库的库容量利用系数，实现仓储作业的机械化、自动化，托盘又成了一种储运工具。为消除货物转载时码盘、拆盘的重复而又繁重的体力劳动，各发达国家开始建立托盘交换、联营和共用租赁体系，如德国铁路(DB)和 CHEP，使托盘从企业、港口、货场的使用发展到随车、随船运输，使托盘又成为一种运输工具。

一些国家还随货直接将托盘运至商店，陈列在柜台上售货，使托盘又发展成售货工具，即从托盘装卸→托盘储存→托盘运输→托盘销售，连贯发展成托盘物流。托盘不仅是仓储系统的辅助设备，而且是仓储货物集装单元化的必要条件。

图 4.12　叉车与托盘形成装卸系统

4.4.2　托盘的种类

托盘的种类繁多，就目前国内外常见的托盘种类来说，大致可以划分为 5 大类。

1. 平托盘

平托盘是托盘中使用量最大的一种，是一种通用型托盘。一般所说的托盘，主要指平托盘。平托盘又进一步按以下 3 个条件分类。

(1) 按台面不同分类。按承托货物台面分成单面型、单面使用型和双面使用型、翼型 4 种。

(2) 按叉车叉入方式不同分类。可分为单向叉入型、双向叉入型、四向叉入型 3 种。使用四向叉入型，叉车可从 4 个方向进叉，因而叉车操作较为灵活。单向叉入型只能从一个方向叉入，因而在叉车操作时较为困难。图 4.13 分别展示了不同台面和叉入方式的平托盘。

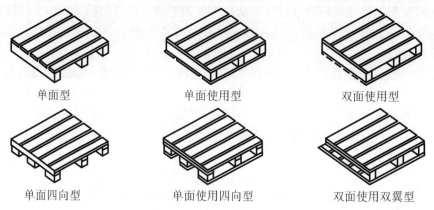

图 4.13　各种平托盘形状构造

单面单翼型　　　　　单面使用单翼型　　　　双面使用四向型

图 4.13　各种平托盘形状构造(续)

(3) 按材料不同分类。

① 木制平托盘。图 4.14 所示的各种平托盘都是木制平托盘的构造。木制平托盘制造方便，便于维修，本体也较轻，是使用广泛的平托盘。

图 4.14　各种木制平托盘

② 钢制平托盘。用角钢等异型钢材焊接制成的平托盘，和木制平托盘一样，也有叉入型和单面、双面使用型等各种形式。钢制平托盘自身较重，比木制平托盘重，人力搬运较为困难。最近采用轻钢结构，最低重量可制成 35kg 的 1 100mm×1 100mm 钢制平托盘，可使用人力搬移。钢制平托盘的最大特点是强度高，不易损坏和变形，维修工作量较小。钢制平托盘制成翼形平托盘有优势，这种托盘不但可使用叉车装卸，也可利用两翼套吊器具进行吊装作业。钢制平托盘如图 4.15 所示。

图 4.15　各种钢制平托盘

③ 塑料制平托盘。采用塑料模制平托盘，一般是双面使用型、两向叉入或四面叉入型 3 种形式，由于塑料强度有限，很少有翼型的平托盘。塑料制平托盘最主要的特点是本体重量轻，耐腐蚀性强，便于各种颜色分类区别。托盘是整体结构，不存在被钉刺破货物的问题，但塑料托盘的承载能力不如钢制或木制托盘。

④ 胶板制平托盘。用胶合板钉制台面的平板型台面托盘，这种托盘质量轻，但承重力及耐久性较差。

2. 柱式托盘

柱式托盘的基本结构是托盘的 4 个角有固定式或可卸式的柱子，这种托盘的进一步发展，又可从对角的柱子上端用横梁连接，使柱子成门框型，如图 4.16 所示。

图 4.16　各种柱式托盘

柱式托盘的柱子部分可用钢材制成，按柱子固定与否分为柱式、可卸柱式、可套叠式、折叠式等。柱式托盘的主要作用有两个：一是防止托盘上所置货物在运输、装卸等过程中发生塌垛；二是利用柱子支撑重量，可以将托盘上部货物悬空载堆，而不用担心压坏下部托盘上的货物。

3. 箱式托盘

箱式托盘的基本结构是由沿托盘 4 个边的板式、栅式、网式等栏板和下部平面组成的箱体，如图 4.17 所示，有些箱体有顶板，有些箱体上没有顶板。箱板有固定式、折叠式和可卸式 3 种。由于四周栏板不同，箱式托盘又有各种叫法，如四周栏板为栅栏式的也称笼式托盘或集装笼。箱式托盘的主要特点有两个：一是防护能力强，可有效防止塌垛，防止货损；二是由于四周的护板护栏，这种托盘装运范围较大，不但能装运可码垛的整齐形状包装货物，而且还可以装运各种形状不规则的散件。

4. 轮式托盘

轮式托盘的基本结构是在柱式、箱式托盘下部装有小型轮子，如图 4.18 所示。这种托盘不但具有一般柱式、箱式托盘的优点，而且可利用轮子做短距离移动，可不需搬运机械实现搬运，并可利用轮子做滚上滚下的装卸，有利于装放车、船后移送位置，因此轮式托盘有很强的搬运性。此外，轮式托盘在生产物流系统中，还可以兼做作业车辆。

图 4.17　箱式托盘

图 4.18　轮式托盘

5. 特种专用托盘

上述托盘都带有一定通用性，可适装多种中、小件杂、散、包装货物。由于托盘制作简单、造价低，所以对于某些运输数量较大的货物，可按其特殊要求制造出装载效率高、装运方便的专用托盘。

(1) 航空托盘。航空货运或行李托运用托盘，一般采用铝合金制造。为适应各种飞机货舱及舱门的限制，一般制成平托盘，托盘上所载物品以网络覆罩固定。

(2) 平板玻璃集装托盘。又称平板玻璃集装架。这种托盘能支撑和固定平板玻璃，在装运时，平板玻璃顺着运输方向放置以保持托盘货载的稳定性。平板玻璃集装托盘有若干种，使用较多的是 L 形单面装放平板玻璃、单面进叉式托盘，A 形双面装放平板玻璃、双向进叉托盘，吊叉结合式托盘及框架式双向进叉式托盘。

(3) 油桶专用托盘。专门装运标准油桶的异型平托盘，托盘为双面型，两个面皆有稳固油桶的波形表面或侧挡板。油桶卧放于托盘上面，由于波形槽或挡板的作用，不会发生滚动位移，还可几层堆垛，解决桶形物难堆高码放的困难，也方便了储存，如图 4.19 所示。

(4) 货架式托盘。其结构特点是一种框架形托盘，框架正面尺寸比平托盘稍宽，以保证托盘能放入架内；架的深度比托盘宽度窄，以保证托盘能搭放在架上。架子下部有 4 个支脚，形成叉车进叉的空间。这种架式托盘叠高组合，便成了托盘货架，可将托盘货载送入内放置。这种架式托盘也是托盘货架的一种，是货架与托盘的一体物。

(5) 长尺寸物托盘。专门用于装放长尺寸材料的托盘，这种托盘高码放后便形成了组装式长尺寸货架。

(6) 轮胎专用托盘。轮胎本身有一定的耐水、耐蚀性，因而在物流过程中不需要密闭，且本身很轻，装放于集装箱中不能充分发挥箱的载重能力。其主要问题是储运时怕压、挤，采用这种托盘是一种很好的选择。

图 4.19 油桶专用托盘

4.4.3 托盘的标准化

以托盘作为仓储货物集装单元化的装载工具，可使用机械装备如叉车等来装卸、搬运货物。在整个物流环节中，同一托盘可以连续使用，不需更换。但是如果托盘规格不统一，在各作业环节之间不能通用与互换，势必因更换托盘而增加人力、时间与资金投入，造成不必要的麻烦与浪费。因此要实行托盘化，必须做到托盘规格的统一。

由于世界各国使用托盘的历史不同，各国的托盘尺寸均有不同。为了达到国际联运的目的，托盘的尺寸规格应有国际统一标准，但目前还很难做到。根据 ISO 6780《联运通用平托盘重要尺寸及公差》规定，托盘现有 4 个系列。

(1) 1200 系列(1 200mm×800mm 和 1 200mm×1 000mm)。1 200mm×800mm 托盘也称欧洲托盘，它的应用范围最广；1 200mm×1 000mm 托盘多用于化学工业。

(2) 1100 系列(1 100mm×1 100mm)。这个尺寸系列是由发展较晚的国际集装箱最小内部宽度尺寸 2 330mm 确定形成的。

(3) 1140 系列(1 140mm×1 140mm)。这个系列是对 1 100 系列的改进，目的是为了充分利用集装箱内部空间。

(4) 1219 系列(1 219mm×1 016mm)(48in×40in)。这是考虑北美国家习惯以英寸(in)为单位制定的系列。

我国于 1982 年制定了联运平托盘外形尺寸系列的国家标准,并于 2007 年进行了修订,标准规定 1 200mm×1 000mm 和 1 100mm×1 100mm 两种规格作为我国托盘国家标准,优先推荐 1 200mm×1 000mm,见表 4-2。

表 4-2　GB 2934—2007 联运平托盘外形尺寸系列

代号	公称公差/mm	长度公差/mm	宽度公差/mm	插孔高度尺寸/mm	公差/mm	载重量/kg
TP1	1 800×1 000			使用托盘搬运车 100;使用叉车或其他工具 70		
TP2	1 800×1 200	±3	±3		±6	1 000
TP3	1 000×1 200					

4.5　仓储设备的选用

4.5.1　仓储设备选用的一般流程

仓储设备选用设计包括以下几个流程,如图 4.20 所示。

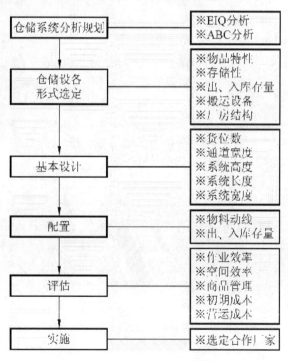

图 4.20　仓储设备选用设计流程

4.5.2　仓储系统分析规划

物流配送中心储存商品种类多达数十万种,每种商品的发货量、储存方式、拣取单位和包装形式都不一样。为此,必须根据储存单位和拣取单位来区分商品,依据出、入库量大小进行分类,以便选择适当的仓储设备和提高作业效率。

4.5.3 仓储设备的选择

一般在选择仓储设备时主要考虑经济性和效率及其他综合因素。

储存物品的外形、尺寸直接影响到货架规格的选择，物品重量关系到选择什么强度的货架，储存单位直接关系到用什么货架来储存，对于托盘、容器和单件物品所对应的货架类型是不同的。从发展的眼光看，储位数量应略有富余。这些数据通过仓储系统分析才能得到。仓储设备选用通常考虑以下几个因素。

1. 存取性

一般情况下，存取性与储存密度是矛盾的。储存密度大必然影响物品的存取性。有的货架形式有较高的储存密度，但储位管理较难，难以实现先进先出原则。自动化立体仓库可向高度发展，做到存取性和储存密度两者俱佳，但投资成本较高。为此，用户必须结合实际情况，优化选择为宜。表 4-3 为仓储设备特性表。

表 4-3 仓储设备特性表

仓储设备选用考虑因素				
物品特性	存取性	出、入库量	搬运设备	厂房结构
尺寸	储存密度	先进先出	配重式	可用高度
重量	先进先出	存取频率	跨立式	梁柱位置
货位数	货位管理	存取数量	通道宽度	地板条件
储存单位		提升高度		防火设施
		提升重量		
		旋转半径		

2. 出、入库量

出、入库量是选择仓储设备的重要指标，表 4-4 是各种仓储设备出、入库频率比较表。

表 4-4 仓储设备以出、入库频度区分

储存单位	高 频 度	中 频 度	低 频 度
托 盘	托盘流动式货架 (20~30 托盘/小时) 立体自动仓库 (30 托盘/小时) 水平旋转自动仓库 (10~60 秒/单位)	托盘式货架 (10~15 托盘/小时)	驶入式货架 (10 托盘/小时以下) 驶入式货架 推后式货架 移动式货架
容 器	容器流动式货架 轻负载自动仓库 (30~50 箱/小时) 水平旋转自动仓库 (29~40 秒/单位) 垂直旋转自动仓库 (20~30 秒/单位)	轻型货架(中量型)	托盘流动式货架
单 品	单品自动拣取系统	轻型货架(轻量型)	抽屉式货架

3. 搬运设备

物流中心的储存作业是通过搬运设备来完成的。为此,应慎重选择搬运设备,才能实现高效低成本运行。叉车或堆垛机是常用的搬运设备,在对其选型时必须考虑货架通道的宽度。

4. 厂房结构

新建厂房时,根据货架高度决定梁的高度。同时,根据货架实际与安装条件,对地板强度、地面平整度也有要求。此外,还要考虑防火设施和照明设施等一系列问题。

本 章 小 结

仓储是物资储存、保养、维护和管理的活动,仓库和仓储设备是仓库运作的必要条件,它不仅直接影响企业为物流需求者提供的物流量、物流服务的质量以及作业效率,而且影响现代物流企业的物流成本、物流速度、安全生产以及物流作业的生产秩序。设备的好坏,对现代物流企业的生存与发展都有着重大影响。在选择仓储设备时,一般要考虑经济性和效率及其他综合因素。

关键术语

仓储(Storing)　　　　　　　　　　仓库(Warehouse)
货架(Goods Shelf)　　　　　　　　　托盘(Pallet)

习 题

1. 填空题

(1) 常见的旋转式货架有_____和_____两种。

(2) 托盘按承载货物的台面分类可分成_____、_____、_____和_____4种。

(3) 我国于2007年制定了联运平托盘外形尺寸系列的国家标准。将联运托盘即平托盘的平面尺寸定为_____、_____和_____3种。

2. 简答题

(1) 仓储技术装备有哪些?

(2) 常见的典型货架有哪些,如何根据仓库和货物的特点合理选择货架?

(3) 简述托盘的种类和特点。

(4) ISO规定托盘的规格有哪些?

(5) 仓储设备选用要考虑哪些因素?

第 5 章 自动仓储系统技术装备

【教学目标】

- 了解自动仓储系统的概念、特点和分类
- 明确自动仓储系统的组成
- 掌握自动仓储系统的存取工艺及相关设备的使用方法
- 掌握常见的巷道堆垛机的构造、作用及其特点

导入案例

巷道式自动化立体库在食品加工行业广泛应用

巷道式自动化立体库可以在有限的场地内充分利用空间，布置7~10层甚至更多层的高层货架，利用计算机系统控制、通过穿梭板和堆垛机巧妙结合完成出入库工作，凭借其高效率和垂直空间利用率、任意取货的作业方式和无人的作业环境，受到企业的青睐，在食品加工被广泛使用。

思考题：从该案例能得到什么启示？

自动仓储系统是近年来国际迅速发展起来的一种新型仓储设施。利用高层立体货架储存货物，并使仓储管理机械化、自动化，被认为是物流技术领域里一项突出的科学技术革命，用自动化功能齐全的立体仓库取代传统的普通房式仓库已成为世界仓储建设发展潮流。自动仓储系统不仅具有节省占地面积、减轻劳动强度、提高物流效率、降低储运损耗等功能，而且在沟通物流信息、衔接生产需求、合理利用资源、进行科学存储与生产经营决策等方面起到了特定的作用。

5.1 概　　述

5.1.1 自动仓储系统的概念

自动仓储系统(Automatic Storage and Retrieval System，ASRS)是指不用人工直接处理，能自动存储和取出物料的系统，采用高层货架储存货物，用起重、装卸、运输机械设备进行货物出库和入库作业，ASRS 主要通过高层货架充分利用空间进行存取货物，所以又称为"自动化高架仓库系统"，也称为"自动化立体仓库系统"。自动化仓库技术是现代物流技术的核心，它集高架仓库及规划、管理、机械、电气于一体，是一门综合性的技术。图 5.1 为自动仓储系统。

图 5.1　自动仓储系统

自动仓储系统的出现和发展是第二次世界大战以后生产和技术发展的结果。20 世纪 50 年代初，美国出现了采用桥式堆垛起重机的仓库，20 世纪 50 年代末至 60 年代初，出现了司机操作的巷道式堆垛起重机，1963 年美国首先在仓库业务中采用计算机控制，建立了第一座计算机控制的高架仓库。此后，自动仓储系统在美国和欧洲得到迅速发展。20 世纪 60 年代中期以后，日本开始兴建高架仓库，而且发展速度越来越快，成为当今世界上拥有高架仓库数量最多的国家。

我国对自动仓储系统的研制开始并不晚，1963 年研制成第一台桥式堆垛起重机(机械部北京起重运输机械研究所)，1973 年开始研制我国第一座由计算机控制的自动化立体仓库(高 15m，机械部起重所负责)，该库 1980 年投入运行。目前，自动仓储在我国仓储业和生产线使用上崛起,广泛使用在机械制造、冶金、化工、航空航天、电子、医药、食品加工、烟草、印刷、配送中心、机场、港口、医药生产及流通等行业。据不完全统计,2012 年建设的具有较大规模的立体仓库在建项目有 130 多座,截至 2012 年 12 月,全国自动化立体库保有量超过 1 200 座。在我国自动仓储系统中,自动化立体仓库占比为 29.96%,位居第二,仅次于自动输送机(32.00%)。2015 年自动化立体仓库市场总值超过 320 亿元。

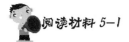

天保冈谷国际物流中心自动化物流仓储系统

天津天保冈谷国际物流中心自动化物流仓储系统库房占地 126m(长)×108m(宽),建筑高度 23.8m,库存总容量 23 296 个托盘单元,是国内设计规模最大、自动化水平最高、第三方物流配送综合管理信息技术应用最全面、完全符合现代物流和电子商务体系的现代化国际物流分拨中心,如图 5.2 所示。

图 5.2 天保冈谷国际物流

1. 总体工艺布置(图 5.3 和图 5.4)

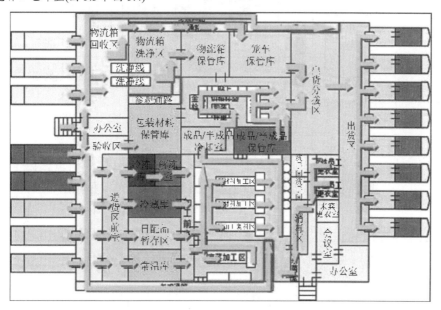

图 5.3 计算机管理信息(3PL-WMS)与自动化控制系统

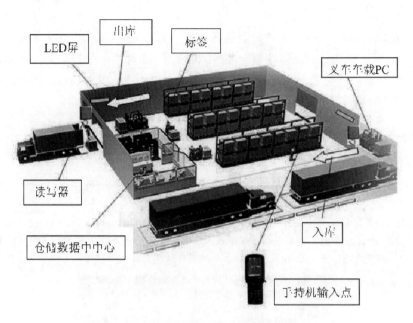

图 5.4　计算机物流管理信息系统(3PL-WMS)

2. 总体网络结构拓扑图(图 5.5)

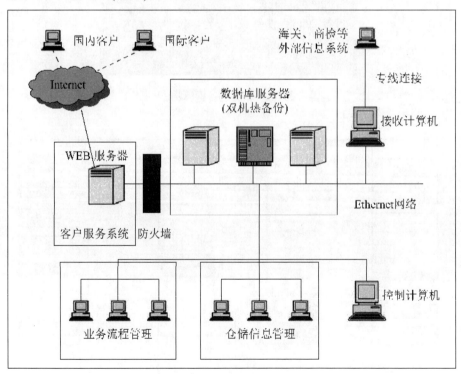

图 5.5　总体网络结构拓扑图

3. 一站式业务流程管理功能

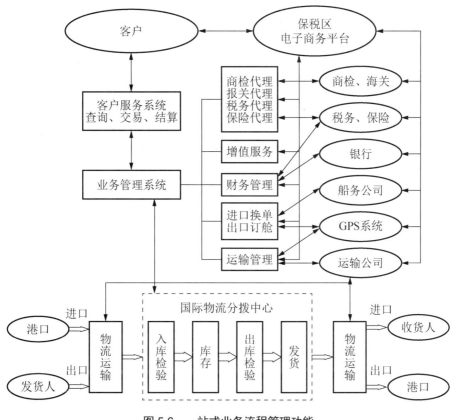

图 5.6　一站式业务流程管理功能

4. 外部客户服务系统结构示意图(图 5.7)

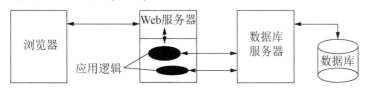

图 5.7　Browser/Web/Server 结构示意图

5. 社会经济效益

天津港，作为中国北方最大的国际性港口，拥有惊人的货运吞吐量，每年保持着高速的增长，必将迎来飞速的发展；而作为天津港最大的进出口货运中转站——保税区，国际物流分拨中心建成并成功投入使用，为迎接现代物流历史新高峰的到来提前做好基础设施方面的准备，瞄准了国内外企业一体化物流需求，结盟区域管理者，营造了区域供应链环境，成为保税区招商引资、展示其综合实力的重要窗口。

5.1.2　自动仓储系统的优点

自动仓储系统出现以后，获得了迅速的发展，这主要是因为这种仓库具有一系列突出的优点，在整个企业的物流系统中具有重要的作用。

1. 能大幅度地增加仓库高度，减少占地面积

用人工存取货物的仓库，货架高 2m 左右。用叉车的仓库可达 3~4m，但所需通道要 3m 宽，用其储存机电零件，单位面积储存量一般为 0.3~0.5t。而立体仓库目前最高的已经达到 40m，它的单位面积储存量比普通的仓库高得多。一座货架 15m 高的立体仓库，储存机电零件和外协件，其单位面积储存量可达 2~15t，是普通货架仓库的 4~7 倍。对于一座拥有 6 000 个货位的仓库，如果托盘尺寸为 800mm×1 200mm，则普通的货架仓库高 5.5m，需占地 3 609m^2，而 30m 高的高架仓库，占地面积仅 399m^2。

2. 提高劳动生产率，降低劳动强度

使用机械和自动化设备，运行和处理速度快，提高了劳动生产率，降低了操作人员的劳动强度，同时，能方便地进入企业的物流系统，使企业物流更趋合理化。采用自动化技术后，还能较好地适应黑暗、低温、污染、有毒和易爆等特殊场合的物品存储需要。如国内已有的冷冻物品自动化仓库和存储胶片的自动化仓库，在低温和完全黑暗的库房内，由计算机自动控制，实现货物的出、入库作业，从而改善工作环境，保证安全操作。

3. 科学储备，提高物料调节水平，加快储备资金周转

由于自动化仓库采用计算机控制，对各种信息进行存储和管理，能减少货物处理过程中的差错，而利用人工管理不能做到这一点。同时，借助于计算机管理还能有效地利用仓库的储存能力，便于清点和盘库，合理减少库存，加快储备资金周转，节约流动资金，从而提高仓库的管理水平。

4. 有效衔接生产与库存，加快物资周转，降低成本

作为生产过程的中间环节，具有原材料、在制品和成品的缓冲存储功能，在自动化和机械化设备处理下，自动化程度提高，各种物料库存周期缩短，从而降低了总成本。对不同运输方式、不同装运方式、不同状态的物料衔接，改变运输方式，改变装运方式和采用有效的技术，都会带来费用的降低。

5. 为企业的生产指挥和决策提供有效的依据

自动仓储系统的信息系统可以与企业的生产信息系统集成，实现企业信息管理的自动化。自动化仓库往往也是企业信息系统的重要环节，决策者根据库存信息制定战略和计划，指挥、监测和调整企业行为。由于仓储信息管理及时准确，便于决策者随时掌握库存情况，根据生产及市场情况及时对企业计划作出调整，提高生产的应变力和决策力。

总之，自动仓储系统这一新技术的出现，使有关仓储的传统观念发生了根本性的改变。原来那种固定货位、人工搬运和码放、人工管理、以储存为主的仓储作业已改变为优化选择货位，按需要实现先入先出的机械化、自动化仓库作业。

5.1.3 自动仓储系统的构成

自动仓储仓库一般由高层货架、货品搬运设备、控制和管理系统及相关公用设施等组成。自动化立体仓库是一个机械、电气、计算机以及土建等学科相结合的产品，是一个综合性工程，通常把高层货架、堆垛机和自动控制系统称为自动仓储系统的 3 大标志。在整

个立体仓库的运行中,需要各个硬件设备配合软件系统来完成任务操作。其构成主要包含了土建、机械、电气 3 大类基础硬件设施。

1. 土建及公用工程设施

(1) 厂房。仓库的货物和自动化仓库的所有设备都安放在厂房规定的范围内,库存容量和货架规格是厂房设计的主要依据。

(2) 消防系统。由于仓库库房一般都比较大,货物和设备比较多而且密度大,而仓库的管理和操作人员较少,所以自动化仓库的消防系统大都采用自动消防系统。

(3) 照明系统。

(4) 通风及采暖系统。

(5) 动力系统。

(6) 其他设施。给排水设施、避雷接地设施和环境保护设施等。

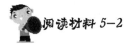
阅读材料 5-2

在安徽省数字化设计与制造重点实验室的数字化车间,建立一个单巷道立体化仓库。仓库内配置高货架一座、50kg 有轨巷道堆垛机一台、出入库输送系统、监控系统以及计算机管理系统各一套,激光导引的 AGV 一辆。图 5.8 为该车间自动仓储系统的基本构成。

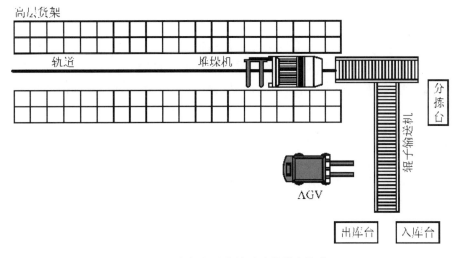

图 5.8 车间自动仓储系统的基本构成

该自动仓储系统长 10.5m、宽 3.5m、高 4m,共划分为 3 个区域:立体仓储区、作业区、计算机管理中心,主要用于存储数字化车间的加工工件、加工工具、原材料、办公用品、维修备件等材料。

2. 机械设备

机械设备主要由货架、货箱或托盘、搬运设备等组成。

1) 立体仓库的货架

货架是立体仓库中用于存放货品的地方,即容纳货物的架子。它在现代的生产物流以及仓库中起着很重要的作用。随着现代工业的迅速发展,立体仓库的功能也逐步完善,对货架的要求也越来越高。货架越高，所拥有的存储面积就越大，同时对货架本身的要求也就越高。

立体仓库的货架按高度可分为：高层货架(12m 以上)、中层货架(5～12m)，以及低层货架(5m 以下)。通常，货架的高度为 8～50m，一般来说，高层货架是立体仓库中主要的构筑物，其材料通常是由钢材或钢筋混凝土制作。货架的高度是关系到立体仓库全局性的参数，货架钢结构的成本随其高度的增加而上升。同时，要求货架本身必须具有足够的强度和稳定性。货架的形式有很多种，如悬臂式货架、流动式货架、货位式货架、牛腿式货架、水平或垂直旋转式货架等(各类货架的特点与应用见第 4 章)。

2) 货箱或托盘

货箱或托盘是立体仓库中货品的载体，采用货箱可以放置各种外形不规则的货物和零散货物，这样，使得存放的货物安全可靠、不易散落。而采用托盘虽然成本较低，但它只能存放外形规则或有包装的货品。同时，采用托盘对存取设备如堆垛机的检测系统要求较高，如不能正确检测，则有可能发生货物碰撞的现象。无论是货箱还是托盘，都必须方便存取设备作业。

3) 搬运设备

搬运设备是实施自动化立体仓库中的关键设备，是立体仓库中的"搬运工"，它们接收控制系统的指令，在电动机的电力驱动下实现货物的位移。其运动形式可以是多样化的，可在空间和地面进行运动。

在立体仓库中，常用的搬运设备有巷道式堆垛机、AGV、升降梯，以及输送机等。其中，堆垛机是立体仓库中最为重要的运输设备，是立体仓库中主要的作业机械。它是针对立体仓库的应用而逐步发展起来的专用起重搬运设备，通常一个巷道内配备一台堆垛机。巷道式堆垛机在运作中来回在巷道内穿行，将货物及时、准确地存放到指定的位置，是货物运输的载体。

3. 电气硬件设备

电气硬件设备在自动化立体仓库中是不可缺少的部分。在整个硬件系统中都应用到了电气设备，主要由弱电和强电相结合来进行系统的控制。立体仓库中电气硬件设备主要是指检测装置、控制装置、通信设备和监控调度设备等。

1) 检测装置

在立体仓库中，系统必须装有检测装置。这是为了能对各种作业设备进行有效的控制，使作业系统安全可靠地运行。如在系统运行时，各种机电设备的运行参数和状态、货物运行方向和位置都需进行自动检测等。这样能为系统的决策提供一定的有效依据，使系统运行处于合理状态。

2) 控制装置

控制装置是立体仓库成功运行的保障。自动化立体仓库中相关设备都配备了控制装置，如普通开关、继电器、微型控制器，以及可编程控制器(Programmable Logical Contrdler, PLC)等。通过这些控制器来完成位置控制、速度控制和方向控制等各种操作，使系统能达到所需的要求。

3) 通信设备

作为一个自动化系统，各种设备之间必然存在信息的交换，这就意味着产生大量的数据通信。而信息的交换需要借助于电缆、光纤、网线,以及电磁波等传输媒介的作用来完成任务。

4) 监控调度设备

为了实时掌握仓库内的动态反应,需要对立体仓库进行实时的监控。这样能够便于对立体仓库进行统一的调度,监控各设备的运行情况,有效而快速地响应系统的变化。

5.2 自动仓储系统的分类及发展趋势

5.2.1 自动仓储系统的分类

自动化立体仓库是一个综合的自动化系统,是一种特定的仓库形式。一般按以下方式分类。

1. 按建筑形式不同分类

1) 整体式

货架既是储存货物的构件,又是建筑承重构件,它上部支撑屋盖,四面保温墙板就形成了仓库建筑物。这种结构无论在材料消耗、施工量还是仓库空间利用方面,都是比较经济合理的。这种结构重量轻,整体性好,抗震性能也较好。

2) 分离式

在仓库建筑物内独立地建起货架,货架与建筑物是分开的。这种形式适用于利用原有建筑物作库房,当仓库高度在 12m 以下和地面荷载不大时,采用这种形式比较方便。由于这种仓库可以先建库房后立货架,所以施工、安装比较灵活方便。高层货架仓库的建筑形式如图 5.9 所示。

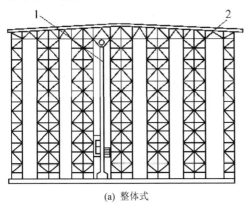
(a) 整体式

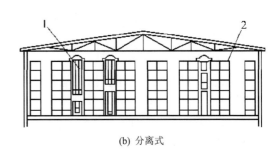
(b) 分离式

图 5.9 高层货架仓库的建筑形式

1—堆垛机;2—货架

2. 按仓库存取方式不同分类

1) 单元货架式仓库

单元货架式仓库是一种最常见的仓库形式。货物先放在托盘或集装单元中,再装入单元货架式仓库货架的货格中。搬运机械对整个单元的货物进行搬运，完成入库、出库作业。图 5.10 所示为托盘单元式自动仓库。

图 5.10　托盘单元式自动仓库

2) 拣选式仓库

这种仓库里，货物虽以单元化方式入库和储存，但出库时并非整个单元一起出，而是根据出库提货单的要求从货物单元中拣选一部分出库。这种拣选又可分为两种：一种方式是仓库工人乘坐拣选式堆垛起重机或叉车到需要取货的货格前，从货物单元中拣选必要数量的货出库，这种方式叫做"人到货前拣选"；另一种方式恰好相反，是用一般的巷道式堆垛机或其他搬运机械将所需货物单元整个搬运出巷道到拣选区，由工人选取必要的数量，然后将带有剩余货物的单元重新送回原址，这种方式叫做"货到人处拣选"。用哪一种方式合适，需视仓库作业需要而定。如果对于整个仓库来讲，只有拣选作业，而不需要整个单元出库，那么，多采用"人到货前拣选"的方式。但如果仓库作业中仍有相当一部分货物需要整个单元出库，或者拣选出来的各种货物往往还需要按用户的要求进行组合选配，那么也可以采用"货到人处拣选"的方式。

3. 按仓库在生产和流通中的作用不同分类

1) 储存中心型仓库

货物以单元化形式入库之后，在货架上储存一定的时间。需要时再出库。绝大多数立体仓库都是存储型仓库。

2) 配送中心型仓库

在这种仓库里，各种货物先是各自以货物单元的形式储存在货架上。出库时，往往需要根据订单的要求将不同货物以不同的数量进行选配，组成新的货物单元，送往需要的地方供使用，典型例子是"配送中心"。这类仓库除了有高货架以外，一般都有比较大的选配作业面积。那里配有许多输送机和拣选作业站以及一系列的配套设备，供进行商品选配之用。

4. 按库房容量不同分类

立体仓库的库容量一般以所能储存货物的单元托盘数表示。一般库容量为 2 000 托盘以下为小型库；库容量为 2 000~5 000 托盘的为中型库；库容量为 5 000 托盘以上的为大型库。目前立体仓库的最大库容量已达 30 多万个托盘。

5. 按仓库作业的控制方式不同分类

按照仓库作业的控制方式不同自动仓储系统可分为手动控制、远距离控制和电子计算机控制。手动控制包括手动和半自动两种;远距离控制包括单机自动和远距离集中控制两种;电子计算机控制包括离线控制、在线控制和计算机在线实时控制3种。

6. 按环境不同分类

按照环境不同分类,自动仓储系统可分为一般型、低温型、高温型、防爆型和其他特殊型5种。一般的自动化立体仓库在温度为0~40℃,湿度为45%~85%的常温常湿环境下存储货物。低温自动化立体仓库在温度为0℃以下的环境中存储货物。高温自动化立体仓库在温度为40℃以上的环境中存储货物。防爆自动化立体仓库用于在有防爆要求的环境中存储货物。其他特殊型自动化立体仓库,一般用于在防毒、防污染和防辐射等环境下使用。

5.2.2 自动仓储系统的发展趋势

1. 自动仓储系统的发展

我国通过十几年的摸索,已经逐步形成了一支建设立体仓库的队伍。如开展这项工作较早的原机械部二院、四院,北京起重运输机械研究所,他们通过二十多年的设计、实践,由小到大建设了一批立体库。在这些库的建设中,积累了经验。这无疑对我国立体库建设起到了推动作用,一批自动化立体库设备及其基础元件生产厂在逐步形成,数个从设计、生产、安装总承包的集团,也在近几年产生。但是,其发展还要注重以下几个方面的问题。

1) 加强相关标准的制定

目前在立体仓库设计中,还没有国家统一的标准可循。比如在立体仓库中,起重设备是一种特殊的起重设备,不能完全按照起重机及电梯的标准照搬,它有着一定的特殊性。世界发达国家早已颁布了立体仓库的标准、法规,目前我国各设计部门还各自一套,不利于立体仓库的发展。

目前至少先要制定以下标准。

(1) 托盘及货架大小的尺寸标准。

(2) 堆垛起重机吨位及速度参数标准。

(3) 立体仓库建设安全法规。

(4) 货架计算统一标准。

(5) 消防、环保标准。

2) 实行货物集装单元化

在自动化立体仓库里,存放的经常是品种繁多、大小不一的数十种甚至数百种货物。货物在货架区的存取及在库内的运输,都是以集装化单元的形式进行的。这种集装有效地将分散的物流各项活动联结成一个整体,是物流系统化中的核心内容和主要方式。它贯穿了整个物流过程的各项活动,在全过程的中发挥作用,因而许多人已将其看成是干线物流的发展方向。

因此,在自动化立体仓库里,确定货物单元显得尤为重要。它不仅影响仓库的投资,而且对于整个物流和仓储系统的配备、设施,以及有关因素都有极为重要的影响。

货物单元是指进行出、入库作业和储存的集装单元,由集装单元化器具和货物两部分组成。一般需要确定两个方面的内容:集装单元化器具的类型,货物单元的外形尺寸和重量。立体库常用的集装单元化器具有托盘和集装箱,且以托盘最为常见。

3) 有计划地开发仓库所用的配套产品

【行业实践】

在目前立体仓库设计中,各个单位都遇到了选不到合适配套件这一情况。国家应统筹安排堆垛起重机、高层货架和出(入)库输送机等产品的专业生产厂,安排生产专用电动机、减速机的生产,并组织系列生产。花精力抓好元器件的生产质量,并开发一批适合于自动立体仓库用的检测元件,这样不仅可以降低立体仓库的造价,而且还可以增加立体仓库使用的可靠性。

2. 自动仓储系统发展趋势

自动化仓储提升了自动化、信息化水平,可替代传统存储工艺模式,为我国工业的生产提供了相应的技术支持,在工业行业具有广泛的应用前景。自动仓储系统将向以下几个方向发展。

1) 自动化程度不断提高

近年来,采用可编程控制器(PLC)和微机控制搬运设备的仓库和采用计算机管理与 PLC 联网控制的全自动化仓库在全部高架仓库中的比重不断增加。日本 1991 年投产的 1 628 座自动化仓库中,64%是计算机管理和控制的全自动化仓库。在生产企业,自动化仓库作为全厂计算机集成制造系统(CIMS)的一部分与全厂计算机系统联网的应用也日渐增多,成为今后的趋势。

2) 与工艺流程结合更为紧密

ASRS 高架仓库与生产企业的工艺流程密切结合,成为生产物流的一个组成部分,例如,柔性加工系统中的自动化仓库就是一个典型例子。在配送中心,自动化仓库与物品的拣选、配送相结合成为配送中心的一个组成部分。

3) 储存货物品种多样化

储存大到长 6m 以上、重 4~10t 的钢板、钢管等长大件,小到电子元器件的高架仓库,还有专门用作汽车储存的高架仓库等均已出现。

4) 提高仓库出、入库周转率

除管理因素外,技术上主要是提高物料搬运设备的工作速度。巷道堆垛起重机的起升速度已达 90m/min,运行速度 240m/min,货叉伸缩速度达 30m/min,在有的高度较大的高架仓库中,采用上、下两层分别用巷道堆垛机进行搬运作业的方法,可以提高出、入库能力。

5) 提高仓库运转的可靠性与安全性及降低噪声

在自动控制与信息传输中采用高可靠性的硬、软件,增强抗干扰能力;采用自动消防系统,货架涂刷耐火涂层;开发新的、更可靠的检测与认址器件;采用低噪声车轮和传动元件等。

6) 开发可供使用的拣选自动化设备和系统

在拣选作业自动化方面正加紧研究开发,但尚未真正达到能可靠地使用的阶段。目前,提高拣选作业自动化程度的途径主要仍限于计算机指导拣选,包括优选作业路线、自动认址、提示拣选品种和数量等,而当前拣选动作大多仍由人工完成。如何合理规划和设计自动化立体仓库,如何实现仓库与生产系统或配送系统的高效连接,已经成为 21 世纪的重要研究课题。

5.3 自动仓储系统存取工艺

自动存储系统主要由货物储存系统、货物存取和传送系统、控制和管理 3 大系统组成,还有与它配套的供电系统、消防系统、称重计量系统和信息通信系统等,其中货物存取系统是其核心工艺,下面主要介绍货物存取作业系统、控制、管理系统。

5.3.1 自动仓储系统的存取作业系统

1. 入库作业系统

入库作业流程如图 5.11 所示。货物单元入库时,由输送系统运输到入库台,货物进入射频识别读卡器能量范围时,电子标签携带的信息被读入,传递给中央服务器,控制系统根据中央服务器返回的信息来判断是否入库以及货位坐标,当能够确定入库时,发送包含货位坐标的入库指令给执行系统,堆垛机通过自动寻址,将货物存放到指定货格。在完成入库作业后,堆垛机向控制系统返回作业完成信息,并等待接收下一作业命令。控制系统同时把作业完成信息返回给中央服务器数据库进行入库管理。

图 5.11 入库作业流程

2. 出库作业系统

出库作业流程如图 5.12 所示。管理员在收到生产或客户的货物需求信息后,根据要求将货物信息输入管理机的出库单,中央服务器将自动进行库存查询,并按照先入先出、均匀出库、就近出库等原则生成出库作业,传输到终端控制系统中,控制系统根据当前出库作业及堆垛机状态,安排堆垛机的作业序列,将安排好的作业命令逐条发送给相应的堆垛机。

堆垛机到指定货位将货物取出放置到巷道出库台,并向控制系统返回作业完成信息,等待进行下一个作业。监控系统向中央服务器系统返回该货物出库完成信息,管理系统更新库存数据库中的货物信息和货位占用情况,完成出库管理。如果某一货位上的货物已全部出库,则从货位占用表中清除此货物记录,并清除该货位占用标记。

图 5.12 出库作业流程

3. 自动拣选作业系统

在自动取货系统完成取货作业后,货物经各种传送方式进入主输送机。货物在输送机上输送时,要调整其在输送机上的位置,便于分拣信号的输入和满足分拣要求。货物经过分拣信号输入装置时，分拣信息通过条形码扫描、色码扫描、键盘输入、重量检测、语音识别、形状识别等方式，输入分拣控制系统中。货物离开分拣信号输入装置后在主输送机上移动时，根据控制装置发出的分拣指示，自动改变货物在主输送机上的运行方向，使其进入设定的分拣道，货物从主输送机经分拣道口滑向集货区。在集货区将来自分拣道口的所有货物集中后，经过流通加工或配装出货。

5.3.2 自动仓储系统的控制和管理系统

根据自动仓储系统的不同要求，采用不同的控制方式。有的仓库只采取对存取堆垛机、出入库输送机的单台 PLC 控制，有的仓库对各单台机械实行联网控制，还有的仓库采用三级计算机管理与监控系统。

自动化立体仓库采用的三级计算机管理和监控系统如图 5.13 所示。计算机管理与监控系统由控制系统、监控系统和管理系统组成。

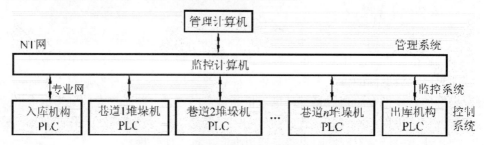

图 5.13 自动仓库管理与监控三级计算机系统

控制系统是自动化立体仓库运行成功与否的关键。仓库中的巷道堆垛机、堆垛叉车，各种输送机采用可编程控制器 PLC 来实现动作控制。在控制器的指令下，各种机械可以顺序运行，又可以并行运行。

监控系统是自动化立体仓库的信息枢纽。自动化立体仓库中使用了很多机械设备，各设备的运行任务、运行路线和运行方向都要由监控系统统一调度，以使它们按照指挥系统的指令进行货物的搬运活动。另外，监控系统还要控制和监视整个自动化立体仓库的运行，监视货物流向及进行收发货显示等。

管理计算机对仓库中货物的品种、数量、价格、生产厂家等各种数据用文件形式储存在磁盘里，经算机数据处理，使管理人员掌握库存货物的情况，通过优化设计，选择最佳的库存量，既满足生产需要，又不会造成资金的积压。对自动化立体仓库来说，货位管理是计算机管理系统的一个重要功能。货物入、出库的货位分配是由管理计算机按一定原则来完成的。计算机对物品的技术数据进行管理时，可以跟踪每一物品在每一生产环节中数据的变化、存放的地址以及目前的工艺状况。这样就可以作为进一步加工和做技术分析时的依据。

5.4 堆垛机械

自动仓储系统用来存取货物单元的设备主要是堆垛机械。立体仓库常用的堆垛机按照有无导轨一般分为两大类：有轨巷道式堆垛机和无轨堆垛机。按结构形式分为单立柱和双立柱堆垛机,图 5.14 所示为双立柱堆垛机。此外还可分为单元式堆垛机、拣选式堆垛机和拣选—单元混合式堆垛机:单元式堆垛机是对托盘(或货箱)单元进行出、入库作业的堆垛机;拣选式堆垛机是由操作人员从货格内的托盘中存入(或取出)少量货物,进行出、入库作业的堆垛机,其特点是没有货叉;拣选—单元混合式堆垛机具有单元式和拣选式堆垛机的综合功能。

下面将重点介绍巷道式堆垛机的工作原理和使用方法。

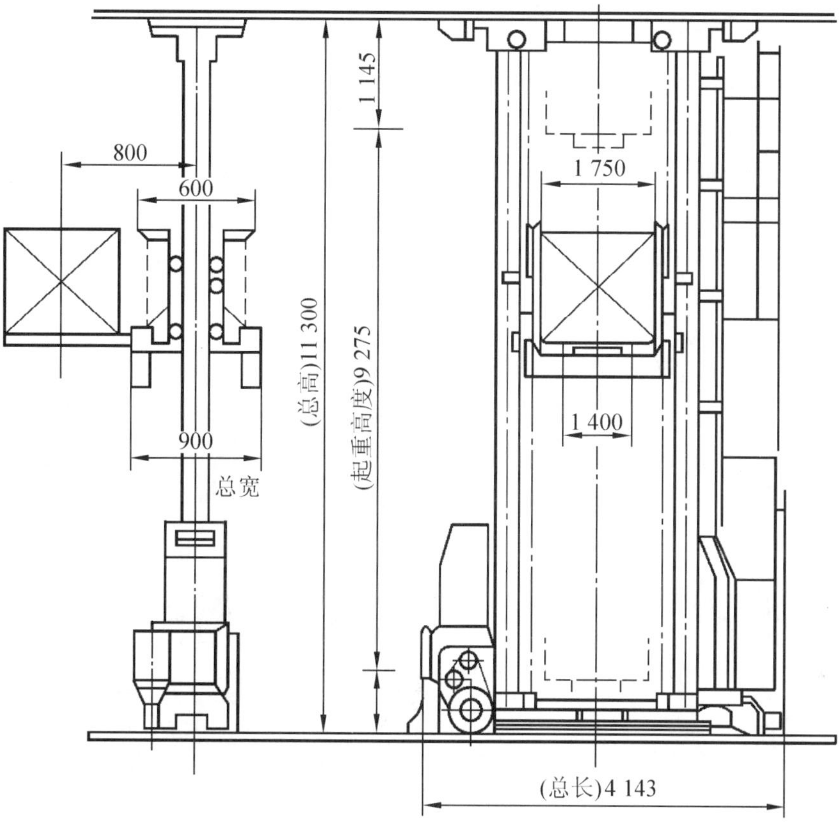

图 5.14 双立柱堆垛机

5.4.1 巷道式堆垛机

巷道式堆垛机是随着立体仓库的出现而发展起来的专用起重机,是立体仓库中最重要的存取作业机械。巷道式堆垛机的主要用途是在高层货架的巷道内来回穿梭运行,将位于巷道口的货物存入货格,或者相反,取出货格内的货物运送到巷道口。这种使用工艺对巷道式堆垛机在结构和性能方面提出了一系列严格的要求。立体仓库内常用的堆垛机械有两大类:有轨巷道式堆垛机和无轨巷道堆垛机,它们与普通叉车的性能比较见表 5-1。

表 5-1 有轨巷道堆垛机、无轨巷道堆垛机和普通叉车的性能比较

设备名称	巷道宽度	作业高度	作业灵活性	自动化程度
普通叉车	最大	<5m	任意移动,非常灵活	一般为手动,自动化程度低
无轨巷道堆垛机	中	5~12m	可服务于两个以上巷道并完成高架区外的作业	可以进行手动、半自动、自动及远距离集中控制

续表

设备名称	巷道宽度	作业高度	作业灵活性	自动化程度
有轨巷道堆垛机	最小	>12m	只能在高架巷道内作业，必须配备出、入库设备	可以进行手动、半自动、自动及远距离集中控制

1. 有轨巷道式堆垛机

图 5.15 为有轨巷道式堆垛机的整机外观示意图，它是在中高层货架的窄巷道内进行作业的起重机(图 5.16)，是自动化仓库的主要设备，又称有轨堆垛机。它沿着仓库内设置好的轨道水平运行，高度根据立体仓库的高度而定。使用有轨堆垛机可大大提高仓库的面积和空间利用率。起重量一般在 2t 以下，有的可达 4~5t，高度一般为 10~25m，最高可达 40 多米。它的结构特点是：①整机结构高而窄；②堆垛机金属结构的设计除需满足强度要求外，还应具有足够的刚度和精度；③堆垛机配备有特殊的取物装置，常用的有伸缩货叉或伸缩平板，能向两侧货格伸出存取货物；④其运行应同时满足快速、平稳和准确 3 方面要求；⑤必须配备齐全的安全装置，并在电气控制上采取一系列连锁和保护措施。

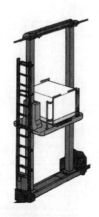

图 5.15　有轨巷道式堆垛机外观示意图

图 5.16　有轨式巷道堆垛机作业过程

图 5.17　高架叉车

2. 无轨巷道式堆垛机

无轨巷道式堆垛机又称三向堆垛叉车或高架叉车，如图 5.17 所示。高架叉车系列是为高货架而特别设计的叉车。它与有轨巷道式堆垛机的主要区别是，它可以自由地沿着不同的路径水平运行，不需要设置水平运行轨道。其作业特点是可以从 3 个方向进行货物的存取操作——向前、向左及向右。关于高架叉车部分参见第 3 章相关内容。

3. 巷道式堆垛机的基本结构和分类

目前，在立体仓库中常用的堆垛机是有轨巷道式堆垛机，简称为堆垛机。巷道式堆垛机的分类、特点与用途见表 5-2。

表 5-2 巷道式堆垛机分类、特点与用途

	类 型	特 点	用 途
按结构不同分类	单立柱型巷道堆垛机	机架结构由一根立柱、上横梁、下横梁组成一个矩形框架，结构刚度比双立柱差	适用于起重量在 2t 以下，升起高度在 16m 以下的仓库
	双立柱型巷道堆垛机	机架结构由一根立柱、上横梁、下横梁组成一个矩形框架，结构刚度比较好，质量比单立柱大	适用于各种起升高度的仓库，一般起重量可达 5t，必要时还可以更大，可用于高速运行
按支撑方式不同分类	地面支撑型巷道堆垛机	支撑在地面铺设的轨道上，用下部的车轮支撑和驱动，上部导轮来防止堆垛机倾倒，机械装置集中布置在下横梁，易保养维修	适用于各种高度的立体库，适用于起重量较大的仓库，应用广泛
	悬挂型巷道堆垛机	悬挂在巷道上方的轨道下翼缘上运行，其运行机构安装在堆垛机门架的上部。在货架下部两侧铺设下部轨道，防止堆垛机摆动	适用于起重量和升起高度较小的小型立体仓库，使用较少，便于转巷道
	货架支撑型巷道堆垛机	支撑在货架铺设的轨道上，在货架下部两侧铺设下部导轨，防止堆垛机摆动，货架应具有较大的强度和刚度	适用于起重量和升起高度较小的小型立体仓库，使用较少
按用途不同分类	单元型巷道堆垛机	以托盘单位或货箱单元进行出库作业。自动控制时，堆垛机上无司机	适用于各种控制方式，应用最广，可用于"货到人"式拣选作业
	拣选型巷道堆垛机	在堆垛机上的操作人员从货架内的托盘单元或货物单元中取少量货物，进行出库作业。堆垛机上装有司机室	一般为手动或半自动控制，可用于"货到人"式拣选作业

以单立柱型巷道堆垛机为例，它的基本结构由 5 部分组成：运行机构、起升机构、装有存取货机构的载货台、机架(车身)和电气设备，如图 5.18 所示。

1) 起升机构

由电动机、制动器、减速机、滚筒或链轮，以及柔性件组成。常用的柔性件有钢丝绳和起重链两种。除了一般的齿轮减速机外，由于需要比较大的速比，因而蜗轮蜗杆减速机和行星减速机的使用也不少。起重链传动装置多数装在上部，通常配有平衡重块，以减小提升功率。为了使起升机构结构紧凑，常常使用带制动器的电机。起升机构的工作速度经常用 15~25m/min，最高可达 45m/min。但不管选多大的工作速度，都应备有一慢速挡，一般为 3~5m/min，主要是使运动机构能平稳准确地停在规定位置，以便存取。

2) 运行机构

运行机构由电机、联轴器、制动器、减速箱和行走轮组成，如图 5.19 所示。按运行机构所在位置的不同可以分为地面运行式、上部运行式、中间运行式等，其中地面运行式使用最广泛。这种方式一般用两个或 4 个车轮，沿铺设在地面上的单轨运行。在起重机的顶

部有两组水平轮沿着固定在屋架下弦上的轨道导向。如起重机车轮与金属结构通过垂直小轴铰接，起重机就可以走弯道，从一个巷道转移到另一个巷道工作。

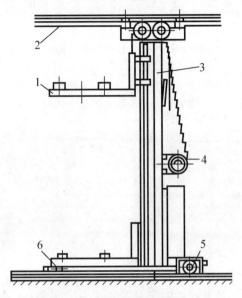

图 5.18　单立柱型巷道堆垛机

1—载货台；2—上横梁；3—立柱；4—起升机构；5—运行机构；6—下横梁

上部运行式起重机又可分为支承式和悬挂式两种，前者支承在货架顶部铺设的两条轨道上运行，起重机下部有两组水平轨导向。悬挂式的起重机则是悬挂在位于巷道上方的工字钢下翼缘上运行，下部同样有水平轨导向。起重机运行机构的工作速度视仓库长度和需要的出、入库频率而选定。一般为 80m/min 以下，较高为 120m/min，最高可达 180m/min。除工作速度外，还需要一挡慢速，为 4m/min，这是为了便于存取货物，保证需要的停止精度。对于自动控制的起重机，为了在近距离运行(例如小于 6 个货格的距离)时缩短起重机慢速爬行时间，在工作速度和慢速之间还需加一挡中速，为 20m/min。

3) 载货台及取货装置

载货台是货物单元承接装置，通过钢丝绳或链条与起升机构连接。载货台可沿立柱导轨上下升降。取货装置安装在载货台上，有司机室的堆垛机，司机室也一般装在载货台随载货台升降。对只需要拣选一部分货物的拣选式堆垛机，则载货台上不设取货装置，只有平台供放置盛货容器之用。取货装置一般是货叉伸缩机构，货叉可以横向伸缩，以便向两侧货格送入(取出)货物，如图 5.20 所示。货叉结构常用三节伸缩式，由前叉、中间叉、固定叉以及导向滚轮等组成，货叉的传动方式主要有齿轮—齿条和齿轮—链条两种。货叉伸缩速度一般为 15m/min 以下，高的可达 30m/min，在低于 10m/min 时需配备慢速挡，在启动和制动时用。当存取物料箱和形状特殊的货物时，则使用直角坐标型机械手通过"夹持"(图 5.21)、"顶升推拉"(图 5.22)等方式存取货物，取货机械手一般安装在载货台上，通过视频传感器或条码阅读器进行货物识别和定位。

4) 机架

机架由立柱和上、下横梁连接而成，是堆垛机的承载构件。机架有单立柱和双立柱两大类。单立柱结构的机架只有一根立柱和一根下横梁。这种结构重量比较轻，制造工时和消耗材料少，起重机运行时，司机的视野比双立柱好得多，但刚度较差，一般适用于高度不到 10m、轻载荷的堆垛机。双立柱的机架由两根立柱和上、下横梁组成一个长方形框架。这种结构强度和刚性都比较好，适用于起重量较大或起升高度较高的起重机。

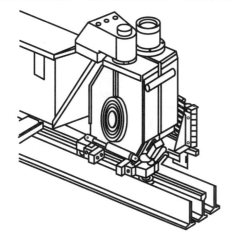

图 5.19　运行机构

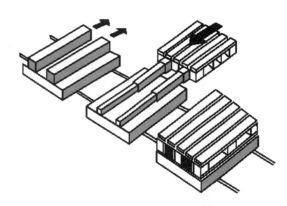

图 5.20　伸缩货叉工作原理

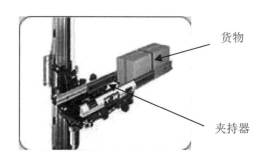

图 5.21　夹持式机械手

图 5.22　顶升推拉式机械手

5) 电气设备

巷道堆垛机的电气设备包括电力拖动、控制、检测和安全保护等。在电力驱动方面，多用交流电动机驱动。如果调速要求较高，采用直流电动机进行驱动。对堆垛机的控制一般采用可编程控制器、单片机、单板机和计算机等，控制装置的控制方式有手动、半自动和自动 3 种，其中自动控制方式包括机电控制和远距离控制两种方法。堆垛机必须具有自动认址、货位虚实检测，以及其他检测功能。电力拖动系统要同时满足快速、平稳和准确 3 个方面的要求。

6) 安全保护装置

堆垛机的结构设计除需满足强度要求外，还要具有足够的刚性，并且满足精度要求。为了保证人身及设备的安全，堆垛机除必须配备有完善的硬件及软件的安全保护措施外，还应根据实际需要，增设各种保护装置。

(1) 堆垛机上每个电动机均设有过电流继电器对电动机进行过载保护。

(2) 堆垛机上设置了走行端点限位及升降端点限位传感器。

(3) 为防止空出库、重复入库等现象的发生，堆垛机上设置了对货架上货位、入出库位置上的货物检测传感器，以确认货位或入、出库位置上的货物情况。

(4) 为防止货物尺寸与欲入库货位的尺寸不符,堆垛机上设置了货物尺寸检测传感器。

(5) 为防止堆垛机上货物坍塌情况的发生,堆垛机上设置了货物坍塌检测传感器。

(6) 堆垛机上设置了松链检测传感器,以检测提升链松链情况的发生。

(7) 堆垛机上各有关动作及装置的电气连锁。

(8) 堆垛机控制盘上设置紧急停止按钮,以备在非常情况下切断堆垛机电源。

(9) 堆垛机上还设置有在异常状态下的声光报警装置。

(10) 堆垛机的行走和升降动作在以下情况下将被锁定:货叉不居中、托盘或货物尺寸超限、货叉正在运行、升降的安全保险被启动、载货台提升和下降超出极限、行走至巷道端点、紧急制动被启动。

(11) 堆垛机货叉在以下情况下被锁定:堆垛机行走或升降时、行走定位时没达到定位精度,堆垛机紧急制动开关动作。

(12) 只有在过桥升起时,才能向堆垛机供电,过桥落下时堆垛机即自动断电,以确保设备和人身安全。

5.4.2 堆垛机的主要技术参数及选择

堆垛机的技术参数是表明堆垛机工作性能好坏的参数,一般包括质量参数、速度参数和尺寸参数等。

(1) 载重量。载重量是指堆垛机能够装载的货物重量,一般为几十千克到几吨,其中载重量为 4.5t 的堆垛机使用最广泛。

(2) 运行速度。运行速度是指堆垛机在水平方向上的行驶速度,一般为 4~120m/min。

(3) 起升速度。起升速度是指堆垛机在垂直方向上的提升速度,一般为 3~30m/min。

(4) 货叉伸缩速度。货叉伸缩速度是指货叉在进行叉取作业时的水平伸缩速度。

(5) 尺寸参数。堆垛机的尺寸参数包括堆垛机的外廓尺寸(长、宽、高),起升高度,最低货位极限高度和货叉的下挠度等。堆垛机的货叉下挠度是指在额定起重量下,货叉上升到最大高度时,货叉最前端下弯的高度,这一参数反映了货叉抵抗变形的能力,它与货叉的材料、结构形式以及加工货叉的制造工艺等因素有关。最低货位极限高度是指货叉在最低位置时其下表面到运行轨道安装水平面之间的垂直距离。

合理选择堆垛起重机的类型和主要使用性能参数,是正确使用堆垛起重机的重要前提条件。对提高装卸搬运的作业效率,充分发挥堆垛起重机的有效功能,降低使用成本,提高经济效益,确保运行安全都有重要的现实意义。选型的基本要求是技术先进、经济合理、适合生产需要。选型的主要内容有:类型选择、具体结构形式选择和技术性能参数的选择、所需数量的确定、性能价格比评价和技术经济评估,其选型过程中应遵循的基本工作程序,如图 5.23 所示。

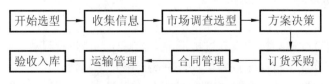

图 5.23 堆垛机选型的基本工作程序

案例 5-1

蒙牛乳业自动化立体仓库案例

内蒙古蒙牛乳业泰安有限公司乳制品自动化立体仓库,是蒙牛乳业公司委托太原刚玉物流工程有限公司设计制造的第三座自动化立体仓库。该库后端与泰安公司乳制品生产线相衔接,与出库区相连接,库内主要存放成品纯鲜奶和成品瓶酸奶。库区面积 8 323m², 货架最大高度 21m, 托盘尺寸 1 200mm×1 000mm, 库内货位总数 19 632 个。其中,常温区货位数 14 964 个,低温区货位数 46 687 个。入库能力 150 盘/小时,出库能力 300 盘/小时。出入库采用联机自动。

1. 工艺流程及库区布置

根据用户存储温度的不同要求,该库划分为常温和低温两个区域。常温区保存鲜奶成品,低温区配置制冷设备,恒温 4℃,存储瓶酸奶按照生产、存储、配送的工艺及奶制品的工艺要求,经方案模拟仿真优化,最终确定库区划分为入库区、储存区、托盘(外调)回流区、出库区、维修区和计算机管理控制室 6 个区域。

(1) 入库区由 66 台链式输送机、3 台双工位高速梭车组成。负责将生产线码垛区完成的整盘货物转入各入库口。双工位穿梭车则负责将生产线端输送机输出的货物向各巷道入库口的分配、转动及空托盘回送。

(2) 储存区包括高层货架和 17 台巷道堆垛机。高层货架采用双托盘货位,完成货物的存储功能。巷道堆垛机则按照指令完成从入库输送机到目标的取货、搬运、存货及从目标货位到出货输送机的取货、搬运、出货任务。

(3) 托盘(外调)回流区分别设在常温储存区和低温储存区内部,由 12 台出库口输送机、14 台入库口输送机、巷道堆垛机和货架组成。分别完成空托盘回收、存储、回送,外调货物入库,剩余产品、退库产品入库、回送等工作。

(4) 出库区设置在出库口外端,分为货物暂存区和装车区,由 34 台出库输送机、叉车和运输车辆组成。叉车司机通过电子看板、RF 终端扫描来叉车完成装车作业,反馈发送信息。

(5) 维修区设在穿梭车轨道外一侧,在某台空梭车更换配件或处理故障时,其他穿梭车仍旧可以正常工作。

(6) 计算机控制室设在二楼,用于出入库登记、出入库高度、管理和联机控制。

2. 设备选型及配置

1) 货架

(1) 主要使用要求和条件。托盘单元载重能力:850/400kg(常温区/低温区);存储单元体积:1 000mm(运行方向)×1 200mm(沿货叉方向)×1 470mm(货高含托盘);库区尺寸 9 884m²,库区建筑为撕开屋顶,最高点 23m。

(2) 根据使用要求和条件,结合刚玉公司的设计经验,经力学计算和有限元分析优化,确定采用具有异形截面,自重轻、刚性好、材料利用率高、表面处理容易,安装、运输和包装方便的双货位横梁式组合货架。其中,货架总高度分别有:21 000mm、19 350mm、17 700mm、16 050mm、14 400mm 和 12 750mm。货架规模:常温区有 14 964 个,低温区有 4 668 个。

(3) 货架主材。主柱:常温区选用刚玉公司自选轧制的 126 型异型材,低温区采用 120 型异型材。横梁:常温区选用刚玉公司自轧制异型材 55BB 低温区采用 5BB 型异型材。天、地轨:地轨采用 30kg/米钢轨,天轨采用 16#工字钢。

2) 有轨巷道堆垛机

(1) 主要技术参数。堆垛机高度:21 000mm、19 350mm、17 700mm、16 050mm、14 400mm 和 12 750mm。堆垛机额定载重量:850/400kg。载货台宽度:1 200mm。结构形式:双立柱。运行速

度：5～100m/min(变频调速)。起升速度：4～40m/min(变频调速)。货叉速度：3～30 m/min(变频调速)。停准精度：超升、运行≤±10mm，货叉≤±5mm。控制方式：联机自动、单机自动、手动。通信方式：远红外通信。供电方式：安全滑触线供电。供电容量：20kW、3相4线制380V、50Hz。

(2) 设备配置。有轨巷道堆垛起重机主要由多发结构、超升机构、货叉取货机构、载货台、断绳案例保护装置、限速装置、过载与松绳保护装置，以及电器控制装置等组成。

驱动装置：采用德国德马格公司产品，性能优良、体积小、噪声低、维护保养方便。变频调整：驱动单元采用变频调速，可满足堆垛机出入库平衡操作和高速运行，具有启动性能好，调速范围宽，速度变化平衡，运行稳定并有完善的过压、过流保护功能的优点。堆垛机控制系统：先用分解式控制，控制单元采用模块式结构，当某个模块发生故障时，在几分钟内便可更换备用模块，使系统重新投入工作。案例保护装置：堆垛机起升松绳和过载、娄绳安全保护装置；载货台上、下极限位装置；运行及起升强制换速形状和紧急限位器；货叉伸缩机械限位挡块；货位虚实探测、货物高度及歪斜控制；电器联锁装置；各运行端部极限设缓冲器；堆垛机设作业报警电铃和警示灯。

(3) 控制方式。手动控制：堆垛机的手动控制是由操作人员，通过操作板的按钮和万能转换形状，直接操作机械运行，包括水平运行、载货台升降、货叉伸缩3种动作。

单机自动：单机自动控制是操作人员在出、入库端通过堆垛机电控柜上的操作板，输入入(出)库指令，堆垛机将自动完成入(出)库作业，并返回入(出)库端待命。

在线全自动控制：操作人员在计算机中心控制室，通过操作终端输入入(出)库任务或入(出)库指令，计算机与堆垛机通过远红外通信连接将入(出)库指令下达到堆垛机，再由堆垛机自动完成入(出)库作业。

根据本案例所提供的资料，试分析以下问题。
1. 该自动仓储系统有哪些优势？
2. 蒙牛乳业泰安有限公司采用乳制品自动化立体仓库给企业带来哪些好处？

本 章 小 结

自动仓储系统又被称作自动化立体仓库。它是一种利用高层立体货架(托盘系统)储存物资，应用电子计算机控制管理和应用自动控制的堆垛机进行存取作业的仓库。通过本章学习，可以掌握自动仓储系统的组成、分类、特点及应用。对于自动仓储系统的存取设备重点介绍巷道堆垛机的构成、分类。自动仓储系统作为重要的物流装备，如何合理规划和设计，如何实现仓库与生产系统或配送系统的高效连接，已经成为21世纪的重要研究课题。

自动仓储系统(ASRS)　　　　　　　　堆垛机(Slacker Crane)

习　题

1. 填空题

(1) 自动仓储系统3大标志分别是：_____、_____和_____。

(2) 自动仓储系统主要由_____、_____和_____3大系统组成。

(3) 巷道堆垛机基本结构一般由_____、_____、_____、_____和_____5部分组成。

(4) 堆垛机的主要技术参数有_____、_____、_____、_____和_____。

2. 简答题

(1) 自动化立体仓库是由哪几部分组成的？自动化立体仓库有哪些类型？

(2) 简述自动仓储系统的优点和未来发展趋势。

(3) 简述自动仓储系统的出(入)库作业流程。

(4) 有轨巷道堆垛机和无轨巷道堆垛机有哪些区别？

第6章 集装单元化技术装备

【教学目标】
➢ 了解集装单元化的定义、类型和特点
➢ 掌握集装箱的基本知识
➢ 熟悉集装箱吊具及装卸搬运工艺
➢ 掌握港口集装箱装卸搬运设备的类型和用途

导入案例

互联网技术把距离变近了、世界变小了。人们拿起电话就可以和大洋彼岸的亲友互致问候;跨国公司指挥部可以在千里之外对本企业的全球采购和产品销售活动进行实时指挥调度。"经济全球化"或"全球化经济"成为人们常见的词汇。但是,我们所说的"距离变近""世界变小"并不是说我们所存在的三维空间真的发生了什么变化,而是对信息交流的快捷方便的形容而已。具体的物流活动仍然要在现实的三维空间里进行。物流是经济活动的基础组成部分,全球化经济就意味着物流活动的范围要在全球的空间来进行,物流的变革和发展必须要适应时代的要求。现代提倡"快速物流"就是要求物流活动必须提高速度,适应供应链管理时代的全球化经济的运作要求。

提高物流速度可以采取多种措施:如合理规划以避免在调度和选择路径方面产生偏差;降低库存以加快物流周转速度;建立现代配送中心以提高货物分拣的效率等。但是作为物流活动中心环节的运输及其两端的装卸搬运活动对于物流系统快速顺畅运行的影响始终是人们关注的焦点。

提高物流作业效率的第一步是要将被处理的货物规整成规格化的货物单元,实现集装单元化输送。只有实现货物单元标准化、规格化,才能实现物流作业机械化、自动化以提高作业效率。代表性的集装单元化器具有集装箱和托盘。集装箱主要用于干线运输,而作为更基础的以托盘为基底的货物单元则广泛深入地进入到生产线、配送与库存作业的具体环节发挥着独特的作用。托盘货物单元在运输中也是基础物流作业的单元,和车辆等运输工具及集装箱等相配合实现集装单元化系统的运作。

思考题:集装单元化技术涉及的物流装备有哪些?

集装单元化是把一定的物料整齐地集结成一个便于储存、搬运和运输的单元,是以集装单元为基础而组织的装卸、搬运、储存和运输等物流活动一体化运作的方式,是物流现代化的基础建设内容,其实质就是要形成集装单元化系统,即由货物单元、集装器具、物料搬运设备和输送设备等有机组成的高效、快速进行物流功能运作的系统。集装单元化有效地将各项分散的物流活动联结成一个整体,是物流系统合理化的核心内容和主要方式。

6.1 概 述

集装单元化已运用于物流全过程的各个环节,是现代物流技术进步和结构创新的一项重大举措。集装单元化作为现代物流的重要特征之一,具有极其重要的经济意义和社会意义。

现代物流的特征之一是物料的集装单元化,它在现代物流中占有重要的地位,集装单元化程度的高低,是判断一个国家现代物流是否发达的重要标志之一。

6.1.1 集装单元化定义

在货物的储运过程中,为便于装卸和搬运,用集装器具或采用捆扎方法将物品组成标准规格的单元货件,称为货物的集装单元化。被集装单元化的货物称为单元货物。用于集装货物的工具称为集装单元器具,它必须具备两个条件:一是能使货物集装成一个完整、统一的重量或体积单元;二是具有便于机械装卸搬运的结构,如托盘有叉孔,集装箱有角件吊孔等,这是它与普通货箱和容器的主要区别。

从包装角度来看,集装是一种按一定单元将杂散物品组合包装的形态,是属于大型包装的形态。在多种类型的产品中,小件杂散货物很难像机床、构件等产品那样进行单件处理,由于其杂、散且个体体积、重量都不大的特点,所以,总是需要进行一定程度的组合,才能有利于销售、物流和使用。从这一点上说,商品的外包装、粉粒体物料的纸袋及液体和气体的容器等也是一种集装单元。但一般物流技术上所称的集装单元化,则是指固体物料(如机械零部件)和商品运输包装的集装单元化,如零件堆放在集装盘内或洗衣皂纸箱堆码在托盘上等。

集装是在材料科学和装卸技术两个方面都有了突破进展之后才出现的,用大单元实现组合,是整个包装技术的一大进展。

从运输角度来看,集装所组合的组合体往往又正好是一个装卸运输单位,非常利于运输和装卸,因而在这个领域把集装主要看成是一个运输体(货载),称为单元组合货载或集装货载。

6.1.2 集装单元化的类型

集装单元化有若干种典型的方式,通常使用的集装单元主要有以下几种类型。

(1) 集装箱系统。它将大型容器发展成为集装箱,集装箱配置半挂车又演变成大型的台车。集装箱是当前集装单元发展的最高阶段。

(2) 托盘类。它以平托盘为主体,包括从平托盘发展到柱式托盘、箱式托盘、轮式托盘和专用托盘。集装箱系统和托盘类是集装单元化的两大支柱。

(3) 捆扎型。它是用绳索、钢丝或打包铁皮把小件的货物扎成一捆或一叠,这是简单的集装单元化,如成捆的型钢、木材,成扎的铝锭等。

(4) 其他容器。它包括柔性集装袋、集装网络和罐式集装箱等。

托盘和集装箱是最重要的两种集装单元化器具,以后不作特殊说明,本书所说的集装单元化器具就是指托盘和集装箱。

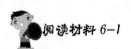

基于木质平托盘供应链物流的集装单元化管理

(云南财经大学/金桂根)

目前,中国物流业正朝着全方位供应链管理大步迈进,而托盘这一物流集装单元化的基础器具,对供应链一体化管理有着重要影响,其标准化及循环共用日益得到重视。2015年7月国家多部委联合印发《物流标准化中长期发展规划(2015—2020年)》,其重点工程之一就是由商务部牵头的"托盘标准应用推广及循环共用体系建设工程"。该工程强调要树立单元化理念,从托盘标准化入手,大力开展标准化托盘的推广应用,提升供应链物流一体化运作水平。

相比塑料、金属等材质的托盘,木质托盘具有独特的弹性纤维特性,其承载性、接触性、摩擦性、操作性与易维护性好,应用领域极为广泛;其缺点是木托盘使用森林资源,对生态环境有一定的破坏。正因为如此,采用标准化托盘实现循环共用,以提高托盘使用效率、减少木质托盘的使用数量,也就更显重要和紧迫。所以,本文以木质平托盘为重点,从质量、性价比与循环共用的视角进一步探讨和研究供应链物流集装单元化与托盘标准化。

1. 物流集装单元化

供应链节点企业之间是一种需求与供应的关系,是一种链状、网状的交叉结构,包含各个生产、流通交易、消费等环节，形成物流、信息流、资金流，其中的物流主要以集装箱、托盘、周转箱三种装载器具形式形成货物单元，实现物流集装单元化，便于在物流活动过程中采用机械化、自动化设备进行批量化装卸和搬运，从而大大提高物流效率。因此，这些看似简单的容器或载体，对供应链物流及经济发展有着深远的意义。

如果说集装箱以大单元的方式，通过提高航运装卸及多式联运效率，对经济全球化有着巨大力量；托盘则以中小单元的方式，通过提高运输和仓储作业效率，对现代物流起着关键作用。在现代化的物流作业模式和趋势下，统一在以托盘为基础的物流集装单元上，有助于机械化、自动化的物流作业，可以实现货物单元在存储、运输及装卸搬运过程中的一贯化，从而大幅提高供应链一体化的运作效率，达到降低物流成本、增强物流服务能力、提升供应链管理水平的目标。

2. 托盘循环共用

经济全球化使供应链的物理距离不断延伸，贸易便捷化使供应链的物流量持续增加，作为物流单元的主要载体之一，托盘的使用量也相应增加。使用量的增加有两种方式：一种是使用一次性托盘的绝对增加；另一种是使用循环托盘的相对增加，也即托盘的使用频次和托盘保有量不是线性关系。一次性托盘因低成本的简易制作而难以再循环使用，一般随同商品外包装被弃用。循环托盘是可多次重复使用的托盘，其制作成本和质量相对较高。显然，从物流效率、资源节约及绿色环保等角度来看，托盘循环共用方式值得大力推行。

据有关数据，采用托盘循环共用的运作方式，可以使装卸货时间减少50%～75%，车辆使用周转率提高25%～30%，配送/分销中心订单履行能力提升20%～35%，可提高供应链整体效率为25%～35%。调研数据显示，目前我国托盘保有量约10亿片，其中约8成是木质托盘，标准化托盘约占24%，但进入社会托盘共用系统和企业内部循环使用的木托盘不超过2%。据不完全统计，如果我国大范围进行托盘循环共用，尽量减少一次性托盘的使用，可以减少约三分之一的标准木质托盘存量。通过建立不同层次的托盘循环共用体系，托盘从小范围的静态使用逐渐向大范围的动态扩散和共用，可以实现托盘增量和存量的有效管理。

3. 托盘标准化及现存问题

实现托盘循环共用的前提和基础，就是要保证托盘的标准化；没有标准化，托盘就不能互换和替代，就不能重复周转及共用。

近年来国内托盘标准化工作推进较快，其中最主要、最重要的就是在综合了ISO、欧美日澳等托盘标准的基础上，结合国内实际，于2007年修订和颁布了《联运通用平托盘主要尺寸及公差》(GB/T 2934—2007)，将国标托盘规格尺寸确定为1 200×1 000(mm)和1 100×1 100(mm)，且优先推荐前者。

虽然国内的托盘标准化、物流集装单元化有了长足进步和发展，但托盘全方位标准化的程度和目标还远未实现。在实际应用过程中，托盘外形的规格尺寸虽然得到认同和推崇，然而托盘的结构、材质及工艺等方面的差异较大，导致托盘质量参差不齐，仍未达到标准托盘的一致性，使托盘的循环共用运营模式依旧难以拓展。托盘质量的差异主要受市场需求的差异驱动，本质上是价格的差异。行业及企业在托盘使用需求、投入等方面有较大的区别，托盘生产方也相应提供与价位及技术需求相对应的产品，导致托盘产品的个性化，也就是非标化。

从托盘设计及制作的角度，一方面，较低价位的托盘在流通和物流作业过程中容易损坏，导致其承载的货物相应受损，也难以实现托盘的循环共用；另一方面，较高价位的托盘从成本上让大多数企业难以接受，即使接受较高价位托盘的厂商也不愿意让托盘在企业外循环，由此，同样难以实现托盘循环共用。

4. 托盘质量标准化

我国于2007年发布《联运通用平托盘 主要尺寸及公差》(GB/T 2934—2007)后，2014年密集发布了《联运通用平托盘性能要求和试验选择》(GB/T 4995—2014)、《联运通用平托盘试验方法》(GB/T 4996—2014)、《联运通用平托盘木质平托盘》(GB/T 31148—2014)，从而形成了较为完善的平托盘标准体系，确定了平托盘的基本性能及质量，可以更好地指导企业设计生产与选用符合循环共用要求的托盘，有利于提高标准化生产效率和减少耗材，有利于采用自动化生产方式，有利于降低托盘采购成本和运营成本，进一步为托盘循环共用的广泛推广奠定了质量和成本的双重保障。

在托盘标准 GB/T 31148 中，规定了目前国内外市场上比较常见的、易于批量化采购的木材品种，从而决定了托盘性价的主要因素；垫块可以采用刨花垫块，可减少木材碎料的浪费；对木材含水率及质量缺陷，托盘铺板、纵梁、垫块等构件形式及尺寸公差，螺钉的选用及布置，加工要求及外观质量，承重、强度、弯曲、变形的参数要求，抗弯、叉举、抗压、堆码、跌落试验的性能要求，以及对产品抽检样本量等方面做了细致的规定，从而全方位定义和规范了托盘的基本质量及性能。

根据对托盘制造企业和使用企业的实际调研，托盘供应方和需求方基本都遵循安全、实用的原则；只需认真落实托盘国标，充分保证产品质量，无须过分追求外观的漂亮；在额定承载的条件下，其结构、性能、尺寸及质量既可满足人工叉车的装卸搬运作业，又能满足巷道堆垛机、AGV、穿梭车等自动化设备的移载、输送及堆码等物流作业要求；出厂价位控制在每片 120～150 元，体现性价比的适中性。这也是当前国标木质平托盘满足联运通用及循环共用的基本性价状态。

5. 结束语

我国物流业正处于规模快速发展的重要时期，在新常态的经济转型升级背景下，供应链一体化及增效降本有着迫切性，因此，在供应链系统中实现物流集装单元化及托盘循环共用的重要性会日益凸显，而托盘的标准化则是其中的基础。但托盘标准化存在着结构形式的标准化及性能质量的标准化，为达到较大范围和程度的循环共用，托盘的标准化要从结构、规格、质量及性能等方面实现全方位的标准化，形成一致性的标准产品。

托盘生产商及运营商均应认真贯彻和执行托盘国家标准，推广托盘产品标准化，最大限度地实现木质托盘的循环共用。这不仅对提高供应链物流效率、降低物流成本有着明显的经济意义，而且在节约资源、建设生态文明方面有着巨大的社会意义。

6.1.3 集装单元化的优越性

集装单元的主要特点是集小为大，而这种集小为大是按照标准化、通用化要求而进行的，这就使中、小件散杂货以一定规模进入市场，进入流通领域，形成了规模优势。集装的效果实际上是这种规模优势的效果。货物集装单元化之所以发展非常迅速，是因为它在物流过程中具有突出的优点。集装单元化具有以下优点。

1. 便于实现产品装卸、运输的机械化和自动化

集装单元把零散货物集合成大的包装单元，在流通过程的各环节都可以采用机械化操作，容易实现装卸、运输作业的机械化、自动化。如使用叉式起重车和铲车等，不仅提高了装卸效率，而且大大节省了劳动力，减轻了劳动强度。

2. 简化了产品流通环节，加速了产品的流通

采用集装单元的产品能从发货单位仓库直接运到收货单位仓库，无论途中是陆路还是水路运输，都不用搬动集装单元内的产品，从而实现"门到门"的运输。集装单元能缩短装卸时间，加速产品的流通。如铁路用 50t 车厢装运零散货物需 6 人装卸 3～4h，而用集装箱 3 人只需 15min 就可以完成；一般万吨级货轮，用传统方式装卸需要半个月，而用集装箱货轮，装卸时间不会超过 1 天。

3. 保证了产品的运输安全

集装单元把产品密封在包装容器(如集装箱等)内，实际上起了一个强度很大的外包装作用。在运输过程中无论经过多少环节，都不需搬动集合包装内的产品，因而有效地保护

了产品，减少了破损，同时还能防止产品被盗或丢失。例如美国集装箱运输的货损率就很低，只有 0.01%。

4. 节省包装费用，降低运输成本

集装单元节省包装材料。集装箱和托盘等可以反复周转使用，大多数产品改用集装单元后，原来的外包装可以降低用料标准，如原用木箱的可改用瓦楞纸箱；原来用 5 层瓦楞纸箱的可改用 3 层等。

另外，如平板玻璃原来采用平板木箱包装，改为金属框架集合包装后，每年可以节省十几万立方米木材。集装单元可以减少包装操作程序，减轻劳动强度，降低包装费用。如有的产品用集装箱运输，只要把产品按顺序装到箱内，箱上加上铅封，用叉车装运即可。托盘包装可进行整组产品捆扎，省去了每小箱产品捆扎的工序。集装单元可以通过联运简化运输手续，提高运输工具的运载率，从而降低运输费用。有些集装单元包装件可以露天堆放，节省仓库容积，从而减少仓库储存费用。

5. 促进了包装规格的标准化

集装单元要求货物有一定的规格尺寸，每种产品外包装尺寸必须适合于在集装箱或托盘等集装单元上装放，避免造成集装单元的空位。对于单件搬运的杂货，要按一定的尺寸组成同一规格的货组，以保证杂件货物运输、装卸的合理化，从而促进包装的标准化、规格化和系列化。

6.2 集 装 箱

【行业实践】

6.2.1 集装箱概述

1. 集装箱的概念

集装箱运输是用集装箱载运的一种现代化运输方法。集装箱是以钢、铝合金、塑料等材料，按一定的统一规格制成，专供货物运输中周转使用的大型箱形容器，如图 6.1 所示。集装箱可以把几十件、成百件大小不同、形状各异，或包装种类繁杂的商品装在箱内，汇集成一个单元。在运输过程中使用装卸机械进行起吊、搬运、堆存等作业。

国际标准化组织根据集装箱在装卸、堆放及运输过程中的安全需要，规定了作为一种运输工具的货物集装箱的基本条件和功能：①能长期反复使用，具有足够的强度；②途中转运不用移动箱内的货物，可以直接换装；③可以进行快速装卸，并可以从一种运输工具直接方便地换装到另一种运输工具；④便于货物的装满与卸空；⑤具有 $1m^3$（即 35.32ft）或 $1m^3$ 以上的内容积。

集装箱中，通用集装箱是集装箱的主体，对其有专门定义：通用集装箱是用于运输和储存若干单元货物，包括货物或散装货的风雨密封型、

图 6.1 集装箱

长方形集装箱,它可以限制和防止发生货损,可脱离运输工具作为单元货物进行装卸和运输,无须倒装箱内货物。

2. 集装箱的特点

1) 优点

集装箱作为一种集合运输包装,有着其他包装形式无法比拟的优点,概括如下。

(1) 强度高,保护防护能力强,因而货损小。

(2) 集装箱功能多,本身还是一个小型的储存仓库,因此,可以不再配备仓库、库房。

(3) 集装箱可以重叠堆放,有利于提高单位地面的储存数量。在车站、码头等待外运,占地也较少。

(4) 在几种集装方式中,尤其在散杂货集放方式中,集装箱使用数量较大。集装箱的装载量与自重之和,最高可达 30t 以上。

(5) 集装箱还具备标准化装备的一系列优点,例如:尺寸、大小、形状有一定规定,便于对装运货物和承运设备做出规划、计划,可统一装卸、运输,简化装卸工艺,通用性、互换性强。

2) 缺点

集装箱也有一些重大缺点,限制了集装箱在更广的范围中的应用。这些缺点主要包括以下几个方面。

(1) 自重大,因而无效运输、无效装卸的比重大。物流过程中,许多劳动消耗于箱体本身上,增加了货物的运费。

(2) 本身造价高,在每次物流中分摊成本较高。

(3) 空箱返空有很大浪费。

3. 集装箱的一般构造

集装箱的一般构造如图 6.2 所示。其典型结构是梁板结构,梁起支撑作用,板起支承作用,其他还有底板、顶板、两侧板等,两端一端是端壁,另一端是端门。箱顶部两端安装起吊挂钩,以便于吊车类装卸机具进行装卸操作。箱底侧部有的设有叉车叉入的槽孔,以利用叉车进行装卸作业。

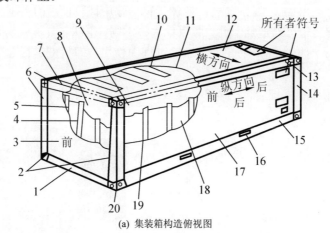

(a) 集装箱构造俯视图

图 6.2 集装箱结构示意图

1—下横梁;2—角柱;3—端壁;4—端柱;5—端壁柱;6—端框架;7—上横梁;8—端壁内衬板;9—侧壁内衬饭;10—顶梁;11—顶板;12—箱顶;13—上桁材;14—角柱;15—下桁材;16—叉槽;17—侧壁;18—侧壁板;19—侧壁柱;20—角配件

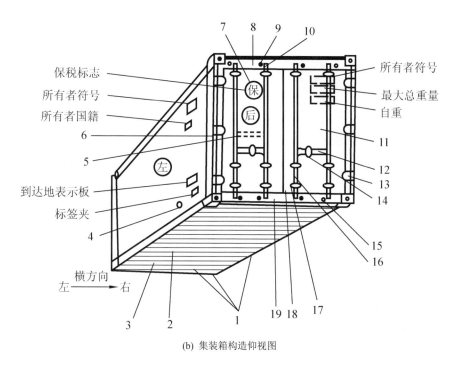

(b) 集装箱构造仰视图

图 6.2 集装箱结构示意图(续)

1—箱底结构；2—底横梁；3—箱底；4—门钩扣槽；5—箱门横构件；6—侧框架；
7—门板；8—门楣；9—门锁凸轮；10—凸轮托座；11—端门；12—门铰链；
13—门锁把手；14—把手锁；15—门槛；16—门锁杆；17—门锁杆托架；18—门钩；19—门底缘材

6.2.2 集装箱的种类

1. 按集装箱的用途不同分类

有用以装运一般货物的通用型集装箱和用以装运液体、粉状、易腐货物，以及化学危险品、爆炸品等的各种专用型集装箱，如图 6.3 所示，具体可分为以下几种。

杂货集装箱

开顶集装箱

罐状集装箱

冷藏集装箱

图 6.3 常见的集装箱

侧开门集装箱

框架集装箱

图 6.3 常见的集装箱(续)

(1) 通用干货集装箱,又称杂货集装箱(Dry Container),是一种具有集装箱的基本结构,但不需调控温度,内部也不装其他特殊设备的适用于一般杂货的封闭集装箱,其箱门设于一端或侧面,占全部集装箱总数的 70%~80%,为最常利用的标准集装箱,国际标准化组织建议使用的 13 种集装箱均为此类集装箱。

(2) 冷藏集装箱(Refrigerated Container),这种集装箱附有冷冻机,用以装载冷冻货物或冷藏货物。其温度可以在-28℃~+26℃调节,在整个运输过程中,启动冷冻机可以保持指定的温度。

(3) 散货集装箱(Solid Bulk Container),运输散装货物的封闭式集装箱,如装载大豆、大米、麦芽、面粉、饲料,以及水泥、化学制品等各种散装的粉粒状货物。使用这种集装箱,可以节约包装费用,提高装卸效率。

(4) 开顶集装箱(Open Tap Container),没有刚性箱顶的集装箱。顶部是由可折叠或可拆卸的顶梁支撑的帆布、塑料布或涂塑布等制成的顶篷。适用于装载大型和重型货物,可以使用起重机从顶部装卸。为了使货物在运输中不发生移动,一般在箱内底板两侧各埋入几个索环,用以穿过绳索捆绑箱内货物。

(5) 框架集装箱(Flat Rack Container),没有顶和侧壁,箱端也可拆卸,只留箱底和 4 角柱来承受货载。便于长、大、笨重件的装卸。特点是密封性差、箱底厚(便于应力的扩散)。

(6) 罐状集装箱(Frank Container),由罐体和箱体框架两部分组成,适用于酒、油类、液态化学品等液体货物,并为装载这类货物而具有特殊结构和设备的集装箱。

除了上述各种集装箱外,还有一些特种专用集装箱,如可通风并带有喂料、除粪装置,以铁丝网为侧壁的,用于运输活牲畜的动物集装箱,如图 6.4 所示;专用于运输汽车,并可分为两层装货的汽车集装箱,如图 6.5 所示;备有两层底,供储有渗漏液体,专运生皮等有带汁渗漏性质的兽皮集装箱以及专供挂运成衣的挂衣集装箱等。还有以运输超重、超长货物为目的,并且在超过一个集装箱能装货物的最大重量和尺寸时,可以把两个集装箱连接起来使用,甚至可加倍装载一个集装箱所能装载的重量或长度的平台集装箱。另外,还有可折叠板架的折叠式集装箱,如图 6.6 所示。

2. 按运输方式不同分类

(1) 联运集装箱。联运集装箱是能满足物流系统多种运输形式,并在转运节点能进行快速转运,不需对箱内装运物重组的集装箱。一般而言,这种集装箱需满足国际联运要求,主要指符合国际标准(ISO 标准)的国际海上运输大型集装箱,尤其是指 20ft(6 096mm)及

40ft(12 192mm)这两种标准箱。

图 6.4　动物集装箱

图 6.5　汽车集装箱

图 6.6　折叠集装箱

(2) 海运集装箱。国际集装箱运输以海运为联运的核心，因此，海运集装箱和国际联运集装箱是相同的。

(3) 铁道集装箱。铁道集装箱是铁道系统为适应货车运输要求和小范围铁—水、铁—陆联运而具有一定专用性的集装箱。一般的铁道集装箱尺寸及吨位均小于国际联运集装箱，我国铁道集装箱主要有 5t、10t 两种，也有 1t 的集装箱。

(4) 空运集装箱。它是适合于航空货运及航空行李托运用的集装箱。即使是同一架飞机用的集装箱，在机腹不同位置，箱的形状尺寸也不同，一架飞机需若干集装箱相配套，才能保证飞机的有效装运。

3. 按制造材料不同分类

(1) 铝合金集装箱。它是由铝合金型材和板材构成的集装箱，其特点是质量轻，箱体尺寸不大，但造价高。它在航空集装箱领域中使用较多。

(2) 钢质集装箱。它是用钢材制成的集装箱，其优点是强度大、价格低，但重量大、防腐蚀性比较差。钢质集装箱目前采用最多，通用大型集装箱绝大部分是钢制的。

(3) 玻璃钢集装箱。它是用玻璃纤维和合成树脂混合在一起制成薄薄的加强塑料，用黏合剂粘在胶合板的表面上形成玻璃钢板而制成的集装箱。它具有隔热性好、易清扫等特点。

(4) 不锈钢集装箱。它与钢质集装箱相比，质量轻、防腐蚀性能高。

6.2.3　集装箱的标准

集装箱的标准对集装箱的发展有非常重要的作用，为了有效地开展国际集装箱多式联运，必须强化集装箱标准化。集装箱标准按使用范围分为国际标准、国家标准、地区标准和公司标准 4 种。

1. 国际标准集装箱

国际标准集装箱是指根据国际标准化组织 ISO/TC104 技术委员会制定的标准来制造的国际通用的标准集装箱。目前，国际标准集装箱共分 3 个标准规格系列，其中第 I 系列共 13 种(1A～1D, 1AA～1CC, 1AAA～1BBB, 1AX, 1BX, 1CX, 1DX)、第 II 系列 3 种(2A～2C)、第 III 系列 3 种(3A～3C)。

现行的国际标准第 I 系列部分集装箱的规格见表 6-1。

表6-1 第Ⅰ系列部分国际标准集装箱规格

箱 型	长/mm	长	宽/mm	高/mm	最大总重量/kg
1A	12 192	40ft	2 438	2 438	30 480
1AA	12 192	40ft	2 438	2 591	30 480
1B	9 125	29ft/11.25in	2 438	2 438	25 400
1BB	9 125	29ft/11.25in	2 438	2 438	25 400
1C	6 058	19ft/10.5in	2 438	2 591	20 320
1C	6 058	19ft/10.5in	2 438	2 591	20 320
1D	2 991	9ft/9.75in	2 438	2 438	10 160

注：表中 ft 为英尺，1ft=0.304 8m；in 为英寸，1in=2.54cm。

为了便于统计集装箱的运量，ISO 将 20ft 单箱总重量 24t 的集装箱作为国际标准集装箱的换算单位，称其为换算箱或标准箱，简称 TEU(twenty-foot equivalent unit)，一个 20ft 的标准集装箱换算为一个 TEU；一个 40ft 的标准集装箱，简称 FEU(forty-foot equivalent unit)，1FEU=2TEU。

由表 6-1 可知，每种集装箱的宽度相同，为充分利用各种运输工具的底面积，必须了解各种规格集装箱的长度关系，如图 6.7 所示。其中，1A 型 40ft(12 192mm)，1B 型 30ft(9 125mm)，1C 型 20ft(6 058mm)，1D 型(2 991mm)。集装箱之间的标准间距 I 为 3in(76mm)，则

$1A = 1B + I + 1D = 9\,125 + 76 + 2\,991 = 12\,192 \text{mm}$

$1B = 1D + I + 1D + I + 1D = 3 \times 2\,991 + 2 \times 76 = 9\,125 \text{mm}$

$1C = 1D + I + 1D = 2 \times 2\,991 + 76 = 6\,058 \text{mm}$

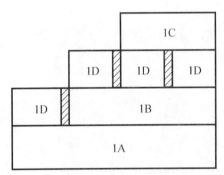

图 6.7 国际标准集装箱的长度关系

2. 国家标准集装箱

国家标准集装箱是由各国参照国际标准并参考本国国情制定的集装箱标准。中国、美国、日本、德国、英国、法国等都有自己的国家标准。我国现行国家标准《系列1集装箱分类、尺寸和额定质量》(GB/T 1413—2008)中，集装箱各种型号的外部尺寸、极限偏差及额定重量见表6-2。

表6-2 我国现行集装箱外部尺寸、极限偏差及额定重量

型 号	高 度		宽 度		长 度		额定重量
	尺寸/mm	极限偏差	尺寸/mm	极限偏差	尺寸/mm	极限偏差	(最大重量)/kg
1AA	2 591	0～5	2 438	0～5	12 192	0～10	30 480
1A	2 438	0～5	2 438	0～5	12 192	0～10	30 480
1AX	2 438	0～5	2 438	0～5	12 192	0～10	30 480
1CC	2 591	0～5	2 438	0～5	6 058	0～6	20 320
1C	2 438	0～5	2 438	0～5	6 058	0～6	20 320
1CX	2 438	0～5	2 438	0～5	6 058	0～6	20 320
10D	2 438	0～5	2 438	0～5	4 012	0～5	10 000
5D	2 438	0～5	2 438	0～5	1 968	0～5	5 000

注：5D 和 10D 两种箱型主要用于国内运输，其他 6 种箱型主要用于国际运输。

3. 地区标准集装箱

地区标准集装箱,是由地区组织根据该地区的特殊情况制定的,根据此类标准建造的集装箱仅适用于该地区,如根据欧洲国际铁路联盟(International Union of Railways,UIC)所制定的集装箱标准而建造的集装箱。

另外某些集装箱运输公司,如作为集装箱运输先驱的美国海陆公司及麦逊公司,根据本公司的情况而制定了自己的集装箱标准,将其称作公司标准集装箱。例如海陆公司的集装箱外形尺寸长为35ft,宽8ft,高一般为8ft。

6.2.4 集装箱的标志和识别

为了便于对国际流通的集装箱进行识别、监督和管理,每一个集装箱都应该在适当和明显的位置印刷永久标志。国际标准化组织对国际集装箱的标志项目和标志位置做了统一的规定,此标准为 ISO 6436—1981(E)《集装箱的代号、识别和标记》。

集装箱标记的内容主要有以下几项,如图 6.8 所示。

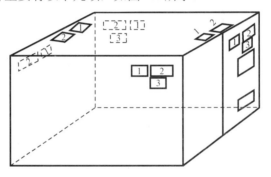

图 6.8 集装箱箱体标记

1—箱主代号;2—箱号或顺序号;3—集装箱尺寸及类型代号

1. 箱主代号

箱主代号是用来表示集装箱所有人的代号。箱主代号用 4 个拉丁字母表示。前 3 位由箱主自己规定,并向国家集装箱局登记,第四位规定为 U(U 为国际标准中海运集装箱的代号)。国际流通中的集装箱需向国际集装箱局登记,登记时不得与登记在先的箱主代号重复。如 COSU 为中国远洋运输(集团)公司的箱主代号。

2. 顺序号和核对号

顺序号是集装箱的箱号,用 6 位阿拉伯数字表示,如数字不足 6 位时,在数字前加 0 补足 6 位。核对号是用于计算机核对箱主号与顺序号正确性的号码。一般位于顺序号之后,用一位阿拉伯数字,并加以方框表示。

核对号由箱主代号的 4 位字母和顺序号的 6 位阿拉伯数字通过以下方式计算而得,具体换算包括以下几个步骤。

(1) 根据等效数值表 6-3,按顺序取出箱主代号中的每一个字母和顺序号中每一个数字的等效数值(共 10 个)。

(2) 将每一个有效数值分别按次序乘以 20~29 的加权系数(共 10 个)。

(3) 将所有的乘积相加，得到的总和除以模数 11，余数即为核对数。如余数为 10 则核对数取 0。例如，以中国远洋运输公司的某箱为例，箱主号与顺序号为 COSU 800121，通过查表 6-3，已知 COSU 转换后的数字为 13-26-30-32，加上顺序号 800121，于是对应的 10 个数字为 13-26-30-32-8-0-0-1-2-1，计算得 S=1 721，除以 11 后余数为 5，其核对号为 5。

表 6-3　等效数值表

字母	A	B	C	D	E	F	G	H	I	J	K	L	M
数字	10	12	13	14	15	16	17	18	19	20	21	23	24
字母	N	O	P	Q	R	S	T	U	V	W	X	Y	Z
数字	25	26	27	28	29	30	31	32	34	35	36	37	38

在集装箱运行中，每次交接记录箱号时，在将"箱主代号"与"箱号"录入计算机时，计算机就会自动按上述原理计算"核对数字"，当记录人员输入最后一位"核对数字"与计算机计算得出的数字不符时，计算机就会提醒箱号记录"出错"，这样就能有效地避免箱号记录出错的事故。

3. 国家代号

国家代号用两位大写拉丁字母表示，说明集装箱的登记国。例如 CN 表示登记国为中华人民共和国，US 表示登记国为美国。

4. 规格尺寸代号和箱型代号

规格尺寸代号和箱型代号由 4 位数符组成。前两位是阿拉伯数字，为尺寸代号，用以表示集装箱的大小。后两位由两位数符组成，用以表示集装箱的类型，箱型代号可从有关手册中查得。例如"22G1"即为某集装箱的规格尺寸和箱型代号，其中"22"为集装箱的尺寸代号，表示箱长为 20ft(6 068mm)，箱宽为 8ft(2 438mm)，箱高为 8ft 6in(2 591mm)；"G1"为集装箱类型代号，表示上方有透气罩的通用集装箱。

5. 作业标志

包括最大总重量和箱体自重、空陆水联运标记(图 6.9)、登箱顶触电警告标记，如图 6.10 所示。

最大总重量(Max Gross)又称额定重量，是集装箱自重和最大允许装货重量之和。自重是指集装箱的空箱重量。集装箱最大重量和自重的标记要求用千克(kg)和磅(lb)两种单位同时标出。

图 6.9　空陆水联运标记

图 6.10　登箱顶触电警告标记

6.3 集装箱装卸搬运工艺

集装箱是一种专门用于货物的单一或多式运输的耐用设备,尤其适合从一种运输方式转到另一种运输方式。集装箱运输是用集装箱载运的一种现代化运输方法。在运输过程中使用装卸机械进行起吊、搬运、堆存等作业。随着集装箱运输的逐步发展、成熟,与之相适应的管理方法和工作机构也相应地发展起来,形成一套适应集装箱运输特点的运输体系。

6.3.1 装卸搬运吊具

集装箱吊具是一种装卸集装箱的专用吊具,它通过其端部横梁四角的旋锁与集装箱的角件连接,由司机操作控制旋锁的开闭,进行集装箱装卸作业。集装箱吊具是按照 ISO 标准设计和制造的。按照集装箱吊具的结构特点,集装箱吊具可分为以下 5 种形式。

1. 固定式吊具

1) 直接吊装式吊具

直接吊装式吊具如图 6.11 所示,是将起吊 20ft 或者 40ft 集装箱的专用吊具,直接悬挂在起升钢丝绳上,液压装置装设在吊具上,通过旋锁机构转动旋锁,与集装箱的角配件连接或者松脱。这种吊具结构简单、重量最轻,但只适用于起吊一定尺寸的集装箱,更换吊具需要花费较长的时间,使用起来不够方便。

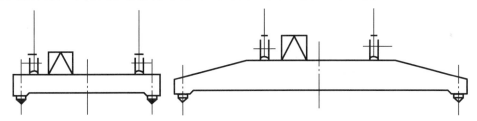

图 6.11 直接吊装式吊具

2) 吊梁式吊具

吊梁式吊具如图 6.12 所示,是将专门制作的吊梁悬挂在起升钢丝绳上,当起吊 24ft 集装箱时,则将 24ft 专用吊具与吊梁连接,起吊 40ft 集装箱时,则将 40ft 专用吊具与吊梁连接,液压装置分别装设在 24ft 或 40ft 专用吊具上,这种吊具更换起来比直接吊装式吊具较为容易,但较重。

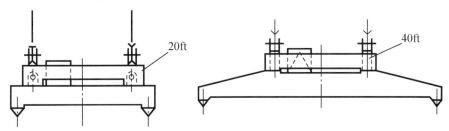

图 6.12 吊梁式吊具

2. 主从式吊具

主从式吊具如图6.13所示。主从式吊具的基本吊具为20ft集装箱专用吊具,可起吊20ft集装箱,液压装置装设在基本吊具上,通过旋锁机构转动旋锁。当需要起吊40ft集装箱时,则将40ft集装箱专用吊具的角配件(与集装箱角配件相同)与20ft集装箱专用吊具的旋锁连接。40ft专用吊具的旋锁机构由装设在20ft专用吊具上的液压装置驱动。主从式吊具更换吊具比直接吊装式吊具更为方便,但仍然较重,为8~9t。

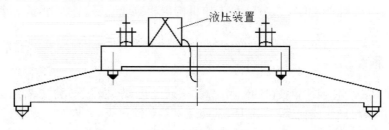

图6.13 主从式吊具

3. 伸缩式吊具

伸缩式吊具(图6.14),是在近几年出现的一种吊具,它具有伸缩吊架,当收缩到最小尺寸时可起吊24ft集装箱,而当伸开到最大尺寸时则可起吊40ft集装箱。吊具的伸缩在司机室内操作,变换吊具的时间只要20s左右,但仍较重,为10~11t,伸缩式吊具是目前集装箱起重机采用最为广泛的一种。

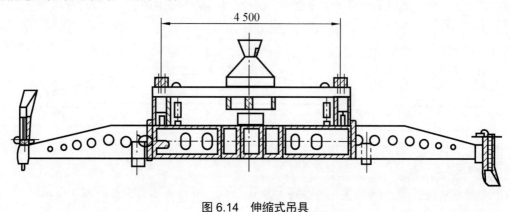

图6.14 伸缩式吊具

4. 子母式吊具

子母式吊具(图6.15),是将专门制作的吊梁悬挂在起升钢丝绳上,吊梁上装有液压装置,用以驱动吊具上的旋锁机构。当需要起吊20ft集装箱时,则将20ft专用吊具与吊梁连接;当需要起吊40ft集装箱时,则将40ft专用吊具与吊梁连接,连接方式不是采用旋锁机构转动旋锁与角配件连接,因而这种吊具比主从式吊具轻,为8t左右。

5. 双吊式吊具

双吊式吊具(图6.16),由悬挂在起升钢丝绳上的直接吊装式吊具组成,相互之间采用自动联结装置连接,可同时起吊两个20ft集装箱,因而大大提高了集装箱起重机的装卸效率，但集装箱必须放置在一定的位置，且只能起吊 20ft 集装箱，作业条件受到局限，只适于特定的作业条件。

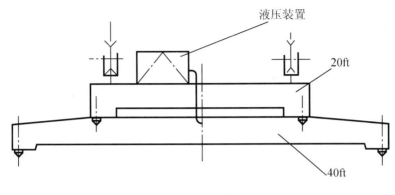

图 6.15　子母式吊具

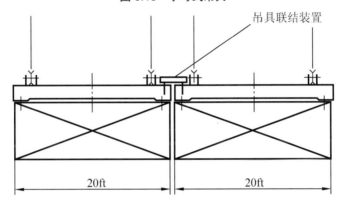

图 6.16　双吊式吊具

至于选用哪种形式的吊具更为合理，取决于所装卸的集装箱数量、箱型变化情况和经济性等，因此不能一概而论哪种吊具最为合理。在各种集装箱混载的情况下，为了缩短更换吊具的时间，多采用伸缩式吊具。但伸缩式吊具较重，液压部件多，容易发生故障，伸缩框架容易损坏。在同一箱型装卸数量大的情况下，往往是不经济的，不如配备多种专用吊具更为合适。

对于各种结构形式的吊具，都要努力做到轻量化，提高其可靠性。在集装箱起重机起重量一定的情况下，减轻吊具的自重，可以减少起重机的起升载荷，对于起升机构具有变扭矩调速特性的起重机，可大大提高起重机的装卸效率。

6.3.2　集装箱码头装卸搬运设备

1. 概述

集装箱物流是港口物流的重要组成部分，集装箱装卸搬运设备经过几十年的发展，形成了一套完整的系统。现代集装箱物流装卸搬运系统如图 6.17 所示。

集装箱船通过码头前沿的装卸机械(如岸边集装箱起重机)将集装箱吊进吊出进行装船和卸船作业，水平运输机械完成码头前沿、堆场和装拆箱库之间的水平运输任务，堆场机械则用来完成集装箱的堆码和拆垛。通常，船到车或车到船的集装箱物流都是通过堆场进行中转，若条件允许，也可以直接船到车或车到船。为了满足客户对集装箱物流服务的多种需求，有时需要将集装箱送入拆、装箱库进行拆箱、分箱重组。

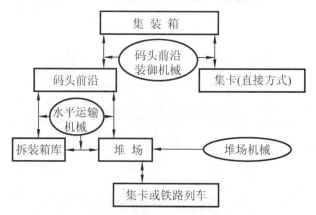

图 6.17 集装箱物流装卸搬运系统构成

2. 集装箱装卸搬运设备的主要类型

1) 集装箱前沿码头机械

集装箱前沿码头机械主要有以下 4 种。

(1) 岸边集装箱起重机。岸边集装箱起重机又称集装箱装卸桥，简称岸桥，如图 6.18 所示。它是承担集装箱装卸作业的专用起重机，装卸效率高，适用于吞吐量较大的集装箱码头。岸桥沿着与码头岸线平行的轨道行走。

图 6.18 集装箱装卸桥

岸桥主要由带行走机构的门架、承担臂架机构的拉杆和臂架等几部分组成。臂架又可分为海侧臂架、陆侧臂架和门中臂架 3 部分。海侧臂架和陆侧臂架由门中臂架连接。臂架的主要作用是承受桥吊小车的重量，小车带有升降机构，而升降机构又用来承受集装箱吊具和集装箱的重量。海侧臂架一般设计成为可变幅式，当岸桥移动时，为了船舶或航道的安全，一般将海侧臂架仰起。岸桥在沿轨道平行移动的过程中，由于受电缆坑和电缆长度的影响，其活动范围受到一定的限制。

目前我国港口设置的岸桥多为普通型(第一代)岸桥,每小时平均生产率为25 TEU。随着集装箱运输船舶的大型化,对岸桥提出了新要求,岸桥除了外伸距加大以外,其他技术参数也相应提高。上海振华港机公司(ZPMC)为美国奥克兰港生产的外伸距达65m,吊具下起重量达65t的特大型岸桥,其生产率可达每小时50～60 TEU。

(2) 多用途桥式起重机。多用途桥式起重机又称多用途装卸桥,配备专业的吊具和属具。它既可以装卸集装箱,又可以装卸重件、成组物品及其他货物,适用于中小港口的多用途码头。

(3) 多用途门座起重机。多用途门座起重机适用于在多用途码头进行集装箱和杂货的装卸作业,对于年箱量在5万TEU以下的中小港口多用途码头更为适用。

(4) 高架轮胎式起重机。该机型类似于普通的轮胎起重机,机动性较好,可任意行走,配备专用的吊具和属具。适用于集装箱、件杂货装卸作业的多用途码头。有关轮胎式起重机的内容,可参考本书第3章相关内容。

2) 集装箱水平运输机械

集装箱水平运输机械主要有以下几种机型。

(1) 集装箱跨运车。集装箱跨运车(图6.19),是一种专用于集装箱短途水平搬运和堆码的机械。跨运车作业时,以门形车架跨在集装箱上,并由装有集装箱吊具的液压升降系统对集装箱搬运和堆码。该机的特点是机动性好,可一机多用,既可用作水平运输,也可用作堆场堆码、搬运和装卸作业;但集装箱跨运车造价高,使用维护费用高,驾驶视野有待改善,目前在我国港口使用不多。

(2) 集装箱牵引车。集装箱牵引车又称拖头(图6.20),是专门用于牵引集装箱挂车的运输车辆。其本身不能装载集装箱,通过连接器和挂车相连,牵引其运行,达到水平搬运作业的目的,是一种广泛使用的集装箱水平运输设备。

图6.19 集装箱跨运车

图6.20 集装箱牵引车

(3) 自动导向车。自动导向车(AGV)是一种以电池为动力,装有非触导向装置、独立寻址系统的无人驾驶自动运输车。AGV目前在欧洲国家的一些现代化集装箱大港得到应用,与大型岸边集装箱起重机一起构成了新型高效的集装箱搬运系统。

3) 集装箱堆场作业机械

集装箱堆场作业机械有以下几种机型。

(1) 轨道式集装箱门式起重机(RMG)，又称轨道式集装箱龙门起重机(图6.21)，它是集装箱码头堆场进行装卸、搬运和堆码的专用机械。其在固定的钢轨上行走，可跨多列集装箱及跨一个车道，因而其堆存能力大，堆场面积利用率高。由于其在固定轨道上行驶，适用于吞吐量大、前沿港域不足，而后方堆场较大的码头。

(2) 轮胎式集装箱门式起重机，又称轮胎式集装箱龙门起重机(RTG)(图6.22)，它是使用广泛的集装箱堆场作业机械。由于采用轮胎式运行机构，没有专用的固定轨道，具有机动灵活的特点，可以从一个堆场转移到另外一个堆场，堆高3~4层或更多层的集装箱，提高了堆场面积的利用率，适用于吞吐量较大的集装箱码头。

(3) 集装箱叉车。在堆场按用途不同分类，通常用于重箱作业的称为重载叉车，用于空箱作业的称作堆高叉车，如图6.23所示。为了方便装卸集装箱，通常配有标准货叉及顶部或侧面起吊的专用属具，或集装箱专用吊具。集装箱叉车机动灵活，可一机多用，既可用作水平运输，又可用作堆场堆码、装卸搬运、拆装箱作业。造价低，使用维修方便，特别适合于空箱作业，一般在吞吐量不大的多用途码头使用。

图6.21 轨道式集装箱龙门起重机

图6.22 轮胎式集装箱龙门起重机

(4) 集装箱正面吊运起重机如图6.24所示，其特点是有可伸缩的臂架和左右旋转120°的吊具，便于在堆场做吊装和搬运；臂架不可做俯仰运动，可加装吊钩来吊装重件。该机机动性强，可以一机多用，既可吊装作业，又可短距离搬运，其起升高度一般可达4层箱高，且稳定性好，是一种适应性强的堆场装卸搬运机械，适用于集装箱吞吐量不大的集装箱码头。

【相关案例】

图6.23 集装箱叉车

图6.24 集装箱正面吊运起重机

6.3.3 集装箱装卸作业方式

在集装箱码头上由岸桥和跨运车、轮胎式集装箱龙门起重机、轨道式集装箱龙门起重机、底盘车和叉车等水平搬运机械可组成不同的装卸工艺方案，按集装箱船舶在港口的装卸作业方式分为"吊上吊下"和"滚上滚下"两类。

1. "吊上吊下"方式

"吊上吊下"作业是指采用在码头上的起重机或船上的起重设备来进行集装箱的装卸船作业。吊上吊下方式也称为"垂直作业方式"。吊上吊下方式是当前用得最为广泛的一种方式。其装卸运输系统视岸边与后方堆场之间采用的搬运设备不同又可分为底盘车(挂车)方式、跨运车方式、叉车方式、轮胎门式起重机方式、轨道门式起重机方式和混合方式。

1) 底盘车装卸工艺方案

底盘车装卸工艺方案首先为美国海陆航运公司所采用，故又称为海陆方式，如图 6.25 所示。其工艺流程为：卸船时，集装箱装卸桥将船上卸下的集装箱直接装在挂车上，然后由牵引车拉至堆场按顺序存放，存放期间，集装箱与挂车不脱离；装船的过程相反，用牵车将堆场上装有集装箱的挂车拖至码头前沿，再由集装箱装卸桥将集装箱装到集装箱船上。

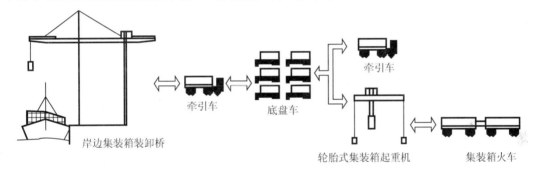

图 6.25 底盘车装卸工艺

这种方式在堆场不需要其他辅助装卸机械，把水平搬运与堆场堆码作业合二为一，最适合"门到门"运输。但这种方式要求有较大的堆场，所需拖挂车数量多，投资大。在运量高峰期间，由于集装箱不能直接堆码，很可能会出现拖挂车不足，而造成作业间断。由于不能重叠堆放，其场地面积利用率很低。面对越来越大的堆场空间压力，该工艺基本退出了历史舞台。

2) 跨运车工艺方案

跨运车是一种搬运、堆垛、换装等功能的集装箱专用机械。跨运车在集装箱码头的主要任务是：①集装箱装卸桥与前方堆场之间的装卸与搬运；②前方堆场与后方堆场之间的装卸和搬运；③对底盘车进行换装；④后方堆场与货运站之间的装卸和搬运。

该工艺流程为：卸船时，用码头上集装箱装卸桥将船上集装箱卸至码头前沿的场地上，然后由跨运车运至堆场进行堆垛或给拖挂车装车；装船时，用跨运车拆垛并将集装箱运至码头前沿，再由码头前沿的集装箱装卸桥装船。

跨运车系统的主要优点是：跨运车一机可以完成多项作业，减少机械配备，利于现场生产组织管理；跨运车机动灵活，作业中箱角对位快，可充分发挥岸桥的效率；既可搬运又可堆码，减少作业环节，作业效率高；相对底盘车系统，由于跨运车可堆码2~3个箱高，堆场利用较好。该系统的主要缺点是：机械结构复杂，液压部件多，且易损坏漏油，维护工作量大且技术要求高；视野差，故障率比较高，一般达34%~40%，不能用于装卸铁路车辆；初始投资大，堆场建造费用高。

3) 集装箱叉车工艺方案

集装箱叉车是集装箱码头上常用的一种装卸机械，主要用于对吞吐量不大的综合性码头进行集装箱的装卸、堆码、短距离搬运和车辆的装卸作业，是一种多功能机械。一般码头前沿利用船机或门机进行装卸，码头前沿和堆场上的作业都用叉车。叉车除了进行场地堆垛作业和短距离的搬运作业外，还可用它来进行装卸车辆作业。叉车作业要求比较宽敞的通道和场地，因此场地面积利用率比较低。叉车系统主要适用于年吞吐量3万标准箱以下的小型码头，在较大的集装箱码头，叉车只作为货运站摆重箱、回空箱作业，或在堆场装卸车。

4) 轮胎式龙门起重机工艺方案

该工艺流程为：卸船时，集装箱装卸桥将船上卸下的集装箱装在拖挂车上，运至堆场，再用轮胎龙门起重机进行卸车和码垛作业；装船时，在堆场由轮胎式龙门起重机将集装箱装上拖挂车，运往码头前沿，等待装卸桥装船。该方案的特点是集装箱拖挂车只做水平运输，轮胎式集装箱龙门起重机担任堆拆垛作业，从而将集装箱拖挂车快速疏运和轮胎式集装箱龙门起重机堆码层数较多的特点结合起来，达到提高集装箱码头装卸效率的目的。

轮胎式集装箱龙门起重机装卸工艺方案的优点是装卸效率高，可进行大面积连续堆码作业；机械利用率高；机械维修量少，维修费用低，可节省投资和定员；跨距大，堆层高，堆场空间利用率高，易于实现自动控制和堆场装卸作业自动化。轮胎式集装箱龙门起重机的主要缺点是：由于搬运需要与集装箱拖挂车联合作业，因此，使用的机械数量多，初次投资较大；由于轮胎式集装箱龙门起重机的轮压较大，对码头的承载能力需求就高，特别是行走车道需要进行加固，因而码头的土建投资较大。

5) 轨道式龙门起重机工艺方案

该工艺流程包括两种类型。一种是卸船时用集装箱装卸桥将集装箱从船上卸到码头前沿的集装箱拖挂车上，然后拖到堆场，采用轨道式集装箱龙门起重机进行堆码；装船时相反，在堆场上用轨道式集装箱龙门起重机将集装箱装到集装箱拖挂车上，然后拖到码头前沿，用装卸桥把集装箱装船。另一种则是在船与堆场之间不使用水平搬运机械，而是由集装箱装卸桥与轨道式集装箱龙门起重机直接转运。轨道式集装箱龙门起重机将悬臂伸至集装箱装卸桥的内伸距的下方，接力式地将集装箱转送至堆场或进行铁路装卸。

轨道式龙门起重机一般比轮胎式龙门起重机大，堆垛层数多(一般可堆放5~6层集装箱)，可以充分利用堆场面积、提高堆场的堆存能力。并且由于结构简单、操作和维修都比较方便而更易实现单机自动化控制，是自动化集装箱码头比较理想的一种机械。

对于大型或较大型专用集装箱码头，码头前沿机械多采用岸边集装箱起重机，水平运输机械采用集卡(底盘车或拖挂车)或全自动的自动导引车。集装箱通过水平运输到堆场后，用轮胎式龙门起重机或轨道式龙门起重机进行装卸和堆码(拆垛)，也有采用跨运车进行水平运输和堆垛。集装箱叉车则用来对空箱进行堆码和拆垛。对于一些中小港口或非专用集装箱码头，前沿装卸机械多采用多用途门式起重机，以适应码头的多货种装卸，堆场机械则采用集装箱叉车或正面吊运机。

集装箱堆场各种作业方式比较见表6-4。

表6-4 集装箱堆场各种作业方式比较

设 备	优 点	缺 点
底盘车	机动性强，进出场效率高，无须装卸，适用于滚装船作业	单层堆放，堆场利用率降低
跨运车	适用于水平搬运和堆存作业，灵活性强，翻箱率低，单机造价低，工艺系统简单	故障率高，维修量大，堆层少，使堆场利用率降低，对司机操作要求高
叉 车	适用于短距离水平搬运和堆存作业，灵活性强，翻箱率低，单机造价低	一般只适用于小型箱的搬运，堆层少，并留有较宽的通道，使堆场利用率降低
轮胎龙门吊	可堆3～4层，堆场利用率较高。可靠性较强，比轨道式使用灵活，是目前主流设备	翻箱率较高，只限于堆场使用，堆场建设投资大，作业效率比跨运车低
轨道龙门吊	可堆4～5层，堆场利用率高，可靠性强，堆存容量大，可同时进行铁路线装卸	翻箱率较高，只限于轨道运行，堆场建设投资大
正面吊	堆存高度高，堆场箱位利用率高，使用灵活，单机造价低，可进行水平搬运	留有较宽通道，使堆场用于堆箱的面积减少

2. "滚上滚下"方式

"滚上滚下"方式也称为"水平作业方式"，采用牵引车拖带挂车(底盘车)或叉车等流动搬运机械，往滚装船里装入集装箱，或卸出集装箱。"滚上滚下"是采用滚装船运输集装箱时的码头装卸作业方式。滚装作业是将集装箱放在半挂车上，由牵引车通过跳板牵引进入船舱进行运输，也可由叉车将集装箱从车上卸下堆码，以提高装箱率。由船上卸下的集装箱则牵引到堆场堆码。这种装卸船过程，也可用叉车直接经跳板上下船进行装卸。为了提高滚装船的载重利用系数，也可采用滚装专用牵引车和挂车系统。

近几年来，世界各国开始发展滚装运输，采用专门的滚装船，用于国内沿海、大陆与岛屿、近邻国家之间，运输各种车辆、载货(集装箱或其他货物)挂车以及可以用叉车进入船舱进行装卸的集装箱和托盘货物。对于近距离航线，采用滚装运输可以大大缩短船舶在港口装卸货物的时间，从而减少船舶在港停泊时间，提高船舶运输效率。对于单航程在一个星期以内的航线，采用滚装运输最为合理。

采用滚上滚下方式，比吊上吊下方式装卸集装箱，其装卸速度要快34%左右；无须在港口装备价格昂贵的大型专用机械设备；装卸费用低；有利于组织集装箱"门到门"运输，减少集装箱在港口的装卸环节，降低集装箱的破损率。但滚装集装箱船的造价比吊上吊下集装箱船约高14%；其载重利用系数仅为吊上吊下集装箱船的50%；每一载重吨的运费比吊上吊下集装箱船要高；滚装集装箱码头所需要的货场面积比一般吊上吊下集装箱码头要大。采用滚装船运输的优点是码头设备简单，装卸费用低，装卸速度快，有利于采用"门到门"运输。缺点是滚装码头所需的堆场面积比吊装码头要大，滚装船的造价和营运费用高，载重利用系数低，所以采用范围有限。

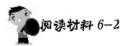

2015 年全球前 5 名集装箱港口排名

排　　名	港　　口	2015 年/(万 TEU)	2014 年/(万 TEU)	增长/(%)
1	上　海	3 650.00	3 540.00	3.30
2	新加坡	3 090.00	3 358.83	-8.7
3	深　圳	2 421.00	2 396.79	1.00
4	宁波舟山	2 062.00	1 938.28	6.0
5	中国香港	2 014.00	2 202.00	-9.5

6.4　集装箱自动识别和智能检查系统

6.4.1　集装箱自动识别系统

为了增加市场竞争实力，提高运输效率和服务质量，实现集装箱运输的现代化，20 世纪 80 年代末，一些发达国家研制出了技术先进的集装箱自动识别系统，随后经过技术的不断完善，国际已有大量的集装箱自动识别系统投入使用。

下面介绍采用"微波反射调制"技术的集装箱自动识别系统，该系统具有数据交换准确、快捷、抗干扰能力强的特性。

1. 集装箱自动识别系统的构成及工作原理

集装箱自动识别系统主要由标签、地面识别设备和中央处理设备组成。其中，标签安装在被识别的集装箱上；地面识别设备主要由天线、RF 射频装置和读出计算机组成，分别安装在铁路出(入)口、公路出(入)口以及起重机、叉车和机动清点车上。集装箱无论是从轮船、火车、汽车上到达或发出货场时，各识别设备均能对该集装箱进行自动识别，并将识别信息与 EDT 系统联网，从而实现集装箱的动态跟踪和管理，提高集装箱的运输效率。

该系统的工作原理是：标签在接受地面读出设备发出的载波信号后，被查询信号激活，在 4ms 内进入工作状态，将标签内编好的识别信息反射回地面读出设备，被读出设备读出。其载波频率在 902～928 MHz、2 400～2 500 MHz 两个频段范围之内。RF 射频装置是微波产生、发射和接收的设备。它产生的载波信号经过功率放大器放大，通过天线发射出去，同时接收由标签反射回来的信号，经射频接收器进行收发分离，然后进入检波解调，再通过前置放大器放大，送至读出计算机进行处理。

RF 射频装置主要由射频振荡器、功率放大器、射频接收器、检波解调器及前置放大器等部分组成，它是在计算机控制下自动进行工作的，当集装箱接近天线时，读出计算机控制 RF 射频装置开始工作；当集装箱离开后，读出计算机则控制 RF 射频装置停止工作，使该系统对外界空间干扰降到最小，如图 6.26 所示。

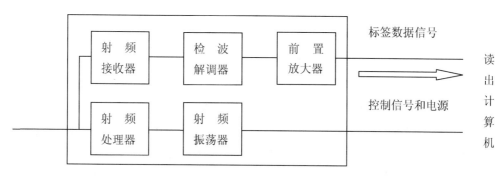

图 6.26　射频装置原理

2. 集装箱自动识别系统构成及特点

1) 标签的构成

标签是系统的关键部件，由微波天线、反射调制器、编码器、微处理器和内存器等构成，如图 6.27 所示。存储器中存有被识别集装箱的有关技术参数和识别信息，标签为有源的。

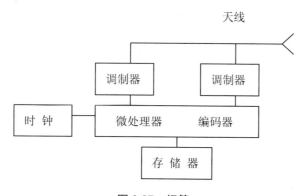

图 6.27　标签

2) 标签的特点

(1) 电池供电。标签电路由一个锂电池供电，电池连续工作时间为 12 年，电池寿命不受标签被读次数和其他信源射频的影响。

(2) 传输距离远。标签电池供电提高了标签的响应率，扩大了读取的距离，最大距离可达 73m。

(3) 符合标准化。标签符合国际标准化集装箱技术委员会集装箱自动识别标准及美国铁路协会(AAR)等设备自动识别标准。

(4) 在现场和工厂可编程。标签存储器的容量有 120b，可根据现场的需要，在现场或工厂使用标签编程器进行编程。

(5) 标签编码安全可靠。标签能用某一顾客或使用单位的特殊安全信息码来编码，安全编码是防止不合法使用标签的一种有效方法。

(6) 适应能力强。标签可适应风、雪、雾、酷热、严寒、震动、冲击、电磁干扰等恶劣环境。

6.4.2 集装箱智能检查系统

随着港口货运业的迅猛发展，集装箱货运已成为当今世界货物运输的重要手段和发展方向，与之配套使用的集装箱检查系统便成为一种安全、快捷的现代化检验工具。这种检查系统主要应用于海关口岸，起着非同寻常的作用。

集装箱检查系统总工艺流程包括 3 部分：录入、查验、放行。经海关人员挑选出的被检车辆开进检查系统入口，停在录入室；递交货物报关单，车辆称重，之后在工作人员的指导下开上拖动系统台车，停在指定位置；台车两端的挡板升起，司机在将手刹拉起后下车，经由司机专用通道去放行室。主控室操作人员确认系统准备好后发出开始运行指令，检查通道大门打开，台车进入检查通道后停车，在通道大门关闭后，台车重新启动通过射线检查通道，在通道出口处台车停下，通道出口处大门打开，台车从检查通道中开出，司机将车开到指定位置等候检查结果通知。在被检集装箱通过 X 射线源的同时，货物装箱单经录入室操作员电子扫描并在检查分析员面前的显示器上显示，货物清单可以同 X 射线图像进行对比，从而确定在集装箱内是否存在可疑的货物。因此，只有集装箱被确认有可疑物品，才需要到复检处手工开箱检查，这个过程用时不超过 2.5min 就能完成。

深圳皇岗海关引进的集装箱检查系统在反走私的斗争中发挥了重要作用，自投入运行至今已查获价值 2.5 亿人民币的走私货物。

2001 年，清华同方核技术股份有限公司研制的"同方威视"集装箱检查系统出口到澳大利亚海关总署。同方在国际首创的组合移动式检查系统，集合了固定系统和车载移动式系统的优点，既保证了快速检查和图像清晰，又可满足海关根据集装箱货物流量的变化而重新布置检查地点的需要。

案例 6-1

青岛港前湾集装箱码头

2003 年 7 月 21 日，青岛与世界 3 大航运巨头签署合资协议，将共同出资 8.87 亿美元把青岛前湾码头建成年吞吐能力超过 650 万标准箱的中国最大的集装箱码头。青岛港(集团)有限公司、中远码头(前湾)有限公司、丹麦马士基集团和英国铁行集团共同签署了关于组建青岛前湾集装箱码头有限责任公司的合资合同，新公司将成为世界上最大的集装箱码头企业之一。图 6.28 所示为青岛港前湾码头整体平面结构。

前湾集装箱码头技术参数及设备配置情况如下。

(1) 前湾码头技术参数：①堆场面积 225 公顷；②泊位长度 2 400m；③集装箱泊位 3 个；④航道水深-15m；⑤冷藏箱插头 3 000 余个；⑥泊位实际最大水深-17m，设计最大水深-17.5m。

(2) 码头机械及配套设施：①超巴拿马型集装箱桥吊 24 座；②轮胎吊 77 座；③集装箱拖车 78 辆；④重箱叉车 14 台；⑤正面吊 1 台；⑥空箱叉车 11 台；⑦小叉车 18 台；⑧吊车 2 台。

根据本案例所提供的资料，试分析：该集装箱码头装卸搬运设备有哪些？

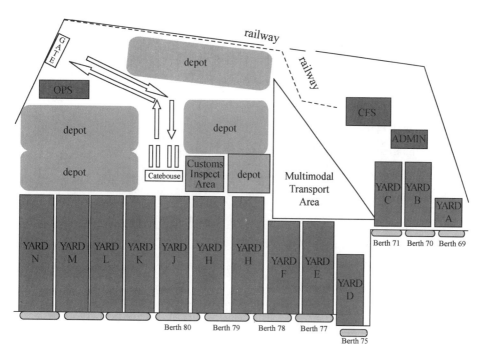

图 6.28 青岛港前湾码头整体平面结构

本 章 小 结

集装单元化是物流现代化的标志，集装最大的特点就是将原来分离的物流各环节有效地联合为一个整体，形成了以其为核心的集装系统，促进了整个物流系统的合理化。在目前的集装工具中，应用最为广泛的是集装箱和托盘。集装箱的标准化，促进了国际集装箱多式联运的发展。

集装箱物流是港口物流的重要组成部分，集装箱装卸搬运设备经过几十年的发展，形成了一套完整的系统。集装箱船通过码头前沿的装卸机械(如岸边集装箱起重机)，将集装箱吊进吊出进行装船和卸船作业；水平运输机械完成码头前沿、堆场和装拆箱库之间的水平运输任务；堆场机械则用来完成集装箱的堆码和拆垛。集装箱装卸运输系统按集装箱船舶在港口的装卸作业方式分为"吊上吊下"和"滚上滚下"两类。

最后，集装箱自动识别系统的出现，为提高运输效率和服务质量，实现集装箱运输的现代化提供了技术支持。本章对其工作原理及构成作了简要介绍。

关键术语

集装单元化(Container Unitization)　　　　集装箱(Container)
集装箱码头(Container Terminal)　　　　　标准箱(Twenty-foot Equivalent Unit，TEU)
集装箱货运站(Container Freight Station，CFS)

习　题

1. 填空题

(1) 集装单元化器由_____和_____两大类组成。

(2) 集装箱的箱主代号和顺序号为 ABZU 123456，其核对数字为_____。

(3) 集装箱按运输方式分为_____、_____、_____和_____。

2. 简答题

(1) 集装单元化的基本概念、基本类型和主要特点分别是什么？

(2) 说明集装箱的种类、特点及基本构造。

(3) 集装箱吊具有哪几种类型，各有什么特点？

(4) 简述集装箱装卸搬运设备类型。

(5) 集装箱岸边起重机有哪些主要技术参数？

(6) 什么是集装箱吊上吊下装卸法？

第 7 章　包装技术装备

【教学目标】

- ➢ 了解包装的概念、功能及常见的包装技术
- ➢ 掌握包装机械的类别、特点及发展趋势
- ➢ 掌握常见的包装机械应用场合、构造和工作原理

> 商品包装在现代市场营销活动中的地位和作用越来越受到重视。在市场营销学界，有的学者把包装(Package)称为与市场营销4P组合平行的第5个P；在市场营销实践中，企业利用包装把成千上万的商品装扮得五彩缤纷，魅力无穷。世界上最大的化学品公司——杜邦公司的营销人员经过周密的市场调查后，发明了著名的杜邦定律：63%的消费者是根据商品的包装和装潢进行购买决策的；到超级市场购物的家庭主妇，由于受精美包装和装潢的吸引，所购物品通常超过她们出门时打算购买数量的45%。可以看出，包装是商品的脸面和衣着，它作为商品的"第一印象"进入消费者的眼帘，左右着消费者购买与否的心理天平。
>
> 思考题：包装有哪些作用？
>
> 编者注：市场营销组合观念中，4P 分别是产品(Product)、价格(Price)、渠道(Place)、促销(Promotion)。

包装在整个物流活动中具有特殊的地位，在社会再生产过程中，包装处于生产过程的末尾和物流过程的开头，既是生产的终点，又是物流的始点。包装是物流活动的基础，没有包装几乎不可能实现物流的其他活动。包装机械的作用是给有关行业提供必要的技术设备，以完成所要求的产品包装工艺过程，包装机械是集机、电、气、光、声、磁为一体的机电产品。近年来，世界包装机械强国加大技术开发力度，使智能化、高效化高新产品不断涌现。

7.1 概　　述

包装是产品进入流通领域的必要条件，是满足物资运输、保管、储存等活动的必然要求，为保证产品完好地运送到消费者手中，大多数产品都需要不同方式、不同程度的包装。而实现包装的主要手段是采用包装机械。包装机械是指完成全部或部分包装过程的一类机器。运用高效率的包装机械，可以实现自动化和提高作业效率。随着时代的发展和技术的进步，包装机械在流通领域中正起着越来越大的作用。

7.1.1 包装的定义

我国的国家标准 GB/T 4122.1—2008《包装术语基础》中对包装的定义是：包装是指为在流通过程中保护产品、方便储运、促进销售，按一定技术方法而采用的容器、材料及辅助材料等的总体名称。也指为了达到上述目的而采用容器、材料和辅助材料的过程中施加一定技术方法等的操作活动。包装是包装物及包装操作的总称。

7.1.2 包装的种类

1. 按包装的形式不同分类

现代产品品种繁多，性能和用途千差万别，因而对包装的要求也各不相同。包装形式可采用以下分类方法。

(1) 按产品经营方式不同分类：有内销产品包装、出口产品包装和特殊产品(如军用品、珍贵文物、工艺美术品等)包装。

(2) 按包装在流通过程中的作用不同分类：有单件包装、中包装和外包装等。
(3) 按包装制品材料不同分类：有纸制品包装、塑料制品包装、金属制品包装、竹木器包装、玻璃容器包装和复合材料包装等。
(4) 按包装使用次数不同分类：有一次用包装、多次用包装和周转包装等。
(5) 按包装容器(或制品)的软硬程度不同分类：有硬包装、半包装和软包装等。
(6) 按产品种类不同分类：有食品包装、药品包装、机电产品设备(或仪器)包装、危险品包装。
(7) 按功能不同分类：有运输包装、储藏包装和销售包装等。
(8) 按包装技术不同分类：有防震包装、防湿包装、防锈包装、防霉包装等。

2. 按包装的作用不同分类

随着经济全球化的持续发展和科技水平的不断提高，物流已成为我国重要的产业和国民经济新的增长点。按包装在物流过程中的作用，包装大致可以分为销售包装和运输包装两类。

1) 销售包装

销售包装又称商业包装或消费者包装，主要是根据商业零售业的需要，作为商品的一部分或为方便携带所做的包装。销售包装主要起美化、识别和促销作用，以利于商品的流通和销售。

2) 运输包装

运输包装又称工业包装，是以运输、保管为主要目的的包装。运输包装的主要作用是对流通产品在运输、搬运和保管过程起保护、定量的作用，便于产品的装卸、运输和储存，提高作业效率。

在有些情况下，产品的销售包装同时又是运输包装。例如家电品的外包装兼有销售包装和运输包装两方面的作用。

而在物流活动的不同环节中，包装又具体表现为托盘包装、单体包装、集合包装等形式。托盘包装是以托盘为承载物，将包装件或产品堆码在托盘上，通过捆扎、裹包或胶粘等方法加以固定，形成一个搬运单元，以便于采用机械设备搬运的包装。集合包装在商品销售和物品运输两类环节中具有不同含义。在商品销售环节中，集合包装的主要作用是促销和方便提携。例如：瓶装饮料集合成 4 瓶为一销售单元、听装食品集合成 6 听为一销售单元等；而在物品运输过程中，集合包装是将一定数量的包装件或产品，装入具有一定规格、强度、符合长期周转使用要求的大型包装容器内，形成一个合适搬运单元的包装技术。它可以包括集装箱、集装托盘、集装袋、框架集装和无托盘集装等多种形式。

7.1.3 包装的功能

在现代流通过程中，包装正以规模化、快度化和环保化为竞争优势，正在朝着尺寸标准化、作业机械化、成本低廉化、单位大型化、材料资源节省化、系统生态化等方向不断发展。所以，与物流关系密切的包装主要功能包括兼具环保责任的保护功能、便利功能和标志功能。

1) 保护商品

保护商品是包装最重要的功能。产品从离开生产厂家到销售网点，往往要经过一定的时间和路程，而要保证所有的商品状态良好地到达消费者手中，通常包装要防止机械损伤和丢失，防止物理变化(如挥发、溶化、熔化等)和化学变化(如化合、分解、氧化和锈蚀等)，还要防止生理生化变化(如腐蚀变质、发芽和胚胎发育等)。包装对商品的保护功能一直到商品开始使用或者消费完毕之前应该都是有效的。

2) 方便储运

包装为装卸、运输、储藏、销售和消费提供了方便。产品从生产环节到消费者手中要经过多次装卸、运输、储藏，因此包装的尺寸、重量、形态都必须为装卸、运输、储藏提供方便。同时，还必须做到容易识别，陈列简单，橱窗效果好，销售、使用与携带都十分方便等。

3) 促销功能

形象鲜明的包装有利于促进商品的销售。在商品交易中促进物品销售的手段很多，其中包装的装潢设计占有重要地位，精美的包装能唤起人们的购买欲望。包装的外部形态是商品很好的宣传品，对客户的购买有刺激作用，并创造商品形象，具有广告效力，唤起购买欲望，起到促销的作用。

7.2 包 装 技 术

在商品运输和仓储过程中，包装属于为保证内装物价值和形态而从事的物流活动，通过包装可以改变流通物品的形状和性质，包装的优劣将直接导致运输、装卸、仓储各个环节效益的高低。先进适度的包装形式与工艺，无疑是优化物流系统的重要技术支持。

7.2.1 常用的包装材料

(1) 纸质包装。纸是传统的包装材料。造纸的原材料来自植物纤维，如木材、芦苇、稻草等，资源比较丰富。纸质包装具有质地轻、易加工、成本低、易回收处理的特点，广泛地应用于现代包装工业。

(2) 木材包装。木材包装是指以木板、胶合板、纤维板为材料制成的包装，主要有各种木质托盘、木质包装箱等。由于木材资源有限，应尽量少用木材作为包装材料，推广应用蜂窝纸板、纸浆模塑和植物纤维等绿色包装材料和制品，替代木质托盘、木质包装箱等木材包装。

(3) 塑料包装。塑料是目前使用广泛的一种包装材料，具有气密性好、易于成型、防潮、防渗漏、耐酸碱腐蚀等优点。主要的塑料品种有聚乙烯(PE)、聚氯乙烯(PVC)、聚丙烯(PP)、聚偏二氯乙烯(PVC)、聚苯乙烯(P5)等，广泛应用于食品、医药、日化、农副产品、建材、仪表和家电等产品的包装。为了适应新时代的要求，塑料包装材料除要求能满足市场包装质量、效益等日益提高的要求外，还要求其节省能源、节省资源，用后易回收利用或易被环境降解。为此，塑料包装材料正向高机能、多功能、环保、及采用新型原材料、新工艺、新设备，拓宽应用领域等方面发展。

(4) 金属包装。金属材料在产品包装材料中占有一定地位，广泛应用于食品、碳酸饮料、气雾剂、油脂等产品的包装。常用的金属包装材料有马口铁、铝等，均可回收再加工。马口铁的价格较铝便宜，强度高，但容易生锈；铝质轻，对涂料的附着力强，保护性能好。

7.2.2 常用的包装技术

包装技术随着包装材料和包装机械的进步而不断发展，且用于不同领域包装的专业化程度也在不断提高。目前用于物流系统的典型包装技术方法可以划分为两大类，一类主要面向运输仓储物流而展开，其主要方法涉及固定、缓冲、防潮、防锈、防霉等包装技术；另一类主要面向商业物流而展开，其主要方法涉及收缩、拉伸、真空、充气、吸氧、防虫、灭菌等包装技术。前者研究重点在于能够以最低的物资消耗和人工成本来保证内装产品被安全地送达用户手中，而后者是使内装产品与包装制品共同形成一个销售单元。下面重点介绍面向运输仓储物流而展开的包装方法。

1. 防震包装技术

防震包装技术是为了防止在产品装卸、运输过程中的震动、冲击而造成损伤所采用的包装技术。通常采用在被包装产品和外包装之间插入各种吸震材料，主要有泡沫塑料、气泡塑料薄膜等。

(1) 全面防震包装。全面防震包装如图 7.1 所示，即于内装物和外包装之间全部采用缓冲材料填满，以达到防震目的的包装方法。所用包装材料主要有聚苯乙烯泡沫塑料、纸浆模制品、现场发泡材料和其他一些丝状、薄片状、粒状缓冲材料等。

(2) 部分防震包装。部分防震包装即对于整体性好或没有内包装容器的内装物，仅在内装物或内包装的拐角部位或局部地方采用缓冲材料进行衬垫即可，如图 7.2 所示。所用包装材料主要有泡沫塑料防振垫、充气型塑料薄膜防震垫和橡胶弹簧等。

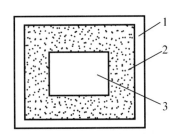

图 7.1　全面缓冲防震包装示意图

1—外包装；2—缓冲材料；3—产品

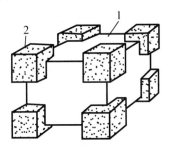

图 7.2　拐角衬包装示意图

1—内装物；2—拐角衬垫

(3) 悬浮式防震包装。对于某些贵重易坏的物品，为了有效地保证其在流通过程中不被破坏，选用刚性、强度较大的容器做外包装，然后用绳、带、弹簧等材料将内装物稳定地悬吊在包装容器内部，并保证在任何作业环节内装物不能与包装容器发生碰撞。这种包装即为悬浮式防震包装方法，如图 7.3 所示。

2. 防潮及防水包装技术

防潮包装技术是为防止空气中的水蒸气造成产

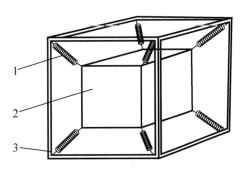

图 7.3　悬浮式防震包装示意图

1—弹簧；2—内装物；3—包装容器

品发生变质、凝结、潮解、锈蚀和霉变所采用的包装技术;防水包装技术是防止包装中的产品受雨水或海水的侵蚀所采用的包装技术。常用的防潮、防水材料主要有各种经过防湿处理的纸系材料、塑料以及铝箔等。

适度的防潮包装方法要根据内装物的物性和形态、物流环境的气候条件、物流周期的长短来确定。国家标准(GB/T 5048—1999)对防潮包装做出分级,见表 7-1。

表 7-1 防潮包装等级与储运条件

等级	包装储运条件		
	储运期限	气候类型	内装物性质
1 级	1 年以上 2 年以下	A	贵重、精密、对湿度敏感、易生锈、易发霉的产品
2 级	半年以上 1 年以下	B	较贵重、较精密、对湿度敏感的产品
3 级	半年以下	C	对湿度不甚敏感的产品

3. 防霉包装技术

防霉包装技术是在流通过程中,为了防止霉变侵蚀包装及内装物品而采取的一种包装技术。常用的防霉包装材料主要有各种金属材料和钙塑等非金属材料;还有采用五氯酚钠、水杨苯胺等药剂防霉;还有将氮气或二氧化碳等气体充入密封包装防霉;此外还有在包装内采用硅胶等干燥剂防霉。

4. 防锈包装技术

防锈包装技术是为防止金属材料及其制品在储运过程中产生锈蚀的包装技术。金属防锈的主要方法是涂防锈油(剂)进行"油封",或用防潮隔断材料覆盖,内置干燥剂进行密封包装。

5. 防虫及防鼠包装技术

防虫及防鼠包装技术是为防止包装内的物品被虫、鼠所损害而采用的包装技术。主要是采用各种杀虫剂处理过的防虫包装材料防虫害,采用涂布或混入福美锌的纸、塑料薄膜等包装材料防鼠害。值得注意的是,在使用药剂处理过的包装材料时,应避免直接接触包装内的物品。

6. 危险品包装方法

危险品有上千种,按其危险性质,交通运输及公安消防部门规定分为 10 大类,即爆炸性物品、氧化剂、压缩气体和液化气体、自燃物品、遇水燃烧物品、易燃液体、易燃固体、毒害品、腐蚀性物品、放射性物品。有些物品同时具有两种以上危险性能,对于这些危险品的物流过程,要分别采用特殊包装技术方法以防护,如防毒包装、防蚀包装、防燃、防爆包装等。

7.3 现代化包装

包装现代化是指在产品的包装设计、制造、印刷、信息传递等各个环节上,采用先进、适用的技术和管理方法，以最低的包装费用，使物资产品经过包装顺利地进入消费领域。要实现包装的现代化，就需要大力发展现代化的包装产品，加快开发现代化的包装机械设备和推广普及先进的包装技术，加快新型包装材料的研制和生产。

7.3.1 包装现代化的趋势

现代物流是商品的包装、装卸、保管、库存管理、流通加工、运输、配送等诸多活动有机结合，形成完整的供应链，为用户提供多种功能一体化的综合性服务。包装作为现代物流中一个重要组成部分，面对物流工程的迅速发展，包装现代化趋势也表现为以下几个方面。

(1) 包装智能化。物流信息化发展和管理的一个基础条件就是包装的智能化，因为在物流活动过程中，信息的传递大部分是依靠包装完成的。也就是说，如果包装上信息量不足或错误，将会直接影响物流管理中各种活动的进行。随着物流信息化程度提高，包装上除了表明内装物的数量、重量、品名、生产厂家、保质期及搬运储存所需条件等信息外，还应粘贴商品条形码、流通条码等，以便实现电子数据交换(EDI)。智能化的信息包装是形成物流信息管理的有力媒介。

(2) 包装绿色化。从整个物流过程看，唯有包装这一环节如此依赖于资源和如此影响着人类的生态环境。包装工业要消耗大量的资源，并增加商品的投入，同时包装废弃物又会导致环境污染等。但包装对于产品和物流活动又是必需的，因此研究这种现代包装工业亚效应问题，就成为一个重大课题，即包装绿色化的研究。包装绿色化可从两个方面来考虑：一方面资源的索取应尽量降低短缺和贵重资源的消耗；另一方面包装的废弃物应对环境污染最少或可回收再生成有用材料。基于这样的要求，已提出了诸如管道运输的无垃圾包装、集装运输的活包装、智能材料 ERF 的可重复包装及可降解材料的无污染包装等。

(3) 包装系统化。包装作为物流一个组成部分，必须把包装置于物流系统加以研究。如果只片面强调节约包装材料和包装费用，而不综合考虑其他方面，虽然包装费用降低了，但由于包装质量低，在运输和装卸搬运等物流过程中造成破损。由于物流大系统及其他子系统是相互联系、相互制约的，所以只有把作为物流基础的包装子系统与它们紧密衔接、密切配合，才能为物流大系统的经济效益创造最佳条件。

(4) 包装标准化。包装标准化是对包装类型、规格、材料、结构、造型、标志及包装实验等所做的统一规定及相关的技术政策和技术措施，其中主要包括统一材料、统一规格、统一容量、统一标记和统一封装方法。

(5) 包装方便化。方便功能是包装本身所应具有的，但在物流活动中的配送、流通加工等环节，对包装的方便性提出了更高的要求，即分装、包装的开启和再封合包装，要求简便。

(6) 包装合理化。包装合理化是指在包装材料过程中使用适当的材料和适当的技术，制成与物品相适应的容器，节约包装费用，降低包装成本，既能适应和克服流通过程中的各种障碍，适应市场经济发展而不断优化，取得最优化的社会经济效益，又能充分发挥包装实体功能的包装。在物流活动中，必须谋求包装材料、成本、质量、容器结构等的合理化。缓冲包装的合理化是很重要的，因为它可以保证产品的安全运输，又由于缓冲包装的简化，不但可以减少相应的包装费用，而且还可以有效地利用包装资源。

7.3.2 现代集合包装技术

集合包装是指将若干包装件或商品组合成一起形成一个适合运输的单元，能促使装卸合理化，促使包装合理化：方便运输及保管作业，便于管理，有效利用运输工具和保管场地的空间，大大改善环境。

集合包装主要以集装箱为主，可以将装满货物的托盘和集装容器、集装货捆在一起装进大型的集装箱内，以便搬运、装卸和运输。

托盘包装，是为了有效地装卸、运输、保管，将其按一定的数量组合于一定形状的台面上，这种台面有供叉车从下部插入并将台板托起的插入口。以这种结构为基本结构的台板和各种在这种基本结构基础上所形成的各种形式的集装器具都叫托盘包装。

集装箱包装，是一种用于货物运输、便于用机械装卸的一种集合包装窗口。集装箱是一个大型包装箱，适合多种运输工具使用，具有安全、迅速、简便、节省等优点，是一种较好的运输方式。

7.3.3 包装物的现代化管理

包装物的多次、反复使用，废弃物的处理，已经成为当今世界的重要新兴产业之一。资源的回收利用、梯级利用，以及资源的再循环，是包装领域现代化的重要课题。有效的处理措施有以下几种。

(1) 通用包装。按照通用的标准模数制造用瓦楞纸、纸板、木料、塑料制成的通用外包装箱，这种包装箱通用性强，无论何时何地均可重复使用。

(2) 周转包装。有一定数量规模及固定的供应流通渠道的产品，可采用周转包装。例如，周转包装箱、饮料及啤酒瓶等。其周转方式是：货物的周转包装箱体运至商场或其他用户卸下货物后，再将以前用毕的空包装箱体装车返回。

(3) 梯级利用。一次使用后的包装物，用毕转做他用或用毕进行简单处理后转做他用。有的包装物在设计时就设计成多用途，一次使用完毕，可再发挥其他功能，使资源充分合理地利用。

(4) 再生利用。废弃的包装物经再生处理，转化为其他用途或制成新材料。

7.4 包装机械概述

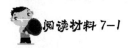
阅读材料 7-1

世界包装机械的需求将以每年4%的速度增长

美国弗里多尼亚集团公司(Freedonia)预测，在未来几年中世界包装机械的需求量将以每年 4%的速度增长，这一趋势将持续到 2008 年。包装机械制造商协会(PMMI)预测，2008 年美国包装机械的销售将增长 7%。Freedonia 公司认为，贴标与打码设备将继续保持其增速最快产品的地位，新涌现出的贴标法规和客户对追踪能力要求的不断提高，将刺激贴标与打码设备的销售。PMMI 认为，医药行业很可能成为在包装设备方面购买量最大的市场领域，紧随其后的是饮料与个人护理行业。包装机械销售持续增长的另一个因素是自动化的升级，不断升级的自动化设备在投资新机械的决策中起到了至关重要的催化作用。

7.4.1 包装机械的概念

包装机械是随着新包装材料的出现和包装技术的不断革新而发展的。中国发明的造纸技术，在历史上为纸包装的产生提供了条件。1850年世界纸价大跌，纸包装开始用于食品。1861年德国建立了世界上第一个包装机械厂。

20世纪60年代以来，新材料逐渐代替传统的包装材料，特别是采用塑料包装材料后，包装机械发生重大变革。受新技术革命的影响，各类先进技术以群体综合应用的方式，促进包装机械设备向着自动化、高效率、智能化的方向发展。

长期以来，包装机械设备被人们狭义地理解为"把若干件内包装商品集中起来加以包装的机械设备"。随着包装水平的提高及包装运输要求的改变，包装设备的使用范围正在不断地扩大，与此同时，包装设备的含义也得到了进一步的完善。

根据国际标准化组织制订的包装机械国际标准(ISO/TC 122/SC4N48E)和我国制定的包装机械有关国家标准(GB/T 4122—2008，GB/T 4122—2010)，包装设备即包装机械，是指完成全部或部分包装过程的一类机器设备。包装过程包括充填、裹包、封口等主要工序及与其相关的前后工序，如清洗、堆码和拆卸等，此外，包装还包括计量或在包装件上盖印等工序。

所谓包装机械，包含两层含义：从狭义上来说，是指在机械化、自动化的批量生产中对产品进行包装的一种机械工具或设备；从广义上讲，包括各种自动化和半自动化的销售包装机械、运输包装机械、包装容器的加工机械、装潢印刷机械和搬运机械等，这些相互联系的机械设备联合组成现代化的包装机械体系。

包装机械的一般工作原理是：按一定的工作方法，将被包装的物品和部分或全部的单元功能包装件进行组装成形，或是为了满足包装要求而进行某种工艺操作，其工作对象是被包装的物品和各种包装材料、包装容器、包装辅助物，其成品通常为具有流通性和商品性的物品。

7.4.2 包装机械的类别和组成

1. 包装机械的类别

包装机械设备的种类很多，根据不同的侧面可进行不同的分类。

包装机械的种类很多，分类方法也很多，主要有以下几种。

(1) 根据包装物和包装材料的供给方式，可以分为全自动包装机械和半自动包装机械。全自动包装机械是由机械自动供给包装物和包装材料，半自动包装机械是由人工供给。

(2) 根据包装物的使用范围，可以分为通用包装机械、专用包装机械和多用包装机械。通用包装机械适用于多种不同类型产品的包装；专用包装机械仅适用于某一种特定产品的包装，具有较高的作业效率和包装质量；多用包装机械可以通过调整或更换机器上的某些部件，以适应多种产品的包装。

(3) 按包装设备功能分类，包装机械可分为灌装机械、充填机械、裹包机械、封口机械、贴标机械、清洗机械、干燥机械、杀菌机械、捆扎机械、集装机械、多功能包装机械设备等。

(4) 按照包装的产品，可以分为食品、药品、工业品、化工产品、建材等包装机械。此外还有根据包装容器、包装大小、包装物形态等对包装机械进行分类。

(5) 按包装目的分类，可分为内包装机和外包装机。

2. 包装机械的基本组成

虽然包装机械的种类很多，结构也很复杂，但其基本结构一般都由以下几部分组成。

(1) 进给机构。进给机构是将包装材料和被包装物品整理、排列，并输送到预定工位的机械装置。

(2) 计量装置。计量装置是对被包装物品进行计量的设备，主要有容积计量、重量计量、数量计量装置等。

(3) 传动机构。传动机构起着传递动力的作用，以驱动包装机械的各执行机构动作，完成各种包装作业。

(4) 执行机构。执行机构是直接完成各种包装操作的机构。

(5) 输送装置。输送装置是将包装材料和被包装物品由一个工位传送至下一个工位的装置。

(6) 动力装置。动力装置是包装机械工作的原动力，通常是采用电动机。

(7) 控制系统。控制系统由各种手动装置和自动装置组成，用以控制其他组成部分的正常运转，是包装机械的核心。

(8) 机身。机身又称机架，是用来安装、固定、支承包装机械的其他部分的基础件，要求机身具有足够的强度、刚度和稳定性。

7.4.3 包装机械的作用

包装机械应用范围很广，涉及食品、医药、化工、邮电、出版、机械、电子、纺织、钢铁、冶金以及军工等各个领域，其中以食品行业应用最多，约占50%。产品包装处于生产过程的末尾和物流过程的开头，既是生产的终点又是物流的开始，而包装机械是使产品包装实现机械化、自动化的根本保证，包装机械在物流过程中起着重要的作用。

(1) 大幅度地提高生产效率。机械包装要比手工包装速度快几倍乃至几十倍。例如，啤酒灌装机的生产效率可高达36 000瓶/小时，这是手工灌装无法比拟的；糖果包装机每分钟可包糖数百块甚至上千块，是手工包糖速度的数十倍。还有不少机械包装是手工所不能实现的。

(2) 改善劳动条件，降低劳动强度。用手工包装体积大、重量大的产品，既耗费体力又不安全；用手工包装轻小产品，由于动作单一且频率高，易造成疲劳；对液体产品，包装时易造成产品外溅；对粉状产品，包装时往往造成粉尘飞扬。采用机械包装使操作者摆脱紧张、繁重、重复的体力劳动，而且改善了工人的劳动条件和环境，避免有毒产品及有刺激性、放射性产品危害工人身体健康。

(3) 减少物料损耗，降低产品成本。在包装液体产品或粉状产品时，由于液体飞溅、粉尘飞扬，不仅污染了环境，且又浪费了原材料，采用机械包装能防止产品的散失，不仅保护了环境，又节约了原材料。

(4) 保护产品卫生，提高产品质量。机械化、自动化包装有效避免人为不稳定因素影响，产品的包装主要由机械本身进行操作、调节及控制，因而使产品质量稳定可靠；机械包装易于实现包装的规格化、标准化；包装速度快，食品和药品在空气中停留时间缩短，减少了污染机会，有利于产品保洁，保证了产品的卫生质量。

7.4.4 未来重点开发的包装机械设备

包装机械业是包装工业的配套行业，在食品和包装机械行业中占有重要的地位。有关专家提出了未来重点开发的 5 大包装机械设备：瓦楞纸板(箱)生产设备、制袋-充填-封口包装机械、纸浆模塑加工设备以及真空包装机械。

1. 瓦楞纸板(箱)生产设备

近 10 年来，国内瓦楞纸箱机械工业发展很快。我国已能生产 A&B、C&E、E&B 等楞形纸板加工设备和 3 层、5 层、7 层瓦楞纸板加工设备，幅宽达 1.6～2.5m，生产线速度已提高到 180m/min，稳速工作时达到 100～120m/min。

瓦楞纸板、纸箱指的是包装盒、大型纸箱、快餐饭盒、一次性纸杯、纸模包装等。除大量的生活日用品采用纸箱包装外，目前，摩托车、自行车也大量采用纸箱包装，日常生活中不可缺少的水果也由柳筐改用纸箱进行包装。据行业内预测，不久，蔬菜也将会大量使用纸箱。

瓦楞纸箱轻便美观，适合大规模机械化生产，回收再利用方便，因此，在传统包装材料上一直占据重要地位。目前，瓦楞纸箱不仅可作为包装物品，更兼有减震、防潮等作用。

专家指出，对于瓦楞纸板箱制造设备的发展，一方面是发展成套设备，重点发展 2 000mm 以上的宽幅生产设备，5 层、7 层、9 层及高强度瓦楞纸板生产设备和压痕、模切、制箱、印刷(包括彩印)成套设备，以及具有防潮、印刷、制箱等多功能的设备，以满足市场需求的发展；另一方面，应拓展计算机技术的应用深度。提高连续完成生产、模切、压痕、印刷、制箱等作业的瓦楞纸板生产线的自动化、智能化控制水平。

2. 制袋-充填-封口包装机械

制袋-充填-封口包装机械的发展趋势为模块式结构、多列、高速、高稳定性、传动机械简单、自适应闭环控制。目前，重点是要发展适用于不同状态物料、不同包装重量的系列产品，解决产品的适应性、配套性以及可靠性问题，并向多功能、自动化、高速度发展，开发高水平粉料自动包装机。要发展电子秤计量，使其成为既可独立用于包装，又可与各种容器成型-充填-封口设备配套的多功能设备。

目前，我国金属包装容器加工机械的生产制造行业已初具规模，可以生产圆形罐电阻焊制罐生产线、异型罐身焊接生产线、易拉盖生产线、钢桶生产线、瓶盖生产线。金属包装容器加工设备的发展是要改进产品性能，加快技术发展，如钢质 3 片罐生产线微机集中控制及变频技术、钢制二片罐成型设备的开发，发展高速焊机，复合罐、异形罐、喷雾罐等各种制罐成套设备以及配套的缩颈、压盖、印字等设备。

3. 纸浆模塑加工设备

我国从 20 世纪 90 年代初开始研究纸餐具、纸浆模塑餐具和可降解塑料的工艺。在我国纸餐具加工设备上，现有加工设备生产企业 30 多家。因为纸餐具成本偏高，比发泡塑料餐盒成本高出近 1 倍，因此推广进程不快。随着国家已经明令限制使用发泡塑料餐具，纸浆模餐具势必替代发泡塑料餐具。

专家认为，纸浆模餐具加工机械应在降低成型加热模具造价、改进加热方式而降低电耗成本、提高生产线产量3方面加强研究。

4. 真空包装机械

我国真空包装机械的生产经过30多年的发展，现已能够生产多种型号、品种比较齐全的真空充气包装机，基本上能满足市场的需要。其中，主要品种有单室、双室、输送带式、插管式、旋转真空室式、热成型、混合气体充气式等，以半自动操作为主，全自动连续式、大真空室及适合液体包装的真空包装机相对较少，应重点发展袋容量较大(1～10kg)的连续式真空包装设备，将多种气体按比例充入袋内的高效换气包装设备、热管热封技术、高真空电磁阀。

7.5 常用的包装机械

7.5.1 充填机械

充填机械是将精确数量的产品充填到各种包装容器中的机械。适用于包装粉状、颗粒状的固态物品。充填机械的基本构成包括供给装置、计量装置和下料装置等。

1. 充填机械的分类

按照计量方式的不同，可以分为容积式充填机、计数式充填机和称重式充填机3种；根据包装产品的物理形态，又可以分为粉料充填机、颗粒物充填机、块状物充填机、膏状物充填机等。计量充填机分类及特点见表7-2。

表7-2 计量充填机分类及特点

类别	工作原理	特点	应用范围
容积式充填机	将产品按预定容量充填到包装容器内	结构简单，设备体积小，计量速度快，计量精度低，造价低	适用于500mL以下的剂量、价格便宜或对计量精度要求不高或物料密度稳定的场合
称重式充填机	将产品按预定质量充填到包装容器内	结构复杂，设备体积较大，计量精度高，计量速度较低	适用于对包装计量精度要求较高的场合
计数式充填机	将产品按预定数量充填到包装容器内	结构较复杂，计量速度高	适用于条(块)状和颗粒状等规则物品的计量

2. 常见的充填机械

1) 容积式充填机

容积式充填机是将精确容积的产品充填到包装容器中的充填机械，适用于干料或膏状料的充填。它具有结构简单、体积较小、计量速度快的特点，但计量精度较低，因此适合于价格比较便宜的产品的包装作业。

容积式充填机可以分为量杯式充填机、螺杆式充填机等多种类型。

(1) 量杯式充填机。

① 量取方式：采用定量的量杯将物料充填到包装容器内。

② 工作过程：图7.4所示为固定式量杯充填机的定量装置，物料经料斗自由落入计量杯内，圆盘口上装有4个量杯和对应的活门底盖，当转盘主轴带动圆盘旋转时，刮板将量杯上面多余的物料刮去。当量杯转到卸料工位时，顶杆推开量杯的活门底盖，量杯中的物料在自重作用下充填到下方的容器中。可调式量杯充填机为定量装置，量杯由上、下两部分组成，通过用手或自动微调，可以改变上、下量杯的相对位置，以实现容积的微调。

③ 特点与应用：工作速度高，计量精度低，结构简单。适用于颗粒较小且均匀的物料，计量范围一般在200mL以下为宜。

假如量杯容量调得不正确，料斗送料太慢或不稳定，料斗的装料面太低，进料管太小，物料转动不畅，进料管和量杯不同心等都会使量杯装不满；若机器的运转速度过快，料斗落下物料的速度过快则会引起物料重复循环装料；量杯伸缩机构调节不当常会造成过量回流；如果容器与进料管不同心，节拍不准，容器太小或物料粘在料管中使送料滞后，就会引起物料的溢损。

(2) 螺杆式充填机。

① 量取方式：利用螺杆的螺旋槽的容积来计量物料，通过控制螺杆旋转的速度或时间量取产品，并将其充填到包装容器内。

② 工作过程：螺杆式充填机结构如图7.5所示，料斗来的物料经水平螺旋给料器送到垂直螺旋给料器，螺杆以恒速送走一定物料到包装容器，料加好后，离合器脱开，制动器使螺杆停止转动，物料停止流动。当容器到位后，螺杆转动继续加料。

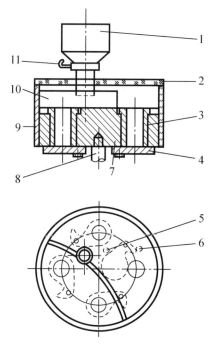

图7.4 固定式量杯充填机

1—料斗；2—外罩；3—量杯；4—活门底盖；
5—闭合圆销；6—开启圆销；7—圆盘；
8—转盘主轴；9—壳体；10—刮板；11—下料闸门

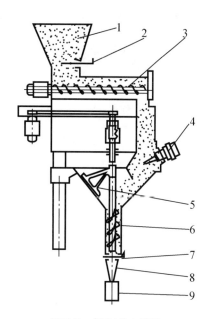

图7.5 螺杆式充填机

1—料斗；2—插板；3—水平螺旋给料器；
4—料位检测器；5—搅拌器；6—垂直螺旋给料器；
7—闸门；8—输出导管；9—包装容器

③ 特点与应用：结构紧凑，无粉尘飞扬，计量范围宽。主要用于粉料计量或小颗粒计量。特别适合用于出料口容易结块而不易落下的物料，如咖啡粉、蛋糕混合料、面粉等物料。对于不容许破碎的颗粒状物料不能选用该机器，如种子等。

2) 称重式充填机

称重式充填机是将精确质量的产品充填到包装容器中的充填机械，具有结构复杂、体积较大、计量速度低，但计量精度高的特点，如图 7.6 所示。根据称量机构的不同，可以分为单秤斗式、无秤斗式、多秤斗式、电子组合式和连续式称重充填机等。主要适用于粉状、颗粒状和块状散装产品的称重计量包装，如水泥、粮食等。

(1) 单秤斗称重充填机。单秤斗称重式充填机，如图 7.7 所示，物料由上进料斗输入，通过下进料斗，由粗供料机构和细供料机构送入秤斗供料。当秤斗内物料达到预定质量值的 80%～90%时，粗供料机构停止供料仅由细供料机构继续供料。当秤斗内的物料质量达到预定数值时，开斗机构使秤斗打开，物料通过下料斗进入包装容器内。物料排完后，秤斗复位，开始下一个循环。工作过程中，秤斗内物料由称量机构检测。

图 7.6 称重式填充包装机

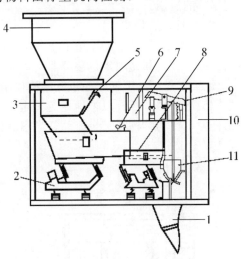

图 7.7 单秤斗称重充填机

1—下料斗；2—细供料机构；3—下进料斗；
4—上进料斗；5—闸板；6—流量控制装置；7—称量机构；
8—粗供料机构；9—开斗机构；10—控制系统；11—秤斗

(2) 无秤斗称重充填机。直接将包装容器作为秤斗，因而省去了开斗机构。其工作原理同单秤斗称重充填机。

(3) 多秤斗称重充填机。一般由一个储料斗、多台供料器、多套称量系统、多个秤斗、多套开斗机构和一个漏斗组成。图 7.8 所示为一种双秤斗称重系统。其工作原理与单秤斗称重机基本相同，所不同的是由于采用了多套称量系统，因而工作效率成倍提高。

(4) 多斗电子组合式称重填充机又称电子组合秤。该填充机计量速度高，计量精度高，设备体积大，造价高，是目前最先进的称重式计量充填机。可用于粒度不均匀、形状不规则的物料的计量。

(5) 连续式称重充填机。计量速度高，计量精度较低。可用于粒度均匀、小颗粒状物料的计量，计量范围一般在 500g 以下。

3) 计数式充填机

计数式充填机如图 7.9 所示，是将精确数目的产品充填到包装容器中的充填机械，具有结构复杂、计量速度快的特点。常见的计数机构有长度式、容积式和堆积式等几种形式。

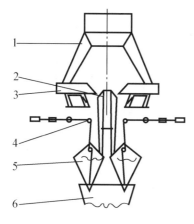

图 7.8 双秤斗称重系统

1—上进料斗；2—导管；3—供料机构；
4—称量机构；5—秤斗；6—漏斗

图 7.9 计数式填充包装机

(1) 长度计数机。

① 工作过程：如图 7.10 所示，计量时，排列有序的物品经输送机构送到计量机构中，当行进物品的前端触到计量腔的挡板时，挡板上的微动开关开启，横向推板将一定数量的物品送到包装台上进行包装。

② 特点与应用：长度计数机结构简单，主要用于长度固定的产品的计数充填，用在食品、化工流通中，常用于饼干包装、云片糕包装、茶叶装盒后的第二次大包装等。

(2) 容积计数机。

① 工作过程：如图 7.11 所示，工作时物品自料斗下落到定容箱内，形成有规则的排列。当定容箱充满，即达到了预定的计量数时，料斗与定容箱之间的闸门关闭，同时定容箱底门打开，物品就进入包装盒。包装完毕后，定容箱底门关闭，进料闸门又打开，如此循环往复。

② 特点与应用：容积计数机结构简单，但计量精度较差。通常用于一定等径、等长类物品的包装，主要用于低价格及计数允许偏差较大的场合，如钢珠等，其选用原则是被包装物品能够形成规则的排列。

(3) 堆积计数机。

① 工作过程：包装时，计量托体与上下推头协同动作，完成取量及大包装工作。首先托体作间歇运动，每移动一格，则从料斗中落送一包至托体中，托体移动 4 次后完成一大包的计量充填，如图 7.12 所示。

② 特点与应用：这种机构结构简单，但体积较大，计量速度不高，主要用于几种不同品种的组合包装。在流通中主要用于粮食、化工产品、水泥等大袋计数。

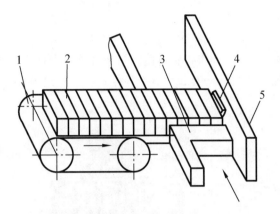

图 7.10　长度计数机

1—输送带；2—被包装物品；3—横向推板；
4—微动开关；5—挡板

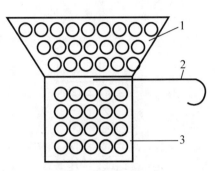

图 7.11　容积计数机

1—料斗；2—闸门；3—定容箱

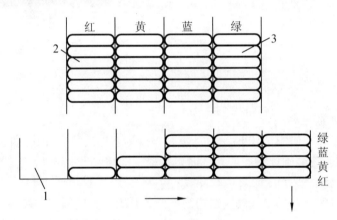

图 7.12　堆积计数机

1—托体；2—料斗；3—被包装物

7.5.2　灌装机械

灌装机械(图 7.13)是将定量的液体物料充填到包装容器中的充填机械，主要用于食品领域中对非酒精饮料、乳品、酒类、植物油和调味品的包装，还包括牙膏和洗涤剂、矿物油以及农药等化工类液体产品的包装。包装所用容器主要有玻璃瓶、金属罐、塑料瓶、复合纸盒、复合纸袋等。

1. 灌装机的分类

灌装机的类型繁多，按包装容器的输送形式分为旋转型灌装机和直线型灌装机两大类。

旋转型灌装机一般采用连续式灌注形式，即包装容器在运行中自动完成灌注动作，因而其工作效率可设计得很高。

【参考视频】

图 7.13　灌装机械

直线型灌装机普遍为间歇动作式机型，包装容器运行至灌注部位时有一个停歇动作等待灌注，其效率相对旋转机型要低，但其结构简单，灌装平稳，不易溢出，包装量较易保证。

2. 灌装机的结构组成

灌装机主要结构有容器的供送装置、灌装物料的供送装置及灌装阀等。

容器供送装置的主要作用是将容器间隔地送至灌装工位，等灌装完后，再将容器送出灌装机。

物料的供送装置，即液料箱和计量装置，其主要作用是将物料供给灌装阀，再灌入包装容器。

灌装阀亦称灌装头，是灌装机控制灌装的关键部件。其主要作用是根据灌装工艺要求，依次切换储液室、气室和待灌容器之间的流体通道，以实现自动灌装。根据不同的物料，灌装形式有所不同，因此灌装阀也是多种多样。按灌装形式分，可把灌装机分为常压灌装、压力灌装、真空灌装、等压灌装。它们的根本区别在于供料装置及灌装阀的设计各具特点，从而使灌装的形式各异。

3. 常用的灌装机械

虽然同类型灌装机的灌装头数有多有少，但其工作原理基本上是一样的。这里以旋转型灌装机为主，介绍几种常用的灌装机。

1) 常压式自动灌装机

常压灌装是一种最简单、最直接的灌装形式，主要适用于低黏度、流动性好的物料，如牛奶、酱油，以及大量非碳酸类果汁饮料、矿泉水等。

在常压式灌注中，液料箱和计量装置处于高位，液料箱内物料靠自重，向处于低位的灌装阀流送，注入容器中。

工作过程：整机运行的工作过程如图 7.14 所示。待灌装的空瓶由链板式输送带连续送入机器，经过变螺距分瓶螺杆时，瓶子被定距拉开并送入进瓶星形拨轮。星形拨轮将瓶子一个个依次拨入灌装机的升瓶机构的托板上，瓶口对准灌装阀，并随回转台作回转运动。在转动过程中，瓶子随升瓶机构逐渐上升，使瓶口顶压灌装阀口，进行装填灌注。灌注完毕的瓶子随升瓶机构下降，然后由中间星形拨轮拨出，随即转入封盖机，并随封盖回转台旋转，在运行过程完成封盖。封盖完毕后，瓶子由出瓶星形拨轮带出，转到链板输送带上，最后送出机外。

2) 真空式自动灌装机

真空式自动装填灌注，是利用灌装机中配置的真空系统，使待灌容器处于一定的真空度，从而使储液箱的液料在一定的压差或真空状态下注入待灌容器。这种灌装方法分为两种形式：一是待灌装容器和储液箱处于同一真空度，液料实际是在真空等压状态下以重力流动方式完成灌注；二是待灌装容器和储液箱真空度不相同，前者压力低，于是液料在压差状态下完成灌注。第二种形式可以大大提高灌注效率。

真空式自动灌装机应用范围很广，适用于含维生素的果蔬汁饮料灌注，以及各类罐头的加注糖水、盐水、清汤等。

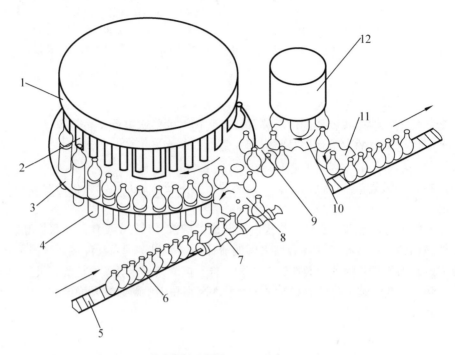

图 7.14 灌装封盖工艺过程示意图

1—储液箱；2—灌装阀；3—灌装回转台；4—升瓶机构；5—链板式输送带；6—瓶子；
7—分瓶螺杆；8—进瓶星形拨轮；9—中间星形拨轮；10—封盖回转台；11—出瓶星形拨轮；12—封盖机

7.5.3 封口机械

封口机械是指在包装容器充填物料后对容器进行封口的机器。对包装容器进行封口可以使产品得以密封保存，保持产品质量，避免产品流失。

由于包装容器的种类很多，制作包装容器的材料也很多，不同的包装容器有不同的封口方式。根据封口方式的不同，封口机可以分为以下几种类型。

1. 热压式封口机

图 7.15 所示是采用加热和加压的方式封闭包装容器的机器，主要用于各种塑料包装袋的封口。

2. 手压封口机

【参考视频】

手压封口机(图 7.16)的特点是结构简单、造型美观、质量轻，袖珍型手压封口机便于放在桌上或柜台上使用。

封合方法一般采用热板加压封合或脉冲电加热封合。操作过程为：不用电源开关，使用时只要把交流电源线插头插入插座，根据封接材料热封性能和厚度，调节定时器旋钮，确定加热时间，然后将塑料袋口放在封接面上，按下手柄，指示灯亮，电路自动控制加热时间，时间到后指示灯熄灭，电源被自动切断，约 1~2s 后放开手柄，即完成塑料袋的封口。

3. 脚踏式封口机

脚踏式封口机如图 7.17 所示，它的热封原理与手压式封口机基本相同，脚踏式封口机显著的不同之处是采用脚踏的方式拉下压板。

图 7.15　热压式塑料薄膜封口机

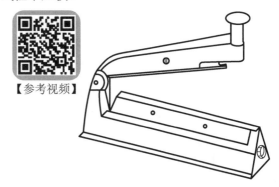

图 7.16　手压封口机

4. 熔焊式封口机

熔焊式封口机是通过加热使包装容器封口处熔化而将包装容器封闭的机器。常用的加热方式有超声波、电磁感应和热辐射等，主要用于封合较厚的包装材料等。如聚酯、聚烯烃和无纺布等。此类封口机一般采用非接触的方式加热，使包装材料熔合而封闭包装容器。

超声波封口机是一种使用较为广泛的熔焊式封口机。超声波使塑料薄膜封口处因高频振动而摩擦生热，瞬时就可使封口处熔合，因而适应薄膜种类较多。常用于封焊塑料软管、铝塑复合管等较厚的材料，对于厚度不匀的材料也能取得较好的封口效果，但超声波封口机投资费用较大。

塑料软管超声波封口机是常见的一种超声波封口机，如图 7.18 所示，该机能对直径 20~50mm 的塑料圆筒状软管(如牙膏管、化妆品管、饮料管、果酱管和药膏管等)进行超声波封口。

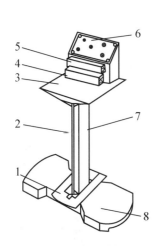

图 7.17　脚踏式封口机

1—踏板；2—拉杆；3—工作台面；4—下封板；5—上封板；
6—控制板；7—立柱；8—底座

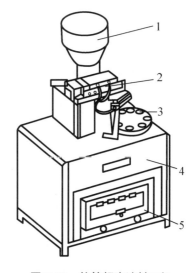

图 7.18　软管超声波封口机

1—加料斗；2—超声波封头；3—八工位回转台；
4—箱体；5—超声波发生器

5. 缝合式封口机

缝合式封口机是使用缝线缝合包装容器的机器。主要用于麻袋、布袋、复合编织袋等的封口。

(1) 手提式缝合机。手提式缝合机结构紧凑、小巧玲珑，一般采用优质钢和铝合金制造，操作极为方便，重量在 4.5～5.3kg，可以流动使用，常用于中小型工厂、仓库码头等地封各种盛满货物的麻袋、纸袋、塑料编织袋、乳胶袋、布袋等的袋口。

(2) 自动缝合机。自动缝合机的外形结构如图 7.19 所示。某些自动缝合机在机头支架上相对安装两个机头，一旦发生故障，转动支架即可更换机头，以免延误生产。在备用支架的上方，安装一台称重设备，即可得到一个完整的称重兼封口设备。输送带的高度可以调整，以适应不同高度的袋子。机器装有 4 个脚步轮，移动非常方便。自动缝合机可用于缝合较重的包装袋，输送带的速度可调，能与各种包装生产线匹配，完成封口工作。

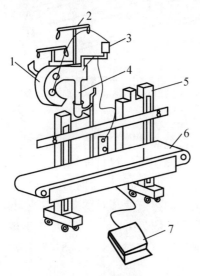

图 7.19 自动缝合机

1—缝纫机头；2—线挑；3—缝纫线；4—机头支架；
5—备用支架；6—输送带；7—脚踏开关

6. 卷边式封口机

卷边式封口机又称封罐机，是用滚轮将金属盖与包装容器开口处相互卷曲勾合以封闭包装容器的机器，主要用于罐头类食品的密封包装。

7. 旋合式封口机

旋合式封口机是通过旋转封口器材以封闭包装容器的机器，主要用于饮料、植物油、日化用品的包装封口。

8. 液压式封口机

如图 7.20 所示，是用液压装置挤压金属盖使之变形而封闭包装容器的机器，主要用于酒类产品的包装封口。

9. 结扎式封口机

结扎式封口机是使用线、绳等结扎材料封闭包装容器的机器，主要用于小包装件的束封口，如糖果、面包等食品袋袋口的结扎。

7.5.4 裹包机械

裹包机械是指用挠性包装材料(玻璃纸、塑料薄膜、复合膜、拉伸膜、收缩膜等)进行全部或局部裹包产品的包装设备。适合于对块状并具有一定刚度的物品进行包装，广泛用于食品、烟草、药品、日化用品、音像制品等的外包装。

采用各类裹包方式包装的成品形态如图 7.21 所示。

图 7.20 液压封口机

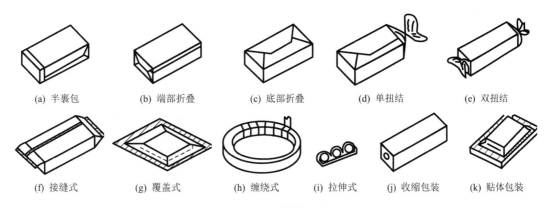

(a) 半裹包　　(b) 端部折叠　　(c) 底部折叠　　(d) 单扭结　　(e) 双扭结
(f) 接缝式　　(g) 覆盖式　　(h) 缠绕式　　(i) 拉伸式　　(j) 收缩包装　　(k) 贴体包装

图 7.21　各类裹包形态

裹包机械的种类很多，结构也较复杂。常用的裹包机械主要有以下类型。

1. 折叠式裹包机

折叠式裹包机是采用挠性包装材料(如纸、塑料薄膜等)围绕被包物品并进行折叠裹包的包装设备。折叠裹包的对象是长方体物品。折叠式裹包机类型很多，且适应性较广，有的用于个体包装，有的用于多体包装，有的用于内包装，有的用于外包装，故普遍用于食品、药品、轻工产品及音像制品等多个领域，常用来包装糖果、巧克力以及卷烟和小盒茶叶等外包装。

2. 接缝式裹包机

将挠性包装材料按同面黏结的方式加热、加压封闭、分切的裹包机器，主要用于各类固定形状物品的单件或多件的连续枕形包装。接缝式裹包机应用范围十分广泛，主要用于对成形块状物品(如方便面、面包、月饼、饼干、轴承、日用工业品等)进行包装，如采用浅盘也可包装零散物品。

3. 覆盖式裹包机

覆盖式裹包机是用两张挠性包装材料覆盖在产品的两个相对面上，采用热封或黏合的方法进行封口的裹包机器。

4. 缠绕式裹包机

如图 7.22 所示，是用成卷的挠性包装材料对产品进行多圈缠绕裹包的机器。

5. 拉伸式裹包机

拉伸式裹包机是使用拉伸薄膜，在一定张力下对产品进行裹包的机器。常用于将集积在托盘上的产品连同托盘一起裹包。

6. 收缩包装机

如图 7.23 所示，是用热收缩薄膜对产品进行裹包封闭，然后再进行加热，使薄膜收缩后裹紧产品的裹包机器。收缩包装机又可分为烘道式、烘箱式、柜式、枪式等多种。

7. 贴体裹包机

贴体裹包机是将产品置于底板上，用覆盖产品的塑料薄片在加热和抽真空作用下紧贴产品,并与底板封合的裹包机器。贴体包裹可使被包装物品有较强的立体感。

图 7.22 缠绕式裹包机

图 7.23 收缩包装机

7.5.5 捆扎机械

捆扎机械是利用带状或绳状捆扎材料将一个或多个包件紧扎在一起的机器,属于外包装设备,如图 7.24 所示。对流通物品进行机械捆扎,可以起到减少体积、加固包件的作用,便于装卸、运输和保管。

捆扎机的类型较多,按自动化程度,可以分为自动、半自动和手提电动式捆扎机;按捆扎材料,可以分为塑料带、钢带、聚丙烯塑料绳捆扎机。目前我国生产的捆扎机基本上都采用宽度为 10～13.5mm 聚丙烯塑料带作为捆扎材料,利用热熔搭接的方法使紧贴包件表面的塑料带两端加压结合,从而达到扎紧包件的目的。

各种类型的捆扎机的结构基本相似,主要由导轨和机架、送带机构、收带紧带机构、封接装置和控制系统组成。

图 7.24 全自动捆扎机

7.5.6 贴标机和打码机

贴标机如图 7.25 所示,是将标签粘贴在包装件或产品上的机器。贴标机的基本组成包括供标装置、取标装置、涂胶装置、打印装置和连锁装置等几部分。

打码机如图 7.26 所示,是在产品包装上打印出产品批号、出厂日期、有效期等字样的机器。根据打码方式的不同,可以分为打击式和滚印式两种。

图 7.25 贴标机

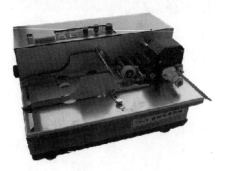

图 7.26 打码机

案例 7-1

半自动捆扎机质量问题分析

1. 产品介绍

半自动捆扎机主要适用于纸箱、木箱、书刊、软硬包及方状、筒状、环状等各种物体的捆扎包装，广泛用于轻工、食品、医药、化工等各行业。被捆的物件放在捆扎机台面上，操作者将捆扎带绕过捆包物，将带头沿导槽插入，经热熔搭接牢固，将物件捆紧。捆扎速度快，捆一条带只需 2～3 秒，降低了工人的劳动强度，提高了工作效率，捆扎力大且调整范围广，操作、维修方便，热刀加热迅速，5 秒钟内进入打包状态。捆包完成后，如 1 分钟内不工作，电动机自停进入待机状态。

2. 生产企业基本情况

全国生产半自动捆扎机的企业有 50 多家，主要集中在江苏南通及浙江温州，仅南通就有 20 多家各种不同类型的企业。其中，有几百人的独资企业，也有由几个人组成的家庭小作坊。南通是生产半自动捆扎机的基地，除生产整机外，还生产各种相应的零配件。

目前用户普遍反映半自动捆扎机的使用寿命短、故障率偏高。

3. 检验结果的综合分析与评价

抽查了该类包装机的主要生产地上海、天津、江苏、浙江、广东及河北等省、自治区、直辖市生产企业生产的半自动捆扎机，共抽查了 18 家企业的 18 台样机。

由于抽查采取的是突击抽查和随机抽样，因此能够比较真实地反映产品质量的实际情况，抽查产品全部为经企业出厂检验已定为合格的产品。检验结果为 13 家企业的 13 台产品合格，产品抽样合格率为 72.2%。其中 14 家企业采用行业推荐性标准，3 家企业采用企业标准，1 家企业没有生产标准。

抽查的 18 家半自动捆扎机生产企业中，大、中型企业各 1 家，占抽查企业数的 5.6%，小型企业数量较多，占抽查企业数的 88.8%。抽查结果显示：产品的合格率随企业规模减小而降低。两家大、中型企业产品全部合格，抽样合格率为 100%，16 家小型企业的产品中有 5 台为不合格，抽样合格率为 68.8%。

根据以下案例所提供的资料，试分析以下问题。

1. 是哪些方面的因素影响我国包装机械的质量？
2. 有哪些改进措施可以提高我国包装机械的质量？

本 章 小 结

包装是生产的终点，同时又是物流的起点，是产品进入商品流通的必要条件，而实现产品包装的主要手段是使用包装机械设备，随着科学技术的进步，包装机械在包装领域中发挥着越来越大的作用。包装机械是集机、电、气、光、声、磁为一体的机电产品。本章主要从功能的角度通过对各种常见的包装机械，如填充机械、灌装机械和裹包机械等的类型、结构和工作原理等的介绍，加深对包装机械的认识和了解。

 **关键术语**

包装(Package/Packaging)   销售包装(Sales Package)

运输包装(Transport Package)　　　　　　包装机械(Packaging Machine)

习　题

1. 填空题

(1) 按包装在流通领域中的作用，包装大致可以分为_____和_____两类。

(2) 现代物流中常见的包装技术有_____、_____、_____、_____和_____。

(3) 常见的填充机械按照计量方式的不同，可以分为_____、_____和_____3种。

2. 简答题

(1) 在流通领域中，包装机械的作用有哪些？

(2) 包装机械由哪些基本结构组成？

(3) 常见的包装机械设备有哪些，各有什么特点？

第8章 流通加工技术装备

【教学目标】

- 掌握流通加工的含义、在物流中的作用及其分类
- 了解主要的流通加工技术，各种常用流通加工技术的特点
- 掌握剪板机的作用，常见剪板机的组成、功用、性能及主要参数
- 了解切割机的分类，几种常见的金属、非金属切割机
- 掌握冷链装备的概念、功用及其分类
- 了解混凝土搅拌运输车的结构原理及其使用管理

钢材加工配送中心产生方兴未艾

近年来，随着中国经济的高速发展，钢材消费需求正逐步升级。国内钢铁产品资源越来越丰富，钢铁企业之间的市场竞争更加激烈。由此，钢铁企业，尤其是板材比例较大、品种钢水平较高的钢铁企业将逐步缩减纯粹的钢材贸易业务，争取与下游企业建立战略合作关系，形成产、销、研以及加工配送为一体的产业链。在资源和质量均能满足用户需求的同时，钢材加工配送成为钢铁企业营销战略的重点之一。集加工、配送、仓储、运输、销售、信息服务于一体，通过电子商务、加工配送等现代物流手段的、基于集成供应链的钢材加工配送中心产生且方兴未艾。

思考题：钢材加工配送中心这一模式成功的主要原因是什么？

流通加工既是现代社会化分工、专业化生产的新形式，也是物流过程中不可缺少的核心服务。流通加工是在流通领域中对生产的辅助性加工，从某种意义上来讲，它不仅是生产过程的延续，实际上也是生产本身或生产工艺在流通领域的延续。流通加工不仅增加运输、仓储、配送等活动的附加价值，同时也提高了物流过程本身的价值。

8.1 概 述

流通加工是提高物流水平、促使流通向现代化发展的必不可少的环节，而如何管理和利用好流通加工装备，是提高流通加工效率、充分发挥其重要地位的必要保障。

8.1.1 流通加工的概念

流通加工是指物品从生产地到使用地的过程，根据需要施加包装、分割、计量、分拣、刷标志、涂标签、组装等简单作业的总称。流通加工是将某些原料或产品从供应领域向生产领域，或从生产领域向消费领域流动过程中，为了有效利用资源、方便用户、提高物流效率和促进销售，在流通领域对产品进行的初级或简单再加工。

流通加工是物流中具有一定特殊意义的物流形式。一般来说，生产是通过改变物的形式和性质创造产品的价值和使用价值，而流通则是保持物资的原有形式和性质，以完成其所有权的转移和空间形式的位移。物流的包装、储存、运输、装卸等功能虽然具备生产的性质，但往往并不去改变物流的对象。但是为了提高物流速度和物资的利用率，在物资进入流通领域后，还需按用户的要求进行一定的加工活动，即在物品从生产者向消费者流动的过程中，为了促进销售、实现物流的高效率所采取的使物品发生物理和化学变化的功能，这就是流通加工。

8.1.2 流通加工的特点

流通加工在加工方法、加工组织、作业管理过程中，与生产领域的加工有些相似。甚至可以说，有些流通加工就是生产领域作业过程中的延伸或放到流通领域中完成的，以期解决生产过程中在生产面积、劳动力等方面的困难。多数流通加工在加工目的、加工对象、加工程度方面有较大差别。流通加工具体包括以下几个特点。

(1) 流通加工的目的，主要是更好地满足用户的多样化需求，降低物流成本、提高物流质量和效率。

(2) 流通加工的对象，主要是进入流通领域的商品，包括各种原材料和成品，一般不是生产过程中的半成品。

(3) 流通加工一般多是简单的加工或作业，是为更好地满足需求对生产加工的一种补充。一般来讲，如果必须进行复杂加工才能形成人们所需的商品，那么，这种复杂加工应专设生产加工过程，生产过程理应完成大部分加工活动，流动加工对生产加工则是一种辅助及补充。特别需要指出的是，流动加工绝不是对生产加工的取消或替代。

(4) 流通加工更趋向于完善商品的实用价值，多数是在对商品不做大的改变的情况下，提高商品的价值，而生产加工的目的在于创造价值及使用价值。

(5) 流通加工是由从事物流活动并能密切结合流通需要的物流经营者组织的加工活动。例如商品企业、物资企业、运输企业等所做的流通加工作业。

8.1.3 流通加工的地位

流通加工在物流中具有以下重要的地位。

(1) 流通加工有效地完善了流通。流通加工在实现时间、场所两个重要效用方面，确实不能与运输和储存相比，其普遍性也不能与运输、储存相比。流通加工并不会在所有物流中出现，但实际上它也是不可轻视的。流通加工具有补充、完善、提高、增强作用的功能要素，这是运输、储存等其他功能要素无法代替的。

(2) 流通加工是物流中的重要利润源。流通加工是一种低投入、高产出的加工方式，往往以简单加工解决大问题。实践证明，流通加工可以通过改变包装的装潢使商品档次跃升而充分实现其价值，有时流通加工将产品利用率一下子提高了 20%～50%。根据实践经验，流通加工仅就向流通企业提供利润这一点，其成效不亚于从运输和储存中挖掘的利润，是物流中的重要利润源。

(3) 流通加工在国民经济中也是重要的加工形式。

8.1.4 流通加工的作用

1. 可以提高原材料的利用率

利用流通加工机械对流通对象进行集中下料，可将生产厂直接运来的简单规格的产品，按使用部门的要求进行下料。例如，将钢板进行剪板、切裁，将钢筋或圆钢裁制成毛坯，将木材加工成各种长度及大小的板、方等。集中下料可以优材优用、小树大用、合理套裁，有很好的技术与经济效果。北京、济南、丹东等城市对平板玻璃进行流通加工(集中裁制、开片供应)，玻璃利用率从 60% 左右提高到 85%～95%。

2. 可以进行初级加工，方便用户

某些用量小或只是临时需要的使用单位，缺乏进行高效率初级加工的能力，依靠流通加工点的机械装备进行流通加工，可使使用单位省去初级加工的装备投资和人力投资，从

而方便了用户。目前，发展较快的初级加工有：将水泥加工成混凝土、将原木或板材加工成门窗、冷拉钢筋、冲制异型零件、钢板预处理、整型、打孔等。

3. 提高加工效率

由于建立集中加工点可以采用效率高、技术先进、加工量大的专门机具和设备，这样做既提高了加工质量，也提高了设备利用率，还提高了加工效率，其结果是降低了加工费用及原材料成本。例如：一般的使用部门在对钢板下料时，采用气割的方法留出较大的加工余量，不但出材率低，而且由于热加工容易改变钢的组织，加工质量也不好；集中加工后可设置高效率的剪切装备，在一定程度上防止了上述缺点。

4. 充分发挥各种输送手段的最高效率

流通加工环节将实物的流通分成两个阶段。一般来说，由于流通加工环节设置在消费地，因此，从生产厂到流通加工的第一阶段输送距离较长，而从流通加工到消费环节的第二阶段距离较短。第一阶段是在数量有限的生产厂与流通加工点之间进行定点、直达、大批量的远距离输送。因此可以采用船舶、火车等进行大量输送的运输手段；第二阶段则是利用汽车和其他小型车辆来输送流通加工后的多规格小批量、多用户产品，这样可以充分发挥各种输送手段的最高效率，加快输送速度，节省运费。

5. 改变功能，提高收益

在流通过程中进行一些改变产品某些功能的简单加工。其目的除上述几点外，还在于提高产品销售的经济效益。例如，内地的许多制成品(如洋娃娃玩具、时装、轻工纺织产品、工艺美术品等)在深圳进行简单的包装加工，改变了产品外观功能，仅此一项就使产品售价提高 20%以上。

所以，在物流领域中，流通加工可以成为高附加价值的活动。这种高附加价值的形成，主要着眼于满足用户需要、提高服务功能，这是贯彻物流战略思想的表现，是一种低投入、高产出的加工形式。

8.1.5 流通加工的合理化

流通加工合理化是实现流通加工的最优配置，不仅做到避免各种不合理，使流通加工有存在的价值，而且做到最优的选择。

为避免各种不合理现象，对是否设置流通加工环节，在什么地点设置，选择什么类型的加工，采用什么样的技术装备等，需要做出正确选择。目前，国内在进行这方面合理化的考虑中已积累了一些经验，取得了一定成果。

实现流通加工合理化，主要应考虑以下几个方面。

(1) 加工和配送相结合。将流通加工设置在配送点中，一方面按配送的需要进行加工，另一方面加工又是配送业务流程中分货、拣货、配货的一环，加工后的产品直接投入配货作业，这就无须单独设置一个加工的中间环节，使流通加工有别于独立的生产，而使流通加工与中转流通巧妙结合在一起。同时，由于配送之前有加工，可使配送服务水平大大提高。这是当前对流通加工做合理选择的重要形式，在煤炭、水泥等产品的流通中已表现出较大的优势。

(2) 加工和配套相结合。在对配套要求较高的流通中，配套的主体来自各个生产单位，但是，完全配套有时无法全部依靠现有的生产单位。进行适当流通加工，可以有效促成配套，大大提高流通的桥梁与纽带的能力。

(3) 加工和合理运输相结合。流通加工能有效衔接干线运输与支线运输，促进两种运输形式的合理化。利用流通加工，在支线运输转干线运输或干线运输转支线运输这本来必须停顿的环节，不进行一般的支转干或干转支，而是按干线或支线运输合理的要求进行适当加工，从而大大提高运输及运输转载水平。

(4) 加工和合理商流相结合。通过加工有效促进销售，使商流合理化，也是流通加工合理化的考虑方向之一。加工和配送的结合，通过加工，提高了配送水平，强化了销售，是加工与合理商流相结合的一个成功的例证。

此外，通过简单地改变包装加工，形成方便的购买量，通过组装加工解除用户使用前进行组装、调试的难处，都是有效促进商流的例子。

(5) 加工和节约相结合。节约能源、节约设备、节约人力、节约耗费是流通加工合理化的重要考虑因素，也是目前我国设置流通加工，考虑其合理化的较普遍形式。

8.1.6 流通加工装备的分类

流通加工装备种类繁多，按照不同的标准，可分成不同的种类。

1. 按流通加工的形式不同分类

按照流通加工形式不同，流通加工装备可分为剪切加工装备、集中开木下料装备、配煤加工装备、冷冻加工装备、分选加工装备、精制加工装备、分装加工装备、组装加工装备等。

(1) 剪切加工装备。剪切加工装备是进行下料加工或将大规格的钢板裁小或裁成毛坯的设备。例如，用剪板机进行下料加工，用切割设备将大规格的钢板裁小或裁成毛坯等。

(2) 集中开木下料装备。集中开木下料装备是在流通加工中将原木材锯裁成各种锯材，同时将碎木、碎屑集中起来加工成各种规格的板材，还可以进行打眼、凿孔等初级加工的装备。

(3) 配煤加工装备。配煤加工装备是将各种煤及一些其他发热物质，按不同的配方进行掺配加工，生产出各种不同发热量燃料的装备。

(4) 冷冻加工装备。冷冻加工装备是为了解决鲜肉、鲜鱼或药品等在流通过程中保鲜及搬运装卸问题而采用的低温冷冻方法的加工装备。

(5) 分选加工装备。分选加工装备是根据农副产品的规格、质量离散较大的情况，为了获得一定规格的产品而采取的分选加工的装备。

(6) 精制加工装备。精制加工装备是主要用于农副产品的切分、洗净、分装等简单加工的装备。

(7) 分装加工装备。分装加工装备是为了便于销售，在销售地按照所要求的销售起点进行新包装、大包装改小、散装改小包装、运输包装改销售包装等加工的装备。

(8) 组装加工装备。组装加工装备是采用半成品包装出厂，在消费地由流通部门所设置的流通加工点进行拆箱组装的加工装备。

2. 按流通加工的对象不同分类

根据加工对象的不同，流通加工装备可分为金属加工装备、水泥加工装备、玻璃加工装备、木材加工装备、煤炭加工机械、食品加工装备、组装产品的流通加工装备、生产延续的流通加工装备及其他通用加工装备等。

1) 金属加工装备

某些金属材料的长度、规格不完全适用于用户，若采用单独剪板下料方式，装备闲置时间长、人力消耗大，而采用集中剪板、集中下料方式，可以避免单独剪板下料的一些弱点，提高材料利用率。

在流通中进行加工的金属材料主要有钢铁、钢材、铝材、合金等。金属加工装备是对上述金属进行剪切、折弯、下料、切削加工的机械。它主要分为成型装备和切割加工装备等。其中：成型装备又包括锻压机械、液压机、冲压装备、剪折弯装备等；切割加工装备包括数控机床(加工中心、铣床、磨床、车床)，电火花成型机，线切割机床，激光成型机，雕刻机，钻床，铣床，剪板机，组台机床等。此外，用于金属流通加工的还有金属切削机床、金属焊接设备、机械手、工业机器人等。

利用金属加工装备进行流通加工，可以提高加工精度，减少边角废料，减少消耗，也能提高加工效率；可以增加加工批量，提高加工效率，降低成本；可以简化生产环节，提高生产水平，并有利于进行高质量的流通加工。

2) 水泥加工装备

水泥加工装备主要包括混凝土搅拌机械、混凝土搅拌站、混凝土输送车、混凝土输送泵、车泵等。

混凝土搅拌机械是水泥加工中常用装备之一，它是制备混凝土，将水泥、骨料、砂和水均匀搅拌的专用机械。

【知识拓展】

混凝土搅拌机械改变了以粉状水泥供给用户、由用户在建筑工地现制现拌混凝土的方法，而将粉状水泥输送到使用地区的流通加工点(称作集中搅拌混凝土工厂或称混凝土工厂)，在那里搅拌成混凝土，然后供给各个工地或小型构件厂使用，这是水泥流通加工的一种重要方式，它优于直接供应或购买水泥在工地现制混凝土的技术经济效果，因此受到许多国家的重视。

3) 玻璃加工装备

在流通中，用于玻璃的加工装备主要是指对玻璃进行切割等加工的专用机械，包括各种各样的切割机。在流通中对玻璃进行精加工还需清洗机、磨边机、雕刻机、烤花机、钻花机、丝网印刷机、钢化和夹层装备、拉丝机、拉管机、分选机、堆剁机、瓶罐检验包装装备、玻璃技工工具、金刚石砂轮等。

【知识拓展】

平板玻璃的"集中套裁、开片供应"是重要的流通加工方式。这种方式是在城镇中设立若干个玻璃套裁中心，按用户提供的图纸统一套裁开片，向用户供应成品，用户可以将其直接安装到采光面上。在此基础上也可以逐渐形成从工厂到套裁中心的稳定、高效率、大规模的平板玻璃"干线输送"，以及从套裁中心到用户的小批量、多户头的"二次输送"的现代物资流通模式。

4) 木材加工装备

木材是容重轻的物资，在运输时占有相当大的容积，往往使车船满装但不能满载，同时，装车、捆扎也比较困难，需要利用机械设备对木材进行磨制、压缩、锯裁等加工，这类装备主要有以下两类。

(1) 磨制、压缩木屑机械。从林区外送的原木中有相当一部分是造纸树，美国采取在林木生产地就地将原木磨成木屑，然后采取压缩的方法使之成为容重较大、容易装运的形状，运至靠近消费地的造纸厂，取得了较好的效果。根据美国的经验，采取这种办法比直接运送原木节约一半的运费。

(2) 集中开木下料机械。在流通加工点利用木锯机等机械将原木锯裁成各种规格锯材，将碎木、碎屑集中加工成各种规格板，还可根据需要进行打眼、凿孔等初级加工。过去用户直接使用原木，不但加工复杂、加工场地大、加工设备多，更严重的是资源浪费大，木材平均利用率不到50%，平均出材率不到40%。实行集中下料，按用户要求供应规格料，可以使原木利用率提高到95%，出材率提高到72%左右。

5) 煤炭加工装备

煤炭加工装备是对煤炭进行加工的机械，主要包括除矸加工机械、管道输送煤浆加工机械、配煤加工机械等。

除矸是提高煤炭纯度的加工形式。一般煤炭中混入的矸石有一定发热量，混入一些矸石是允许的，也是较经济的。但是，有时则不允许煤炭中混入矸石，在运力十分紧张的地区要求充分利用运力，多运"纯物质"，少运矸石。在这种情况下，可以采用除矸的流通加工排除矸石，提高煤炭运输效益和经济效益，减少运输能力的浪费。

煤浆加工主要是便于运输，减少煤炭消耗，提高利用率。煤炭的运输方法主要采用运输工具载运方法，运输中损失浪费较大，又容易发生火灾。管道运输是近代开始兴起的一种先进技术。目前，某些发达国家已开始投入运行，有些企业在内部也采用这一方法进行燃料输送。这种方法是在流通的起始环节将煤炭磨成细粉，以使煤具备一定的流动性，再用水调和成浆状则更加具备了流动性，可以像其他液体一样进行管道输送。这种方式不争夺现有运输系统运力，输送连续、稳定而且快速，是一种经济的运输方法。

配煤加工是在使用地区设置集中加工点，将各种煤及其他一些发热物质，按不同配方进行接配加工，生产出各种不同发热量的燃料。这种加工方式可以按需要发热量生产和供应燃料，防止热能浪费、"大材小用"的情况；也可以防止发热量过小，不能满足使用要求的情况发生；工业用煤经过配煤加工还可以起到便于计量控制、稳定生产过程的作用，极具经济价值及技术价值。

6) 食品加工装备

食品流通加工装备，依据流通加工项目可分为冷冻加工装备、分选加工装备、精制加工装备和分装加工装备。

(1) 冷冻加工装备。冷冻加工装备是为了解决一些商品需要低温保质保鲜的问题，主要是生鲜食品，如鲜肉、鲜鱼等在流通中的保鲜及搬运装卸问题。低温加工问题设备也可用于某些液体商品、药品等的流通加工。

(2) 分选加工装备。分选加工装备主要用于按照一定规格、质量标准对一些农副产品进行分选加工，如果类、瓜类、谷物、棉毛原料等产品。这是由于农副产品规格、质量离散情况较大，为了高效地获得一定规格、质量的产品，需要采用一些设备对其进行分选加工。

(3) 精制加工装备。精制加工装备主要用于去除食品无用部分后，再进行切分、洗净等加工。这种加工不但可以使产品进行分类销售，大大方便了购买者，而且还可以对加工的淘汰物进行综合利用。比如，鱼类的精制加工所剔除的鱼鳞可以制成高级黏合剂，头、尾可以制成鱼粉，某些内脏可以制药或制成饲料等。这类加工通常设在产地。

(4) 分装加工装备。分装加工装备主要用于将运输包装改为销售包装。许多生鲜食品零售起点较小，而为了保证高效运输出厂，包装体积则较大，也有一些是采用集装运输方式运达销售地区，为了便于销售，在销售地区需要按所要求的零售起点进行新的包装，即大包装改小、散装改小包装、运输包装改销售包装等。这种分装加工可方便销售和消费，并起到一定的促销作用。

7) 组装产品的流通加工装备

很多产品是不易进行包装的，即使采用防护包装，其成本也很高，故对一些组装技术不高的产品，加自行车之类的产品，其组装可以在流通加工中完成，以降低储运费用。

8) 生产延续的流通加工装备

一些产品因其自身特性要求，需要较宽阔的仓储场地或设施，而在生产场地建设这些设施是不经济的，因此可将部分生产领域的作业延伸到仓储环节完成。这样做既提高了仓储面积、容积利用率，又节约了生产场地。例如，时装的检验、分类等作业，可以在时装仓库专用悬轨体系中完成相关作业，一举几得。

9) 其他通用加工机械

通用加工机械主要包括：裹包集包设备，如裹包机、装盒机等；外包装配合设备，如钉箱机、裹包机、打带机；印贴条码标签设备，如网印设备、喷印设备、条形码打印机；拆箱设备，如拆箱机、拆柜工具；称重设备，如称重机、地磅等。

8.2 剪板机

剪板机是在各种板材的流通加工中应用比较广泛的一种剪切装备，它能剪切各种厚度的钢板材料。

常用的剪板机分为平剪、滚剪及震动剪3种类型，平剪是使用最多的。剪切厚度小于10mm 的剪板机多为机械传动，大于 10mm 的为液压传动。一般用脚踏或按钮操纵进行单次或连续剪切金属。

剪板加工通常是在固定地点设置剪板机，以进行下料加工或设置各种切割装备将大规格钢板裁小或切裁成毛坯，这样做降低了销售起点，方便了用户。

8.2.1 剪板机的作用

剪板机就是在固定地点的剪板加工中，将大规格钢板裁小或切裁成毛坯。热连轧钢板和钢带、热轧厚钢板等板材最大，交货长度常可达 7~12m，有的是成卷交货，对于使用钢板的用户来说，大、中型企业由于消耗批量大，可设专门的剪板及下料加工设备，按生产需要进行剪板、下料加工。但是，对于使用量不大的企业和多数中小企业来讲，单独设置剪板下料设备，有设备闲置时间长、人员浪费大、不容易采用先进方法等缺点，在流通过程中进行钢板的剪板及下料加工，可以有效地解决上述弊病。

使用剪板机对板材进行剪板、下料的流通加工具有以下优点。

(1) 可以选择加工方式，较之气焊切割，其加工后钢材的晶相组织变化较少，可保证钢材的原状态，有利于进行高质量加工。

(2) 加工精度高，可减少废料、边角料，也可减少再加工的切削量，既提高了再加工效率，又有利于减少消耗。

(3) 由于集中加工可保证批量及生产的连续性，可以专门研究此项技术并采用先进设备，大幅度提高效率并降低成本。

(4) 使用户简化生产环节，提高生产水平。

8.2.2 剪板机的基本结构

剪板机在流通领域可用于板料或卷料的剪裁，其工作过程主要是板料在剪板机的上、下刀刃作用下受力产生分离变形。一般剪切时下剪刀固定不动，上剪刀向下运动。

普通剪板机一般由机身、传动系统、刀架、压料器、前挡料架、后挡料架、托料装置、刀片间隙调整装置、灯光对线装置、润滑装置、电气控制装置等部件组成。普通剪板机如图 8.1 所示。

图 8.1 剪板机

(1) 机身。机身一般由左右立柱、工作台、横梁等组成。机身分为铸件组合结构和整体焊接结构。铸件组合结构属于老式结构，机身大多采用铸件，通过螺栓、销钉将各组铸件连接成一体。这种结构的机身较重，刚性差，接合面的机械加工工作量也大。整体焊接结构与铸件结构相比，具有机身质量较轻、刚性好、便于加工等优点，采用整体式钢板焊接结构的机身日益增多。

(2) 传动系统。剪板机的传动系统有机械传动系统和液压传动系统之分。机械传动系统有齿轮传动系统和蜗轮副传动系统，且又以圆柱齿轮传动系统居多。圆柱齿轮传动系统又分为上传动式系统和下传动式系统。机械下传动式剪板机的结构紧凑，机身高度小，剪板机重心低，稳定性能较好，制造安装也比较容易。一般下传动式剪板机用于剪切厚度小于 6mm 的小规格剪板机。液压传动剪板机日益增多，其主要特点是剪切力在全行程中保持不变，可防止过载，且工作安全，通用化程度高，质量较轻，参数调整易实现自动化。但是液压传动的行程次数较低，电动机功率略大，故障排除不如机械传动式容易。

(3) 刀架。刀架是剪板机的重要部件。老式小型剪板机的刀架多为铸铁件，大型剪板机的刀架多为铸钢件。近年来，采用钢板结构的刀架日益增多。

(4) 压料器。在剪板机上刀片的前面设有压料器，使板料在整个剪切过程中始终被压紧在工作台面上。压料器所产生的压料力要能够克服板料因受剪切力的作用而产生的回转力矩，使板料在剪切时不产生位移或翻转。压料器有机械传动和液压传动等形式，在小规格剪板机中，以机械传动或液压传动使用最多。近年来，液压传动压料器日益增多，以满足选用的压料力大和剪切精度高的要求。

(5) 刀片间隙调整装置。为了适应剪切不同厚度板料的要求，剪板机需根据板厚调节刀片的间隙，刀片间隙过大或过小都会损坏刀片和影响板料剪切断面质量，因此，要求刀片调整装置操作方便，刚性好。

(6) 挡料装置。为了控制剪切板料尺寸和提高定位效率，剪板机设有挡料装置。挡料装置有手动和机动两种，手动挡料装置用于小型剪板机，机动挡料装置多用于大中型剪板机。

(7) 光线对线装置。当剪板机不使用后挡料装置时，或者剪切时剪刃需要与事先划好的刻线对准时，应使用光线对线装置，以保证剪切的尺寸精度，但有些剪板机上没有光线对线装置。

(8) 托料器。在剪板机工作台上设有托料器，其作用是将板料托起，使板料在工作台上移动轻快。

8.2.3 剪板机的技术参数

剪板机的主参数以剪切厚度和剪切板料宽度来表示。

(1) 剪切厚度。剪板机剪切厚度主要受剪板机构件强度的限制，最终取决于剪切力。影响剪切力的因素很多，如刃口间隙、刃口锋利程度、剪切角大小(对平刀剪切为板宽)、剪切速度、剪切温度、剪切面的宽度等，而最主要的还是被剪材料的强度。目前，国内外剪板机的最大剪切厚度多为32mm以下，厚度过大，从设备的利用率和经济性来看都是不可取的。

(2) 剪切板料宽度。剪切板料宽度是指沿着剪板机剪刃方向，一次剪切完成板料的最大尺寸，它参照钢板宽度和使用厂家的要求制订(可剪板宽度小于剪刃长度)，这种剪切方式称为横切方式。纵切方式为多次接触剪切，只要条料宽度小于剪板机的凹口——喉口，剪切尺寸就不受限制。随着工业的发展，剪板宽度不断增大，目前剪板宽度为6 000mm 的剪板机已经比较普遍，国外剪板机的最大板宽已达10 000mm。

(3) 剪切角度。为了减少剪切板料的弯曲和扭曲，一般都采用较小的剪切角度，这样剪切力可增大些，对剪板机受力部件的强度、刚度也会带来一些影响，但提高了剪切质量。

(4) 喉口深度。采用纵切方式对剪板机的喉口深度有一定的要求，目前剪板机趋向于较小的喉口深度，这样可提高机架的刚度，但使整机质量下降。

(5) 行程次数。行程次数直接关系到生产效率，随着生产的发展及各种上下料装置的出现，要求剪板机有较高的行程次数。对于机械传动的小型剪板机，一般每分钟可达50 次以上。

8.2.4 常见的剪板机

剪板机属于直线剪切类型，按其工艺用途的不同，可分为多用途剪板机和专用剪板机；

按其传动方式的不同，可分为机械传动式剪板机和液压传动式剪板机；按其上刀片相对下刀片位置的不同，可分为平刃剪板机和斜刃剪板机；按其刀架运动方式的不同，可分为直线式剪板机和摆动式剪板机。

1. 圆盘剪板机

圆盘剪板机(图 8.2)利用两个圆盘状剪刀进行剪切，按其两剪刀轴线相互位置不同及与板料的夹角不同分为直滚剪、圆盘剪和斜滚剪。直滚剪主要用于将板料裁成条料，或由板边向内剪裁圆形坯料；圆盘剪主要用于剪裁条料、图形坯料和环形坯料。

图 8.2　圆盘剪板机

常见的圆盘剪板机为手动式圆盘剪板机。手动圆盘剪板机的特征在于：它由带有圆形刀的上下刀体、手柄、曲梁和机座所组成；手柄通过棘轮与装有上刀的上刀轴配合连接，上刀体通过曲梁固定在机座上，下刀体与机座通过螺栓相连接。机座水平支架上的定位有可左右调节位置的定位尺，用以确定被剪板材的宽度。圆盘剪板机可对板材连续剪切，既可剪直线，也可剪曲线，适用于剪切厚 3mm 以下的钢板、铁板，厚 6mm 以下的纸板、橡胶、皮革等。

2. 多功能剪板机

多功能剪板机通常包括床身、悬臂梁、电机、皮带、点轮传动系统，床身上水平安装3 根传动轴，悬臂梁上对应安装 3 根传动轴，采用两个相对转动的滚子为进给器，两个相对转动的圆柱体为剪切刀，两个相对转动、有一定形状、凹凸配合的圆轮为挤压器来实现剪切、挤压一定形状，并一次完成。它主要用于加工薄板，可以提高工效，广泛应用于薄板加工业。

多功能剪板机有板料折弯剪切机和板材型材剪切机两种。

板料折弯剪切机(图 8.3)在同一台剪切机上可以完成两种工艺，剪切机下部进行板料剪切，上部进行折弯；也有的剪切机前部进行剪切，后部进行板料折弯。滑块置于机器中部，由 3 只油缸驱动滑块上下运动，滑块向上进行折弯，向下进行剪切。机架是用厚钢板焊成的整体结构，与一般折弯机相比，具有更高的精度稳定性。折弯时，滑块上、下停留的位置和行程量可任意调节；剪切时滑块行程与折弯时行程无关，剪切时行程一般保持恒定。另外，它在中间油缸内设置了一只伺服阀，可以任意控制滑块上升的最高位置，满足"自由折弯"时达到各种不同弯曲角度。采用具有充分刚性的同步轴结构，保证了滑块相对于横梁的平行运动。采用 PC 控制，使得折弯和剪切工作的转换，只需转动开关就可自动完成各项准备工作，无须更换模具。

板材型材剪切机(图 8.4)在剪板机刀架上，一边装有剪切板材的刀片，另一边装有剪切型材的刀片。

图 8.3　板料折弯剪切机

图 8.4　板材型材剪切机

3．摆式剪板机

摆式剪板机(图 8.5)又可分为直剪式和直斜两用式，直斜两用式主要用于剪切 30 度焊接坡口断面。摆式剪切机的刀架在剪切时围绕一固定点做摆动运动，剪切断面的表面粗糙度数值较小，尺寸精度高，而且切口与板料平面垂直。摆式结构主要用于板厚大于 6mm，板宽不大于 4mm 的剪板机。

4．振动剪板机

振动剪板机又称冲型剪板机(图 8.6)，其工作原理是通过曲柄连杆机构带动刀杆做高速往复运动，行程次数由每分钟数百次到数千次不等。

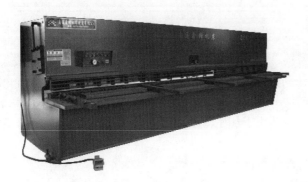

图 8.5　摆式剪板机

图 8.6　振动剪板机

振动剪板机是一种万能板料加工设备，它在进行剪切下料时，先在板料上画线，然后刀杆上的上冲头能沿着画线或样板对被加工的板料进行逐步剪切。此外，振动剪板机还能进行冲孔、落料、冲口、冲槽、压肋、朗边、折弯和锁口等工序的操作，用途相当广泛，适用于短金件的中小批量的初单件生产，被加工的板料厚度一般小于 10mm。振动剪板机具有体积小、质量轻、容易制造、工艺适应性广、工具简单等优点，但是生产率较低，工作时要人工操作，振动和噪声大，加工精度不高。

振动剪板机广泛应用在各种薄板加工业上，它不仅可以加工碳钢、不锈钢、铜、铝等各种金属板件，也可以加工硬纸板、硬橡皮、塑料等各种非金属板件。振动剪板机可一机多用，既可直线切割，也可以曲线切割，还可以冲孔和切槽，是薄板加工业的理想设备。

5. 机械剪板机

机械剪板机结构简单，操作维修简便，价格低廉，广泛应用于冶金、轻工、汽车、电机电器、仪表、五金等行业。

机械剪板机的机床传动形式分为机械式下传动和机械式上传动两种，分别如图 8.7 和图 8.8 所示，刀架为钢板焊接结构，刚性与强度好，剪切精度高；采用转键离合器，控制刀架运行，动作灵敏可靠，使用寿命长。

图 8.7 机械式下传动剪板机

图 8.8 机械式上传动剪板机

8.3 切割装备

切割机是常用的流通加工装备之一，其种类也是异常繁多，按切割方式分类有：等离子切割机、高压水切割机、CNC 火焰切割机、激光切割机、电火花线切割机等；按切割的材质分类有：金属板材管材切割机、玻璃切割机、石材切割机、布匹切割机、半导体切割机等。本书主要介绍金属切割机、玻璃切割机、石材切割机等常用的切割装备以及超高压水切割机、激光切割机等部分新型技术装备。

8.3.1 金属切割机

金属切割机主要包括 3 种：机械式缩小仿形电火花线切割机床、固定式钢管切割机和便携式火焰切割机。

1. 机械式缩小仿形电火花线切割机床

它将"相似菱形的对角线之长与边长成比例"的几何定理应用于电火花线切割机床，在床面上设置一个稳定的双层缩放尺机构，在缩放尺上设置一个运丝系统，在工作台与床面之间设置初始进给系统，可解决电火花线切割机床不便制作工艺品冲模的问题。机械式缩小仿形电火花线切割机床利用仿形缩小的原理可将工件加工部位比靠模缩小 1/2、1/3 和 1/5。

2. 固定式钢管切割机

钢管切割机包括割具总成部分、回转机构、驱动机构、固定机架部分、升降机构和重锤机构，主要用于钢管切割。升降机构安装在固定机架底部，驱动机构安装在固定机架部分一侧，回转机构安装在固定机架部分中部并连接驱动机构，割具总成部分安装在回转机构上，重锤机构和割具总成部分配合安装并配合工作。驱动机构转动带动回转机构转动，再带动割具总成围绕被切割钢管回转，完成切割任务。

3. 便携式火焰切割机

一种用于钢管切割的便携式火焰切割机，主要由机体、链条、切割装置组成，采用链式传动结构，以张紧的链条作为导向轨道，并使机体固定在被切割的钢管上；通过蜗轮、蜗杆的传动，带动链轮转动，使机体沿着链条在钢管外管壁旋转，机体上配有切割装置，随着机体运行，实现钢管切割。此类火焰切割机运行平稳、体积小、携带方便，切割质量高，可切割直径 273mm 以上任何管径的钢管，切割管口粗糙度为 12.5～25，直线度偏差最大为 1mm。

随着切割技术的发展，除传统的金属切割装备外，还出现了一些新型的金属切割装备，如等离子切割机等。空气等离子切割机是一种新型的热切割装备，它的工作原理是以压缩空气为工作气体，以高温高速的等离子弧为热源，将被切割的金属局部熔化，并同时用高速气流将已熔化的金属吹走，形成狭窄切缝。该装备可用于不锈钢、铝、铜、铸铁、碳钢等各种金属材料切割，不仅切割速度快、切缝狭窄、切口平整、热影响区小、工件变形度低、操作简单，而且具有显著的节能效果。该装备适用于各种机械、金属结构的制造、安装和维修，做中、薄板材的切断、开孔、挖补、开坡口等切割加工。

8.3.2 非金属切割机

非金属切割装备的种类繁多，主要包括有机玻璃、石材、木制品、布匹、半导体、密度板、塑料、纸张等的专业切割设备。下面主要介绍玻璃切割机和石材切割机。

1. 玻璃切割机

玻璃切割机的种类繁多，主要有以下 6 种类型。

1) 玻璃自动切割机

玻璃自动切割机由切桌、切割桥、电脑控制箱、掰板台、供电柜等主要部件组成，如图 8.9 所示。切桌由支架、桌面、输送带、传动装置、气垫装置等构成。支架是用来支撑桌面的，它由型钢柱、型钢梁等构成，其外侧一般整面封以钢板，做成柜式 12 支座。桌面由层合板做成，有数条(一般为 3～6 条)输送带纵向排列于上，自切桌的首端至末端，桌面纵向外沿各固定一金属齿条，齿条与输送带、输送带与输送带之间的外露的桌面均铺以毛毡。桌面开有许多小孔，孔与气垫风箱相连，输送带的上表面平时略低于毡面，输送玻璃片时通过抬起装置将其抬起，使其上表面略高于毡面，输送带的传动装置及抬起装置均装于桌面下。气垫装置由风箱、风管、风机等构成，风箱装于桌面下，与桌面小孔相连，并通过风管与风机相通。切割玻璃片前,玻璃片要准确地停在切桌的一定位置上,当需要调整玻璃片的位置时,启动风机,打开风管闸板,使风机向风箱吹风,风箱的空气从小孔溢出,形成气垫,将玻璃片托起,以便于调整玻璃片的位置及避免玻璃表面擦伤。切割玻璃时关闭风管闸板,玻璃片落在桌面上。

图 8.9 玻璃自动切割机

切割桥是横跨于切桌上空的金属结构桥,它支承于切桌纵向外侧的金属导轨上,桥纵向运动的传动机构由编程器、编程电机、齿轮组成。从控制柜传输来的控制脉冲传到编程器,由编程器换算为编程电机的转动转数,编程电机的曲轴带动小齿轮,后者的齿数、齿距是固定的,控制编程电机的转数就可控制切割桥纵向的运动距离。此传动机构共有两套,每边各一套,同步运转。切割玻璃的切割头装于切割桥侧面的导轨上,导轨轨面经过精密加工,切割桥也有类似的固定齿条,用类似的传动方式控制切割头的横向运动。切割玻璃的刀轮是用硬质合金钢制成,它装于一旋转轴上,该轴装于一汽缸活塞杆端部,钢及汽缸均装于切割头上。另外有一套调节装置调节旋转轴,使通过刀轮刃口的垂直面总与设定的切割线的方向一致。刀轮施于玻璃表面的压力,则由装于旋转轴上部的小型汽缸调节。

控制柜是集中安装自动控制装置的操作柜,有不同自控水平的控制柜,采用数控者,只需将玻璃原片的规格、所需半成品玻璃片的规格、形状、数量等数据,通过磁盘、穿孔带或人工键盘输入控制柜台,切割机即可按所输入的数据经过微机优化后,自动组合在各块玻璃原片内切出那些半成品,最后切出所需数量的各种形状、规格的半成品。

掰板台为一气垫台,其构造与上述气垫装置的结构相同。此台纵向有 1 块、横向有 1~3 块顶板,已经切出刀痕的玻璃片由切桌上的输送带自切桌送入掰板台。此时气垫将玻璃片托起,人工手扶玻璃片,将其移至顶板上适当位置,然后停止送风。玻璃片落在台面上,人工脚踏顶板机构,使顶板升出台面,玻璃即自刀痕处断开。做第二次掰断时,先将气垫送风闸板打开,台面产生气垫,由人工再将玻璃片移至适当位置,停止送风后用顶板将玻璃掰断,如此反复进行,直至全部掰断,再将所切成的半成品取出,将所掰下的玻璃边清除干净,掰板工作即告结束。

供电柜是本机拖动电力连接电源之处。

玻璃切割机根据其结构及自控水平有许多类型,切割玻璃的形状、规格、尺寸公差、切裁效率及操作劳动强度各不相同。上述数控玻璃自动切割机是当今最先进的切割机之一,适合于大规模生产使用。其主要技术性能参数有切出玻璃的形状、玻璃原片规格、玻璃厚度、切割尺寸公差、数据输入方式等。

2) 翻转式玻璃切割机

翻转式玻璃切割机由切桌、切割桥、液压翻转装置、控制柜、供电柜等主要部件组成。切桌的桌面、气垫装置与上述有关内容基本相同，支架由型钢柱、型钢架构成，其外侧不封钢板。桌面设有输送带，纵向设有1块、横向设有两块掰断玻璃用的顶板，这些顶板用气动装置控制其升降动作。桌面纵向一侧有支撑玻璃片的挡辊。切割桥由金属结构桥和切割头组成，有1个切割头和两个切割头两种切割桥。横向、纵向切割分别使用不同的切割头，有1个横向切割头，安装在切割桥的导轨上，它只能进行横向切割；另有9个纵向切割头，安装在切割桥另一导轨上。切割桥导轨一侧装有精细刻度的标尺，导轨上有滑块，切割头装在滑块上，其位置由人工依据切裁的尺寸对照标尺精确定位。此两种切割头的硬质合金钢刀轮均装在一小型汽缸的活塞杆上，工作时向汽缸供压缩空气，刀轮向下并以一定压力压在玻璃上。纵向切割头一般不需全部工作，需要工作时其供气支管的调节阀事先打开。此种切割桥采用按钮人工操作。液压翻转装置由一组液压缸组成。切桌的一侧支架与固定于地面的钢结构铰接，设有一组液压缸，其活塞杆端部与切桌的型钢梁铰接，当活塞杆处于拉回状态时，切桌面成水平状态。当液压缸反向供油，活塞杆推出时，切桌面翻转80°。此种玻璃切割机只能切出矩形的玻璃。大规格的玻璃原片，通常采用吊车——真空吸盘组合装置装片。

3) 靠模切割机

靠模切割机由气垫切割台、气箱、风机柜、电气柜、进料辊、模板、模板架、切割臂、切割头等组成。气箱、风机柜、电气柜用型钢及钢板组合成一箱体，箱体型钢架的4角下面各有一调节螺栓。气箱在箱体的上部，下部是电气柜和风机柜，各部分由钢板隔开。电气柜是本机的供电枢。风机柜内安装风机，有送风管。吸风管与气箱及与通向车间的短管相接，管上装有换向阀。进料辊是套有橡胶圈的辊子。用轴承座装于风箱3个侧面的上沿，装卸玻璃片时，先将玻璃靠在辊上，避免玻璃表面被切割台边缘擦伤。气垫切割台装在气箱的顶部，由钻有许多小孔的铝板、毛毡、定位块及定位杆组成。小孔与气箱相连，当风机向气箱送风时，台面形成气垫；当拨动换向阀使风机从气箱抽气时，台面形成负压场，把玻璃片吸牢在切割台面上。在台面上横向有定位块，纵向有定位杆，用来将玻璃原片在台面上定位。模板由多层胶合板制成，中间按所需切割的玻璃尺寸加上余量后镂空，并用模板架固定在气垫切割台台面的上方。模板架有两块定位架，装在切割台纵向的操作侧，可移定位架装于气箱横向外侧上沿的滑轨上，而模板架装在这两个定位架上，并由锁紧装置锁紧，切割玻璃时模板不摆动。切割臂由两段铝型材工作臂铰接而成。气箱型钢架非操作侧装有一支座，切割臂的一端装于此支座的立轴上，处于模板的上方，可在模板的上方绕支座上的立轴及铰接轴摆动。支座下面有两只调节螺栓，调整两螺栓，可使切割臂在水平面上摆动。臂的另一端装切割头，切割头由手柄、按钮盒、挡轮、挡套、刀轮座、刀轮、切割液管子及阀门等组成。

4) 水平式夹层玻璃自动切割机

现代建筑使用的夹层玻璃是采用自动化、大批量方式生产的，产品的规格大，往往需按订单的尺寸进行切割加工，然后供用户使用，国外目前有多种夹层玻璃自动切割机，水平式夹层玻璃自动切割机是其中的一种。水平式夹层玻璃自动切割机由切割机及掰断两大部分组成。前者的切桌、切割桥、计算机控制箱等部件的结构与玻璃自动切割机很相似。

本机的特点是有两个切割桥，分别安装在切桌的上、下方。两个切割头同时同方向在同一垂直面上对夹层玻璃的上、下表面进行切割，两条刀痕处在同一垂直面上。夹层玻璃的掰断有冷掰及热掰两种工艺，前者的掰断装置装在切桌的中部，切出刀痕的夹层玻璃在刀痕两边用夹板夹紧，然后液压装置将玻璃在刀痕处折断，台上装有拉伸装置，用此拉伸装置将玻璃在断裂处拉开，中间的 PVB 膜即被折断，夹层玻璃一分为二。即使是厚玻璃及膜片，边缘也都是平滑的，尺寸精确。此种夹层玻璃自动切割机能切割 4mm 厚膜片，总厚度达 28mm 的夹层玻璃，但只能切割双层玻璃，且只能直线切割，操作时往往使用起重设备将大块的夹层玻璃装上切桌，在选用设备时，需考虑配备起重设备。

5）水平式无齿锯切割机

水平式无齿锯切割机由金刚砂砂轮片、传动装置、固定式悬臂梁、移动式载物架、导轨、导向板、工作台、机架、水喷头及控制台等组成。工作台、固定式悬臂架与机架连成一体，构成一坚固的钢结构。工作台上装有导轨及导向板，移动式载物架装于导轨上。金刚砂砂轮的传动装置装在固定式悬臂梁上，金刚砂砂轮装在其传动装置的轴上。传动装置由变速电动机驱动，所需切割的夹层玻璃平放在移动式载物架上，导向板定位后，夹层玻璃的一边紧靠导向板，启动传动装置，先用低速运转，徐徐推动移动式载物架，即可将夹层玻璃切割成预定的尺寸。如在移动式载物架上先装上具有一定角度的垫板，再将夹层玻璃放在垫板上，则夹层玻璃的切口是垫板倾角为补角的斜切口。水喷头装在固定式悬臂梁的一侧，与水管相连，切割玻璃时，用自来水经喷嘴喷于金刚砂砂轮片与玻璃相接触处，以冷却砂轮片及防止玻璃粉尘飞扬。该机用于切割多层夹层玻璃，适用于切割规格较小的产品，能切厚度大的产品。

6）异形玻璃切割机

异形玻璃切割机(图 8.10)为各种异形玻璃切割设计。从取片到切割，完全由计算机自动控制。切割压力可根据切割速度自动调节，依据图形及其组合切割出任何普通形状玻璃。

2. 石材切割机

石材切割机(图 8.11)是一种由切割刀组、石料输送台、定位导板及机架组成的专业切割石材的设备。切割刀组在石料输送台上部并置于机架上，切割刀组之间固定定位导板；切割刀组由电动机、皮带、刀轮轴、切割刀具组成，切割刀具固定在刀轮轴上。石材切割机可对各种类型的石料进行不同深度的机械切割加工，加工效率高，同时能有效利用小型石料，大大节约石料资源，也有利于保护环境。

图 8.10　异形玻璃切割机

图 8.11　石材切割机

8.3.3 新型综合型切割机

随着高科技的发展，出现了许多新型的高科技切割装备，大大提高了切割的精确性和效率。这些新型高科技切割设备既可切割金属材料，还可以切割非金属材料，主要有超高压水切割机、激光切割机等。

超高压水切割机(图 8.12)是一种多用途、性能完善的切割装备，它的最大特点是非热源的高能量射流束加工，无热过程，故可切割所有金属和非金属材料，特别是各种热切割方法难以胜任或不能加工的材料。超高压水射流切割机具有切速快、切口平整、无尘埃、无热变形、无污染、减少材料浪费等优点，可切割钛合金、铜板、钢板、铝板、铸铁、大理石、瓷砖、木材、塑料等材料。

激光切割技术在国内发展十分迅速，激光切割机(图 8.13)可以在平面板件上进行直线和任意曲线切割，除金属材料外，还可以切割各种非金属，例如：橡胶、胶合板、人造革、塑料、有机玻璃、云母片、玻璃纤维、布匹等。其广泛应用于板材加工、汽车制造及仪表、轻工建材等行业。切割机可同时兼有雕刻、薄板焊接等功能。激光切割不需要后序加工，节省了大量后序加工设备，尤其在产品频繁更新的今天，激光切割机对生产的适应能力较强，特别有利于多品种、小批量的生产企业加快产品的改型和更新换代的步伐。

图 8.12 超高压水切割机

图 8.13 激光切割机

案例 8-1

超高压水切割机的现状与发展

近年来，随着"超高压数控水切割机"(又称"水刀")的成熟和应用范围的扩大，其逐渐进入一个成长期，这也要部分归功于中国经济的快速发展。依托于更高精度的机床平台和大功率高压系统，可将水切割应用范围扩展到金属加工和工业制造领域，加工更多更精密的产品，而不仅仅局限在玻璃、陶瓷、石材等材料的加工。

1. 目前超高压水切割行业的现状

1) 水刀切割特性

例如在金属切割中，各种加工手段并存，包括刀具、激光、火焰切割(等离子切割)、电火花、线切割、水切割等加工方式。各种切割手段各有优势，又都存在一定的局限性，各自占领了一部分市场。但在众多的切割手段中，只有水切割属于冷态切割，直接利用加磨料水射流的动能对金属进行切削而达到切割目的，切割过程中无化学变化，具有对切割材质理化性能无影响、无热变形、切缝窄、精度高、切面光洁、清洁无污染等优点，可加工传统加工及其他加工方法无法加工或难于加工的材料，如玻璃、陶瓷、复合材料、反光材料、化纤、热敏感材料等。随着人们对水切割技术了解的进一步加深，逐渐认识到水切割技术在金属切割行业的独特优势。以激光切割为例进行比较，在薄板切割中激光虽然在切割速度方面要优于水切割，但在16mm以上的金属切割中采用激光切割则投资大成本高，而且激光切割材料的切缝周边仍有一定的热影响区。水刀切割金属材料厚度一般可达30～100mm以上，并且对材料无任何影响，再加上水刀对切割材料没有限制，综合这些因素，很多原来选择激光或其他切割手段的用户转而选用水切割机。

目前"水刀"的数控平台多采用滚珠丝杆和滚动直线导轨的精密传动技术，控制精度都在±0.02mm以内，同时加砂水射流的喷嘴和切割头的聚焦性能及长寿命的喷嘴材料的技术突破，配合了400MPa大功率超高压系统的连续平稳工作，可全自动供砂和控砂，及高压水启、停控制系统配合，使得"水刀"能24小时自动连续切割。

"水刀"兼有强大的计算机辅助设计和控制功能，特别在"转角和尖角"切割时自动减速，以减小切割中甩尾的影响，使得切割面光洁圆滑，加之"水刀"切割具有"磨削"的特性，这使得"水刀"在切割质量和效率上都有了极大的变化和提高，而且可直接用于金属零件的成形切割加工。

2）水刀应用的优点

(1) 切割金属的粗糙度达1.6μm，切割精度达±0.10mm，可用于精密成形切割。

(2) 在有色金属和不锈钢的切割中无反光影响和边缘损失。

(3) 碳纤维复合材料、金属复合材料、不同熔点的金属复合体与非金属的一次成形切割。

(4) 低熔点及易燃材料的切割，如纸、皮革、橡胶、尼龙、毛毡、木材、炸药等材料。

(5) 特殊的场地和环境下切割，如水下、有可燃气体的环境。

(6) 高硬度和不可溶的材料切割，如石材、玻璃、陶瓷、硬质合金、金刚石等。

2. 新技术在水刀切割中的应用情况

在各种加工行业中，追求高质量、高效率的直接成形加工是目前国际上的发展趋势，"水刀"切割机正是针对这种需求而在相关的技术应用上不断创新。

1）高精度的数控机床

随着包括精密滚珠丝杆、伺服电机、谐振减速单元等技术的出现，机床可以达到更高的位置精度；而反向间隙补偿、重复定位精度的提高，使机床制造厂商将更大的精力投入到分析机床几何误差产生的原因，从而通过采用球杆测量仪和激光干涉仪等高精度测量器具检测机床几何精度并建立误差映射表给予精度修正，以此制造高精度机床。

2）大功率超高压系统

提高水的能量，将提高其切割能力。水射流能量越大，切割效果越好，所以水切割机的压力和最大输出流量就成为影响切割能力的主要参数。目前，国际上对此也在做进一步的研究和试验。试验证明，当压力达到700MPa以上时，也可以用清水切割薄钢板和较硬的复合材料，这样进一步提高增压器的压力，可大大提高水切割机的切割能力。

另外，在同等的压力之下，提高射流的流量(即加大射流的功率)也一样可提高切割能力，因此而产生多增压器并联技术：在对现有系统不做大改动的前提下，采用多增压器并联技术，即将两个或多个高压发生器并联使用，可以很方便地提高增压器的输出流量，采用大口径喷嘴进行切割，这样水射流有效切割能量更大，切割效果更好。

3）5轴水切割技术——自校正切割

由于能量梯度的作用，激光、气体等离子、射流等切割手段在切面越深时(距喷嘴越远)，切割能力越差，所以所形成的切割面往往不垂直于工件表面，被称之为切割斜度，这是所有切割手段的一个固有缺陷。虽然通过提高切割能量或降低切割速度可以部分减小切割斜度，但依然存在不能完全垂直切割的问题。于是，可倾斜切割头的设想于 1997 年被提了出来，目前国际上已有商用产品，这是解决切割斜度、提高精度最直接有效的方法。其原理是通过在原有 3 轴平台的基础上再增加两个旋转轴，刀头可向任何方向摆动，并利用预先在系统中设置的斜度模型，通过对切割轨迹的实时计算，再根据被切工件的材料与厚度进行修正，在切割的过程中不断地摆动切割头，使得切割出来的工件达到完美的无斜度状态。

根据本案例所提供的资料，试分析：何谓超高压水切割机？超高压水切割机与其他切割机相比有何优势？

8.4 冷链装备

一些生鲜、易腐物品如蔬菜、水果、鱼、肉等，只有在一定温度条件下储存和运输，才能保证其使用时的质量。自然界的温度无法控制，但物品的储存和运输温度可以通过一些装备人为地控制在需要的温度范围内。冷链装备就是将生鲜、易腐物品在低温冷藏条件下由产地、捕捞地送至零售卖场、家庭而采用的运输储存装备的总和。

随着社会生产力的发展和人们生活水平的提高，消费者对生鲜物品也提出了更为严格的要求。消费者在购买蔬菜、水果、肉、鱼等生鲜物品时，最为看重的无疑就是一个"鲜"字，这就意味着安全、放心、营养。而蔬菜、水果、肉、鱼等生鲜物品在达到消费者手中时能否保持新鲜，在很大程度上取决于物流过程中对其温度的控制情况。运用冷链装备进行生鲜物品的运输、储存，就可以有效地控制物品在物流过程中的温度，在保持物品鲜度的同时，还可以减少因物品鲜度下降、变色、变质、腐烂等带来的损耗，降低经营成本。

【行业实践】

冷链装备主要用于食品加工、医学界及免疫系统。常用的冷链设备有冷库、冷藏车及一些保冷容器(如冷藏箱、保冷背包)等。

8.4.1 冷库

冷库一般是指用各种设备制冷并能人为控制和保持稳定低温的装备。它的基本组成部分是制冷系统、电控装置、有一定隔热性能的库房、附属性建筑物等。制冷系统主要包括各种制冷设备，它是冷库的心脏，通过其制造冷量来保证库房内的冷源供应；电控装置是冷库的大脑，它指挥制冷系统保证冷量供应；而具有一定隔热性能的库房，是储藏保鲜物品的场所，它的作用是保持稳定的低温环境。库房良好的隔热保温结构，可以最大限度地减少制冷设备制造的冷量向库外泄漏，反过来说，就是尽量减少库外热量向库内泄漏，这也是冷库与一般仓库的主要不同之处。

我国的冷库种类较多，包括以下分类方法。

(1) 按库房容积大小不同可分为：大型、中型和小型。在我国，一般把库容在 1 000t 以上的冷库称为大型库，1 000t 以下、100t 以上的冷库称为中型库，100t 以下的冷库称为小型库。

(2) 按制冷机使用的制冷剂不同可分为：使用氨制冷剂的氨机库和使用氟制冷剂

的氟机库。果蔬储藏库一般使用氨制冷剂的氨机库,氨机库又可分为压缩式和吸收式两种。

(3) 按冷库的温度高低可分为:低温库和高温库。高温库的最低温度一般在-2℃左右,低温库的温度一般在-18℃以下。果蔬保鲜库一般是高温库,水产、肉食类保鲜库是低温库。

(4) 按冷库内冷分配器的形式不同可分为:排管冷库和冷风机冷库。果品蔬菜保鲜一般用冷风机冷库。

(5) 按库房的建筑方式不同可分为:土建冷库、装配冷库和土建装配复合式冷库。土建冷库一般是夹层墙保温结构,占地面积大、施工周期长,早期的冷库就是这种方式。装配式冷库是预制保温板装配式的库房,与传统的土建冷库相比,具有保温隔热和防潮防水性能好、阻燃性强、抗压强度高、抗震性能好、建设工期短、可拆卸等优点,但投资较大。土建装配复合式冷库是土建冷库和装配冷库的结合,库房的承重和外围结构是土建的形式,保温结构则采用聚氨酯喷涂发泡或聚苯乙烯泡沫板装配的形式。

8.4.2 冷藏车

冷藏车是在有保温层的封闭式车厢上装有强制冷却装置(即制冷机)的汽车,如图 8.14 所示。冷藏车能在长时间运输中使车厢内货物保持一定温度,适用于要求可控低温条件货物的长途运输。我国的冷藏车是 20 世纪 80 年代初期发展起来的,比发达国家晚了近 30 年,但 10 年来我国冷藏车发展速度很快,已成为国家冷链工程的主导运输工具。

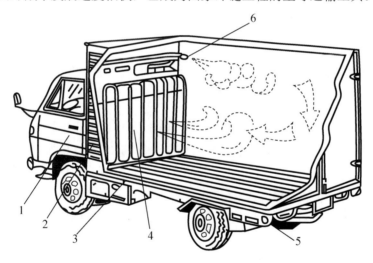

图 8.14 冷藏车

1—汽车底盘;2—隔热装置与连接装置;3—制冷机组;4—冷板;5—电源接线箱;6—通风装置

为了保证低温运输要求,国家制定了冷藏汽车的性能标准,主要包括以下参数。

1. 车厢的主要技术指标

(1) 车厢总传热系数。总传热系数是体现车厢保温性能的技术参数,单位是 $W/m^2 \cdot ℃$。其意义为:车厢内外温差为 1℃时车厢表面积每平方米传递热量的瓦数,该值越小越好。国家标准规定,保温汽车和冷藏车车厢的总传热系数不能大于 $0.6W/m^2 \cdot ℃$。

(2) 车厢漏气倍数。它是表示车厢密封性能的技术参数,单位为 h^{-1},其意义为:车厢在每小时内漏气量为本车厢容积的倍数值，其值也是越小越好。国家标准中对冷藏车车厢的漏气倍数是这样规定的：总传热面积大于 $40m^2$ 的车厢，其漏气倍数$\leq 3h^{-1}$；车厢总传热面积为 $20\sim 40m^2$，其漏气倍数$\leq 3.8h^{-1}$；车厢总传热面积小于 $20m^2$，漏气倍数$\leq 5.3h^{-1}$。

2. 制冷机的主要性能参数

制冷机的主要性能参数是表示制冷能力的制冷量，以 W 为单位。由于在不同温度下制冷量是变化的，国际上对汽车制冷机通常给出两个温度的制冷量，即 0℉(近似-18℃)和 35℉(近似+2℃)温度下的制冷量。制冷量和经济性是互相制约的。因此，制冷量大小的选择是从保持食品品质的需要和经济性两方面考虑的。

3. 冷藏汽车综合性能指标

车厢内温度可调范围及最低能达到的温度，是反映车厢和制冷机配合后的综合性能。在车厢容积不变的条件下，制冷机的制冷量、车厢的总传热系数及漏气倍数等都能影响车厢的降温性能。

国家标准要求在 30℃环境温度下，车厢内温度可调范围分为 6 个档次。其中最高可调温度为+12℃，最低可调温度为-20℃。目前国内生产的冷藏汽车最低可调温度多在-18℃，而实际可以达到的最低温度为-20℃以下。

8.4.3 冷藏箱

冷藏箱是一种应用广泛的冷链装备，可以在宾馆、医院、汽车、船舶、家庭卧室、客厅等环境中灵活使用。

1. 按制冷机制不同分类

按制冷机制不同冷藏箱有压缩式冷藏箱、半导体式冷藏箱和吸收式冷藏箱 3 种类型。

(1) 压缩式冷藏箱。压缩式冷藏箱是最常见的种类。它通过压缩机制冷，具有制冷速度较快、耗能较低、品种齐全、制冰能力强等优点，适合家庭使用。目前市场上出售的压缩式冷藏箱的容积有 46L、50L、60L、80L、100L 以上等各种型号。但压缩式冷藏箱由于具有噪声大、体积大、对能源要求严格(只能用交流电)等缺点，不适宜在宾馆、医院、汽车、船舶等特殊环境中使用。

(2) 半导体式冷藏箱。半导体式冷藏箱是利用半导体冷冻晶片进行核心制冷的冷藏箱。它重量轻，既可制冷又可制热，成本较低。容积有 6L、12L、16L 和 18L 及以上等多种，可应用在汽车、船舶等特殊环境中。但由于其制冷、制热效果不理想，有耗能大、使用寿命短的缺陷，目前在市场上还不多见。

(3) 吸收式冷藏箱。吸收式冷藏箱采用吸收式制冷技术，以氨作为制冷剂，水作为吸收剂，氢或氦作为扩散剂，利用热虹吸原理，使制冷系统连续运行，从而达到制冷效果。吸收式冷藏箱具有无运动部件、无噪声、寿命长、可按需要应用多种能源等优点，适合宾馆、医院、汽车、船舶、家庭卧室等环境和外出旅游时使用。

2. 按外形特征的不同分类

按外形特征不同冷藏箱还可分为手提冷藏箱、背带冷藏箱和柜式冷藏箱 3 种类型。

(1) 手提冷藏箱。手提冷藏箱(图 8.15)的一般温度范围从+5℃到65℃，冬天可以加热到65℃，夏天可以制冷到5℃；净重不超过5kg，体积小，可手提携带；使用简单；寿命长，维修方便；适宜在室外使用，能随意放置。

(2) 背带冷藏箱。背带冷藏箱(图 8.16)的制冷温度可以达到5℃，设计成背包形式，使用简单，寿命长，维修方便，体积轻，适宜在于室外使用。

(3) 柜式冷藏箱。柜式冷藏箱(图 8.17)的制冷温度一般可以达到5℃，适宜在室外使用，净重在7kg左右。

图 8.15　手提冷藏箱　　　　图 8.16　背带冷藏箱　　　　图 8.17　柜式冷藏箱

8.5　混凝土搅拌装备

建筑业的发展，决定了混凝土使用量的不断增加。目前，世界各先进工业国家混凝土的普及率已经达到80%左右。生产混凝土的装备主要包括：混凝土原材料的运输和预处理装备、混凝土配料和搅拌装备、混凝土运输及布料装备等。其中核心装备是混凝土搅拌楼(站)、混凝土搅拌运输车和混凝土泵。混凝土搅拌站(楼)进行混凝土的自动化生产，混凝土搅拌运输车则负责将混凝土从混凝土搅拌站(楼)输送到施工现场，并且在输送过程中，保证混凝土拌和物不会发生分层离析与初凝。

8.5.1　混凝土搅拌楼(站)

混凝土搅拌楼(站)是用来集中搅拌混凝土的联合装置，又称混凝土预制厂。它生产的混凝土用车辆运送到施工现场，以代替施工现场的单机分散搅拌。搅拌楼(图 8.18)与搅拌站(图 8.19)的区别主要是搅拌站生产能力较小，结构容易拆装，能成组进行转移，适用于施工现场；搅拌楼体积大，生产率高，只能作为固定式的搅拌装置、适用于产量大的混凝土供应。

由于混凝土搅拌站(楼)的机械化、自动化程度很高，所以生产率也很高，并能保证混凝土的质量和节省水泥，故常用于混凝土工程量大、施工周期长、施工地点集中的大、中型水利电力工程、桥梁工程、建筑施工等。随着市政建设的发展，采用集中搅拌、提供混凝土的搅拌楼(站)具有很大的优越性而得到迅速发展，并为推广混凝土泵送施工，实现搅拌、输送、浇筑机械联合作业创造条件。

图 8.18　HL1-90 型混凝土搅拌楼

1—控制室；2—集中给料斗管道；3—搅拌机；4—水泥输送管道；5—成品料储罐；6—水泥筒仓

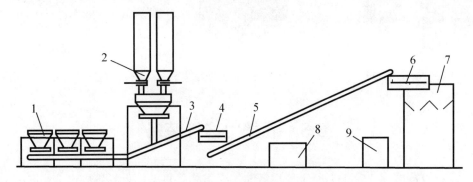

图 8.19　MC-150 型连续式搅拌站

1—骨料斗及计量装置、骨料皮带机；2—水泥仓及计量装置、螺旋输送机；3—集料上料皮带机；4—第一级搅拌缸；
5—中间混合料输送机；6—第二级搅拌缸；7—混凝土储料仓；8—水、附加剂缸及计量装置；9—控制室及自动控制系统

1. 混凝土搅拌楼(站)的工作流程

混凝土搅拌楼工作流程如图 8.20 所示。

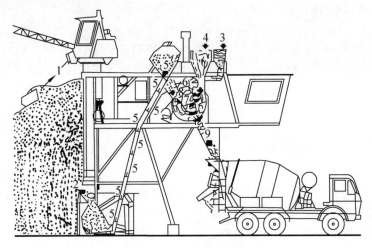

图 8.20　搅拌楼工作流程

图8.20中：1是用径向拉铲机或自动拌运机将砂石等骨料运至秤量处，2是将砂、石骨料送入秤量斗中，3是将水定量器放入水量分配斗中，4是借助螺旋输送器将水泥配入水泥秤盘中，5是将秤量斗中砂、石骨料放入搅拌机中，6是将定量水放入搅拌机中，7是将水泥放入搅拌机中，8是将骨料、水泥及水进行搅拌，9是将已搅拌完毕的混凝土放出。

2. 混凝土搅拌楼(站)的组成

搅拌楼(站)主要由物料供给系统、称量系统、控制系统和搅拌主机4大部分组成。

(1) 物料供给系统。物料供给系统是指组合成混凝土的石子、砂、水泥、水等几种物料的堆积和提升。砂和石料的提升，一般是以悬臂拉铲为主，另有少部分采用装载机上料，配以皮带输送机输送的方式。水泥则以压缩空气吹入散装的水泥筒仓，辅之以螺旋机给水泥秤供料。搅拌用水一般用水泵实现压力供水。

(2) 称量系统。砂、石一般采用累积计量，水泥单独称量，搅拌用水一般采用定量水表计量和用时间继电器控制水泵运转时间实现定量供水等两种方式。称量系统的误差应满足一定的精度。

(3) 控制系统。控制系统一般有两种方式：一种是开关电路，继电器程序控制；另一种是采用运算放大器电路，增加了配比设定、落实调整容量变换等功能，也是继电器程序控制方式。近年来，微机控制技术开始应用于控制系统，增加了配比储存、自重除皮、落差迫近、物料消耗和搅拌罐次累计等功能，提高了控制系统的可靠性。

(4) 搅拌主机。搅拌主机的选择，决定了搅拌站(楼)的生产率。常用的搅拌主机有锥形反转出料式、立轴涡浆式和双卧轴强制式3种形式，搅拌主机的规格按搅拌站(楼)生产率选用。

3. 混凝土搅拌楼(站)的分类

(1) 混凝土搅拌楼(站)按其结构不同可分为固定式、装拆式及移动式。①固定式搅拌楼是一种大型混凝土搅拌设备，生产能力大。它主要用在混凝土工厂、大型预制构件厂和水利工程工地。②装拆式搅拌站由几个大型部件组装而成，能在短时期内组装和拆除。可随施工现场转移，适应建筑施工现场。③移动式搅拌站是把搅拌装置安装在一台或几台拖车上，可以移动转移，机动性好。这种搅拌站主要用于一些临时性工程和公路建设项目中。

【参考视频】

(2) 混凝土搅拌楼(站)按其作业形式不同可分为周期式和连续式。①周期式搅拌楼(站)的进料和出料按一定周期循环进行。②连续式搅拌站的进料和出料则为连续进行。

(3) 混凝土搅拌楼(站)按其工艺布置形式可分为单阶式(垂直式、重力式、塔式)和双阶式(水平式、横式、低阶式)。

(4) 混凝土搅拌楼(站)按其工艺可分为一阶式和二阶式。①一阶式把砂、石、水泥等物料一次提升到楼顶料仓，各种物料按生产流程经称量、配料、搅拌，直到制成混凝土出料装车。搅拌楼自上而下分成料仓层、称量层、搅拌层和底层。一阶式工艺流程合理，但要求厂房高，因而投资较大。②二阶式骨料的储料仓同搅拌设备大体是在同一水平上；骨料经提升送至储料仓，在料仓下进行累计称量和分别称量，然后再用提升斗或皮带输送机送到搅拌机内进行搅拌。二阶式高度降低，拆装方便，可减少投资，为一般搅拌站所采用。

【行业实践】

8.5.2 混凝土搅拌运输车

混凝土搅拌运输车主要适合于市政、公路、机场工程、大型建筑基础及特殊混凝土工程的机械化施工，是混凝土生产和使用中必不可少的一种重要装备。

1. 混凝土搅拌运输车的组成和工作原理

混凝土搅拌运输车(图 8.21)由载重汽车底盘和混凝土搅拌运输专用装置组成。

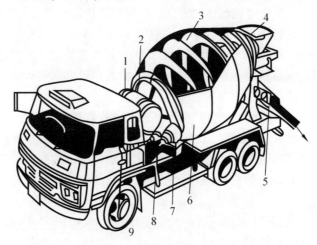

图 8.21 混凝土搅拌运输车

1—储水桶；2—链轮；3—螺旋叶片；4—加料斗；5—出料槽；6—搅拌筒；
7—液压马达；8—驱动轴；9—飞轮式取力器

混凝土搅拌运输专用装置主要包括取力装置、液压系统、减速机、拌筒、操纵机构、清洗机构等。其工作原理是，通过取力装置将汽车底盘的动力取出，并驱动液压系统的变量泵，将机械能转化为液压能传给定量马达，马达再驱动减速机，由减速机驱动搅拌装置，对混凝土进行搅拌。

(1) 取力装置。取力装置的作用是通过操纵取力开关，将发动机动力取出，经液压系统驱动拌筒，拌筒在进料和运输过程中正向旋转，以利于进料和对混凝土进行搅拌，在出料时反向旋转，在工作终结后切断与发动机的动力连接。

(2) 液压系统。将经取力装置取出的发动机动力转化为液压能，再经马达输出为机械能，为拌筒转动提供直接动力。

(3) 减速机。减速机的作用是将液压系统中马达输出的转速减速后传给拌筒。

(4) 搅拌装置。搅拌装置主要包括拌筒和装料与卸料机构。

① 拌筒。拌筒是混凝土搅拌运输车的主要专用装备，其结构形状直接影响混凝土的运输和搅拌质量以及进料和出料速度。拌筒支撑在不同平面的 3 个支点上，拌筒轴线对车架(水平线)倾斜一角度，常为 16°～20°。

拌筒的工作过程是：当拌筒顺时针方向回转时，筒壁和叶片使拌和物在不断提升与向下翻落的过程中，同时沿螺旋叶片的螺旋方向(向筒底)运动，而拌筒底部的拌和物，受端壁作用又向上作翻滚运动，从而使拌和物受到较强烈的搅拌。当拌筒逆时针回转时，螺旋方向向上，螺旋叶片推压混凝土拌和物向上运动，并由料口卸出。为了便于进料和均匀出料，在料口内装有一导向管，拌和物由导向管内壁进入拌筒，并沿导向管外壁卸出。

② 装料与卸料机构。装料与卸料机构装在拌筒料口的一端。混凝土搅拌运输车的进料斗的斗壁上缘用销轴铰接在支架上。进料斗底部的进料口与进料导向管口相贴合，以防止进料时混凝土外溢，进料斗还可以绕铰轴向上翻转，露出拌筒的料口，以便清洗拌筒。在拌筒料口两侧的支架上，装有固定卸料槽，其下又装有一活动卸料槽。活动卸料槽可以通过调节杆改变倾斜角，因此，它可以适应不同卸料位置的要求。

2. 混凝土搅拌运输车的输送方式

由于搅拌站(楼)至施工现场距离远近的不同和材料供应条件的各异，混凝土搅拌运输车的输送方式又可分为以下几种。

(1) 湿料搅拌输送，即拌筒内装载的是已经预制好的混凝土，适用于 10km 以内的运输。在输送途中，拌筒以 1～3r/min 的转速作低速转动，对混凝土进行搅动。其目的是防止混凝土在途中产生初凝和离析。但是，预制混凝土在 1.5h 后即开始凝结，因此，预制混凝土从运送到浇灌的时间不能超过 1.5h。国内常见的混凝土搅拌运输车均为湿料输送。

(2) 半干料搅拌输送，即将按预先配比称量好的砂、石、水泥和水装入拌筒内，在行驶途中或施工现场完成搅拌作业。一般来说，拌筒动 70～100 周后就能完成搅拌作业。如果运输的距离较长，拌筒转动的总周数超过 100 周时，就应将拌筒调到较低的转速继续进行转动。在运输半干料时，加入拌筒的混凝土配料不能超过拌筒几何容积的 67%。

(3) 干料搅拌输送。干料搅拌运输是将砂、石和水泥在干的状态下装入拌筒，运输车在运输途中对干料进行搅拌，在到达施工现场时，从运输车的水箱内将水加入拌筒，完成最终的搅拌，这种方式适用于运距在 10km 以上的混凝土运输。在干料运输时，装料容量一般不超过拌筒几何容积的 63%。

3. 混凝土搅拌运输车的使用管理

1) 经济技术指标

混凝土搅拌运输车的发动机除了给车辆本身提供动力外，还承担着驱动混凝土拌筒转动的任务。从一开始工作起，混凝土拌筒就不能停止运转，要一直到全天工作完毕、彻底洗净后方可停机。因此，尽管预拌混凝土的运距一般都不长，但混凝土搅拌运输车的发动机整天都在运转，在使用和管理混凝土搅拌运输车时，应注意以下经济技术指标。

(1) 工作工时(简称工时)。车辆的油料消耗、机件磨损、驾驶员的体力消耗都与工时直接相关，但和车辆运行的里程关系不大。

(2) 装运车数(简称车数)。混凝土搅拌运输车每次装运混凝土的数量和品种都在不断变化，每次装运经常也不是满车，但无论是否满车，车辆消耗的区别并不大，同时有时会以车数来向顾客结算，因此车数也是一个重要指标。

(3) 混凝土运量(简称运量)。尽管这一指标与消耗的关系不直接挂钩，但它体现了混凝土搅拌运输车创造的效益，并比较直观地反映了混凝土搅拌运输车的使用时间，同时往往以此作为向顾客结算的依据，因此必须认真记录。

2) 成本核算

(1) 收入。混凝土搅拌运输车一般按运量作为计算收入的依据。可与用车单位事先约定，也可以按车数计算收入。除特殊情况外，一般无论距离远近，运价都是一样的；但如果运距较长，或道路有特殊情况，则应事先与用户做好约定，适当增加运费。

(2) 成本。成本主要包括以下方面。

① 油料。如前所述，混凝土搅拌运输车油料消耗与车辆行驶路程关系不大，而主要与工时、车数或运量关系密切。为了加强管理，单车和车队的油料消耗应当认真考核。通过这一考核，可以计算出单车及车队单位工时和单位运量的油料消耗。经过一定时间的积累，可以总结出一些规律，以便及时发现不正常情况，采取措施及时解决。

② 折旧。过去按车辆行驶里程折旧的方法对混凝土搅拌运输车完全不适用。按国家有关规定，这类设备的折旧年限为 8 年。但因为混凝土搅拌运输车各个部位的磨损都比较严重，车况下降很快，所以应该采用按使用年限折旧的方法，前 3 年应折旧 50%，到第 5 年应折旧到 80%。

③ 修理费和轮胎费用。轮胎的寿命因路况和气候条件不同有所差别，一般为 20 000～40 000m^3(混凝土运量，下同)要进行一次大修，60 000～80 000m^3 要有一次更新。发动机和底盘按常规修理，为了统一起见，其使用寿命也可用运量为计算依据。这些费用应预先分摊到每月的生产成本中去。

④ 运管费和税金。国家和地方制定了一系列优惠政策，对混凝土搅拌运输车应缴纳的费用可以有一定程度的减免。使用时应查阅有关文件，熟悉国家的相关政策，以便在经营时用足政策，减少亏损，促进发展。

3) 维护和修理

在日常维护方面，混凝土搅拌运输车除应按常规对汽车发动机、底盘等部位进行维护外，还必须做好以下维护工作。

(1) 清洗混凝土拌筒及进出料口，主要包括：①每次装料前用水冲洗进料口，使进料口在装料时保持湿润；②在装料的同时向随车自带的清洗用水水箱中注满水；③装料后冲洗进料口，洗净进料口附近残留的混凝土；④到工地卸料后，冲洗出料槽，然后向混凝土搅拌运输车的拌筒内加清洗用水 30～40L，在车辆回程时保持拌筒顺时针慢速转动；⑤下次装料前切记放掉混凝土搅拌运输车拌筒内的污水；⑥每天收工时彻底清洗拌筒及进出料口周围，保证不能粘有水泥及混凝土结块。

(2) 维护驱动装置。驱动装置的作用是驱动混凝土拌筒转动，它由取力器、万向轴、液压泵、液压马达、操纵阀、液压油箱及冷却装置组成。如果这部分因故障停止工作，混凝土拌筒将不能转动，会导致车内混凝土报废。为了保证驱动装置完好可靠，应做好以下维护工作：①万向传动部分是故障多发部位，应按时加注润滑脂，并经常检查变形及磨损情况，及时修理更换；②保证液压油清洁，液压油要按使用手册要求定期更换，检查时一旦发现液压油中混入水或泥沙，就要立即停机清洗液压系统，更换液压油；③保证液压油冷却装置有效，要定时清理液压油散热器，避

【知识拓展】

免散热器被水泥堵塞，检查散热器电动风扇运转是否正常，防止液压油温度超标。

案例8-2

混凝土搅拌运输车的选用

在20世纪70年代后期，我国逐渐采用了混凝土集中搅拌、商品化供应的方式，混凝土由专门的混凝土搅拌站提供，由混凝土搅拌运输车运送到各施工场所。一个搅拌站可以为半径20km以内的工地服务。20世纪90年代中期以来，我国混凝土搅拌运输车进入高速发展时期，已经成为当今工程建设市场上的"宠儿"。由于市场需求量大，众多企业均看好这块市场。混凝土搅拌运输车的发展是汽车专业分工细化的结果。

预拌混凝土主要用于城市公用、民用建筑。目前，预拌混凝土的年消耗量，小城市约为100万立方米，中等城市为100万～300万立方米，大城市为300～500万立方米，特大城市超过500万立方米，将这些预拌混凝土从搅拌站运到施工工地是预拌混凝土使用中的重要一环。按每辆混凝土搅拌运输车每年可运输预拌混凝土1.5万立方米计算，每个城市就需要几十到几百辆混凝土搅拌运输车，这就造就了一个特殊的运输行业——混凝土运输业。

1. 混凝土运输的特点

一是专业性强。预拌混凝土的运输必须由专门的混凝土搅拌运输车来完成。混凝土搅拌运输车属于一种特种重型专用运输车辆，要求能够自动完成装料和卸料，运输过程中要对车内的预拌混凝土不停地进行搅拌，以保证预拌混凝土的质量。

二是服务性强、均衡性差。预拌混凝土的运输是直接为建筑工地服务，一切工作必围绕用户(工地)的施工进度来安排。只要用户施工需要，就必须马上将预拌混凝土送到用户指定的地点，真正做到"24小时随叫随到"，不能提前，也不能推迟，否则不但将造成预拌混凝土的浪费，还会给企业的信誉带来负面影响。

三是时间性强。预拌混凝土生产出来以后一般必须在两小时以内使用到工作面上(这个时间要求因预拌混凝土的型号不同而有所不同，个别特殊型号的预拌混凝土必须在20分钟内使用)，在此时间内搅拌不能停止，一个工作面完工前预拌混凝土的供应不能中断。这些要求必须一环扣一环地严格满足，没有"灵活掌握"的余地。

四是运距短，一般合理的运距在20km以内。混凝土搅拌运输车用的汽车底盘要求要有足够的载重能力和强劲的输出功率。一般要求发动机要有230kW(300马力)以上的功率，装载量为6～7立方米的混凝土搅拌运输车需选用6×4载质量为15t级的通用底盘，装载量为8～10立方米的需选用双前桥8×4载质量为20t级的底盘，而装载量为10～12立方米的则要采用6×4的牵引车加半挂车的方式。混凝土储罐的转动则是靠液压驱动机来保证，装载量为6～8立方米的混凝土搅拌运输车一般采用由汽车发动机通过动力输出轴带动液压泵，再由高压油推动液压马达驱动混凝土储罐。装载量为9～12立方米的，则由车载辅助柴油机带动液压泵驱动液压马达。

2. 混凝土搅拌运输车选型要点

(1) 使用要可靠。混凝土装入车内以后，要求在两小时或更短的时间内卸到工作面上，在此期间必须不停地搅拌；如果在规定时间内不能运到工地或因各种原因停止搅拌，车内混凝土就会报废，严重的会导致混凝土凝固在车内，造成搅拌运输车报废。这对搅拌运输车的可靠性提出了严格的要求，绝对不允许搅拌运输车在工作时发生停机的故障，因此混凝土搅拌运输车选型首先要考虑的就是车辆必须十分可靠，关键部位如发动机和传动、驱动装置发生故障的可能性要越低越好。

(2) 装载量要合适。理论上说，运输车辆的装载量越大，运输效率越高，但这也会导致车辆购置成本直线上升和通过性下降。装载量为8～9立方米、8×4底盘的混凝土搅拌运输车要比装载量为6～7立方米、6×4底盘的价格贵30%～40%。同时，建筑工地一般地域狭小，临时施工道路路况很差，大车尤其是半挂车行动不便的问题必须充分考虑到。因此，确定车辆的装载量时一定综合考虑各方面的因素，不可顾此失彼。

(3) 混凝土储罐及进、出料口要耐磨。沙和砾石是混凝土的主要组成成分。它们使混凝土储罐及进、出料口在工作时磨损严重。一般情况下，采用低合金钢制造的混凝土储罐使用寿命为 5 万～8 万立方米，混凝土储罐内的螺旋叶片寿命只有 3 万～4 万立方米。国产混凝土储罐一般由高强度低合金钢材制成，比普通 A3 钢材耐磨提高 1～2 倍。一些进口混凝土储罐采用锰硼专用耐磨钢材，并且在易磨损部位镶耐磨材料加固，因此其使用寿命比低合金钢制造的又可提高 1 倍。由此可知，采用材料不同其工作寿命则大不相同。

(4) 机构设计合理，操作方便，混凝土储罐卸料彻底。这些使用中经常遇到的问题也必须考虑到。比如若卸料不完全，留在罐内的混凝土就会越积越多，使储罐容量减小，并且清理十分困难。

(5) 售后服务要好。混凝土搅拌运输车是一种专用重型车辆，保有量少，配件来源少，与一般通用汽车相比，对厂家的售后服务依赖性较大，因此，厂家是否能提供方便快捷可靠的售后服务，是选型中必须考虑的重要因素。

(6) 价格要合理。在满足上述要求的前提下再考虑价格因素。装载量为 6～7 立方米，6×4 底盘的混凝土搅拌运输车是性能价格比最高的车型，装载量为 10～12 立方米的半挂车次之，装载量为 8～10 立方米，8×4 底盘的性能价格比最低，因此一般选用 6～7 立方米的混凝土搅拌运输车。另外，为满足个别大型工程的需要，可适当配少量 10～12 立方米的半挂车。这样可以兼顾各种需要，是比较合理的配置。

近年来，我国专用汽车市场进入快速发展期，尤其是混凝土搅拌运输车生产厂家越来越多，各混凝土搅拌运输车改装生产企业面临着前所未有的挑战。国内已有多家厂家生产混凝土搅拌运输车：一是专用汽车厂，如马鞍山星马汽车集团、唐山专用汽车厂；二是建筑机械厂，如上海华东建筑机械厂、徐州工程机械集团，以及中建系统下属的一些建筑机械厂；三是外资控股的生产厂，如徐州利勃海尔混凝土机械公司等。这些正规厂产品的质量和售后服务一般能够得到较好保证。

根据本案例所提供的资料，试分析以下问题。
1. 混凝土物流业有什么特点？
2. 在选择混凝土搅拌运输车时考虑的因素主要有哪些？

8.6 绿色流通加工

流通加工是流通过程中为适应用户需要而进行的必要加工，完善商品的使用价值。流通加工对环境也有非绿色影响因素，表现为加工中资源的浪费或过度消耗，加工产生的废气、废水和废物都会对环境和人体构成危害。不合理的流通加工，会对环境造成负面影响。如流通加工中心选址不合理，会造成费用增加和有效资源浪费，还会因增加了运输量产生新的污染。

随着全球经济一体化的发展，一些传统的关税和非关税壁垒逐渐淡化，环境壁垒逐渐兴起，为此，ISO 14000 成为众多企业进入国际市场的通行证。ISO 14000 的两个基本思想就是预防污染和持续改进，它要求企业建立环境管理体系，使其经营活动、产品和服务的每一个环节对环境的不良影响降到最小。而国外物流企业起步早，物流经营管理水平相当完善，势必给国内物流企业带来巨大冲击。加入 WTO 后，我国物流企业要想在国际市场上占一席之地，发展绿色物流将是其理发选择。

绿色物流是指在物流过程中抑制物流对环境造成危害的同时，实现对物流环境的净化，使物流资源得到最充分利用。绿色物流的构成：①绿色运输；②绿色包装；③绿色流通加工。

绿色流通加工是绿色物流的三个子范畴之一，指在流通过程中继续对流通中的商品进行生产性加工，以使其成为更加适合消费者需求的最终产品。流通加工具有较强的生产性，也是流通部门对环境保护可以有大作为的领域。

绿色流通加工的途径主要分为两个方面：一方面变消费者分散加工为专业集中加工，以规模作业方式提高资源利用效率，以减少环境污染，如餐饮服务业对食品的集中加工，减少家庭分散烹调所造成的能源浪费和空气污染；另一方面是集中处理消费品加工中产生的边角废料，以减少消费者分散加工所造成的废弃物污染，如流通部门对蔬菜的集中加工，减少了居民分散垃圾丢放及相应的环境治理问题。

本 章 小 结

流通加工，是物品从生产领域向消费领域流通中，为促进销售、维护产品质量、提高物流效率而进行的保存或改变物品形状、性质等的活动。它是生产流通领域的延伸，可以弥补生产加工的不足，增加商品的附加值，方便客户，提高物流服务水平，提高物流行业的经济效益。

流通加工装备提高了加工效率，进一步完善了物流加工的作用，创造了更为可观的物流利润。根据流通加工的形式和加工对象的不同，流通加工装备可分为多种类型：本章主要介绍了各种流通加工装备，并对剪板机及其主要性能进行了详细的阐述。剪板机在我国的流通加工工业中应用较为广泛，它能剪切各种厚度的钢板材料。切割机是常用的流通加工装备之一，种类繁多，最常用的就是玻璃切割装备。冷链装备是食品流通加工过程中必不可少的装备，主要包括冷藏车、冷库和冷藏箱。在水泥加工装备中，混凝土搅拌运输车既承担着混凝土的生产，又实现了混凝土的运输，是城市建设和道路建设中不可或缺的重要装备。

 关键术语

流通加工(Distribution Processing)　　剪板机(Shear)
摆式剪板机(Rotary Shear)　　切割机(Cutter)
金属切割机(Metal Cutter)　　玻璃切割机(Glass Cutter)
冷链装备(Cold Chain Equipment)　　冷库(Cold Storage)
冷藏车(Refrigerated Truck)　　混凝土搅拌车(Concrete Mixer Truck)

习 题

1. 填空题

(1) 流通加工是指物品从生产地到使用地的过程，根据需要施加_____、_____、

_____、_____、_____、_____、_____等简单作业的总称。

(2) 流通加工在物流中有着重要的地位：_____、_____、_____。

(3) 常用的剪板机分为_____、_____、_____3种类型。

(4) 冷链装备主要用于食品加工、医学界及免疫系统。常用的冷链设备有_____、_____、_____等。

2. 简答题

(1) 如何理解流通加工与流通加工装备？

(2) 简述流通加工的作用。

(3) 简述常见剪板机的组成结构、主要技术参数。

(4) 简述常见切割机的结构和性能。

(5) 简述冷藏车的主要分类及其主要的性能指标。

(6) 简述冷藏箱的分类及各自的特点。

(7) 混凝土搅拌运输车的主要结构及工作原理是什么？

(8) 以水泥的流通加工为例，思考其带来的经济效益和社会效益。

第9章 分拣技术装备

【教学目标】
- 了解分拣技术的分类及分拣装备的作用
- 掌握自动分拣装备系统的工作过程
- 掌握自动分拣机的主要类型
- 了解分拣装备的选用方法

> 东莞邮政局 1999 年投资 2 600 万元,引进了国外先进的设备,组建信函自动分拣系统工程,经过半年多的试运行,这套分拣系统的功能、速度都达到了世界先进水平,如分拣机能一次将信分拣到全市 694 个投递段,原市属各镇邮政支局的分拣收发功能基本取消,不但缩短了邮件的传递时间,而且还可减少一半的生产人员和节省 800 多万平方米的分拣场地,每年可为企业节省开支 150 万元。
>
> 思考题:谈谈你对自动分拣系统的认识。

在大型自动化仓库和配送中心,分拣工作十分繁忙。为了完成大批量货物的高效率、少差错的拣选、分货、分放等作业,必须运用自动化程度较高的分拣设备。近年来,随着分拣技术的迅速发展,分拣系统的规模越来越大,分拣能力越来越高,应用范围也越来越广。一个先进的货物分拣系统,对于系统集成商,以及仓储业、运输业、后勤管理业等都是至关重要的,因为这意味着拥有了先进的分拣系统就会比竞争对手拥有更快的物流速度,更快地满足顾客的需求,其潜在的回报是惊人的。

9.1 概　　述

分拣是指为进行输送、配送,把很多货物按不同品种、不同的地点和不同的单位分配到所设置的不同的场地的一种物料搬运活动,也是将物品从集中到分散的处理过程。因此,物品分拣的关键是对物品去向的识别、识别信息的处理和对物品的分流处理。

9.1.1 分拣技术的分类

近 20 年来,随着经济和生产的发展,商品趋于"短小轻薄",流通趋于小批量、多品种和及时制,各类配送和货运中心的货物分拣任务十分艰巨,分拣系统成为一项重要的物流设施,分拣技术也成为物流技术中的一个重要分支。

按分拣的手段不同,分拣可分为人工分拣、机械分拣和自动分拣 3 大类。

1. 人工分拣

人工分拣基本是靠人力搬运,把所需的货物分门别类地送到指定的地点,或利用最简单的器具和手推车等。这种分拣方式劳动强度大,效率最低。

2. 机械分拣

机械分拣是以机械为主要输送工具,还要靠人工进行拣选,这种分拣方式用得最多的是输送机,有板条式输送机、传送带、辊道输送机等,也有的叫"输送机分拣"。这种方式是用设置在地面上的输送机传送货物,在各分拣位置配置的作业人员看到标签、色标、编号等分拣的标志,便进行拣选(把货物取出),再放到手边的简易传送带或场地上。也有用"箱式托盘分拣",即在箱式托盘中装入待分拣的货物,用叉车等机械移动箱式托盘,用人力把货物放到分拣的位置,或再利用箱式托盘进行分配。使用较多的是在箱式托盘下面装车轮的滚轮箱式托盘。这种分拣方式投资不多,可以减轻劳动强度,提高分拣效率。

3. 自动分拣

自动分拣是从货物进入分拣系统到送到指定的分配位置为止，都是按照人们的指令靠自动装置来完成的。这种装置是由接受分拣指示信息的控制装置、计算机网络、搬运装置(负责把到达分拣位置的货物搬运到别处的装置)、分类装置(负责在分拣位置把货物进行分送的装置)、缓冲站(在分拣位置临时存放货物的储存装置)等构成。所以，除了用终端的键盘、鼠标或其他方式向控制装置输入分拣指示信息的作业外，由于全部采用自动控制作业，因此分拣处理能力较大，分拣分类数量也较大。

9.1.2 自动分拣技术的发展

自动分拣首先在邮政部门开设应用，大量的信件和邮包要在极短时间内正确分拣处理，非凭借高度自动化的分拣设施不可。此后，运输企业、配送中心、通信、出版部门以及各类工业生产企业亦相继使用。美国和欧洲在 20 世纪 60 年代初开始使用，而日本则在 20 世纪 70 年代初才引进自动分拣机，但近年来由于其本国经济的特殊需要，发展迅速，后来居上。

国外自动分拣系统的规模和能力已有很大发展，目前大型分拣系统大多包括几十个到几百个分拣机。分拣能力每小时达万件以上。国外分拣系统规模很大，主要包括进给台、信号盘、分拣机、信息识别、设备控制和计算机管理等几大都分，还要配备外围的各种运输和装卸机械组成一个庞大而复杂的系统，有的还与立体仓库连接起来，配合无人驾驶小车、拖链小车等其他物流装备组成复杂的系统。自动分拣技术发展的特点是：应用部门不断扩大，分拣部门不断改进提高，分拣规模和能力不断发展。例如，瑞典某通信销售中心的自动分拣机有 520 个分拣道；日本佐川宅急便某流通中心分拣机的分拣能力达每小时 3 万件；单机的最大分拣能力达每小时 1.6 万件。

自动分拣系统之所以能在工业发达国家迅速发展，有其特殊的经济背景和外界条件。首先，在国外随着消费水平的提高，商品经济高度发展，商品种类繁多，流通数量庞大，开展门对门小件运输，各类流通中心、配送中心和运输集散中心的分拣量急剧增加，提高服务质量，迅速及时地送货上门，在客观上需要高效率的分拣系统。其次，国外劳动力工资相对较高，分拣工作要花费大量的劳务费用，为求得更多的经济效益，有必要寻求节省人力的自动化设施。最后，计算机信息系统在物流企业普遍应用，各类装卸、搬运、储存等配套物流设施的齐备，以及作业环境的完善使自动分拣系统具备正常运行的条件。

我国邮政部门在 20 世纪 70 年代在上海等大城市采用简单的翻盘分拣机来处理邮包的分拣；20 世纪 80 年代开始使用条码和邮政编码来分拣信件；1990 年邮政部门已研制生产多席位、自动进包、自动识别的托盘式分拣机，具有一定的技术水平。

随着商品品种的增多，配送中心的增多，多品种、高频次、随机性的商品分类(分拣)作业，进入 20 世纪 90 年代后得到迅速发展。出错率高、费时费力的人力分类作业，很快被自动分拣机及其系统所替代，自动分拣机目前广泛应用于流通、商业的物流中心和配送中心。

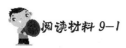
阅读材料 9-1

我国自动分拣机的应用大约始于 1980 年，近期的市场兴起和技术发展始于 1997 年。自动分拣的概念先在机场行李处理和邮政处理中心得到应用，然后普及到其他行业。随着业界对现代化物流的实际需求的增长，各行业对高速精确的分拣系统的要求正在不断地提高。这一需求最明显地表现在烟草、医药、图书及超市配送领域，并有望在将来向化妆品及工业零配件等领域扩展。这些领域的一个共同特点是产品的种类繁多、附加值高、配送门店数量多、准确性要求高和人工处理效率低。

9.1.3 分拣装备概述

1. 分拣装备的作用

分拣设备是完成仓库、配送中心拣选、分货、分放作业的现代化设备，是开展分拣、配送作业的强有力的技术保证。目前国内外出现的大容量的仓库和配送中心里，几乎都配备有自动分拣机。自动分拣机具有很高的分拣能力，能处理各种各样的货物。如日本福冈配送中心采用的灯光控制分拣系统是较为先进的分拣系统，它对到达、中转、发送的货物进行灯光控制处理，分拣系统的处理量包括灯光控制系统及其他系统的处理量，一般日处理量为17 000个，另外冬夏旺季日处理量可达75 000个，始发和到达的货车数量每日约为150台。分拣系统采用直线分拣机，方式为倾斜式托盘，分拣能力为8 168箱/时到10 880箱/时，分拣货物质量最大为50kg，最小为0.1kg。

实践表明，分拣设备具有劳动生产率高、自动化程度高、技术密集、分拣能力强等优点，它是现代仓库不可缺少的先进设备，决定着仓库的作业能力和作业规模，反映着物流技术水平的高低。

2. 分拣装备的分类

根据分拣装备的作业性质，常把分拣装备分为拣选机械装备和分货机械装备两大类。

拣选机械装备主要包括拣选式叉车、拣选式升降机、拣选式巷道堆垛机等。分拣作业用的拣选机利用电子计算机，可在其显示盘上显示要求拣选货物的品种、数量、层数，分拣人员根据显示盘的指令，便可把拣选机升或降到指定位置，直接进行拣选作业。对于回转货架，在拣选过程中，计算机根据指令让货架回转，回转货架把下一个要拣选的货格回转到拣选位置，拣选完一种货物之后，只要按一下电钮，拣选机就上升或下降到下一个需要拣选的货架，实现连续拣选。使用回转货架，拣选货物单元重量一般在100kg以下，拣选的生产率范围为15~60秒/件，拣选的物品一般为400~800种，最高可达2 000多种。

分货机械装备又称为分拣机。现代仓库和配送中心的分货工作，大多由自动分拣机来完成。因此，本章所阐述的分拣装备主要指的是自动分拣机。

【参考视频】

9.2 自动分拣系统

自动分拣系统(Automated Sorting System)是第二次世界大战后在美国、日本的物流中心广泛采用的一种技术，该系统目前已经成为发达国家大中型物流中心不可缺少的一部分。该系统的作业过程可以简单描述如下：物流中心每天接收成百上千家供应商或货主通过各种运输工具送来的成千上万种商品,在最短的时间内将这些商品卸下,并按商品品种、货主、储位或发送地点快速、准确地进行分类,将这些商品运送到指定地点(如指定的货架、加工区域、出货站台等),同时,当供应商或货主通知物流中心按配送指示发货时,自动分拣系统在最短的时间内从庞大的高层货架存储系统中准确找到要出库的商品的位置,并按所需数量出库,将从不同储位上取出的不同数量的商品按配送地点的不同运送到不同的理货区域或配送站台集中,以便装车配送。

9.2.1 自动分拣系统的特点

1. 能够连续、大批量地分拣货物

自动分拣系统不受时间、气候、人力等限制,可以连续运行,同时由于自动分拣系统单位时间内分拣件数多,因此,其分拣能力使人工分拣系统可以连续运行 100 个小时以上,每小时可分拣约 7 000 件包装商品,如用人工则每小时只能分拣 150 件左右,同时分拣人员也不能在这种劳动强度下连续工作 8 小时。

2. 分拣误差率极低

自行分拣系统的分拣误差率大小主要取决于所分拣信息的准确性大小,这又取决于分拣信息的输入机制,如果采用人工键盘或语音识别方式输入,误差率则会在 3%以上;如果采用条形码扫描输入,除非条形码的印刷本身有差错,否则不会出错。因此,目前自动分拣系统主要采用条形码技术来识别货物。

3. 分拣作业基本实现无人化

在国外,建立自动分拣系统的目的之一就是为了减少人员的使用,减轻人员的劳动强度,提高人员的使用效率,因此,自动分拣系统能最大限度地减少人员的使用,基本做到无人化。分拣作业本身并不需要使用人员,人员的使用一般在以下工作。
(1) 送货车辆抵达自动分拣线的进货端,由人工接货。
(2) 由人工控制分拣系统的运行。
(3) 分拣线末端由人工将分拣出来的货物进行集载、装车。
(4) 自动分拣系统的经营、管理与维护。

如美国一家公司配送中心面积为 10 万平方米左右,每天可分拣近 40 万件商品,仅使用大约 400 名员工,这其中部分人员都在从事上述(1)、(3)、(4)项工作,自动分拣线做到了无人化作业。

9.2.2 自动分拣系统的适用条件

第二次世界大战后,自动分拣系统逐渐开始在西方发达国家投入使用,成为发达国家先进物流中心、配送中心或流通中心所必需的设施条件之一,但是,由于自动分拣系统要求使用者必须具备一定的技术经济条件,因此,在发达国家,物流中心、配送中心或流通中心不用自动分拣系统的情况也很普遍。在引进和建设自动分拣系统时一定要考虑以下几个因素。

1. 一次性投资巨大

自动分拣系统本身需要建设短则 40~50m、长则 150~200m 的机械传输线,还有配套的机电一体化控制系统、计算机网络及通信系统等，这一系统不仅占地面积大，动辄2万平方米以上，而且自动分拣系统一般都建在自动主体仓库中，这样就要建3~4层楼高的立体仓库，库内需要配备各种自动化的搬运设施，丝毫不亚于建立一个现代化工厂所需要的硬件投资。这种巨额的先期投入需要10~20年才能收回，如果没有可靠的货源作为保证，企业很难在短期内回收成本，因此这种系统大都由大型生产企业或大型专业物流公司投资，小企业无力进行此项投资。

2. 对商品外包装要求高

自动扫分拣机只适于分拣底部平坦且具有刚性的包装规则的商品。袋装商品、包装底部柔软且凹凸不平、包装容易变形、易破损、超长、超薄、超重、超高、不能倾覆的商品不能使用普通的自动分拣机进行分拣。因此，为了使大部分商品都能用机械进行自动分拣，可以采取以下两条措施：一是推行标准化包装，使大部分商品的包装符合国家标准；二是根据所分拣的商品统一的包装特性定制特定的分拣机。但要让所有商品的供应商都执行国家的包装标准是很困难的，定制分拣机又会使硬件成本上升，并且越是特别定制的分拣机其通用性就越差。因此，公司要根据经营商品的包装情况来确定是否建或者建什么样的自动分拣系统。

9.3　自动分拣装备的基本构成及工作过程

9.3.1　自动分拣装备的构成

一个自动分拣装备系统主要由5个部分构成。

1. 设定装置

设定装置是在货物的外包装上贴上或打印上表明货物品种、规格、数量、货位、货主等的标签。根据标签上的代码，在货物入库时，可以表明入库的货位，在输送货物的分叉处，可以正确引导货物的流向，堆垛起重机可以按照代码把货物存入指定的货位。当货物出库时，标签可以引导货物流向指定的输送机的分支上，以便集中发运。

设定装置种类很多，在自动分拣机上可使用条形码、光学字符码、无线电射频码、音频码等。其中，条形码是国际通用码，应用极为广泛。

2. 控制装置

控制装置的作用是识别、接收和处理分拣信号，根据分拣信号的要求指示自动分拣装置对货物进行分拣。分拣信号通过磁头识别、光电识别和激光识别等多种方式输入分拣控制系统中去，分拣控制系统根据对这些分拣信号的判断，决定某一种商品该进入哪一个分拣道口。

3. 自动分拣装置

自动分拣装置根据控制装置传来的指令，对货物进行分拣。把货物输送到按照货物的类型，或按照货主，或按照尺寸、重量等分类的输送机分支或倾斜滑道上去，完成货物的分拣输送。

4. 输送装置

输送装置的主要组成部分是传送带或输送机,其主要作用是使待分拣商品通过控制装置和分拣装置。在输送装置的两侧,一般要连接若干分拣道口,使分好类的货物滑下主输送机,以便进行后续作业。

大型仓库或配送中心设置的大型分拣输送机,它可以高速度地把货物分送到数十条输送分支上去,完成众多货主的配货工作。它是配货发送场的主机。

一般的仓库或配送中心要在入库端、出库端、输送机分叉处设置若干个自动分拣机,引导货物的正确流向。

小型仓库或配送中心可利用输送机进行分拣,输送机上连续输送货物,在输送机的有关位置设立分拣工位,配备分拣人员,看到标签、编号、色标等分拣标志,就进行分拣,并放入边上的简易传递带或小车上。

5. 分拣道口

分拣道口是已分拣商品脱离主输送机(或主传送带)进入集货区域的通道,一般由钢带、皮带、滚筒等组成滑道,使商品从主输送装置滑向集货站台,在那里由工作人员将该道口的所有商品集中后或是入库储存,或是组配装车并进行配送作业。

以上 5 部分装置通过计算机网络联结在一起,配合人工控制及相应的人工处理环节,构成一个完整的自动分拣系统。

9.3.2 自动分拣装备的工作过程

自动分拣机一般由接受分拣指令的控制装置、把到达分拣位置的货物取出的搬运装置、在分拣位置把货物分送的分支装置和在分拣位置存放货物的暂存装置等组成。自动分拣机种类很多,分类方法也不尽相同,按照它的用途、性能、结构和工作原理,一般分为带式、托盘式、翻板式、浮出式、悬挂式、滚柱式等多种类型。

分拣的主要过程是:物品通过输送装备顺序进入识别区域,经过识别后进入分拣机构;控制器根据识别信息来控制分拣机构把物品进行分类,并把分拣后的物品送到指定位置;自动分拣系统由合流、分拣信号输入、分拣与分流、分运 4 个阶段完成。

1. 合流

货物在进入分拣系统前,应在货物的外包装上贴上或打印上表明货物的品种、规格、数量、货位、货主等的标签。根据标签上的代码,在货物入库时,可以知晓入库的货位,在输送货物的分叉处,正确引导货物的流向,而且堆垛起重机按照代码把货物存入指定的货位。当货物出库时,标签可以引导货物流向指定的输送机的分支上,以便集中发运。货物进入分拣系统,可用人工搬运方式或机械化和自动化的搬运方式,也可以通过多条输送线进入分拣系统。经过合流逐步将各条输送线上输入的货物,合并于一条汇集输送机上,同时,将货物在输送机上的方位进行调整,以适应分拣信号输入和分拣的要求。汇集输送机具有自动停止和启动的功能,如果前端分拣信号输入装置偶然发生事故,或货物和货物连接在一起,或输送机上货物已经满载时,汇集输送机就会自动停止,等恢复正常后再自行启动,所以它也起到缓冲的作用。

为了达到高速分拣，要求分拣的输送机高速运行。例如，一个每分钟可分拣 75 件商品的分拣系统，就要求输送机的速度达到 75m/min，而目前的高速分拣机的分拣速度是每分钟 200 件以上，这就要求输送机有更高的速度。为此，商品在进入分拣信号输入装置之前，有一个使商品逐渐加速到分拣机输送机的速度，以及使前后两件商品之间保持一定的最小固定距离的要求。

2. 分拣信号输入

为了把货物按要求分拣出来，并送到指定地点，一般需要对分拣过程进行控制。通常是把分拣的指示信息记忆在货物或分拣机上。当货物到达时，货物接受激光扫描器对其条形码标签的扫描，将货物分拣信息输入计算机，或者通过其他自动识别方式，如光学文字读取装置、声音识别输入装置等，将商品分拣信息输入计算机，计算机把识别的信息与计算机下达的命令对照，向自动分拣机发出执行的信息，开动分支装置，使其分流。控制方式分为外部记忆和内部记忆两种方式。外部记忆是把分拣指示标贴在分拣货物上，工作时用识别装置进行区分，然后再进行相应的操作。内部记忆是在自动分拣机的货物入口处设置控制盘，利用控制盘，操作者在货物上输入分拣指示信息，当这个货物到达分拣位置时，分拣机接受信息，开启分支装置。

3. 分拣和分流

货物离开分拣信号输入装置后在分拣输送机上移动时，根据不同货物分拣信号所确定的移动时间，使货物行走到指定的分拣道口，由该处的分拣机构按照上述的移动时间自行启动，将商品排离主输送机，进入分流滑道排出。大型的分拣输送机，可以高速地把货物分送到数十条输送支上去。分拣机的控制系统采用程序逻辑控制合流、分拣信息输入、分拣和分流等全部作业，然而目前更普遍采用的是用 PC 或以若干个微处理机为基础的控制方式。

4. 分运

分出的商品离开主输送机，再经滑道到达分拣系统的终端。分运所经过的滑道一般是无动力的，借以商品的自重从主输送机上滑行下来。各个滑道的终端，由操作人员将商品搬入容器或搬上车辆。

9.4 常见的自动分拣机

自动分拣机是自动分拣系统的核心装备，主要用来将被分拣的货物分发到规定场地进行分流处理。由于分拣对象不同，对分拣方式、分拣速度、分拣口多少的要求也不同，因此自动分拣的种类很多，常用的自动分拣机有以下几种。

1. 钢带式分拣机

钢带分拣机的主体是整条的钢带输送机，是利用输送钢带载运货物完成分拣工作的机械设备，按带的设置形式常分为平钢带式和斜钢带式两种类型。下面以平钢带式分拣机为例说明钢带分拣机的工作过程，平钢带式分拣机如图 9.1 所示。

平钢带式分拣机的分拣包括以下几个过程。

(1) 分拣人员阅读编码带上的货物地址，在编码键盘上按相应的地址键，携带有地址代码信息的货物即被输送至缓冲储存带上排队等待。

(2) 当计算机发出上货信号时，货物即进入平钢带分拣机，其前沿挡住货物探测器时，探测器发出货到信号，计算机控制紧靠探测器的消磁、充磁装置，首先对钢带上的遗留信息进行消磁，再将该货物的地址代码信息以磁编码的形式记录在紧挨货物前沿的钢带上，成为自携地址信息，从而保持和货物同步运动的关系。

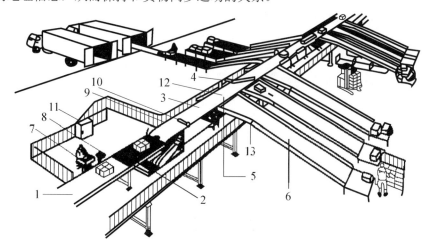

图 9.1　平钢带式分拣机

1—编码带；2—缓冲储存器；3—平钢带；4—导向接板；5—过渡板；6—滑槽；7—编码键；
8—监视器；9—货物检测器；10—消磁、充磁装置；11—控制柜；12—信息读出装置；13—满量检出器

(3) 在分拣机每一个小格滑槽的前面都设置了一个磁编码信息读出装置，用来阅读和货物同步运行的磁编码信息。当所读信息就是该格滑槽代码时，计算机就控制导向挡板，快速地运动到钢带上方，导向挡板和钢带运动方向呈 35°的夹角，可以顺利地将货物导入滑槽，完成分拣任务。

钢带行走速度为 60～120m/min，分拣能力根据带速及被拣货物的长度，一般为 2 000～4 000 件/时，最大可达 6 000 件/时。实际分拣能力还取决于分拣信号设定的速度。平钢带分拣机的优点是：适用范围广，除了易碎、超薄及易磨损钢带的包装(如带钉和打包铁皮木箱)外，其余货物都能分拣，最大分拣重量可达 70kg，最小分拣重量为 1kg，分拣能力强，故在运输业的货物集散中心大多都采用这种类型的分拣机；这种类型的分拣机强度高、耐用性好，可靠性程度高，维修费用低。缺点是：设置较多的分拣滑道较困难，系统平面布局比较困难；对货物冲击大；在同一位置只能在一侧设置分拣口；价格较高，运营费用较高。

斜带分拣机最大的优点是利用重力卸载，因而卸载机构比较简单，同时可设置较多的分拣滑道。

2. 胶带式分拣机

这种分拣机的主体是分段的胶带输送机，由于胶带(或塑料袋、帆布带等)输送机具有

结构简单、价格便宜、技术成熟等优点，采用以胶带输送机为主机的分拣机发展较快，品种较多。

(1) 横向推出式胶带分拣机。其结构与钢带分拣机基本相同，只是用胶带输送机代替钢带输送机。由于分拣物与胶带的黏着力较大，因此对分拣物的质量和包装形式有一定的要求，使其应用受到很大限制。

(2) 斜行胶带分拣机。将胶带输送机向左侧或右侧倾斜，使胶带平面与水平面形成约30°的倾角，另外用一条不动的钢壁板与胶带平面组成一个夹角约为90°的V形槽。分拣物在V形槽内被胶带拖动，沿着钢制壁板滑行。壁板上设置若干个可以向下翻转的挡板。当分拣物运行到预定的挡板处，分拣物落到对应的滑槽中，达到分拣目的，如图9.2所示。

斜行胶带式分拣机克服了横向推出式胶带分拣机推出较困难的缺点，但表面有突出物的分拣物有可能卡在挡板接缝处，而重心偏向壁板的分拣物易在胶带上打滑而影响分拣。

(3) 斜置辊轮式胶带分拣机。在分拣口处，用托辊使胶带改向，形成一个下凹的U形槽。在U形槽内安装一排轴线可以向左右偏转45°的辊轮。平时辊轮轴线与胶带运行方向垂直，并处在输送平面以下，分拣物可以从U形槽上面越过。分拣时斜置辊轮轴线向左(或向右)偏转成45°，并上升至与输送平面一致，使分拣物被辊轮拖动从侧面脱离胶带输送机滑入分拣滑槽。这种分拣机不适合分拣体积较小的物品，因为太小的物品会卡在U形槽内或斜置辊轮中，如图9.3所示。

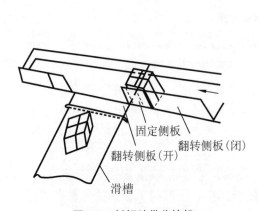

图9.2　斜行胶带分拣机

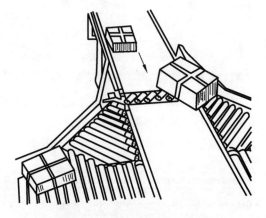

图9.3　斜置辊轮式胶带分拣机

由斜置辊轮分隔的各段胶带输送机也可以由多台独立驱动的短胶带输送机连成一线组成。这样虽增加了驱动装置(电动滚筒)的数目，但可减少胶带弯曲的次数，延长胶带使用寿命。

(4) 转台式胶带分拣机。它由多段独立驱动的胶带输送机连成一线组成，处于分拣口处的短胶带输送机装在可以沿垂直轴旋转的转台上。当分拣物到达预定的分拣口时，转台连同短胶带输送机向左(或向右)旋转45°，分拣物即可从侧面送出，滑入分拣滑槽，如图9.4所示。

3. 托盘式分拣机

托盘式分拣机是一种应用十分广泛的机型，它主要由托盘小车、驱动装置、牵引装置等构成。其中，托盘小车的类型多种多样，有平托盘小车、U形托盘小车、交叉带式托盘小车等。

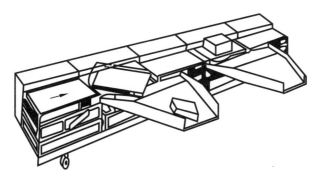

图9.4　转台式胶带分拣机

交叉带式托盘小车的特点是取消了传统的盘面倾翻、利用重力卸落货物的结构，而在车体上设置了一条可以双向运转的短传送带(称为交叉带)，用它来承接从上货机输送来的货物，牵引运行到相应的路口，再由交叉带运转，将货物强制卸落到左侧或右侧的格口中。交叉带式托盘分拣机，如图9.5所示。

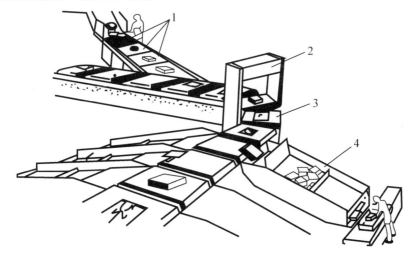

图9.5　交叉带式托盘分拣机

1—上货机；2—激光扫描器；3—带式托盘小车；4—格口

交叉带式托盘小车有以下显著优点。

(1) 能够按照货物的质量、尺寸、位置等参数来确定托盘带承接货物的启动时间、运转速度的大小和变化规律，从而摆脱了货物质量、尺寸、摩擦系数的影响，能准确地将各种规格的货物承接到托盘中部位置，扩大了上机货物的规格范围，在业务量不大的中小型配送中心，可按不同的时间段落，处理多种货物，从而节省了装备的数量和场地。

(2) 卸落货物时，同样可以根据货物质量、尺寸及在托盘带上的位置，来确定托盘的启动时间、运转速度等，这样可以快速、准确、可靠地卸落货物，有效地提高分拣速度，具有明显的经济效益。

托盘分拣机的适用范围比较广泛，它对货物形状没有严格的限制，箱类、袋类甚至超薄形的货物都能被分拣，分拣能力每小时可达 10 000 件。

4. 翻板分拣机

翻板分拣机是用途较为广泛的板式传送分拣装备。它由一系列相互连接的翻板、导向杆、牵引装置、驱动装置、支撑装置等组成，如图 9.6 所示。

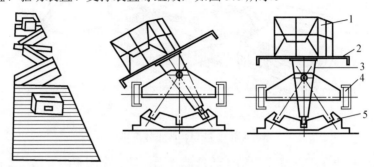

图 9.6　翻板分拣机

1—货物；2—翻板；3—导向杆；4—链条走轮；5—尼龙导轨

当货物进入分拣机时，光电传感器检测其尺寸，连同分拣人员按键的地址信息一并输入计算机中。当货物到达指定格口时，符合货物尺寸的翻板即受控倾翻，驱使货物滑入相应的格口中。每块翻板都可由倾翻导轨控制向两侧倾翻。每次有几块翻板翻转，取决于货物的长短，而且当货物翻落时，翻板也顺序翻转，使货物顺利地进入滑道，这样就能够充分地利用分拣机的长度尺寸，从而提高分拣效率。

翻板分拣机的适用范围大，可分拣箱类、袋类等货物。它的分拣能力每小时可达 5 400 箱。但该分拣机分拣席位较少，且只能直线运行，占用场地较大。

5. 浮出式分拣机

浮出式分拣机主要由两排旋转的滚轮组成，滚轮设置在传送带下面，每排由 8～10 个滚轮组成。滚轮的排数也可设计成单排，主要根据被分拣货物的重量来决定单排或双排。滚轮接收到分拣信号后即跳起，使两排滚轮的表面高出主传送带 10mm，并根据信号要求向某侧倾斜，使原来保持直线运动的货物在一瞬间转向，实现分拣。

浮出式分拣机由于分拣滑道多，输送带长，不可能只有一条上料输送带，而一般有 5 条左右。主传送带的速度为 100～120m/min，比输送带的速度要快得多。该分拣机对货物的冲击力较小，适用于包装质量较高的纸制货箱，一般不允许在纸箱上使用包装带，分拣能力可达 7 500 箱/时。该分拣机的优点是可以在两侧分拣、冲击小、噪声低、运行费用低、耗电小，并可设置较多分拣滑道。但它对分拣货物包装形状的要求较高，对重物或轻薄货物不能分拣，同时，也不适用于木箱、软性包装货物的分拣。

6. 悬挂式分拣机

悬挂式分拣机是用牵引链(或钢丝绳)作牵引件的分拣装备。按照有无支线，它可分为固定悬挂和推式悬挂两种机型。前者用于分拣、输送货物，它只有主输送线路，吊具和牵引链是连接在一起的；后者除主输送线外还备有储存支线，并有分拣、储存、输送货物等多种功能，如图 9.7 所示。

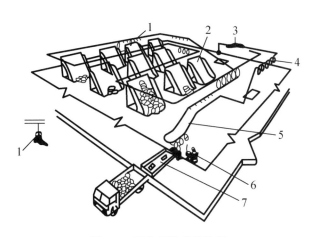

图 9.7 固定悬挂式分拣机

1—吊挂小车；2—格口；3—张紧装置；4—货物；5—输送轨道；6—编码台；7—传送带

固定悬挂式分拣机主要由吊挂小车、输送轨道、驱动装置、张紧装置、编码装置、夹钳等组成。分拣时，货物夹在吊小车的夹钳中。通过编码装置控制，由夹钳释放机构将货物卸落到指定的搬运小车或分拣滑道上。

推式悬挂机具有线路布置灵活、允许线路爬升等优点，普遍用于货物分拣和储存业务中。

悬挂式分拣机具有悬挂在空中、利用空间进行作业的特点。它适合于分拣箱类、袋类货物，对包装物形状要求不高，分拣货物的重量较大，一般可达 100kg 以上，但该机需要专用场地。

7. 滚柱式分拣机

滚柱式分拣机是对货物进行输送、存储与分路的分拣装备。按处理货物流程需要，滚柱式分拣机可以布置成水平形式，也可以和提升机联合使用构成立体仓库，如图 9.8 所示。

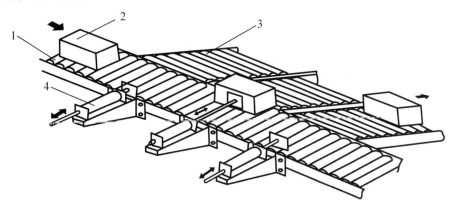

图 9.8 滚柱式分拣机

1—滚柱机；2—货物；3—支线滚柱机；4—推送器

滚柱式分拣机的每组滚柱(一般由 3～4 个滚柱组成，与货物宽度或长度相当)各自均具有独立的动力，可以根据货物的存放和分路要求，由计算机控制各组滚柱的转动或停止。

货物输送过程中，在需要积放、分路的位置均设置了光电传感器进行检测。当货物输送到需分路的位置时，光电传感器输出检测信号，由计算机分析，控制货物下面的那组滚柱停止转动并控制推送器动作，将货物推入相应路向的支线，实现货物的分拣工作。

滚柱式分拣机一般适用于包装良好、底面平整的箱装货物，其分拣能力较强，但结构较复杂，价格也较高。

以上7类分拣机在运用时具体选择哪种类型，需要综合考虑以下因素才能决定：分拣货物的形状、体积、重量、数量，输送的路线及变动性，单位时间内的处理能力、分拣量、设备费用、占地面积、周围环境等。

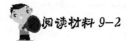

自动分拣设备是集光、机、电、信息技术于一体的系统设备，系统内部主要涉及上件、识别、同步、信息处理、高速低噪输送及分拣入格等关键技术，其中每一项技术成熟与否将直接影响系统效率、差错率和可靠性等关键技术指标，可以说，分拣设备是高新技术集成的产物。

同国外一样，自动分拣输送技术和装备在我国早期也是主要应用于邮政行业，生产和流通领域运用得并不是太多。随着我国物流业的发展，输送分拣系统应用的领域越来越广泛。由于它能有效地解决早期物流系统未整体规划造成的"配"和"送"工艺环节人工作业运行成本高、效率低等弊病，因此，近几年自动分拣输送技术与应用逐渐成为物流系统规划和方案设计的新宠。

9.5 分拣装备的选型

现代化分拣设备是仓库、配送中心的重要生产工具，它的正确选用和合理使用，不仅能提高货物分拣效率和整个配送系统自动化程度，而且也是实现物流现代化和社会化的重要标志之一。因此，在选用分拣设备时，应根据分拣货物的形状、体积、重量、数量，输送的路线及变动性，单位时间内的处理能力、分拣量、设备费用、占地面积、周围环境等因素综合考虑分析，同时还应注意遵循以下原则。

1. 装备的先进合理性

在当前高新技术不断发展的条件下，设备先进性是选用时必须考虑的因素之一，只有先进的分拣装备，才能很好地完成现代配送作业。否则，使用不久就需要更新换代，就很难建立起行之有效的配送作业体制。因此，在选用分拣装备时，要尽量选用能代表该类装备发展方向的机型。同时，装备的先进性是相对的，选用先进装备不能脱离国内外实际水平和自身的现实条件，应根据实际条件，具体问题具体分析，选用有效、能满足用户要求的设备。实际上，选用分拣装备就是选用那些已被实践证明技术成熟、技术规格和指标明确，并能在性能上满足要求的分拣装备。

2. 符合货物特性

所分拣货物的物理、化学性质及其外部形状、重量、包装等特性千差万别，必须根据这些基本特性来选择分拣装备，如浮出式分拣装备只能分拣包装质量较高的纸箱等。这样才能保证货物在分拣过程中不受损失，保证配送作业的安全。

3. 适应分拣方式和分拣量需求

分拣作业的生产效率取决于分拣量的大小及装备自身的分拣能力，也与分拣方式密切相关。因此，在选择分拣装备时，首先要根据分拣方式选用不同类型的分拣装备。其次，要考虑分拣货物批量大小，若批量大，应采用分拣能力高的大型分拣装备，并可选用多台装备；而如果批量小，则适合采用分拣能力较低的中小型分拣装备。

4. 经济实用性

装备选用时不应一味强调高技术、高性能和自动化，应结合实际的情况，以提高经济效益为目的，同时应注意选用操作和维护方便、安全可靠、能耗小、噪声低、成本低、能保证操作人员安全和货物安全的装备。

5. 整体匹配性

分拣装备的选用应与物流中心相关的装备相配套，只有整个物流配送中心的设施装备运行相互协调，才能使各环节达到均衡作业，从而使得整个物流配送中心的物流作业过程最经济和优化。

6. 兼顾上机率和装备技术经济性

上机率是上机分拣的货物数量与该种货物总量之比。追求高的上机率，必将要求上机分拣的货物的尺寸、质量、形体等参数尽量放宽，这将导致装备的复杂化、技术难度及制造成本增加、可靠性降低。反之，上机率过低，必将影响装备的使用效果，增加手工操作的工作量，既降低了装备的性能价格比，也使分拣作业的效益降低。因此，必须根据实际情况，兼顾上机率和设备技术经济性两方面因素，确定较为合理的上机率和允许上机货物参数。

总之，选用分拣装备时，要做好技术经济分析，尽量达到经济合理的要求。同时，还要考虑分拣作业方式、作业场地以及与系统匹配等综合因素，以保证分拣工作正常、安全运行，提高经济效益。

 案例 9-1

货物分拣系统提高顶峰公司的物流速度

顶峰(Zenith)电子公司位于亨茨维尔市 160 000 平方英尺的仓库，采用 AIDC 技术改进货物分拣系统，从出货到装船，实现了全部自动化操作，显著改善了该公司的物流管理。这套系统在基于 UNIX 的休利特·帕卡德 9000 上运行美国 ORACLE 公司的数据库。服务器由 4 个 900MHz 的 Norand RF 工作站组成，它连接各个基本区域，每个区域支持 20 个带有扫描器的手持式无线射频终端。订单从配送中心的商务系统(在另一 HP 9000 上运行的)下载到仓储管理系统(WMS)，管理系统的服务器根据订单的大小、装船日期等信息对订单进行分类，实施根据订单分拣与零星分拣两种分拣策略，并且指导分拣者选择最佳分拣路线。

1. 根据订单分拣货物

如果订单订货数量比较大，可以根据订单，一个人一次提取大量订货。货物分拣者从他(她)的无线射频终端进入服务器，选择订单上各种货物，系统会通过射频终端直接向货物分拣者发送货物位置信息，指导分拣者选择最优路径。货物分拣者在分拣前扫描货柜箱上的条形码标签，如果与订单相符，直接分拣。

完成货物选择后，所有选择的货物经由传送设备运到打包地点。扫描货物目的地条码，对分拣出来的货物进行包装前检查，然后打印包装清单。完成包装以后，在包装箱外面打印订单号条码(使用CODE 39 条码)。包装箱在UPS 航运站称重，扫描条形码订单号，并且把它加入UPS 的跟踪号和重量信息条码中，这些数据，加上目的地数据，构成跟踪记录的一部分上报到UPS。

2. 零星分拣货物

小的订单(尤其是5 磅以下订货)的分拣或者单一路线货物分拣，直接将订单分组分派给货物分拣者，每个分拣人负责3～4 个通道之间的区域。货物分拣者在他或她负责的区域内，携带取货小车进行货物分拣，取货小车上放置多个车上的货箱并且扫描货箱上条形码序列号。在货物包装站，打印的包装清单既包括货物条码，也包括包装箱序列号。

这一系统方案为顶峰电子公司遍及全美的服务区域提供了电视、录像装备，实现远程监控与订货，装船作业在接到订单24～48 小时内完成，每日处理订单达到2 000 份。应用这一系统，顶峰公司绕过了美国国内60 个、国外90 个中间商，把产品直接输送到个人服务中心，缩短了产品供应链，大大降低产品的销售成本，显著提高了顶峰公司企业的市场竞争能力。

新的货物分拣系统也为WMS 的成功做出了巨大贡献，装船准确率增长到99.9%，详细目录准确率保持在99.9%；货物分拣比率显著提高。以前，货物分拣者平均每小时分拣16 次，一个货箱盛放一个订单的货物。如果货架上的货物与订单相符，就把货物放进小货箱，现在是120 次。由于这一系统的运用，劳动力减少到原来的1/3，从事的业务量增加了26%，尽管公司保证48 小时内出货，实际上99%的UPS 订货在15 分钟内就能完成，当日发出。

根据本案例所提供的资料，试分析：该分拣系统对顶峰公司物流有哪些优势？

本 章 小 结

分拣装备是完成仓库、配送中心拣选、分货、分放作业的现代化装备，是开展分拣、配送作业的强有力的技术保证。自动分拣装备具有劳动生产率高、自动化程度高、技术密集、分拣能力高等优点，是现代仓库不可缺少的先进的设备，决定着仓库作业能力和作业规模，反映着物流技术水平的高低。本章从不同的货物分拣方式角度介绍了分拣系统的特点、用途及常见的自动分拣装备，并介绍了分拣装备的选型原则。在选用分拣装备时，要做好技术经济分析，还要考虑分拣作业方式、作业场地以及与系统匹配等综合因素，以保证分拣工作正常、安全运行，提高经济效益。

分拣装备(Sorting Equipment)

分拣机(Sorting Machine)

自动分拣系统(Automated Sorting System)

习 题

1. 填空题

(1) 根据分拣装备的作业性质，常把分拣装备分为_____和_____两大类。

(2) 分拣装备的主要特点是_____、_____、_____、_____。

(3) 自动分拣系统由_____、_____、_____、_____4个阶段完成。

2. 简答题

(1) 简述主要分拣机的特点和使用范围。

(2) 自动分拣装备系统由哪几部分构成？

(3) 简述平钢带分拣机的构成和工作过程。

(4) 简述选用分拣装备的基本原则。

第10章 物流信息技术与装备

【教学目标】

➢ 对物流信息、物流信息技术及装备有概括性的认识
➢ 熟悉条形码技术的标准,掌握条形码技术的设备、工作原理和应用
➢ 熟悉射频技术的设备、工作原理和应用
➢ 熟悉 GPS 和 GIS 技术的设备和应用
➢ 了解计算机网络硬件的基本知识,掌握 EDI 技术分类、标准及应用
➢ 了解信息网络技术,熟悉移动通信网络技术、近距离无线通信技术、有线通信网络技术

物流信息技术与装备 第10章

联邦快递核心竞争优势—现代物流信息技术

成立于1907年的美国联邦快递公司是世界上最大的配送企业。2000年,联邦快递公司年收入接近300亿美元,其中包裹和单证流量大约35亿件,平均每天向遍布全球的顾客递送1 320万件包裹。公司向制造商、批发商、零售商、服务公司以及个人提供各种范围的陆路和空运的包裹和单证的递送服务及大量的增值服务。表面上,联邦快递公司的核心竞争优势来源于其由15.25万辆卡车和560架飞机组成的庞大的运输队伍,而实际上联邦快递公司今天的成功并非仅仅如此。

20世纪80年代初,联邦快递公司以其大型的棕色卡车车队和及时的递送服务,控制了美国路面和陆路的包裹速递市场。然而,到了80年代后期,随着竞争对手利用不同的定价策略以及跟踪和开单的创新技术对联邦快递的市场进行蚕食,联邦快递的收入开始下滑。许多大型托运人希望通过一站式服务来提供全程的配送服务,同时客户们还希望通过掌握更多的物流信息,以利于自身控制成本和提高效率。随着竞争的白热化,这种服务需求变得越来越迫切。正是基于这种服务需求,联邦快递公司从20世纪90年代初开始了致力于物流信息技术的广泛利用和不断升级。

联邦快递公司通过应用以下三项物流信息技术,为其物流服务提高了竞争能力。

第一,条形码和扫描仪使联邦快递公司能够每周七天、每天24小时地跟踪和报告装运状况,顾客只需拨一个免费电话号码,即可获得"货物跟踪"和航空速递这样的增值服务。

第二,联邦快递公司的速递驾驶员携带着以数控技术为基础的笔记本电脑到排好顺序的线路上收集速递信息。这种笔记本电脑使驾驶员能够用数字记录装运接收者的签字,以提供收货核实。通过电脑协调驾驶员信息,减少了差错,加快了物流速度。

第三,联邦快递公司于1993年创建了一个全美无线通信网络,该网络使用了55个蜂窝状载波电话。使驾驶员能够把实时跟踪的信息从卡车传送到联邦快递公司的中央服务器。无线移动技术和系统能够提供电子数据储存,并能跟踪公司在全球范围内的数百万笔速递业务。通过安装卫星地面站和扩大系统,到1997年联邦快递实时包裹跟踪成为现实。

以联邦快递为代表的企业应用和推广的物流信息技术是现代物流的核心,是物流现代化的标志。尤其是飞速发展的计算机网络技术的应用,使物流信息技术达到新的水平。物流信息技术也是物流技术中发展最快的领域,从自动数据采集的条形码系统、RFID系统,到自动定位跟踪的GPS、GIS技术,以及电子数据交换EDI技术,各种网络技术设备等都在日新月异地发展。同时,随着物流信息技术的不断发展,产生了一系列新的物流理念和物流经营方式,推进了物流的变革。

思考题:联邦快递是如何通过现代物流信息技术打造了自己的核心竞争优势?

10.1 概　　述

物流信息技术是现代物流的基础和灵魂,现代物流和传统物流的区别就在于现代物流应用现代信息技术。发展物流业的关键在于实现物流信息化,建立在商品标准化编码基础上的条形码技术(Bar Code)、射频技术(Radio Frequency Identification)、电子数据交换(Electronic Data Interchange)等物流信息技术使得这一制约物流业发展的瓶颈被冲破,将JIT、QR、CR和AR等现代物流战略成为可能。物流信息技术和装备通过切入企业的业务流程来实现对企业各要素的合理组织与高效利用，降低企业经营成本、产生经济效益。因此，可以说物流信息技术和装备是现代物流运作与发展的平台和基础，没有物流信息技术和装备的现代化，就没有物流的现代化。

传统的物流活动分散在不同的经济部门、不同的企业以及一个企业内部不同的职能部门之中，在从生产到消费的商品流通过程中，物流活动被分解为若干个阶段和环节来进行，并形成了比较烦琐的物流转移活动和程序。由于物流是一种由信息引导并伴随大量信息交换活动的经济活动，而在信息技术不发达和管理水平较低的条件下，物流信息在不同经济主体及其职能部门之间无法实现交流和共享，从而物流活动的分散也使相关的物流信息被人为地割裂开来，物流活动无法进行有效的协调和全面管理，其结果是不同环节或部门的物流活动相互脱节和重复，物流成本居高不下，成为影响经济运行效率和社会在生产顺利进行的制约因素，并被视为"经济的黑大陆"。从 20 世纪 80 年代以来，以计算机技术、电子数据交换(EDI)、互联网、射频技术(RFID)等为主体的现代信息技术实现了群体性的突破，大大推动了社会经济的信息化程度。现代信息技术在发达国家已经渗透到社会经济活动的各个角落。在物流领域，借助现代信息技术的支持和推广应用，美国、欧洲、日本等一些物流发达国家在这一时期出现了对各种物流功能、要素进行整合的物流革命，使物流活动从分散走向一体化，并促使物流观念开始从企业内部扩展到整个物流过程。

【知识拓展】

物流信息技术属于物流技术的一类，是指在物流各个作业环节应用的信息技术，主要由计算机技术和网络通信技术为核心的各种信息技术以及管理信息系统组成。包括基于各种通信方式基础上的移动通信手段、全球卫星定位系统(GPS)、地理信息系统(GIS)、条形码技术、射频技术、电子数据交换、信息网络技术等现代尖端科技。在这些尖端技术和装备的支持下，物流管理形成了以移动通信、资源管理、监控调度、自动化仓储管理、业务管理、客户服务管理、财务处理等多种信息技术集成了一体化现代物流管理体系。

【参考视频】

10.2 条形码技术

条形码技术是在计算机的应用实践中产生和发展起来的一种自动识别技术，它是为实现对信息的自动扫描而设计的，具有读取速度快、准确度高、操作方便、成本低廉等特征。条形码技术的应用解决了数据录入和数据采集的"瓶颈"问题，为物流管理和物流工程提供了有力的技术支持。

条形码技术提供了一种对物流中的物品进行标志和描述的方法，借助自动识别技术、POS 系统、EDI 等现代技术手段，企业可以随时了解有关产品在供应链上的位置，并及时做出反应。当今在欧美等发达国家兴起的 ECR、QR、ACEP(自动连续补货)等供应链管理策略，都离不开条形码技术的应用。条形码还是实现 POS 系统、EDI、电子商务、供应链管理的技术基础，是物流管理现代化、提高企业管理水平和竞争能力的重要技术手段。物流条形码是条形码的一个重要组成部分，它不仅在国际范围内提供了一套可靠的代码标志体系，而且为贸易环节提供了通用语言，为 EDI 和电子商务奠定了基础。因此，物流条形码的标准化在推动各行业信息化、现代化建设进程和供应链管理的过程中将起到不可估量的作用。

10.2.1 条形码技术概述

1. 条形码的概念

条形码是由一组规则排列的条、空及其对应字符组成的标记，用以表示一定的信息。作为全世界通用的商品代码的表示方法，条形码主要用来表示物品的名称、产地、单价、价格等，是有关生产厂家、批发商、零售商、运输业者等经济主体进行订货和接收货、销售、运输、保管、出(入)库检验等活动的信息源。在技术上，条形码是由若干个黑色的"条"和白色的"空"所组成，如图 10.1 所示。

图 10.1 条形码

其中，黑色的条对光的反射率低，而白色的空对光的反射率高，再加上条与空的宽度不同，就能使扫描光线产生不同的反射接收效果，在光电转换设备上转换成不同的电脉冲，形成可以传输的电子信息。具体来说，条形码是一种可印刷的机器语言，它采用二进位数字的概念，经 1 和 0 表示编码的特定组合单元。直观看来，常用的条形码是由一组字元组成，如数位 0 和 1，字母 A 和 E 或一些专用符号。

2. 条形码的分类

条形码按照不同的分类方法、不同的编码规则可以分成许多种，现在已知的世界上正在使用的条形码就有 250 种之多。在实际应用中，条形码主要依据条形码的编码结构和条形码的性质来决定。例如，按条形码的长度来划分，可以分为定长和不定长条形码；按排列方式划分，可以分为连续型和非连续型条形码；按校验方式划分，又可分为自校验型和非自校验型等。

1) 根据条形码技术的发展历程分类

根据条形码技术的发展历程可以分为一维条形码、二维条形码和特种条形码。

(1) 一维条形码。一维条形码是只在一维方向上表示信息的条形码符号。这种条形码是由一个接一个的"条"和"空"排列组成的，条形码信息靠条和空的不同宽度和位置来传递，信息量的大小是由条形码的宽度和印刷的精度来决定的。条形码越宽，包含的条和空越多，信息量越大；条形码印刷精度越高，单位长度内可以容纳的条和空越多，传递的信息量也就越大。由于这种条形码技术只能在一个方向上通过"条"与"空"的排列组合来储存信息，所以称为一维条形码。

(2) 二维条形码。二维条形码(2-Dimensional Bar Code)是在水平和垂直方向的二维空间存储信息的条形码，如图 10.2 所示。如果说一维条形码的符号是沿垂直方向印刷标示，只能在水平方向上通过"条"与"空"的排列组合来存储信息的话，那么二维条形码的符号则是在水平和垂直两个方向印刷标示的，以"面"来储存信息，而且阅读也是以识别"面"为特征，所以称之为二维条形码。2009 年 12 月 10 日，我国对火车票进行了升级改版。新版火车票应用了二维防伪条形码。进站口检票，检票人员通过二维条形码识读设备对客票上的二维条形码进行识读，系统将自动辨别车票的真伪并将相应信息存入系统中。

【知识拓展】

(a) 二维条形码

(b) 二维条形码在火车票上的应用

图 10.2 二维条形码

二维条形码是 20 世纪 80 年代被开发并得到不断发展的，其背景是对移动信息获得的效率性和便利性的需要。随着经济全球化和国际物流的快速发展，一维条形码技术在实际应用中日益暴露出信息容量小、不足以满足顾客对信息的需求和物流企业自身管理的需要且需要庞大数据库支持的缺陷，严重制约了物流企业的运行效率和效益，于是二维条形码应运而生。二维条形码的优点主要体现在以下几个方面：信息容量大、译码可靠性高、纠错能力强、制作成本低、保密与防伪性能好。

(3) 特种条形码。特种条形码目前主要有隐形条形码、金属条形码和激光条形码三种。经特殊处理将条形码隐形的是隐形条形码；以金属材料为条形码符号的载体，或以金属材料构成条形码符号的特种条形码是金属条形码；将激光全息图像标识和条形码标识相结合的特种条形码则是激光条形码。目前特种条形码主要应用在一些特殊场合。

2) 根据码制不同分类

根据码制的不同,条形码可以分为很多种,其中常用的有 Code39 码(标准 39 码)、Codabar 码(库德巴码)、Code25 码(标准 25 码)、ITF25 码(交叉 25 码)、Matrix25 码(矩阵 25 码)、UPC-A 码、UPC-E 码、EAN-13 码(EAN-13 国际商品条形码)、EAN-8 码(EAN-8 国际商品条形码)、中国邮政码(矩阵 25 码的一种变体)、Code-B 码、MSI 码、Code11 码、Code93 码、ISBN 码、ISSN 码、Code128 码(包括 EAN128 码)、Code39EMS(EMS 专用的 39 码)和 PDF417 等。不同的码制有各自的应用领域。

(1) EAN 码。EAN 码是国际物品编码协会(International Article Numbering Association)在全球推广应用的商品条形码，是一种长度固定的条形码，所表达的信息全部为数字，主要用于商品标识。日常购买的商品包装上所印的条形码一般就是 EAN 码。

(2) Code39 码和 Code128 码。Code39 码和 Code128 码是目前国内企业内部的自定义码制,可以根据需要确定条形码的长度和信息。编码的信息可以是数字,也可以包含字母,主要应用于工业生产线领域、图书管理及票证的自动化管理等,目前应用较为广泛。

(3) Code25 码。Code25 码是根据宽度调节法进行编码,并且只有用"条"表示信息的非连续型条形码,每个条形码字符由规则的 5 个条组成,其中有两个宽单元,三个窄单元,故称为"二五条形码"。Code25 码在物流管理中应用较多,主要应用于包装、运输以及国际航空系统的机票顺序编号等。

(4) Codabar 码。Codabar 码主要应用于血库管理、图书馆、包裹等的跟踪管理方面。

(5) PDF417 码。PDF417 码是由美国 Symbol 公司研制,是一种高密度、高信息含量的便携式数据文件,是实现证件及卡片等大容量、高可靠性信息自动存储、携带并可用机器自动识读的理想手段,是中国目前唯一通过国家标准认证的二维条形码。

3) 根据使用目的的不同分类

根据使用目的的不同,可分为商品条形码和物流条形码。

(1) 商品条形码。商品条形码是国际物品编码协会(EAN)和美国统一代码委员会(UCC)规定的,用于表示商品标识代码的条形码,可在世界范围内唯一标识一种商品。它以个体商品为对象,直接为销售和商品管理服务。商品条形码包括 EAN 商品条形码(EAN-13 商品条形码和 EAN-8 商品条形码)和 UPC 商品条形码(UPC-A 商品条形码和 UPC-E 商品条形码),UPC 商品条形码主要在北美地区得到广泛应用。EAN 商品条形码是目前国际通用的商品条形码,我国通用商品条形码与其等效并采用 EAN 条形码结构。

EAN-13 商品条形码是标准版的 EAN 商品条形码,其由 13 位数字组成,分为三种结构,见表 10-1。

表 10-1　标准版 EAN 商品条形码结构

结构类型	厂商识别代码	商品项目代码	校验码
结构一	$X_{13}X_{12}X_{11}X_{10}X_9X_8X_7$	$X_6X_5X_4X_3X_2$	X_1
结构二	$X_{13}X_{12}X_{11}X_{10}X_9X_8X_7\,X_6$	$X_5X_4X_3X_2$	X_1
结构三	$X_{13}X_{12}X_{11}X_{10}X_9X_8X_7\,X_6\,X_5$	$X_4X_3X_2$	X_1

根据 EAN 规范,这 13 位数字顺序组合并代表不同的含义。最前面的 2～3 位数字组合($X_{13}X_{12}$ 或 $X_{13}X_{12}X_{11}$)叫前缀码,是识别 EAN 所属成员的代码。为确保其在国际范围内的唯一性,前缀码有 EAN 统一分配给国家(或地区)编码组织并统一管理。EAN 分配给中国内地物品编码中心的前缀码是 690～695。通常包含前缀码在内的 7～9 位数字组合又称厂商识别代码,用于对厂商的唯一标识,是各国的 EAN 编码组织在 EAN 分配的成员前缀码的基础上分配给厂商的代码。厂商识别代码后的 3～5 位数字组合叫商品项目代码,是用以标识商品的代码,由厂商在使用同一厂商识别代码的前提下自己负责编制。在编制商品项目代码时,厂商必须遵守商品编码的基本原则:对同一商品项目的商品,必须编制相同的商品项目代码;对不同的商品项目,必须编制不同的商品项目代码;保证商品项目与其标识代码意义对应,即一个商品项目只有一个代码,一个代码只标识一个商品项目。最后一位是校验码,用以校验 X_{13}～X_2 的编码正确性。它可由制作条形码原版胶片或直接打印条形码符号的设备根据前 12 位的数值按一定的数学算法自动生成。

EAN-8 商品条形码是缩短版 EAN 商品条形码,指用于表示 EAN 代码的商品条形码,用于包装面积较小的商品上。EAN-8 代码由 8 位数字组成,其商品项目识别代码为 $X_8X_7X_6X_5X_4X_3X_2$,校验码为 X_1。与 EAN-13 码相比,EAN-8 码仅有商品识别代码和校验码。在中国,凡需使用 EAN-8 码的商品生产厂家,需将本企业欲使用 EAN-8 码的商品目录及其外包装(或设计稿)报至中国物品编码中心或其分支机构,由中国物品编码中心统一编码。

(2) 物流条形码。物流条形码是由国际物品编码协会(EAN)和美国统一代码委员会(UCC)制定的用于贸易单元识别的条形码,通常标识多个或多种类商品的集合。它以集合包装商品为单位使用,直接为出(入)库、运输、保管和分拣等物流作业管理服务。通用商品条形码是最终消费单元的唯一标识,它常常是单个商品的条形码。消费单元是指通过零售渠道,直接销售给最终用户的商品包装单元;物流条形码则是货运单元的唯一标识。货运单元是由若干消费单元组成的稳定的和标准的产品集合,是收(发)货、运输、装卸等项物流业务所必需的一种商品包装单元,一般是多个商品的集合,也可以是多种商品的集合,应用于现代化的物流管理中。

物流条形码标识的内容主要有项目标识(货运包装箱代码 SCC-14)、动态项目标识(系列货运包装箱代码 SSCC-18)、日期、数量、参考项目(客户购货订单代码)、位置码、特殊应用及内部使用等。

尽管目前现存的条形码码制有许多,但国际上通用的和公认的物流条形码码制主要有三种,即通用商品条形码(EAN-13 码)、储运单元条形码(ITF-14 码)及贸易单元 128 码(EAN/UCC-128 码),它们的具体应用在实际中又因货物和商品包装的不同而不同。单个大件商品,如电视机、电冰箱、洗衣机等商品的包装箱往往采用 EAN-13 条形码;储运包装箱常常采用 ITF-14 条形码或 EAN/UCC-128 应用标识条形码,包装箱内可以是单一物品,也可以是不同的商品或多件头商品小包装;贸易单元 128 条形码的使用是物流条形码实施的关键,它能够标识贸易单元的信息,如产品批号、数量、规格、生产日期、有效期和交货地等,广泛应用于批发物流过程或运输业的仓储管理、车辆调配、货物跟踪等方面。

10.2.2 条形码的扫描识读设备

条形码扫描识读设备是一种光电系统,照亮条形码符号来测量反光,然后将模拟形式的光波数据转换到数字形式交给解码器处理,最后传输给计算机应用软件,完成电子信息的采集。

1. CCD 扫描器

CCD 扫描器使用固定光束(通常是使用发光二极管 LED)将条形码符号的图像反射给光敏元件阵列。扫描器阅读条形码的最佳距离(称为景深 DOF)在 15cm 以内。新型的 CCD 扫描器不但能够阅读一维条形码和二维堆叠式条形码,还可以阅读二维矩阵式条形码。CCD 扫描器的工作原理是使用多个发光二极管固定光源照射系统,以照明条形码符号,通过平面镜改变光的方向,再经透镜和光阑等光学系统将条形码符号映像到 CCD 元件上。当条形码符号映像到光电二极管阵列时,由于条和空的反光强度不同,产生的电信号强度也不同,通过采集光电二极管阵列中每个光电二极管的电信号,可实现对条形码符号的自动扫描。

CCD 扫描器如图 10.3 所示。

图 10.3　CCD 扫描器

CCD 扫描器通常有两种类型：一种是手持式 CCD 扫描器，另一种是固定式 CCD 扫描器。这两者均属于非接触式扫描器，只是形状和操作方式不同，其扫描机理和工作元件完全相同。CCD 扫描器的电路系统主要由放大器、整形电路、CCD 控制电路等组成。放大电路是将 CCD 输出的微弱电流进行放大，整形电路是将放大后的模拟脉冲信号整形为数字信号，CCD 控制电路主要是为 CCD 元件提供工作条件，如工作电压、移位脉冲信号等。

2．激光扫描器

激光扫描器是以激光为光源的扫描器，相比其他光源的扫描器而言，激光扫描器最大的优点是扫描光照强，可以远距离扫描并且扫描景深长。而且激光扫描器扫描速度高，有的产品扫描速度可以达到 1 200 次/s，这种扫描器可以在百分之一秒时间内对条形码标签扫描阅读多次，并做到每一次不重复扫描上次扫描的轨迹。激光扫描器还可以做到被测条形码从不同的角度进入扫描范围时都可以被识读。激光扫描器如图 10.4 所示。

(a) 固定激光扫描器

(b) 手持激光扫描器

图 10.4　激光扫描器

3．接触笔扫描器

接触笔扫描器是类似笔形的小型接触式扫描器，使用时需要合适的斜度(一般为 30°)和恰当的移动速度，接触笔的工作原理是由发光二极管发出的光经过成像聚焦到条形码符号的表面，光点的发射光在经光学系统聚焦到探测器上，经过光电转换成点信号，电信号经信号整形后输入译码器。

10.2.3　条形码检测设备

条形码是一种数据载体，它在信息传输过程中起着重要的作用。如果条形码出问题，物品信息的通信将被中断，所带来的后果要比其符号本身大得多。因此，必须对条形码质量进行有效控制，确保条形码符号在整个供应链上能够被正确识读，而条形码检测是实现此目的的一个有效工具。

1. 通用设备

通用设备包括密度计、工具显微镜、测厚仪和显微镜等。密度计有反射密度计和透射密度计两类，反射密度计是通过对印刷品反射率的测量来分析条形码的识读质量，透射密度计是通过对胶片反射率的测量来分析条形码的阅读质量。工具显微镜用来测量条、空尺寸偏差。测厚仪可以测出条形码的条、空尺寸之差而得到油墨厚度。显微镜通过分析条、空边缘粗糙度来确定条形码的印刷质量。这些检测设备的测量精度比平均水平要高得多，成本当然也比较高。

2. 专用设备

条形码检测专用设备一般可以分为便携式条形码检测仪和固定式条形码检测仪。

1) 便携式条形码检测仪

简便、外形小巧的条形码检测仪广泛适用于各种检测。不是所有的条形码检测应用都要求分析同样的参数，所以有些便携式条形码检测根据不同的应用提供不同的检测仪型号。针对传统和全 ANSI/CEN 参数的检测，便携式条形码检测仪可以快速检测合格与否，并且可以通过功能强大的检测手段进一步分析详细参数。检测结果将通过一个 4 行 20 字符的 LCD 以及发光二极管、声音来标识。便携式条形码检测仪还可以通过 RS232 接口连接 PC 机，来测量使用手持式激光条形码扫描设备所测量到条形码的质量，方便快捷。它可以快速提供针对尺寸、格式参数质量合格与否的检测信息，如平均条形码偏差、宽窄比、ANSI/CEN/ISO 可解码度等。便携式条形码检测仪如图 10.5 所示。

2) 固定式条形码检测仪

固定式条形码检测仪是一种专门设计的安装在印刷设备上的检测仪，它们检测设备对条形码符号的制作并对主要的参数、特别是单元宽度提供连续的分析，以使操作者非常及时地控制印刷过程。在线固定式条形码检测仪能对条形码标签在打印、应用、堆叠和处理的过程中进行实时连续的检测。常用于热敏或热转移打印机，内置激光检测仪和电源，可以大大提高生产率、降低成本、提高生产质量。固定式条形码检测仪如图 10.6 所示。

图 10.5　便携式条形码检测仪

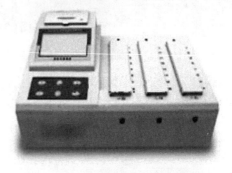

图 10.6　固定式条形码检测仪

10.2.4 条形码数据采集设备

条形码数据采集设备相当于一台小型的计算机,它将计算机技术与条形码技术完美地结合,利用物品上的条形码作为信息快速采集手段。条形码数据采集设备硬件上具有计算机设备的基本配置:CPU、内存、显示设备、输入/输出设备、各种外设接口,软件上具有操作系统、可以编程的开发平台、独立的应用程序。它兼具了掌上电脑和条形码扫描仪的功能,是集激光扫描、数据采集、数据处理、数据通信等为一体的高科技产品。常见的条形码数据采集设备有便携式数据采集终端和无线数据采集器。

1. 便携式数据采集终端

便携式数据采集终端(Portable Data Terminal,PDT)也称为便携式数据采集器或手持终端(Hand-hold Terminal,HT),因其应用于自动识别条形码,故称为便携式条形码数据采集终端。其基本工作原理是:首先按照用户的应用要求,将应用程序经过计算机编制后下载到便携式数据采集终端。便携式数据采集终端中的基本数据信息必须通过计算机的数据库获得,而存储的操作结果也必须及时地导入数据库中。便携式数据采集终端作为计算机网络系统的功能延伸,满足了日常工作中信息的移动采集、处理的任务要求。便携式数据采集终端如图10.7所示。

2. 无线数据采集器

便携式数据采集终端对于传统手工操作的优势是不言而喻的,而无线数据采集器则将普通便携式数据采集终端的性能进一步扩展。无线数据采集器不需要像普通便携式数据采集终端那样依靠通信座和计算机进行数据交换,而可以直接通过无线网络和计算机、服务器进行数据通信。无线数据采集器除了一般便携式数据采集终端的优点外,还有在线式数据采集的优点。它与计算机的通信是通过无线电波实现的,可以把现场采集到的数据实时地传输给计算机,使数据由原来的本机校验、保存转变为远程控制、实时传输。无线数据采集器通信内数据实时性强、效率高,操作人员在无线数据采集器上进行操作而得到的数据都会在第一时间进入后台数据库,也就是说无线数据采集器将数据库信息系统延伸到每一个操作人员的手上。

目前,越来越多的物流企业开始把目光投向无线数据采集器(图 10.8),国内已经有一些物流企业。将无线数据采集器应用于仓库管理、运输管理以及物品的及时跟踪方面。

图 10.7 便携式数据采集终端

图 10.8 无线数据采集器

10.2.5 条形码制作和印刷设备

只要掌握了编码规则和条形码标准,把所需数据用条形码表示就不难解决。然而,把条形码印制出来就涉及条形码制作和印刷设备。我们知道条形码符号中条和空的宽度是包含着信息的,因此在条形码符号的印刷过程中,对诸如反射率、对比度及条空边缘粗糙度等均有严格的要求。根据不同的需要,条形码制作和印制设备大体可以分为三种:适用于大批量印制条形码符号的设备、适用于小批量印制的专用机、灵活方便的现场专用打印机。其中既有传统的印刷技术,又有现代制片、制版技术和激光、电磁、热敏等多种技术。条形码打印机如图10.9所示。

图 10.9 条形码打印机

10.3 射 频 技 术

射频识别(Radio Frequency Identification,RFID)技术是利用无线射频信号空间耦合的方式,实现无接触的标签信息自动传输与识别的技术。RFID 技术源于无线通信技术,它综合了现代计算机技术、智能控制和智能识别等许多高新技术,顺应了计算机集成制造系统和电子商务等发展的需要。RFID 技术在国外发展很快,RFID 产品种类很多,像德州仪器、摩托罗拉、飞利浦等世界著名厂家都生产 RFID 产品,并且各有特色,自成系列。我国在这方面起步较晚,但经过几年的努力已经开发出了具有自主知识产权的产品。

10.3.1 射频识别技术概述

1. RFID 技术的概念

RFID 技术是自动识别技术的一种,通过无线射频方式进行非接触双向数据通信,对目标加以识别并获取相关数据。RFID 的主要核心部件是读写器和电子标签,通过几厘米到几米距离内读写器发射的无线电波,可以读取电子标签内储存的信息,识别电子标签代表的物品、人和器具的身份。由于电子标签的存储量可以是 2^{96} 字节以上,因此它彻底抛弃了条形码的种种限制,使世界上每一种商品都可以拥有独一无二的电子标签。并且,贴上这种电子标签之后的商品,从它在工厂的流水线上开始,到被摆上商场的货架,再到消费者购买后最终结账,甚至到电子标签最后被回收的整个过程都能够被追踪管理。

RFID 技术有许多突出的优点,如不需人工干预,不需直接接触、不需光学可视即可完成信息输入和处理,可工作于各种恶劣环境,可识别高速运动的物体,并可同时识别多个电子标签,操作快捷方便,实现了无源和免接触操作,应用便利,无机械磨损,寿命长,机具无直接对最终用户开放的物理接口,能更好地保证机具的安全性等。在数据安全方面,除电子标签的密码保护外,数据部分可用一些算法实现安全管理，如 DES、RSA、DSA、MD5 等。读写器与电子标签之间也可以相互认证，实现安全通信和存储。电子标签系统的成本一直处于下降的趋势，越来越接近接触式 IC 卡，甚至更低，为其普及应用奠定了基础。如果 RFID 能与供应链管理、电子商务紧密结合和联系，那它很有可能在几年内取代条形码扫描技术。

近年来，RFID 在国外发展很快，已被广泛应用于工业自动化、商业自动化和交通运输控制管理等众多领域，如高速公路自动收费系统、汽车或火车等的交通监控系统、流水线生产自动化、物品管理、门禁系统、金融交易、仓储管理、车辆防盗等。而在中国目前主要应用于公共交通、校园、社会保障等方面，上海、深圳、北京等地陆续采用了射频公交卡。另外，我国电子标签应用最大的项目是第二代居民身份证。

2. RFID 技术的基本参数和特点

衡量 RFID 技术的技术参数比较多，包括适用的频率、读头的发射功率、识别距离的远近、执行的协议标准、识别速度、数据传输率、芯片内存大小、标签封装标准、可同时识别的标签数等。这些技术参数有的是相互影响和相互制约的，如识别距离就可以表示成若干个其他参数的集合函数。在此主要介绍 RFID 系统的两个主要参数：识别距离和工作频率。

1) 识别距离

RFID 系统的识别距离(也称作用距离)指系统的有效识别距离。读头可以识别到标签的距离的影响因素很多，包括读头的射频发射功率、系统工作的频率和标签的封装形式等。

其他条件相同时，低频系统识别距离最短，其次是高频、微波，最远的是超高频系统。标签芯片可以设计成全频段的，因此只要读头频率发生改变，系统工作频率随之改变。RFID 系统的有效识别距离与读头模块的射频发射功率(通过天线发射)成正比。发射功率越大，识别距离越远。但是电磁波产生的辐射超过一定范围，就会对环境和人体产生有害的影响，因此在电磁功率方面必须遵循一定的功率标准。

2) 工作频率

RFID 系统工作频率的选择在很大程度上决定了射频标签系统成本的高低、技术可行性及应用范围。在无线通信信道中，射频信号只能以电磁耦合或电磁波传播的形式表现出来。因此，RFID 系统的工作性能必定要受到电磁波空间传输特性的影响。RFID 系统属于无线电的应用范畴，因此其使用不能干扰到其他系统的正常工作。工业、科学和医疗使用的频率范围(Industrial Science Medical，ISM)通常是局部的无线电通信频段。因此，通常情况下 RFID 使用的频段也是 ISM 频段。

电磁波在物理特性上，从识别距离、穿透能力特性来看，不同射频频率的特性存在较大的差异。特别是在低频和高频两个频段的特性上，具有很大的不同。低频具有较强的穿透能力，能够穿透水、动物包括人的躯体等导体材料，同时对金属具有较好的绕射效果。但在同样的功率下，传播的距离非常近；另外，由于频率低，可利用的频带窄，数据传输速率较低，并且信噪比低，容易受到干扰。相对低频而言，若得到相同的传输效果，高频系统发射功率较小，设备较简单，成本较低。与低频相比，高频系统数据传输速率较高，无低频的信噪比限制。但是，其"绕射"能力和"穿透"能力较差，很容易被水等导体媒介所吸收或者反射，因此对于可导障碍物的敏感性很强。超高频系统具有较远的识别距离、很高的速度(可达 500km/h)和很好的防冲撞能力，但同样能够被液态可导介质携手和被金属介质反射。利用它们各自的长处来设计识别距离较远又具有较强穿透力的产品就用到所谓的双频技术,即将低频和高频两个频率特征集成到一枚芯片上,使其既具有低频的穿透能力,又具有高频的识别距离和通信速度。

条形码技术和 RFID 技术各具特点。就目前而言,条形码技术虽然有不少缺陷,但是低成本是其仍然得以广泛应用的最主要的原因之一。RFID 技术虽然弥补了条形码技术的许多不足,但是高成本和技术的不成熟使其难以被大面积推广。RFID 和条形码技术的功能比较见表 10-2。

表 10-2　RFID 与条形码技术的比较

功　能	RFID	条　形　码
读取数量	可同时读取多个 RFID 标签资料	条形码读取时只能一次一个
远距读取	RFID 标签不需要光线就可以读取或更新	读条形码时需要光线
资料容量	储存资料的容量大	储存资料的容量小
读取能力	电子资料可以反复被复写(R/W)	条形码资料不可更新
读取方便性	电子标签可以很薄且如果隐藏在包装中仍然可以读取资料	条形码读取时需要可看见与清楚
资料正确性	RFID 标签可传递资料作为货品追踪与安全	条形码需要靠人工读取,所以有人为疏失的可能性
坚固性	RFID 标签在严酷、恶劣与肮脏环境下仍然可以读取数据	当条形码污损无法读取,无耐久性
高速读取	可以进行高速移动读取	移动中读取有所限制

从表 10-2 可以看出,RFID 技术最突出的特点是:①可以非接触识读;②识读距离可以从几厘米到几十米;③可识别高速移动的物体;④抗恶劣环境;⑤保密性强;⑥可同时识别多个对象。

10.3.2　RFID 系统的工作原理及组成

最基本的 RFID 系统主要由射频电子标签(Tag)、读写器(Reader)和天线(Antenna)几部分组成。它借助于放置在物品上的电子标签,用读写器对标签进行扫描和读取,当天线和读写器进行通信时,把数字式通信信号转换为与读写器通信的电波频率信号,将标签内的信息输出,然后将信息输入计算机系统。目前,RFID 技术已发展到微波技术,它根据电子标签内微波天线的负载阻抗随储存的电子数据变化的特点来读取数据。RFID 系统的工作原理如图 10.10 所示。

【知识拓展】

1. 电子标签

RFID 系统的标签,也称为射频标签或电子标签。电子标签保存有约定格式的电子数据,是射频识别系统真正的数据载体。一般情况下,电子标签由耦合元件和芯片组成,每个标签具有唯一的电子编码,相当于条形码技术中的条形码符号,用来储存需要识别传输的信息,标签附着在物体上用于识别目标对象。

电子标签载有可用于认证识别其所附着的目标物的相关信息数据,标签可以是只读的、读/写兼具的或写一个/读多个的形式;可以是主动式也可以是被动式。通常，主动式标签需要专用的电池支持其传输器及接收器工作。为了避免干扰，主动式的标签要求能接收与转发多个频点的信号，以避免邻道干扰，卡的组成复杂，而且功耗也大。因此，主动式标签一般比被动式标签在外形上要大而且价格更昂贵。另外，主动式标签使用寿命都与其电池寿命直接相关。

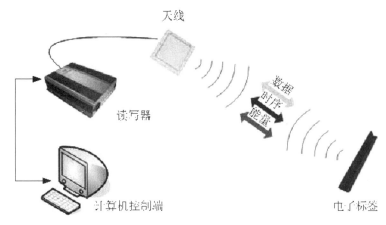

图 10.10　RFID 系统工作原理图

被动式标签根据其应用的不同，也可以分为有源和无源两种工作模式。被动式标签将从读写器传来的射频信号通过调制解码将有关信息加入其所反射的射频信号中。对于被动式标签而言，它无须电池来放大反向信号的载波能量，有的被动式标签使用电池仅是用于支持标签中存储器的工作或支持标签中的对反射信号进行调制解码的元件的工作。常见的 RFID 电子标签可以有各种形状和形式，如图 10.11 所示。

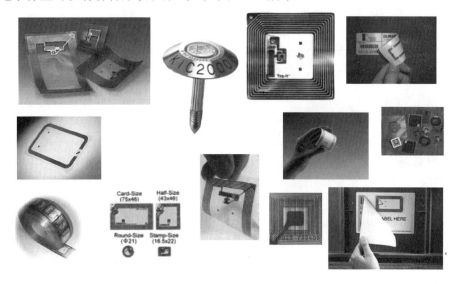

图 10.11　电子标签

2．读写器

读写器(Reader)主要是为了读/写、识别电子标签内的信息，又称为解读器、识读器。阅读器。可设计为手持式或固定式。读写器可无接触地读取并识别电子标签中所保存的电子数据，从而达到自动识别物体的目的。通常阅读器与计算机相连，所读取的标签信息被传输到计算机进行下一步的处理。RFID 应用系统如图 10.12 所示。

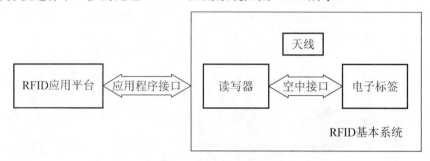

图 10.12　RFID 应用系统原理

读写器是 RFID 系统中的基本单元，其原理组成如图 10.13 所示，主要包括基带模块和射频模块两大部分。其中，基带模块部分包括基带信号处理、应用程序接口、控制与协议处理、数据和命令收发接口及必要的缓冲存储区等；射频模块可以分为发射通道和接收通道两部分，主要包括射频信号的调制解调处理、数据和命令收发接口、发射通道和接收通道、收发分离(天线接口)等。

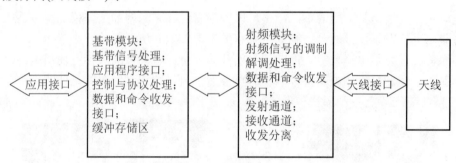

图 10.13　读写器原理组成

读写器主要完成以下功能。

(1) 读写器与电子标签之间的通信功能。

(2) 读写器与计算机之间可以通过标准接口(如 RS-232 等)进行通信。读写器通过标准接口与计算机网络连接，并提供如下信息，以实现多读写器在系统网络中的运行：本读写器的识别码、本读写器读出电子标签的实时时间、读出的电子标签的信息等。

(3) 能够在读写区实现多电子标签同时读取，具备防碰撞功能。

(4) 适用于固定和移动电子标签的识读。

(5) 能够校验读写过程中的错误信息。

(6) 对于有源电子标签，能够标识电池的有关信息，如电量等。

读写器和电子标签的所有行为均由应用软件来控制完成。在系统结构中，应用软件作为主动方对读写器发出读写指令，而读写器则作为从动方对应用软件的读写指令做出回应。读写器接收到应用系统软件的动作指令后，回应的结果就是对电子标签做出相应的动作，建立某种通信关系。读写器触发电子标签，并对所触发的电子标签进行身份验证，然后电子标签开始传送所要求的数据。

因此，读写器的基本任务是触发作为数据载体的电子标签，与电子标签建立通信联系，并在应用软件和非接触的数据载体之间传送数据。这种非接触通信的一系列任务包括通信的建立、防止碰撞和身份验证等，均由读写器来完成。

根据数据管理系统的功能需求以及不同设备制造商的生产习惯，读写器具有各种各样的结构与外观形式。根据天线和读写器的分离与否，可以分为分离式读写器和集成式读写器。常见的读写器有固定式读写器和手持式读写器等形式，如图10.14所示。固定式读写器将射频控制器和高频接口封装在一个固定的外壳中，完全集成射频识别的功能，就构成了固定式读写器。有时为了减小设备尺寸、降低设备的制造成本，也可以将天线和射频模块封装在一个外壳单元中，这样就构成了集成式读写器。手持式读写器又称便携式读写器，是适用于用户手持使用的一类射频标签读写器，其工作原理和其他形式的读写器完全一样。简单而言，手持式读写器就是将RFID读/写模块、天线和掌上电脑集成在一起，来执行标签识别的功能。手持式读写器一般采用可充电的电池来进行供电，手持式读写器的操作系统可以采用Windows或其他操作系统。

(a) 固定式读写器　　　　　　　　　　(b) 手持式读写器

图 10.14　读写器

3. 天线

天线(Antenna)为标签和读写器提供射频信号空间传递的设备。RFID读写器可以采用同一天线完成发射和接收，或者采用发射天线与接收天线分离的形式，所采用天线的结构及数量视具体应用而定。在实际应用中，除了系统功率，天线的结构和环境因素也会影响数据的发射和接收，从而影响系统的识别距离。

10.3.3　RFID技术在物流中的应用

尽管物流只是RFID的应用领域之一，但如果RFID技术能与电子物流紧密联系，它很有可能在几年以内取代条形码扫描技术，并将给物流管理带来革命性的变化。从采购、存储、包装、装卸/搬运、运输、流通加工、配送、销售到服务，都是物流系统环环相扣的业务环节和流程，它们之间是相辅相成而又相互制约的。在物流运作时，企业必须实时地、精确地了解和掌握整个物流环节上商流、物流、信息流和

【参考视频】

资金流这四者的流向和变化，使这四种流以及各个环节、各个流程都能协调一致、相互配合，才能发挥其最大的经济效益和社会效益。然而，在实际物体的移动过程中，各个环节都是处于运动和松散的状态，信息和方向常常随实际活动在空间和时间上移动和变化，结果影响了信息的可获性和共享性。而 RFID 技术正是有效解决物流管理上各项业务运作数据的输入/输出、业务过程的控制与追踪，以及减少出错率等难题的一种新技术。

1. RFID 技术在集装箱运输管理中的应用

随着对标准化更高的要求，集装箱运输在逐渐取代原有的运输方式。国际物流中的"集装箱化"比例在不断提高，尤其是在国际多式联运中，集装箱运输已经成为一种主要的运输方式，发达国家的海上杂货运输也已基本实现集装箱化。集装箱运输也是目前标准化程度最高的一种运输方式，每个集装箱都有它唯一的标识(箱号)，在整个运输链条中，集装箱的识别就是通过它的箱号来鉴别的；集装箱的交接也同样以箱号为准。而人工的数据采集难免会出现各种各样的差错，同时数据采集需要的时间也相对较长。例如在集装箱码头常会因看错箱号发生集装箱装错船的事件，结果延误了船期，并给货主带来了很大的损失。即使操作人员在这方面十分小心，因为时间的延迟也会影响到整个供应链的效率。这些都与现代化的运输管理方式不相匹配。为了增加市场竞争力，提高运输效率和服务质量，实现集装箱运输的现代化，集装箱的运输管理需要一种更加自动化、智能化，能够实时更新数据的技术，RFID 技术无疑具有这些优点。

20 世纪 80 年代以来，一些发达国家研制出技术先进的集装箱自动识别系统，随着技术的不断完善，国际上已有大量的集装箱自动识别系统投入使用，而基于 RFID 技术的自动识别系统就是其中重要的一员。将记录有集装箱号、箱型、装置的货物种类、数量等数据的标签安装在集装箱上，在经过安装有识别设备的公路、铁路的出入口、码头的检查门时，读写器发出无线电波，电子标签自动感应后将相应的数据返回读写器，从而将 RFID 标签上保存的信息传输到 EDI 系统，实现集装箱的动态跟踪与管理，提高集装箱运输的效率和信息的共享，如图 10.15 所示。这种系统使用的一般是 RFID 被动式电子标签，在集装箱码头运用比较多。通过这种系统的使用，不仅加快车辆进港提箱的速度，而且对车辆提箱进行了严格的管理，并有效地降低了值班人员的劳动强度，减少了人为因素造成的差错。

除了在自动识别上采用 RFID 技术外，RFID 技术也开始运用到集装箱运输的电子封条和货物追踪方面。以往的集装箱封条都是人工式的封条，它对集装箱内的货物安全可以起到一定的保护作用。人工式封条分为指示性封条和障碍性封条，两者的主要区别在于铅封的材质牢靠程度不同。在集装箱放行或交接时需要检查封条的状态，状态的任何变化都会在交接的文书上进行记录，从而确定责任的划分。虽然这种人工式的封条能够起到一定的保护作用和简单的状态记录，但它并不能实时地提供有关具体状态改变(遭受破坏)的时间、地点和破坏者的信息，而电子封条却可以提供更多的类似信息，电子封条一般采取的是物流封条和 RFID 组件的混合形式。通过在各监控节点安装电子标签读写器、当装有电子标签的集装箱在一定的速度范围内通过读写器时，读写器准确地读出电子标签中集装箱号、货物编号、数量、发货站点及到货站点等信息，并传送到控制和处理系统。系统对信息进行接收、存储和处理，并将处理结果反馈给读写器，更新集装箱电子标签的信息。同样，便携式 AEI 终端通过无线传输方式可以时时获得和更新集装箱的电子标签信息实现货物运输的实时追踪。

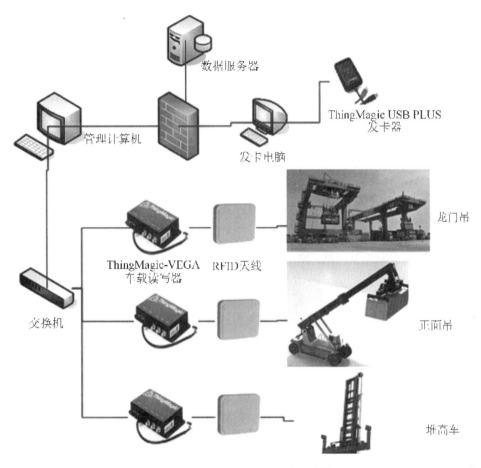

图 10.15 基于 RFID 的集装箱运输管理

2. RFID 技术在物流配送中心的应用

RFID 技术针对传统物流配送中心在存货统计缺乏准确性、订单填写不规范、整理和补充货物费时费力等问题进行了优化和改善。当贴有 RFID 标签的货物运抵配送中心时，入口处的读写器将自动识读标签，根据得到的信息，管理系统会自动更新存货清单，同时，根据订单的需要将相应的货物发往正确的地点。这一过程将传统的货物验收入库程序大大简化，省去了烦琐的检验、记录、清点等需要大量人力的工作。装有移动读写器的配送中心内的运送车自动对货物进行整理，根据计算机管理中心的指示自动将货物运送到正确的位置，同时将计算机管理中心的存货清单更新，记录下最新的货物位置。存货补充系统将在存货不足指定数量时自动向管理中心发出申请，根据管理中心的命令，在适当的时候补充相应数量的货物。在整理货物和补充存货时，如果发现有货物堆放到了错误的位置，读写器将随时向管理中心报警，根据提示，运送车将把这些货物重新堆放到指定的正确位置。通过 RFID 系统，存货和管理中心紧密联系在一起，在管理中心的订单填写，将发货、出库、验货和更新存货目录整合成一个整体，最大限度地减少了错误的发生，同时也大大节省了人力。物流配送中心应用 RFID 系统后，货物运输将实现高度自动化。当货物在配送中心出库，经过仓库读写器有效范围内，读写器自动读取货物标签上的信息，不需要扫描，可以直接将出库的货物运输到需求者手中，而且由于前述的自动操作，整个运输过程速度大为提高，同时所有货物都避免了条形码不可读和存放到错误位置的情况出现，准确率大大提高。

【参考视频】

3. RFID技术在冷链物流中的应用

冷链物流泛指温度敏感性产品在生产、储藏、运输、销售，到消费者前的各个环节中始终处于规定的低温环境下，以保证物品质量、减少物流损耗的一项系统工程。RFID技术在冷链物流的应用，不仅要求其发挥其固有的技术优势，而且要达到对冷链物流供应链进行实时温度监测的目的。因此将添加温度传感器到RFID标签中，可以更充分发挥RFID技术在冷链物流中的技术优势。其工作原理是将温度传感器采集的温度定时写入RFID标签的芯片中，当RFID标签接到RFID读写器天线信号时，将RFID芯片内的温度数据上传给RFID读写器，交由后端系统处理。此系统便可实时监控某被管理物的温度变化，实现实时监视、预警管理。也可以一次性读取所有点对点的供应链温度数据，生成静态的温度变化图表，简单地完成对供应链的温度变化的监控。

4. RFID技术在智能托盘系统中的应用

智能托盘系统在每一个托盘上都安装RFID标签，把读写器安装在托盘进出仓库必经的通道口上方，当叉车装载着托盘货物通过时，读写器获取标签内的信息，并传输给计算机，记录托盘的通过情况；当托盘装满货物时，自动称重系统会自动比较装载货物的总重量与储存在计算机中的单个托盘重量，获取差异。为了了解货物的实时信息，通过使用RFID技术可以高效地获得仓库中货物、托盘状况。

案例10-1

RFID助力北京2008奥运会

2008年第29届奥运会已在中国成功举行，近几届奥运会表明，奥运会已经不仅是一场体育盛会，也是一场展示一个国家科技实力的技术盛会。中国政府为把本次奥运会办成一届奥运历史上最成功的体育盛会，提出了"科技奥运、绿色奥运、人文奥运"的主题和宗旨。在北京2008年奥运会上大量成熟、先进的科学技术已被采用，其中近几年成为IT技术应用热点的RFID技术也在门票、身份识别及人员安全跟踪、食品安全监控、资产管理等领域大展身手。

1. RFID在奥运电子门票的应用

奥运会是目前世界上规模最宏大的综合性体育赛事，它集体育比赛、休闲、交流、游玩、购物及其他商业活动于一体，因此承载这个赛事的奥运场馆必将接纳庞大的人群。电子门票能够有效验证这些人员所持的票卡的有效性，能够及时跟踪和查询这么庞大数量的人员是否进入指定区域，当人员误入或非法闯入禁入区域时进行警示并引导其迅速离开，能实时查询某区域人员的拥挤程度，能够实时跟踪和查询身份可疑人员的活动区域及具体活动情况。

电子门票是一种将RFID芯片嵌入纸质门票等介质中，用于快捷检票/验票并能实现对持票人进行实时精准定位跟踪和查询管理的新型门票。在2004年上海国际网球大师赛和2007年德国足球世界杯比赛中，所有的比赛门票都采用了这种新型的电子门票。

与其他几种介质的门票相比，电子门票还具有以下优势。

(1) 三维的读写方式，读写距离可达到 120cm 以上；读写时不受光线、温度、湿度、声音等环境因素环境影响。

(2) 存储容量大，可根据需求，存储持票者的多种信息，包括消费用的金额。

(3) 有数据锁定功能，有唯一的 ID 号，更安全，不可伪造，避免持假票者混入体育场馆内；可以鉴别门票使用的次数，以防止门票被偷递出来再次使用，做到"次数防伪"。

(4) 验证方便、快速，便于人员通过检票口。因允许同时读取多张电子门票，这对于十分拥挤的公共场合是非常重要的。

(5) 方便。即使是放在手包或钱包中的电子门票也可识读。管理人员可用手持机随时随地对发生争议的门票进行现场验证；可轻松实现二次检票；方便实现系统管理。

(6) 使用寿命长：无机械磨损、无机械故障，可在恶劣环境下使用。

(7) 防冲撞技术：与条形码相比，无须直线对准扫描，读写速度快，可多目标识别、运动中识别，每秒最多识别 30 个。

2. RFID 在人员身份识别及安全跟踪方面的应用

奥运期间人数众多的运动员、教练员、赛会管理人员、赛会后勤服务人员、志愿者、媒体记者将会每天出入各个奥运赛场、新闻中心、奥运村、配送中心等重要的奥运场所，采用 RFID 技术的电子门票或身份卡与相关的计算机系统相连能够有效实现对这些人员的管理。每一位人员(包括观众、嫌疑犯、运动员、工作人员等)都可以被准确地跟踪。

其具体方式为：

1) 对一般观众的跟踪定位、查询

通过对电子门票进行授权，从而限定观众在体育场馆中各个区域的准入范围，当观众进入某区域时，附近安装的读写器将立即以无线通信方式读取其所携带的票卡信息。该信息通过传输通道传入管理中心，主控室工作人员通过管理软件上的电子地图就可界定该观众所处区域位置。如果该观众进入了禁入的区域或位置，监控人员可以通过电话或对讲机通知其附近的安保人员或工作人员出面制止，或进行连续跟踪。

2) 对于重点区域进行安全控制

通过对局部重点区域所获取的票卡信息进行汇总、分析，从而分析进入该区域人员的情况、时间、频率及相互之间的关联等，从而判断该区域的安全状况，如果有发现潜在不安全因素时，可以加大监控力度或及时调整防范手段。

3) 对有犯罪倾向或前科的嫌疑人员(如足球流氓)的跟踪和限制

对重要的或容易出现不安全事故隐患的赛事，可以通过提前记录下观众的真实身份等数据，在检票时加以重点验证，从而防止有犯罪倾向或前科的嫌疑人员进入体育场馆内。或者在其进入体育场馆后，对其进行全程跟踪，及时防范可能出现的犯罪活动。

4) 对某个区域或通道的人员流动和活动情况数据进行汇总

可及时分析该区域的拥挤程度、人员的类型、人员流动速率、流动时间及规律等，从而判断该区域是否存在因人流过度集中、区域空间狭窄等原因而引起混乱等安全隐患，从而做出增派工作人员或启用其他通道进行人流疏散的应变决定。

5) 防止犯罪人员进行恐怖活动

将电子门票系统的读写器全部安装在建筑设施的墙体内，这样犯罪人员的行动就完全处于无形的跟踪中。

6) 对安保人员的活动情况进行跟踪、查询

配合巡更管理系统设备使用，可通过票卡授权、数据读取、查阅等方式实时监控安保人员在体育场馆各区域的巡逻情况。

7) 对运动员教练员工作人员进行定位管理

由于电子门票的可追踪特性，系统可以实现对运动员、教练员、工作人员做到精确定位管理。以便于及时与相关人员联系，提高赛事调度水平。

3. RFID 在奥运食品监控领域的应用

北京奥运会参照国际标准和发达国家标准制定奥运食品安全标准并发布了《2008 北京奥运食品安全行动纲要》，确定奥运食品定点供应基地和企业的要求，这份纲要也是北京在奥运会前食品安全工作的主要内容。

奥运会期间监控食品将由目前的 37 类 550 多种扩大到 65 类 3 900 种，提前两年对备选的奥运食品定点供应基地进行抽样检测，只有连续检测合格的食品方可供应奥运会。大米、面粉、油、肉、奶制品等重点食品届时都将拥有一个"电子身份证"——RFID 电子标签，并建立奥运食品安全数据库。

奥运期间将提供 1 700 万份食品。按照奥运食品安全标准对出厂产品实行逐批检验；建立奥运食品物流配送中心，实行专车专用、封闭运输、全程监控。RFID 电子标签从食品种养殖及生产加工环节开始加贴，实现"从农田到餐桌"全过程的跟踪和追溯，包括运输、包装、分装、销售等流转过程中的全部信息，如生产基地、加工企业、配送企业等都能通过电子标签在数据库中查到。

4. RFID 在奥运资产管理领域的应用

奥运会期间有大量的贵重资产被赛会参与者(运动员、记者等)使用，如计算机、复印机等。通过在贵重资产上粘贴 RFID 标签，系统能够识别未经授权的或非法的资产迁移，从而保障这些资产的安全。

(1) 体育场馆内出(入)口配合门禁系统设备使用时，通过对人员所持票卡授权、数据读取、比对，可对相关区域人员的出入及区域内设备、资料、物资等进行严密控制。

(2) 体育场馆内设备、器材配合设备计时管理系统使用时，通过金额写入、数据读取、比对、金额扣除等方式对出租设备的预定和使用收费进行管理。

(3) 可用于贵重物品寄存时的防盗、错拿和结算的管理。

(4) 建立统一的奥运 RFID 数据采集平台，实现"一卡通"功能。

射频识别技术推动销售变革是大势所趋，各国业者已闻风响应。美国商务部的初步调查结果显示：2005—2007 年，制造企业对于电子标签的总投资额达到约 50 亿美元，对于射频识别技术基础设施的总投资额达到 30 亿美元。日本已开发出能够同时读写条形码和电子标签的识读设备。平台软件厂商也纷纷在产品中预设了电子标签的标准驱动接口。

北京奥运会期间，全世界都在关注中国。业界相信，射频识别技术已经成熟，而北京奥运会成功启用射频识别技术，表明该技术的推广给 IT 企业带来了整个产业链上的商业机会，包括芯片制造、系统集成、咨询服务等。如今，射频识别系统的诸多零部件制造商正在摩拳擦掌，准备在射频识别技术的市场大战中抢先夺得一杯羹。

根据本案例所提供的资料，试分析：

1. RFID 技术可以应用在哪些场合？
2. 目前制约 RIID 技术发展的主要因素有哪些？

10.4 EDI 技术

电子数据交换(Electronic Data Interchange，EDI)是 20 世纪 80 年代发展起来的、融现代计算机技术和远程通信技术为一体的产物。随着互联网的广泛普及和应用，尤其是 XML 的产生和发展，为 EDI 在互联网上的运营注入了巨大的活力，产生了基于互联网的一系列

EDI 实施方案(如 Web-EDI、XML/EDI)。先进的 EDI 技术具有开放性和包容性，在 EDI 网络应用开发中，不需改变现行标准，而只需扩充标准。目前，标准化 EDI 已成为全世界电子商务的关键技术，并实现了世界范围内电子商务文件的传递。

10.4.1 EDI 技术概述

1. EDI 的概念

电子数据交换，简称 EDI，中国港、澳地区及海外华人地区称其为"电子资料联通"。它是一种在公司之间传输票据、单证等作业文件的电子化方法。它通过计算机通信网络将贸易、运输、银行、保险、海关等行业信息，用一种国际公认的标准格式进行组织和传输，实现各有关部门、公司与企业之间的数据交换与处理，并完成以贸易为中心的全部过程，它是 20 世纪 80 年代发展起来的一种新颖的电子化贸易工具，是计算机技术、通信技术和现代管理方法相结合的产物。

联合国国际贸易法律委员会(United Nationas Commission on International Trade Law，UNCITRAL)对 EDI 的定义为："EDI 是利用符合标准的结构化的信息从计算机到计算机之间的电子传输。"

国际标准化组织(ISO)于 1994 年对 EDI 的定义为："为商业或行政事务处理，按照一个公认的标准，形成结构化的事务处理或消息报文格式，从计算机到计算机的数据传输方法。"

ITU-T(原国际电报电话咨询委员会，CCITT)对 EDI 的定义为："EDI 是计算机到计算机的结构化的事务数据交换。"

国际标准化组织电工委员会在 ISO/IEC 14662《信息技术——开放式 EDI 参考模型国际标准》(Information Technology-Open-EDI Reference Model Standard)中对 EDI 的定义为："在两个或两个以上的组织的信息系统之间，为实现业务目的而进行的预定义和结构化的数据的自动交换"；对开放式 EDI 的定义为："为完成明确的共同业务目标而在多个自治组织之间，根据开放式 EDI 标准进行的电子数据交换"。这也是我国国家标准中有关 EDI 与开放式 EDI 的标准定义。

实际上 EDI 是一套报文通信工具，它利用计算机的数据处理和通信功能，将交易双方彼此往来的文档(如询价单或订货单等)转化为标准格式，并通过通信网络传输给对方。EDI 用于电子计算机之间商业信息的传递，包括日常咨询、计划、采购、到货通知、询价、付款、财政报告等，还用于安全、行政、贸易伙伴、规格、合同、生产分销等信息交换，目前世界各国正在开发适用于政府、保险、教育、娱乐、司法、保健和银行抵押业务等领域的 EDI 标准。由此可见，EDI 的应用远远不止贸易事务，它可以广泛地应用到经济、行政等各个部门。

2. EDI 的分类

根据 EDI 实现的功能，可以将 EDI 分为以下 4 类。

1) 贸易数据互换系统(Trade Data Interchange，TDI)

这是最知名的 EDI 系统，它用电子数据文件来传输订单、发货票和各类通知。

2) 电子金融汇兑系统(Electronic Fund Transfer，EFT)

这也是最常用的一类 EDI 系统，即在银行和其他组织之间实行电子费用汇兑。EFT 已使用多年，但它仍在不断改进中。最大的改进是同订货系统联系起来，形成一个自动化水平更高的系统。

3) 交互式应答系统(Interactive Query Response，IQR)

它可应用在旅行社或航空公司作为机票预订系统，这种 EDI 在应用时要询问到达某一目的地的航班，要求显示航班的时间、票价或其他信息，然后根据旅客的要求确定所要的航班打印机票。

4) 图形资料自动传输系统(CAD Automatic Transfer，CAT)

这类系统最常见的是计算机辅助设计图形的自动传输，例如设计公司完成一个厂房的平面布置图，将其平面布置图传输给厂房的主人，请主人提出修改意见，一旦设计被认可，系统将自动输出订单，发出采购建筑材料的报告。在收到这些建筑材料后，自动开出收据。

3. EDI 的特点和关键技术

EDI 是电子商业贸易的一种工具，将商业文件如订单、发票、货运单、报关单和进出口许可证等，按照统一的标准编制成计算机能识别和处理的数据格式，在计算机之间进行传输。

1) EDI 具有的特点

(1) EDI 是企业(制造厂、供应商、运输企业、银行等)单位之间传输的商业文件数据。

(2) 传输的文件数据采用共同的标准并具有固定格式：传输工程须保证数据的完整性、一致性、可靠性，保证贸易伙伴之间的数据不间断交换，主数据库中的资料与设备不受损坏。

(3) 通过数据通信网络(一般是增值网和专用网)来传输。

(4) 数据通过计算机到计算机自动传输，不需要人工介入操作，由应用程序对它自动响应，实现事务处理与贸易自动化。

EDI 与现有的一些通信手段，如传真、用户电报(Telex)、电子信箱(E-mail)等有很大的区别。主要表现在后几者传送的是自由格式的文件，需要人为干预或人工处理，不仅浪费人力资源、易发生错误，而且安全保密功能比 EDI 弱。

2) EDI 的关键技术

(1) 通信技术。EDI 采用各种数据通信网进行数据交换，例如分组数据交换网(PSDN)、数字数据网(DDN)、综合业务网(ISDN)、帧中继网(FRN)、卫星数据位(VAST)、数字移动通信网，各种网络的广域网(WAN)、局域网(LAN)和增值网(VAN)以及 Internet。

(2) 标准化技术。EDI 标准有国际标准和国家标准。目前广泛应用的 EDI 国际标准是 UN/EIDFACT 标准。国家标准的 EDI 标准体系包括 EDI 基础标准、单证标准、报文标准、EDI/FACT 标准、EDI 通信标准、EDI 安全保密标准、EDI 网络管理标准和 EDI 应用相关代码标准等。EDI 报文必须按照标准进行格式化，除业务格式外还要符合计算机网络传输标准。

【行业实践】

(3) 安全保密技术。如密码加密技术、密钥管理技术和数字签名技术等。

(4) 计算机数据处理技术。如 EDP 技术、MHS 文处理技术、管理信息系统技术、EDI 翻译软件、EDI 与其他应用系统集成技术等。

10.4.2 EDI 系统

1. EDI 系统的工作过程

从 EDI 的定义可以看出，通信网络、EDI 软件及硬件、EDI 数据标准化是构成 EDI 系统的三要素。其中，通信网络是 EDI 实现的基础，计算机硬件、专用软件组成的应用系统是实现 EDI 的前提条件，EDI 标准化是实现 EDI 的关键。这三方面相互衔接、相互依存，构成 EDI 系统框架。EDI 系统模型如图 10.16 所示。

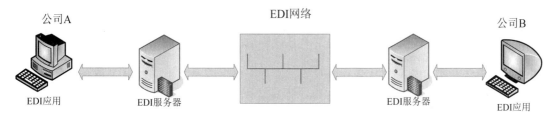

图 10.16　EDI 系统模型

EDI 的实现过程就是用户将相关数据从自己的计算机信息系统传送到有关交易方的计算机信息系统的过程，该过程因用户应用系统以及外部通信环境的差异而有所不同。在有 EDI 增值服务的条件下，这个过程可以分为以下几个步骤。

(1) 发送方将要发送的数据从信息系统数据库提出，转换为平面文件(亦称中间文件)。
(2) 将平面文件翻译为标准 EDI 报文，并组成 EDI 信件，接入 EDI 交换系统。
(3) 接收方从 EDI 信箱中收取信件，将 EDI 信件拆开并翻译为平面文件。
(4) 将平面文件转换并送到接收方信息系统中进行处理。具体的操作流程如图 10.17 所示。

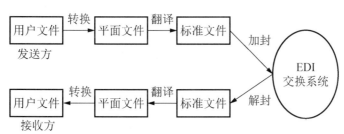

图 10.17　EDI 系统工作流程

由于 EDI 服务方式不同，平面转换和 EDI 翻译可以在不同位置(用户端、EDI 增值中心或其他网络服务点)进行，但基本步骤应是以上几步。概括起来，EDI 工程流程可以划分为三大部分。

(1) 文件的结构化和标准化处理：用户首先将原始的纸质商业和行政文件，经计算机处理，形成符合 EDI 标准的、具有标准格式的 EDI 数据文件。
(2) 传输和交换：用户用自己的本地计算机系统将形成的标准数据文件，经由 EDI 数据通信和交换网，传送到登录的 EDI 服务中心，继而转发到对方用户的计算机系统。

(3) 文件的接收和自动处理：对方用户计算机系统收到由 EDI 服务中心发来的报文后，立即按照特定的程序自动进行处理。越是自动化程度高的系统，人工干预就越少。如有必要，可输出纸质文件。

2. EDI 系统的构成

1) EDI 通信网络

通信网络是实现 EDI 的手段，运用 EDI 技术实现从计算机到计算机的信息通信传递有两种方式。

(1) 直接方式(Point To Point，PTP)。直接方式是指 EDI 不同用户的计算机运用系统之间通过通信网络直接进行报文的相互交换与传递。直接方式可以分为一对一、一对多、多对多等具体形式，如图 10.18 所示，适合于贸易伙伴较少的情况实用。但随着贸易伙伴数目的增多，当多家企业直接进行计算机通信时，会出现由于计算机厂家不同、通信协议相异以及工作时间不易配合而带来很多问题，使通信存在相当大的困难。

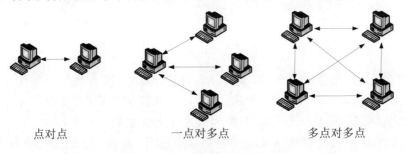

图 10.18　EDI 直接通信方式

(2) 间接方式(Value Added Net，VAN)。增值网方式是目前普遍采用的 EDI 应用模式，它是利用现有的通信网络增加服务功能而实现的计算机网络。VAN 不是一个独立的物理网络，它是建立在数据通信网的基础之上，附加上 EDI 业务功能而实现的，是一个逻辑意义上的网络。EDI 用户的计算机应用系统连接到 VAN 上，利用 VAN 上的 E-mail 等功能实现电子数据交换，如图 10.19 所示。除了 VAN 方式以外，基于 Internet 的 EDI 应用模式近年来得到迅速发展，并大有取代 VAN 的趋势。网络连接方式克服了直接连接方式的不足，通过网络传送 EDI 文件，可以大幅度降低相互传送资料的复杂度和困难度，大大提高 EDI 的效率。

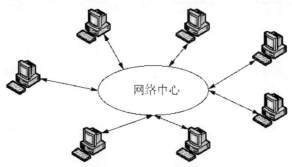

图 10.19　EDI 网络通信方式

EDI 网络拓扑结构可以分为集中式、分布式和分布集中式三种。早期的 EDI 网络结构中的信箱系统大多数是集中式的，随着 EDI 业务和计算机通信技术的发展，EDI 逐渐向分布式网络发展。在分布式网络拓扑结构中，根据 EDI 服务的特点，可构建分布集中式网络拓扑结构。

EDI 涉及各部门和各行业，它并非只是简单的两个贸易伙伴之间的通信，也不只是自己业务部门之间的通信，而是必须把相应的业务，如海关、商检、金融、保险、交通运输部门连接在一个 EDI 网络之内，如图 10.20 所示。因此，如果采用点对点的直接通信方式，就会存在异种机之间互联困难、文件处理复杂、数据转换耗时以及专线连接成本高等问题。在 Internet 普遍投入使用之前，EDI 通信网络采用的是专用的增值网络(VAN)。VAN 是利用现有的通信网络，增加 EDI 服务功能而实现的计算机网络。

可以使用的各种通信网包括分组交换数据网(PSDN)、数字数据网(DDN)、综合业务网(ISDN)、帧中继网(FRN)、卫星数据位(VAST)、数字移动通信网等。需要注意的是，VAN 不是一种新型的通信网，而是在现有通信网络的基础上，增加 EDI 服务功能的计算机网络。VAN 的构建一般是有增值数据业务(VADS)公司租用信箱进行协议和报文格式的转换。这种网络建网快，费用低。但由于各 VAN 的 EDI 服务功能不尽相同，对全球 EDI 通信而言，EDI 报文格式目前也有多种，系统必须支持不同标准的 EDI 报文交换。同时，由于各种网络的协议和报文格式的差异，多个 EDI 用户组织之间的信息交换必须采用相当数量的网关和网桥，增加了网际交换的复杂性和难度。

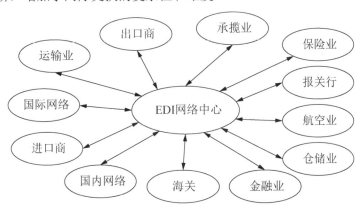

图 10.20 经过 VAN 的电子数据交换

2) EDI 的软件和硬件

实现 EDI 需要配备相应的 EDI 软件和硬件。

EDI 软件将用户数据库中的信息，翻译成 EDI 标准格式，以供传输和交换。EDI 软件可分为转换软件、翻译软件和通信软件三大类。其中，转换软件可以帮助用户将原有计算机系统的文件或数据库中的数据转换为翻译软件能够理解的平面文件，或是将从翻译软件接收来的平面软件转换成原计算机系统中的文件。翻译软件可以将平面文件翻译成 EDI 标准格式，或将接收到的 EDI 标准格式翻译成平面文件。通信软件则将 EDI 标准格式的文件外层加上通信信封，再送到 EDI 系统交换中心的邮箱，或在 EDI 系统交换中心内将接收到的文件取回。EDI 软件构成如图 10.21 所示。构成 EDI 软件系统的软件按照其所实现的功能可以分为用户接口模块、内部接口模块、报文生成及处理模块、格式转换模块和通信模块五个模块。

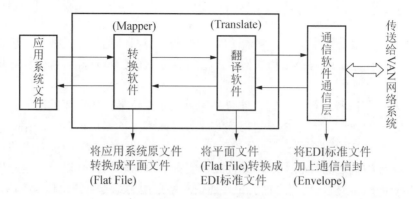

图 10.21　EDI 软件构成

构成 EDI 系统所需的硬件设备大致有计算机、调制解调器(Modem)及通信线路。由于使用 EDI 来进行电子数据交换，需要通过通信网络，目前采用电话网络进行通信是很普遍的方法，因此 Modem 是必备的硬件设备，Modem 的功能与传送速度，应根据实际需求而确定。计算机可以是 PC、工作站、小型机和主机均可。通信线路常用电话线路，如有较高要求可以租用专线(Leased Line)。

3) EDI 标准

EDI 一产生，其标准的国际化就成为人们日益关注的焦点之一。早期的 EDI 使用的大都是各处的行业标准，不能进行跨行业 EDI 互联，严重影响了 EDI 的效益，阻碍了全球 EDI 的发展。为促进 EDI 的发展，世界各国都在不遗余力地促进 EDI 标准的国际化，以求最大限度地发挥 EDI 的作用。目前，在 EDI 标准上，国际上最有名的是联合国欧洲经济委员会(UN/ECE)下属第四工作组(WP4)于 1986 年制定的《用于行政管理、商业和运输的电子数据互换标准》—EDIFACT(Electronic Data Interchange For Administration, Commerce and Transport)标准。EDIFACT 已被国际标准化组织 ISO 接收为国际标准，编号为 ISO9735。同时还有广泛应用于北美地区的，由美国国家标准化协会(ANSI)X12 鉴定委员会(AXCS, 12)于 1985 年制定的 ANSI X.12 标准。

EDI 迅猛发展，其影响已波及全球。但目前存在的 EDIFACT 和 ANSI X.12 两大标准在某种程度上制约了 EDI 全球互通的发展。为了在国际贸易中更快、更省、更好地使用 EDI，世界各国特别是欧、美等工业发达的国家都在强烈要求统一 EDI 国际标准。在 EDIFACT 被 ISO 接收为国际标准之一后，国际 EDI 标准就逐渐向 EDIFACT 靠拢。ANSI X.12 和 EDIFACT 两家已一致同意全力发展 EDIFACT，使之成为全世界范围内能接收的 EDI 标准。总之，EDIFACT 成为统一的 EDI 国际标准已是大势所趋。我国有关部门和专家也一致认为，我国 EDI 标准应积极向国际标准靠拢，采用 EDIFACT 标准。

3. 电子数据交换的实现

VAN 是目前普遍采用的 EDI 应用模式，但是传统的 VAN 本身存在很大缺陷，如贸易伙伴可能选择了不同的 VAN，但 VAN 之间可能会因为竞争等原因而不愿意互联，同时传统的 VAN 本身有一个致命的问题，即它只实现了计算机网络的下层，相当于 OSI 参考模型的下三层。而 EDI 往往发生在各种计算机的应用软件之间，所以 EDI 软件与 VAN 的联系比较松散，效率低。VAN 的中心业务只不过是把信息从一个地方传送到另一个地方，仅能进行数据变换。所以单纯的 EDI 是远远不够的，必须制作带有多媒体信息的电子样本，只有这样才能使批发商随时获得最新的商品信息，从而有效地向零售商进行推销。对原来的 VAN 来说，进行多媒体信息的传输和处理，无论是从成本方面还是技术方面都几乎是不可能的。

Internet 的应用模式正好满足了 EDI 的这种发展趋势，并大有取代 VAN 的趋势。Internet 对 EDI 有以下影响。

(1) Internet 是全球网络结构，相对于私有网络和传统的 VAN 更能经济地实现世界范围的连接，大大扩大了参与交易的范围。

(2) 目前，只有"Fortune 1000"的大型企业才能通过私有网络和传统的 VAN 建立全球的 EDI 系统，但通过 Internet，中小企业也能用较少的费用方便地建立自己的全球 EDI 系统。

(3) Internet 对数据交换提供了许多简单而易于实现的方法，用户可以使用 Web 完成交易。

(4) ISP 提供了多种服务方式，这些服务方式过去都必须从传统的 VAN 那里购买，费用很高。

Internet 和 EDI 的联系，为 EDI 发展带来了生机，虽然有些用户对 Internet 上的安全性有一些疑虑，但已经可以通过加密技术使用户更安全地在公用网络上传输自己的私有数据。用 VAN 进行网络传输、交易和将 EDI 信息输入传统处理系统的 EDI 用户，正在转向使用基于 Internet 的系统，以取代昂贵的 VAN。

根据 EDI 的不同发展特点和运作层次，可将其分为封闭式 EDI、开放式 EDI、交互式 EDI 和以 Internet 为基础的 EDI。

1) 封闭式 EDI

由于 EDI 传输的信息是格式化的商业文件或商业单据，因此，它就要求商业机构之间必须统一传输技术和信息内容的标准。现行的 EDI 则必须通过商业伙伴之间预先约定协议来完成。

协议的范围不仅包括技术协议，例如，通信协议、报文格式和报文内容等，还包括商业伙伴之间，甚至于商业伙伴与增值网络服务商之间签订的法律上的协议。当所有协议达成后，参与方必须依据书面文件进行 EDI 的测试，以确保一切与协议一致。当其他贸易伙伴要加入时，也必须遵守原 EDI 参与方间所有的约定、协议和方法。

由于不同行业、不同地区实施 EDI 所采用的标准和协议的内容是不同的，这样就导致了大量不同结构 EDI 系统的出现。各个系统之间由于所采纳的标准和传输协议不同，彼此之间相对处于封闭状态。因此，人们称之为封闭式 EDI。

2) 开放式 EDI

由于封闭式 EDI 应用缺乏整体标准体系的支持，使得封闭式 EDI 系统越来越复杂，并逐渐形成专用的、封闭的 EDI 孤岛式的格局。为了解决这一问题，一些国际组织提出了开放式 EDI 的概念。开放式 EDI 被定义为"使用公共的、非专用的标准，以跨时域、跨商域、跨现行技术系统和跨数据类型的交互操作性为目的的自治采用方之间的电子数据交换。"

开放式 EDI 试图通过建立一个通用基础传输协议和标准系统来解决开发中产生的问题，其方法是构造一个开放式的环境，发展 EDI 多应用领域的互操作性以及创建应用多种信息技术标准的基础，同时保证 EDI 参与方对实际使用 EDI 的目标和含义有一个共同的理解,以减少乃至消除对专用协议的需求,使得任何一个参与方不需要事先安排就能与其他参与者进行 EDI 业务。

3) 交互式 EDI

交互式 EDI 是在传统的 EDI 系统不能满足用户的实时需求的情况下产生的。交互式 EDI 是指两个计算机系统之间连续不断地以询问和应答的形式,经过预定义和结构化的自动数据交换达到对不同信息的自动实时反应,一次询问和应答被称为一个对话。

在交互式 EDI 中,对于用户等待应答的时间,可以达到一秒或更短时间的应答水平。目前交互式 EDI 的研究仍处在理论和开发的初级阶段,交互式 EDI 以开放式 EDI 为基础,是将来 EDI 的发展方向。

4) Internet EDI

按照以往的 EDI 实施模式,商业机构之间实现 EDI 传输要借助于专用的 VAN 的服务。以国际互联网为基础的 EDI 就是要建立开放式的信息传输,那么显然对增值网络服务的需求就会减少。例如,美国通用电器信息服务网(General Electric Information Service,GEIS)和 IBM 的 Advantis 服务网就显得多余了。因此,这些公司既需要重新定位它们服务的市场,同时也应加紧研究如何适应新的开放式 EDI 的需要。

以 Internet 为基础的 EDI 始于 1995 年 8 月,当时劳伦斯利威莫实验室开始试验用邮件的方式在 Internet 上传输 EDI 交易信息。EDI 交易信息经过加密压缩后作为电子邮件的附件在网上传输。许多种格式的文件之所以可以作为附件随电子邮件传输,是因为它们使用了一种被称作 MIME 格式的传输协议。国际互联网的标准(RFC1767)将 MIME 格式定义为传输 EDI 报文的格式。EDIFACT 也制定了相应的标准。为了对电子邮件的 EDI 附件进行有效的加密和压缩,劳伦斯利威莫实验室曾使用了各种加密方法,如私人加密邮件法、良好私密法和安全 MIME 法等。目前该实验室计划将来使用 MIME 文件安全标准(MIME Object Security Standard,MOSS)。美国宇航局(NASA)曾是以 Internet 为基础的 EDI 的最早使用者,它运用此开放式 EDI 传输航天飞机零部件的设计规格,并实现与供应商之间的订单传输。美孚石油公司目前就广泛使用以国际互联网为基础的 EDI,该公司让其遍布全球的 230 个分销商使用此 EDI 方式进入公司的内联网,查看库存剩余情况,并开展在线交易。

毫无疑问,Internet 将成为 EDI 传输的主要平台。为此,EDI 的软件开发商会将 EDI 软件与互联网格式的软件结合起来,由软件本身将相应的交易信息自动转换或翻译成 EDI 格式,用户根本就不会意识到 EDI 格式的翻译过程。以后的网络浏览器本身就可能会带 EDI 翻译器,到那时,EDI 的应用水平又会上升到另一个台阶。目前,EDI 与 Internet 的结合有四种方式:Internet Mail、Standard IC、Web-EDI 和 XML/EDI。

10.4.3　EDI 在物流中的应用

物流 EDI(Logistics EDI)是指货主、承运业主以及其他相关的单位之间,通过 EDI 系统进行物流数据交换,并以此为基础实施物流作业活动的方法。

1. EDI 在物流运作中的作用

EDI 在物流运作中的作用体现在以下几个方面。

1) 实现无纸贸易

采用 EDI 后，原来由人工进行的单据和票证的核计、入账、结算及收发等处理均由计算机来完成，基本取消了纸张信息。

2) 提高经营活动效率

通过建立企业间的数据交换网来实现票据处理、数据加工等事务作业的自动化、省力化、及时化和正确化，同时，有关销售信息和库存信息的共享，实现经营活动的效率化，大大提高了经营活动的效率。

3) 提高数据传输的准确性

由于在数据传输过程中无须人工干预，避免人为错误，因而提高了信息的准确性。

4) 提高企业竞争能力

EDI 作为开展电子贸易的一种信息化手段，快速提高信息传递速度，有利于快速捕捉市场信息，对客户做出快速响应，提高服务水平，降低贸易成本，提高经济效益，从而增强企业的市场竞争力。

2. EDI 在物流领域中的应用

EDI 在物流领域中的应用具体表现在以下两个方面。

(1) 由于 EDI 利用网络来传输数据，而网络的互联性可以将原料组织、生产、销售、运输、装卸以及库存控制等物流链的各个环节紧密地衔接起来，形成一个动态的、实时的物流链信息网络化调控系统。因此，使用 EDI 可以实现产品的采购、生产、销售的集成化，使供、需双方建立一种以市场利益驱动为主导的战略伙伴关系。实施 EDI 战略涉及大量的投资和工作方式的改变，可能造就一定的市场壁垒，这将形成物流链协作关系的稳定性和持久性，增进物流服务者和最终用户之间的凝聚力，强化供给双方的实时互动性。

(2) 在物流活动中存在着大量的数据单证的传递任务，在物流链管理中引入 EDI 技术，实现群体集成化信息资源管理，每一单位所需采集的信息将不到总输入信息的 1/3。它利用通信网络进行自动化交换，从而保证信息传递及时，并确保信息的有效性和一致性。

近年来，EDI 在物流中被广泛应用。物流 EDI 的参与对象有货主(如生产厂家、贸易商、批发商、零售商等)，承运业主(如独立的物流承运企业等)，实际运送货物的交通运输企业(铁路企业、水运企业、航空企业、公路运输企业等)，协助单位(如政府有关部门、金融企业等)和其他的物流相关单位(如仓储业者、配送中心等)。物流 EDI 的框架结构如图 10.22 所示。

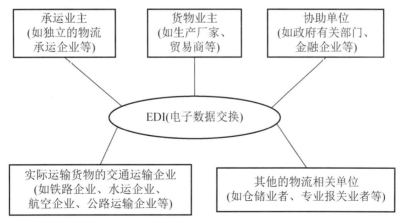

图 10.22 物流 EDI 的框架结构

该物流模型的运作包括以下几个步骤。

(1) 发送货物业主(如生产厂家)在接到订单后制订货物运送计划，并把运送货物的清单及运送时间安排等信息通过 EDI 发送给物流运输业主和接收货物业主(如零售商或进口商)，以便物流运输业主预先安排车辆调配计划，接收货物业主制订货物接收计划。

(2) 发送货物业主依据顾客订货的要求和货物运送计划下达发货指令、分拣配货、打印出物流条形码的货物标签(即 SCM 标签)并贴在货物包装箱上，同时把运送货物品种、数量、包装等信息通过 EDI 发送给物流运输业主和接收货物业主。

(3) 物流运输业主在向发送货物业主取运货物时，利用车载扫描读数仪读取货物标签的物流条形码，并与先前收到的货物运输数据进行核对，确认运送货物。

(4) 物流运输业主在物流中心对货物进行整理、集装、列出送货清单，并通过 EDI 向收货业主发送发货信息。在货物运送的同时进行货物跟踪管理，并在货物交给收货业主之后，通过 EDI 向发送货物业主发送完成运送业务信息和运费的信息。

(5) 收货业主在货物到达时，利用扫描读数仪读取货物标签的物流条形码，并与先前收到的货物运输数据进行核对确认，确认后开出收货发票，货物入库。同时，通过 EDI 向物流运输业主和发送货物业主发送收货确认信息。如果货物用于出口，则上述物流作业中，相应增加货物清关的有关手续，如商检、报关等。以商检为例，发送货物业主可通过 EDI 方式与商检部门进行产地证的电子单证传输，商检部门应用 EDI 单证审批系统对产地证进行审核签发。

案例 10-2

宁波港 EDI 系统的现状及发展趋势

现代港口物流已从单纯的点对点运输走向供应链管理，提供物流一体化服务来满足客户的需求。简单来说，客户要的是从订单处理、原物料采购、生产、成品配送到售后服务等活动组成的产业链中，能够以最经济、最快速且最有效的方式来完成，而 EDI 技术的应用正好满足客户的要求。

1. 宁波港 EDI 平台的应用现状

1) 电子报文管理

在宁波港口物流中，船代、货代与海关、港口之间流传的 23 种纸面单证，已逐渐被电子报文替代，依据海上国际集装箱运输电子数据交换电子报文替代纸面单证管理规则，电子报文与纸面单证具有同等效力和保存期。电子报文管理主要功能包括 EDI 报文传输、存储、翻译及格式转换。目前，宁波港 EDI 中心除了支持 UN/EDIFACT911、93、95A、95B 等版本的标准报文、交通部提供的 23 种平台文件(如集装箱装/卸报文)外，还支持用户自定义的各种报文传输，同时支持不同格式的报文之间的转换。

2) 增值服务

除了提供 EDI 报文管理外，宁波港口 EDI 中心借助 EDI 平台提供增值服务，如提供港口综合信息、集装箱堆场、装船、卸船及国际中转等业务申报查询服务，海关一站式服务以及其他 EDI 相关服务，同时 EDI 用户可以通过网站及时掌握港口相关信息，简化办事程序，保证集装箱在宁波港的顺利进出。

目前，宁波港口 EDI 中心增值业务仍主要集中在信息查询检索，按查询对象不同分为：码头集装箱信息、船舶信息、船期信息、报文信息及港口综合信息查询。

(1) 码头集装箱信息。码头集装信息查询包括：单箱历史查询、空箱堆场查询、出口进场查询、出口装船查询、进口卸船查询、集装箱进场信息公告、集卡停牌查询、集装箱海关放行信息查询、查验指令发布、集装箱转码头申报进口集装箱综合信息查询、出口集装商检查验作业流动等。

(2) 船舶信息查询：主要包括船舶信息查询、新船登记、船舶资料修改、码头船舶代码登记。

(3) 船期信息查询：船公司船期动态、码头船期信息、集装箱船舶作业计划、宁波港集装箱局调计划。

(4) 报文信息查询：报文传输查询、用户报文上载、报文存证查询。

(5) 港口综合信息：货物吞吐量、集装箱吞吐量、港口作业效率。

2. 宁波港 EDI 系统存在的问题

1) 信息增值功能

宁波港 EDI 系统主要的功能还是局限于单纯的数据信息的传送，这些信息基本覆盖了集装箱运输流程中的各个业务环节，包括了日常业务流程中所要处理的所有信息。由于传送的信息完全是实际业务流程信息的映照，因此必须进行适当的提炼后，才能为信息增值系统进行利用，则在技术上必须对之进行转换，才能为信息增值系统所利用。

2) 运行方式

宁波港 EDI 系统的运作模式是基于中心的概念，即通常建立一个区域性的 EDI 中心，同时建立一个 VAN 网络，用户以会员方式加入到 EDI 中心，购买 EDI 中心的服务，交纳基本费用和增值服务费，这种方式费用过高，中小型企业难以实现。因此，逐渐采用 Web-EDI 运行方式，允许中小企业只需通过浏览器和因特网连接去执行 EDI 交换。

3) 增值服务

随着口岸贸易的不断发展，在口岸硬件基础设施不断完善的同时，对口岸软件的建设也提出更高的要求，必须进行信息系统的全面整合和联网，实现资源共享，形式规模效应。因此，宁波将现有两网(海关公共信息网和港务 EDI 系统)进行整合，通过对不同后台系统、不同数据接口的资源整合、功能整合、用户整合，实现单点登录并且建立了宁波电子口岸门户网站。与此同时以提高口岸大通关效率为切入点首先实现口岸各主要单位在宁波电子口岸上政务公开并协同作业。

3. 宁波港 EDI 系统的发展趋势

1) 进行信息处理，提供增值信息

宁波港口 EDI 中心实现源信息的传输即 23 种电子报文传输，并能一定程度上实现对源信息进行归纳整理，去除冗余，并按一定的逻辑结构，对信息进行重新组织即 EDI 元信息。

宁波港口 EDI 中心下一步的目标应实现二次信息转换，即在实现一次信息转换即 EDI 源信息向 EDI 元信息转换的基础上，利用一定的决策分析技术，对 EDI 元信息进行加工处理，从中提炼出与 EDI 源信息不同的，支持 EDI 用户进行决策使用的增值信息。宁波港口主要需要对港口规模、供需情况、供需平衡、服务等方面进行分析决策。

2) 采用 XML-EDI 运行方式

随着可扩展性标记语言 XML(eXtensible Markup Language)技术的出现，为数据带来新的信息储存与应用方式，结合 XML 与 EDI 技术的 EDI 系统已表现出部分取代增值网的趋势。XML 与面向因特网的超文本标记语言 HTML 相比，增加了很多功能，XML 的重要组成部门扩展样式单语言 XSL(Extensible Style Sheet Language)可以将 XML 文本转换为其他格式，包括 HTML 格式，保证上述数据描述能跨网络正确显示。

3) 由电子口岸平台发展成为综合物流信息服务商

宁波电子口岸经历五年建设，取得明显成效，但在电子政务方面，增值服务过于单一。因此应继续加大资源整合规模，按照现代物流发展要求，运用现代信息技术，努力构筑全市性与海关、海事、

> 边检、公安、税务、港口、铁路、机场、公路、航运、银行等工业企业和物流企业相联系，支持宁波外贸物流行业实体之间的物流、信息流和资金流的电子数据交换和业务运作，在确定宁波港数据交换中心地位的基础上面向陆运、空运方面的拓展；建立服务海运、陆运、空运及多式联运等多种运输方式的口岸信息平台，与全国相沟通的物流公共信息平台，实现资源共享、数据共用、信息互通，发展电子商务和电子通关改革；通过与国际上物流信息平台结成战略联盟来提供整个供应链流程上信息的服务，最终发展成为与国际接轨的区域物流公共信息服务平台及综合物流信息服务商，全面提升宁波市港口物流信息化水平。
>
> 根据本案例所提供的资料，试分析：
> 1. EDI 技术可以应用在哪些场合？
> 2. EDI 技术的发展趋势是什么？

【知识拓展】

10.5　GPS 和 GIS 技术

地球上几乎 80%的信息都与空间位置相关，空间信息技术是一门综合处理与空间信息相关的多源信息的信息处理技术。空间信息包括空间位置、空间形态、空间分布、空间相关与空间关系等信息。地理信息系统(GIS)、全球定位系统(GPS)、遥感技术(RS)、空间决策支持系统(SDSS)等都属于空间信息技术的范畴。

物流活动常处于运动和非常分散的空间分布状态，物流空间信息技术作为一门处理与物流空间信息相关的多源信息技术，已成为现代物流信息技术的重要组成部分，并发挥着越来越重要的作用。

10.5.1　GPS 系统

1. GPS 系统概述

1) GPS 的含义

GPS(Global Positioning System)即全球定位系统，最早是美国从 20 世纪 70 年代开始研制，历时 20 年，耗资 200 亿美元，于 1994 年全面建成，具有在海、陆、空进行全方位实时三维导航和定位能力的新一代卫星导航与定位系统。GPS 系统通过与各种现代物流信息技术的结合，能为现代物流带来崭新的运营方式。

GPS 系统能对静态、动态对象进行动态空间信息的获取，可以快速、精度均匀、不受天气和时间的限制反馈空间信息。当前有两个公开的 GPS 系统可以利用，一是 NAVSTAR 系统，由美国研制，归美国国防部管理和操作，二是 GLONASS 系统，为俄联邦所拥有。因为通常首先可利用的是 NAVSTAR 系统，故又将这一全球卫星定位导航系统简称为 GPS。

2) GPS 的特点

GPS 与其他导航系统相比，具有高精度、全天候、高效率、多功能、应用广泛等特点。

(1) 定位精度高。GPS 卫星发送的导航定位信号能够进行厘米级至毫米级精度的静态定位，米级至亚米级精度的动态定位，亚米级至厘米级精度的速度测量和毫微秒级精度的时间测量。应用实践已经证明，GPS 相对定位精度在 50km 以内可达 10^{-6}m，100～500km 可达 10^{-7}m，1 000km 可达 10^{-9}m。在 300～1 500m 工程精密定位中，1h 以上观测的解析平面上的平面位置误差小于 1mm，与 ME5000 电磁波测距仪测定的边长比较，其边长校差最大为 0.5mm，校差中误差为 0.3mm。

(2) 全天候作业。全球、全天候连续导航定位，为用户提供位置、速度和时间、GPS 观测可在一天 24h 内的任何时间进行，不受阴天黑夜、起雾刮风、下雨下雪等气候的影响。

(3) 观测时间短。随着 GPS 的不断完善，软件的不断更新，目前，20km 以内相对静态定位，仅需 15～20 分钟；快速静态相对定位测量时，当每个流动站与基准站相距在 15km 以内时，流动站观测时间只需 1～2 分钟，然后可随时定位，每站观测只需几秒钟。

(4) 测站间无须通视。GPS 测量不要求测站之间互相通视，只需测站上空开阔即可，因此可节省大量的造标费用。由于无须点间通视，点位位置可根据需要，可稀可密，使选点工作甚为灵活，也可省去经典大地网中的传算点、过渡点的测量工作。

(5) 可提供三维坐标。经典大地测量将平面与高程采用不同方法分别施测。GPS 可同时精确测定测站点的三维坐标。目前，GPS 水准可满足四等水准测量的精度。

(6) 抗干扰性能好，保密性强。GPS 采用扩频技术和伪码技术，用户不发射信号，因而 GPS 卫星所发送的信号具有良好的抗干扰性和保密性，在战时不易受到电子战的影响。

(7) 操作简便。随着 GPS 接收机不断改进，自动化程度越来越高，有的已达"傻瓜化"的程度；接收机的体积越来越小，重量越来越轻，极大地减轻了测量工作者的工作紧张程度和劳动强度，使野外工作变得轻松愉快。

(8) 功能多，应用广。GPS 系统不仅可用于测量、导航，还可以用于测速、测时。测速的精度可达 0.1m/s，测时的精度可达几十毫微秒，其应用领域不断扩大。当初设计 GPS 系统的主要目的是用于导航、收集情报等军事活动。但是后来的应用开发表明，GPS 系统不仅能够达到上述目的，而且用 GPS 卫星发来的导航定位信号能进行厘米级甚至毫米级精度的静态相对定位，米级至亚米级精度的动态定位，亚米级至厘米级精度的速度测量和毫微秒级精度的时间测量，GPS 展现了极其广阔的应用前景。

3) 我国 GPS 的应用

1995 年中国成立了 GPS 协会，协会下设四个专业委员会。从 1970 年 4 月把第一颗人造卫星送入轨道以来，已成功发射了 30 多颗不同类型的人造卫星，为空间大地测量工作的开展创造了有利条件。20 世纪 70 年代后期，有关单位在从事多年理论研究的同时，引进并试制成功了各种人造卫星观测仪器，其中有人卫摄影仪、卫星激光测距仪和多普勒接收机。20 世纪 80 年代中期，中国引进 GPS 接收机，并应用于各个领域。同时着手研究建立中国自己的卫星导航系统。近几年，中国已建成了北京、武汉、上海、西安、拉萨、乌鲁木齐等永久 GPS 跟踪站，进行对 GPS 卫星的精密定轨，为高精度的 GPS 定位测量提供观测数据和精密星历服务，致力于中国自主的广域差分 GPS(WADGPS)方案的建立。参与全球导航卫星系统(GNSS)和 GPS 增强系统(WAAS)的筹建。同时中国已着手建立自己的卫星导航系统(双星定位系统)，能够生产导航型和测地型 GPS 接收机，GPS 技术的应用正向更深层次发展。

2. GPS 系统的组成

GPS 系统主要有三大组成部分，即 GPS 卫星组成的空间部分、由若干地面站组成的地面监控系统和以接收机为主体的用户部分,如图 10.23 所示。

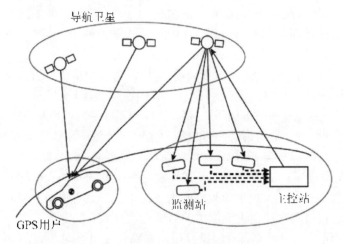

图 10.23　GPS 系统的组成

1) 空间部分

GPS 空间部分是指 GPS 工作卫星及其星座,是由 21 颗工作卫星和 3 颗在轨备用卫星组成的 GPS 卫星星座,记作(21+3)GPS 星座,如图 10.24 所示。卫星高度为 2 万公里,运行周期为 12 小时。24 颗卫星均匀分布在 6 个轨道平面内(称为满星座),轨道倾角为 55 度,轨道的升交点(与赤道交点)之间的角距为 60 度,每个轨道面均匀分布 4 颗卫星,相邻轨道之间的卫星还要彼此错开 40 度,以保证全球各处每时每刻至少能观测到高度角 15 度以上的 4 颗卫星。对于地面观测者来说,每颗卫星每天约有 5 个小时在地平面以上,同时位于地平面以上的卫星颗数随着时间和地点的不同而不同,最少可见到 4 颗,最多可见到 11 颗。每颗卫星的发射信号能覆盖地球面积的 38%,卫星运行到轨道的任何位置上,它对地面的距离和波束覆盖面积都基本不变。同时在波束覆盖区域内,用户接收到的卫星信号强度近乎相等。这对提高定位精度十分有利,这样在全球任何地方、任何恶劣气候条件下,都能为用户提供 24h 不间断服务。

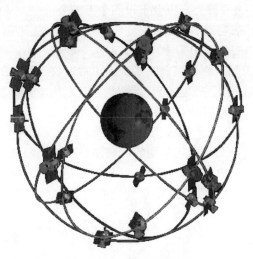

图 10.24　GPS 卫星星座

在用 GPS 信号导航定位时，为了计算 GPS 用户的三维坐标，必须观测 4 颗 GPS 卫星的位置，称为定位星座，这 4 颗卫星在观测过程中的几何位置分布对定位精度有一定的影响。对于某地某时，甚至不能测得精确的点位坐标，这种时间段叫作"间隙段"。但这种时间间隙段是很短暂的，并不影响全球绝大多数地方的全天候、高精度、连续实时信息传输。

在 GPS 系统中，GPS 卫星的作用主要是：用 L 波段的两个无线载波向广大用户连续不断地发送导航定位信号，由导航电文可以知道该卫星当前的位置和卫星的工作情况；在卫星飞越注入站上空时，接收由地面注入站用 S 波段(10 厘米波段)发送到卫星的导航电文和其他有关信息，并通过 GPS 信号电路，适时发送给广大用户；接收地面主控站通过注入站发送卫星的高度命令，适时改正运行偏差或启用备用时钟等。GPS 卫星的核心部件是高精度的时钟、导航电文存储器、双频发射和接收机以及微处理机。

2) 地面监控系统

GPS 地面监控系统的主要功能是对空间的卫星系统进行监测、控制，并向每颗卫星注入更新的导航电文。GPS 卫星的地面监控系统目前主要由分布在全球的若干个跟踪站所组成的监控系统构成。按照其作用的不同，这些跟踪站又被分为主控站、注入站和监控站。

主控站有 1 个，位于美国科罗拉多(Colorado)的法尔孔(Falcon)空军基地，它的任务是为全系统提供时间基准，搜集各监控站送来的跟踪数据，计算卫星轨道和种差参数并发送到各注入站，然后转发至各卫星。同时，它还对卫星进行控制，向卫星发布指令，纠正卫星的轨道偏差。当工作卫星出现故障时，调度备用卫星，替代失效的工作卫星工作。另外，主控站还负责监测整个地面监测系统的工作，检验注入给卫星的导航电文，监测卫星是否将导航电文发送给用户。

注入站有 3 个，它们分别位于大西洋的阿松森群岛(Ascension)、印度洋的迭哥伽西亚岛(Diego Garcia)和太平洋的卡瓦加兰岛(Kwajalein)美国军事基地上。注入站的作用是将主控站计算出的卫星星历和卫星钟的修正数据等注入相应卫星的存储器，每天注入 3 次，每次注入 14 天的星历。此外，注入站能自动向主控站发射信号，每分钟一次报告自己的工作状态。监控站有 5 个，除了主控站外，其他 4 个分别位于夏威夷岛(Hawaii)和 3 个注入站，均为无人值守的数据采集中心。监控站设有 GPS 用户接收机、原子钟、收集当地气象数据的传感器和进行数据初步处理的计算机。监控站的作用是接收卫星信号，监测卫星的工作状态。

3) 用户部分

GPS 用户部分包括以 GPS 信号接收机为主体的用户设备部分以及相应的用户系统部分。GPS 信号接收机是一种特制的无线电接收机，用来接收导航卫星发射的信号，并以此计算出定位数据。GPS 信号接收机能够捕捉到按一定卫星高度截至角所选择的待测卫星的信号，并跟踪这些信号的运行，对所接收到的 GPS 信号进行变换、放大和处理，测量出 GPS 信号从卫星到接收机天线的传播时间，解译出 GPS 卫星所发送的导航电文，实时地计算出监控站的三维位置，甚至三维速度和时间，最终实现利用 GPS 进行导航和定位的功能。

GPS 卫星发送的导航定位信号，是一种可供无数用户共享的信息资源。只要用户拥有能够接收、跟踪、变换和测量 GPS 信号的接收设备，即 GPS 信号接收机，就可以在任何时候用 GPS 信号进行导航定位测量。根据不同的分类标准，可将 GPS 信号接收机分为很多种，用户可以根据自己的使用目的和功能要求，配置不同的 GPS 信号接收机。无论何种

GPS 信号接收机,它的结构基本一致,分为天线单元和接收单元两部分。天线单元有接收天线和前置放大器两部分组成,接收天线的作用是将 GPS 卫星信号的极微弱的电磁波能转化为相应的电流,而前置放大器是将 GPS 信号电流予以放大。接收单元主要由变频器、信号通道、微处理器、存储器、输入输出设备和电源组成,其中信号通道是接收机的核心部分。接收机硬件和机内软件以及 GPS 数据的后处理软件包,构成完整的 GPS 用户设备。

3. GPS 的定位原理

按照被定位的物体的运动状态,GPS 分为静态定位和动态定位。

在静态定位中,按照定位方式,又可分为单点定位和相对定位。单点定位就是根据一台接收机的观测数据来确定接收机位置的方式,可用于车船等的概略导航定位。相对定位(差分定位)是根据两台以上接收机的观测数据来确定观测点之间的相对位置的方法,它相对于单点定位要精确得多。这是由于 GPS 测量中包含了卫星和接收机的时间差、大气对光速的影响、非直线路径效益等误差,在进行相对定位时大部分公共误差被抵消或削弱,因此定位精度大大提高。

在定位观测过程中若接收机相对于地球表面运动,则称为动态定位,实际上动态定位较之于静态定位来说在智能交通领域有着更为广泛的应用。这是由于交通领域中大多是对运动着的车辆进行信息采集。动态定位的原理较之于静态定位只是深入了一步而已。在动态定位过程中实际上是运用了静态定位加上速度测量仪的原理。在被观测的车辆运动过程中 GPS 定位系统相隔相对的时间对车辆的信息进行采集,然后根据光速和间隔时间内车辆运动的路程就能算出车辆的速度。当然这些都是接收机在很短时间内根据特定的程序就能计算出来的。

10.5.2 GIS 系统

1. GIS 系统概述

1) GIS 的含义

地理信息系统这一术语是 1963 年由 Roger F. Tomlinson 提出的,20 世纪 80 年代开始走向成熟,是多种学科交叉的产物。它把地理学、几何学、计算机科学、遥感、GPS 技术、Internet、多媒体技术以及虚拟现实技术等融为一体,利用计算机图形与数据库技术来采集、存储、编辑、显示、转换、分析和输出地理图形及其属性数据。这样,可根据用户需要,将这些信息图文并茂地输送给用户,便于分析和决策。

与一般的管理信息系统相比,地理信息系统具有以下特征。

(1) 地理信息系统在分析处理问题中使用了空间数据与属性数据,并通过数据库管理系统将两者联系在一起共同管理、分析和应用,从而提供了认识地理现象的一种新的思维方式;而管理信息系统则只有属性数据库的管理,即使存储了图形,也往往以文件等机械形式存储,不能进行有关空间数据的操作,如空间查询、检索、相邻分析等,更无法进行复杂的空间分析。

(2) 地理信息系统强调空间分析,通过利用空间解析式模型来分析空间数据,地理信息系统的成功应用依赖于对空间分析模型的研究和设计。

2) GIS 的类型

GIS 按照内容、功能和作用可分为两类：工具型地理信息系统和应用型地理信息系统。

(1) 工具型地理信息系统。

工具型地理信息系统也称地理信息系统开发平台或外壳，它是具有地理信息系统基本功能，供其他系统调用或用户进行二次开发的操作平台。地理信息系统是一个复杂庞大的空间管理信息系统，用地理信息系统技术解决实际问题时，有大量软件开发任务，如各用户重复开发，对人力、财力是很大的浪费。工具型地理信息系统为地理信息系统的使用者提供一种技术支持，使用户能借助地理信息系统工具中的功能直接完成应用任务，或者利用应用工具型地理信息系统加上专题模型完成应用任务。目前，国外已有很多商品化的工具型地理信息系统，如 ARC/INFO、GENAMAP、MAPINFO、MGE 等。国内近几年也正在迅速开发工具型地理信息系统，并取得了很大的成绩，如 MapGIS、GeoStar、CityStar 等。

(2) 应用型地理信息系统。

应用型地理信息系统是根据用户的需求和应用目的而设计的一种解决一类或多类实际应用问题的地理信息系统，除了具有地理信息系统基本功能外，还具有解决地理空间实体和空间信息的分布规律、分布特性及相互依赖关系的应用模型和方法。应用型地理信息系统按研究对象性质和内容又可分为专题地理信息系统和区域地理信息系统。

① 专题地理信息系统(Thematic GIS)。专题地理信息系统具有有限目标和专业特点的地理信息系统，为特定专门目的服务。如水资源管理信息系统、矿产资源信息系统、环境保护和监测系统、城市管网系统、通信网络管理系统、城市规划系统、配电网管理系统等都属于应用型地理信息系统。

② 区域地理信息系统(Regional GIS)。其主要以区域综合研究和全面信息服务为目标。可以有不同的规模，如国家级的、区域或省级的、市级和县级等为各不同级别行政区服务的区域信息系统，也可以按自然分区或流域为单位的区域信息系统。

应用型 GIS 开发的实现方式主要有独立开发、单纯二次开发、集成二次开发和嵌入式GIS。

2. GIS 系统的组成

地理信息系统主要由四部分组成，即计算机硬件系统、计算机软件系统、地理空间数据、应用人员和组织结构。其核心部分是计算机软硬件系统，空间数据库反映 GIS 的地理内容，应用人员和组织结构则决定系统的工作方式和信息表示方法。

1) 计算机硬件系统

计算机硬件系统是指操作 GIS 所需的一切计算机物流装置。目前 GIS 软件可以在很多类型的硬件上运行，从中央计算机服务器到 PC，从单机到网络环境。一个典型的 GIS 硬件系统除计算机外，还包括数字化仪、扫描仪、绘图仪、解析测图仪等外部设施。根据硬件配置规模的不同可以分为单机模式、局域网模式和广域网模式。

2) 计算机软件系统

软件是指 GIS 运行所必需的各种程序，主要包括计算机系统软件和地理信息系统软件两大部分。地理信息系统软件提供存储、分析和显示地理信息的功能和工具。主要的软件部分有输入和处理地理信息的工具、数据库管理系统工具、支持地理信息的查询分析和可视化显示的工具等。

3) 地理空间数据

地理空间数据是一个 GIS 应用系统的基础组成部分。空间数据是 GIS 的操作对象，是现实世界经过模型抽象的实质性内容。一个 GIS 应用系统必须建立在准确合理的地理数据基础上。数据来源包括室内数字化和野外采集以及从其他数据的转换。数据包括空间数据和属性数据，空间数据的表达可以采用栅格和矢量两者现实。空间数据表现了地理空间实体的位置、大小、形状、方向以及几何拓扑关系。

4) 应用人员和组织结构

专业人员，特别是复合人才(既懂专业又熟悉地理信息系统)是地理信息系统成功应用的关键，而强有力的组织是系统运行的保障。由于地理信息系统的应用往往具有专业背景，所以无论是需求分析、总体设计，还是专业功能的开发和应用，都离不开专业人员的参与。

3. GIS 系统的功能和发展趋势

1) GIS 系统的功能

由计算机技术和空间数据相结合而产生的 GIS 这一高新技术，包含了处理信息的各种高级功能，但是它的基本功能是数据的采集、管理、处理、分析和输出。GIS 依托这些基本功能，通过利用空间分析技术、模型分析技术、网络技术、数据库和数据集成技术、二次开发环境等，演绎出丰富多彩的系统应用功能，满足用户的广泛需求。

一个 GIS 软件系统应具备五项基本功能，即数据输入、数据编辑、数据有效组织与管理、空间查询与分析、可视化表达与输出。图 10.25 是一个典型的 GIS 功能框图。

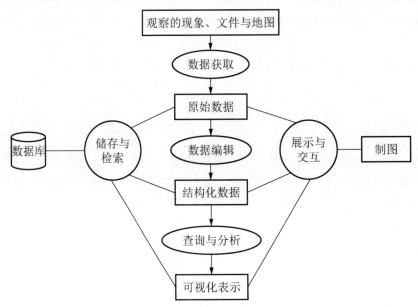

图 10.25 典型 GIS 功能框图

2) GIS 系统的发展趋势

随着计算机和互联网技术的发展以及应用领域的扩展，GIS 的应用软件系统发展很快，从而构建了各种不同用途和功能的 GIS 系统。目前以 GIS 软件发展为特征的系统主要呈现以下几种趋势。

(1) 组件式 GIS(ComGIS)系统。

这种新的 GIS 系统开发思路是将 GIS 系统功能分散制作成 ActiveX Control 和 Automation，这些标准的 ActiveX Control 和 Automation 可以被任何支持它们的开发环境所调用，以便在原有的或新开发的信息系统中加入 GIS 系统功能。组件软件的可编程和可重用特点为系统开发商提供了方便的二次开发手段，将在很大程度上推动 GIS 软件的系统集成化和应用大众化。

(2) WebGIS 系统。

由于 GIS 系统具有丰富的空间查询、空间分析及属性管理功能，因此 GIS 系统正在成为 Internet 或 Intranet 的一个主要内容。随着 Internet 技术的不断发展和人们对 GIS 系统的需求，把 GIS 系统与网络技术相融合，利用 Internet 在 Web 上发布空间数据，为用户提供空间数据浏览、查询和分析的功能，形成一个网络化的地理空间集成平台，已经成为 GIS 系统发展的必然趋势。

(3) GIS 系统、多媒体数据与 GPS 和 RS 的集成。

通过 GIS 系统与多媒体数据、GPS 系统、RS 系统的集成，将使基于空间数据的信息管理系统变得更加灵活多样，并极大地拓宽信息来源渠道，方便用户对各种信息的存储与管理，同时也能够建立起更加科学的决策系统。目前在 GIS 系统中可以使用多种形式的多媒体数据，如 Excel 电子报表、Word 文档资料、相片、影像及 GPS 动态数据。

(4) OpenGIS 系统。

目前，一种多用户、跨平台的 OpenGIS 技术正在被国外的许多研究机构、政府部门和高等院校研究和开发利用。OpenGIS 系统的研究和应用使各政府部门及企业之间不同格式的数据能够方便地互访，有利于建立网络 GIS 系统及分布式 GIS 系统空间数据库，大大拓宽 GIS 系统的应用领域及其功能。

(5) 3D 和 4DGIS 系统。

由于地球以及各种物体都是以三维空间的形式存在的，因此目前二维 GIS 系统技术或 H 维半(平面 x，y 坐标加高程)GIS 系统对于完整描述对象就有一定的限制。一个三维 GIS 系统空间信息系统应该能够模拟、表示、管理、分析与三维实体相关的信息，并提供决策支持。它所涉及的关键技术是 3D 和 4D 建模技术，数据模型的研究，海量数据的存储、管理、访问，现实空间索引技术等。

(6) 新型的 GIS 系统空间数据库管理系统。

这时建立大型 GIS 系统空间数据库的新方法，GIS 系统一般由两部分组成：一是应用程序，包括专门的 GIS 系统应用软件以及用标准或非标准程序语音开发的用户界面及系统工具。二是数据，在 GIS 系统中，空间数据库的建立是一项非常复杂的工作，目前大多数 GIS 系统在处理空间数据和属性数据时都是将两者分开存放和管理的。这种存放和管理方式对于小型 GIS 系统有一定的优越性，但对建立以面向对象为基础的大型 GIS 系统来说存在很多缺陷，因此现在已经出现一些新型的 GIS 空间数据库管理系统，这些新的系统将空间数据和属性数据存放在同一数据库管理系统中。如 Oracle 开发的 SDO 和 ESRI 开发的 SDE 都属于这种类型的空间数据库系统。

(7) 空间数据仓库(Spatial Data Warehouse)。

空间数据量非常大，而且数据大部分分散在政府、私人机构、公司的各个部门，数据的管理和使用变的非常复杂，但这些空间数据又具有极大的科学价值和空间价值，因此多数发达国家都比较重视空间数据仓库的建立工作，许多研究机构和政府部门参与到空间数据仓库建立的研究工作中。

(8) 虚拟现实。

虚拟现实(VR)是目前 GIS 系统研究领域的另一重要方向。虚拟现实是对人类真实世界某一部分或某一过程的逼真模拟，给人提供视觉、听觉、触觉、力觉、嗅觉等信息，令人完全置身于虚拟世界中，感受与现实系统一致或接近，从而让人产生一种虽幻犹真的沉浸感。美国 MultiGen 公司生产的 MultiGen 软件已经可以利用地理信息中心的数字地形海拔数据(DTED)、数字文化特征数据(DFAD)和与之配套的航空或卫星照片，快速、高效的构造任何地区的地形地貌和文化特征。

10.5.3 GPS 和 GIS 在物流中的应用

【参考视频】

GPS 定位导航系统与 GIS 电子地图、无线电通信网络及计算机车辆管理信息系统相结合，可以实现车辆跟踪和交通管理等许多功能。

1) 车辆定位系统

GPS 车辆定位系统在物流运输系统的应用如图 10.26 所示。

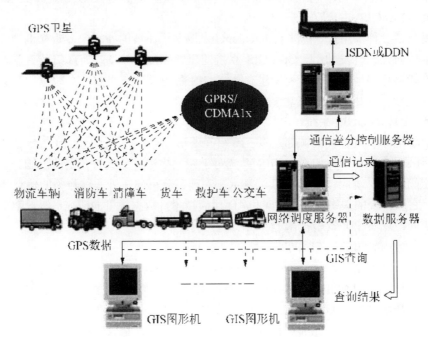

图 10.26　GPS 车辆定位系统在物流运输中的应用示意

服务控制中心通过广域网与 GSM 短消息中心联网，通过分布式数据库技术实时更新车辆的信息并实时发布市区各路段交通流量信息。另外，一旦车辆发生遇劫、事故等警情时，服务控制中心也可将车辆位置信息及警情信息通过广域网送达 110

指挥中心，由公安部门出警。定位系统的基本功能有：①下载电子导航地图；②各路段交通流量信息的接收与显示；③服务控制中心可对车辆进行点名监视并接收报警；④具备与 110、120、119 系统相连，组成社会紧急系统；⑤配送中心可通过车载装置对车辆进行调度。

2) 车辆导航系统

车辆导航系统包括了路径选择模块、路径诱导模块和无线通信模块。路径选择是帮助司机在出发前或者路径中计划最有路径的过程。路径选择又可进一步划分为多车路径选择和单车路径选择。多车路径选择是为所有的可能具有不同目的地的车辆在一个网络中选择路径，属于系统优化问题；而单车路径选择则是为了单个车辆计划一条从当前位置到达指定目的地的单条路径，属于用户优化问题。一般来讲，目前在实际使用过程中单车路径优化占有主导地位，这是因为司机在行车过程中主要考虑的是自己最优，而不是全局最优。而物流中心或配送中心为了调度管理所有车辆，需要考虑全局的利益，用得较多的是多车路径选择。

系统集成了 GPS 技术、GMS 通信技术、GIS 地理信息技术和 PDA 技术为一体，能为车辆导航提供全方面的服务。车辆通过车载导航设备接收 GPS 数据，在显示屏的地图上显示汽车在行驶中的位置以及到达目的地的方向和距离等。可以在公路网络范围内定向选择最佳行驶路线。车辆导航系统具有以下功能：①地图浏览功能；②信息查询功能；③路径分析功能，由用户输入起点和终点，由计算机软件计算最短行驶路线，并在地图窗口予以显示，确定最终行驶路线；④导航功能，利用 GPS 和 GIS 可以实时显示车辆的实际位置。

3) 指挥调度系统

指挥调度系统主要由车载信息采集子系统、通信子系统、计算机网络子系统、调度平台子系统组成。后面三个子系统工作的基础就是信息采集子系统中的信息采集。这时由于所有的调度程序都需要有原始信息采集，然后根据信息集中比较分析来调度指挥。而信息采集主要靠 GPS 的车辆定位技术。监控中心可以监测区域内车辆的运行状况，对被监测车辆进行合理调度。还可以随时与被跟踪目标通话，实行远程管理。

4) 紧急援助系统

该系统的功能实现和指挥调度功能近似。通过 GPS 定位和监控管理系统可以对遇有险情或发生事故的车辆进行紧急援助，监控台的电子地图显示求助信息和报警目标，规划最优援助方案，并以报警声光提箱值班人员进行应急处理。

监控调度系统是 GPS 与 GIS、语音技术、操作系统、数据库、多媒体技术以及多种测量技术等相结合的产物。采用已经成熟的 GPS 全球定位系统、GIS 地理信息系统和计算机网络通信与数据处理技术，对物流运输车辆进行实时全程监控。在监控中心，通过车载单元传输回来的信息，在电子地图上进行准确的定位，GIS 地理信息系统对车辆信息及车辆所在区域的地理信息进行综合处理，然后对车辆进行远程调度，以达到综合调配运输能力、减少空车回放、降低运输成本，提高服务水平的目的。GPS、GIS 模式下的物流监控指挥系统如图 10.27 所示。

图 10.27　GPS、GIS 模式下的物流监控指挥系统

10.6　信息网络技术

随着 Internet、物联网技术的普及为物流网络提供了良好的外部环境，物流网络化势不可挡。其中物流过程中，要实现物物在"任何地方、任何时间"的互联，信息网络技术在其中扮演重要的角色。物联网涉及的网络技术也有多种，如可以是有线网络、无线网络；可以是短距离网络和长距离网络；可以是企业专用网络、公用网络；还可以是局域网、互联网等。

10.6.1　移动通信网络技术

1995 年问世的第一代模拟式手机只能进行语音通话，称为第一代移动通信技术(First Generation，1G)，它是以模拟技术为基础的蜂窝无线电话系统，1G 无线系统在设计上只能传输语音流量，并受到网络容量的限制。1996—1997 年出现的第二代 GSM、TDMA 等数字式手机增加了接收数据的功能，称为 2G(Second Generation)，2G 技术基本可分为两种，一种基于 TDMA 所发展出来的以 GSM 为代表，另一种是 CDMA 规格。随着技术的进步，2G 与 3G 之间出现了一种过渡类型的网络技术称为 2.5G，2.5G 功能以 GPRS 技术为代表。相对于 2G 技术而言，2.5G 技术可以提供更高的速率和更多的功能。第三代移动通信技术(Third Generation，3G)是指支持高速数据传输的蜂窝移动通信技术，3G 服务能够同时高速传送声音及数据信息，速率一般在几百 Kb/s 以上。目前 3G 存在四种标准：CDMA 2000、WCDMA、TD-SCDMA、WiMAX。第四代通信技术(Fourth Generation，4G)是 3G 的延续，

4G 可以提供比 3G 更快的数据传输速度。ITU(国际电联)已将 WiMax、HSPA+、LTE、LTE-Advanced 和 WirelessMAN-Advanced 列为 4G 技术标准。

1. GSM 技术

全球移动通信系统(Global System for Mobile Communications，GSM)，俗称"全球通"，是第二代移动通信技术，其开发目的是让全球各地可以共同使用一个移动电话网络标准，让用户使用一部手机就能行遍全球。目前，中国移动、中国联通各拥有一个 GSM 网，为世界最大的移动通信网络。GSM 系统包括 GSM 900：900MHz、GSM 1800：1 800MHz 及 GSM 1900：1 900MHz 等几个频段。它是目前 3 种数字无线电话技术(TDMA、CSM 和 CDMA)中使用最为广泛的一种。GSM 在技术上具有频谱效率高、容量大、语音质量好、开放的接口、安全性高，以及在 SIM 卡基础上实现漫游等特点。

2. CDMA 技术

码分多址(Code Division Multiple Access，CDMA)，它是在扩频通信技术上发展起来的一种崭新而成熟的无线通信技术。CDMA 技术的出现源自于人类对更高质量无线通信的需求。CDMA 允许所有的使用者同时使用全部频带(1.228 8MHz)，并且把其他使用者发出的信号视为杂信，完全不必考虑到信号碰撞(Collision)的问题。

CDMA 系统是基于码分技术(扩频技术)和多址技术的通信系统，系统为每个用户分配各自特定地址码。地址码之间具有相互准正交性，从而在时间、空间和频率上都可以重叠，将需要传送的具有一定信号带宽的信息数据，用一个带宽远大于信号带宽的伪随机码进行调制，使原有的数据信号的带宽被扩展，接收端进行相反的过程的解扩，增强了抗干扰的能力。

CDMA 中所提供的语音编码技术，其通话品质比目前的 GSM 好，而且可以把用户对话时周围环境的噪声降低，使通话更为清晰。CDMA 利用展频的通信技术，因而可以减少手机之间的干扰，并且可以增加用户的容量，而且手机的功率还可以做得比较低，不但可以使使用时间更长，更重要的是可以降低电磁波辐射对人的伤害。CDMA 的带宽可扩展性较大，还可以传输影像，这是第三代手机为什么选用 CDMA 的原因。就安全性能而言，CDMA 不但有良好的认证体制，更因为其传输的特性，用码来区分用户，大大地增强防止被人盗听的能力。

3. TD-SCDMA 技术

时分同步码分多址存取(Time Division-Synchronous Code Division Multiple Access，TD-SCDMA)，是 ITU 批准的 3 个 3G 标准中的一个，是由中国大陆制定的。TD-SCDMA 标准将智能无线、同步 CDMA 和软件无线电等当今国际领先技术融于其中。

TD-SCDMA 在频谱利用率、频率灵活性、对业务支持具有多样性及成本等方面有独特优势。

(1) 完全满足对 3G 业务与功能的需求。
(2) 能在现有稳定的 GSM 网络上迅速而直接部署。
(3) 能实现从第二代到第三代的平滑演进。
(4) 完全满足第三代业务的要求。

(5) 突出的频谱利用率和系统容量。

(6) 无须使用成对的频段。

(7) 支持蜂窝组网,可以形成宏小区、微小区及微微小区,每个小区可支持不同的不对称业务。

(8) 灵活、自适应的上下行业务分配,特别适合各种变化的不对称业务(如无线因特网)。

(9) 系统成本低。

4. WCDMA 技术

宽带码分多址(Wideband Code Division Multiple Access,WCDMA),是一种第三代无线通信技术。它是从 CDMA 演变来的。在标准化论坛中,WCDMA 技术已经成为被广泛采纳的第三代空中接口,其规范已在 3GPP(the 3rd Generation Partnership Project)中制定,在 3GPP 中,WCDMA 被称作 UTRA(Universal Terrestrial Radio Access,通用地面无线接入)、FDD(Frequency Division Duplex,频分双工)和 UTRA TDD(Time Division Duplex,时分双工),WCDMA 这个名字涵盖了 FDD 和 TDD 两种操作模式。表 10-3 给出了 WCDMA 的主要参数。

表 10-3 WCDMA 的主要参数

主要参数	说明
多址接入方式	DS-CDMA
双工方式	频分双工/时分双工
基站同步	异步方式
码片速率	3.84Mb/s
帧长	10ms
业务复用	有不同服务质量要求的业务复用到一个连接中
多速率概念	可变的扩频因子和多码
检测	使用导频符号或公共导频进行相关检测
多用户检测,智能天线	标准支持,应用时可选

WCDMA 系统具有业务灵活性、频谱效率高、容量和覆盖范围大、可提供多种业务、网络规模的经济性、卓越的话音能力、无缝的 GSM/UMTS 接入、终端的经济性和简单性等优势。

5. GPRS 技术

通用分组无线业务(General Packet Radio Service,GPRS),它是在现有的 GSM 网络基础上叠加了一个新的网络,同时在网络上增加一些硬件设备和软件升级,形成了一个新的网络实体,提供端到端的、广域的无线 IP 连接,目的是为 GSM 用户提供分组形式的数据业务。GPRS 在移动用户和数据网络之间提供一种连接,给移动用户提供高速无线 IP 服务。

GPRS 采用与 GSM 同样的无线调制标准、同样的频带、同样的突发结构、同样的跳频规则,以及同样的 TDMA 帧结构。GPRS 允许用户在端到端分组转移模式下发送和接收数据,而不需要利用电路交换模式的网络资源,从而提供了一种高效、低成本的无线分组数据业务。特别适用于间断的、突发性的和频繁的、少量的数据传输，可以用于数据传输，远程监控等应用，也适用于偶尔的大数据量传输。

GPRS 经常被描述成"2.5G"，它通过利用 GSM 网络中未使用的 TDMA 信道，提供中速的数据传递。GPRS 突破了 GSM 网只能提供电路交换的思维方式，只通过增加相应的功能实体和对现有的基站系统进行部分改造来实现分组交换，这种改造的投入相对来说并不大，但得到的用户数据速率却相当可观。

GPRS 具体业务应用主要有：信息业务、聊天、网页浏览、文件共享及协同性工作、企业 E-mail、因特网 E-mail、交通工具定位、静态图像的发送和接收、远程局域网接入、文件传送等。

10.6.2 近距离无线通信技术

近距离的无线技术是物联网技术中最为活跃的部分，根据应用的不同，其通信距离可能是几厘米到几百米，较广泛的近距离无线通信技术是蓝牙(Bluetooth)、无线局域网(WiFi)和红外数据传输(IrDA)。同时还有一些具有发展潜力的近距离无线技术标准，如 ZigBee、超宽频(Ultra Wide Band，UWB)、短距通信(NFC)等。它们各有其特点，或基于传输速度、距离、耗电量的特殊要求；或着眼于功能的扩充性；或符合某些单一应用的特别要求。

1. 蓝牙技术

蓝牙是由东芝、爱立信、IBM、Intel 和诺基亚于 1998 年 5 月共同提出的近距离无线数字通信的技术标准，能在包括移动电话、PDA、无线耳机、笔记本电脑、相关外设等众多设备之间进行无线信息交换。利用该技术，能有效地简化移动设备之间的通信，也能够成功地简化设备与互联网之间的通信，从而使数据传输变得更加迅速高效。蓝牙采用分散式网络结构及快跳频和短包技术，支持点对点及点对多点通信，标准是 IEEE 802.15，工作在全球通用的 2.4GHz 的 ISM(即工业、科学、医学)频段，采用时分双工传输方案实现全双工传输。蓝牙作为一种小范围无线连接技术，可以方便快捷地实现设备间低成本、低功耗的数据和语音通信，是目前实现无线个域网的主流技术之一。

2. WiFi

WiFi(Wireless Fidelity)是 IEEE(美国电子电器工程师协会)定义的一个较早的无线网络通信的工业标准(IEEE 802.11)。它的第一个版本发表于 1997 年，其中定义了 MAC 层(介质访问接入层)和物理层，总线传输速率为 2Mb/s。其后又在此基础上补充了多个增强版本，比较有代表性的是：IEEE 802.11b(将 2.4GHz 下的传输速率扩大到了 11Mb/s)，IEEE 802.11g (将 2.4GHz 下的传输速率扩大到了 54Mb/s)。目前，WiFi 在日常的无线局域网构建中已经成为业界公认的标准。

WiFi 是一种无线联网的技术，通过一个无线路由器，在其电波覆盖的有效范围都可以采用 WiFi 连接方式进行联网，如果无线路由器连接了一条 ADSL 线路或者别的上网线路，则又被称为"热点"。WiFi 热点是通过在互联网连接上安装访问点来创建的。该访问点将无线信号通过短程进行传输(一般覆盖 100m)。当一台支持 WiFi 的设备(例如 Pocket PC)遇到一个热点时，这个设备可以用无线方式连接到那个网络。大部分热点都位于供大众访问的地方，例如机场、咖啡店、旅馆、书店以及校园等。许多家庭和办公室也拥有 WiFi 网络。

3. 红外技术

红外(Infrared)通信技术利用红外线来传输数据,其出现早于蓝牙通信技术,是一种比较早的无线通信技术。由红外数据协会(Infrared Data Association,IrDA)来建立统一的红外通信标准。红外通信采用的是875nm左右波长的光波通信,通信距离一般为1m左右。红外通信有设备体积小、成本低、功耗低、不需要频率申请等优势,但是由于红外通信使用的波长较短,对障碍物的衍射较差,因此两个使用红外通信的设备之间必须相互可见。红外通信技术在20世纪90年代的时候比较流行,后来就慢慢地被蓝牙和WiFi所取代了。主要是由于红外技术要求两个设备之间必须可见,通信距离相对蓝牙和其他协议也更加有限。此外,红外设备在通信过程中不能移动使得该技术很难用于外部设备,如鼠标、耳机上。尽管如此,目前仍然有很多设备,如手机、笔记本电脑,保留了对红外协议的兼容性。

4. ZigBee

ZigBee又称"紫蜂",是一种近距离、低功耗的无线通信技术。该名称来源于蜜蜂的八字舞,由于蜜蜂(Bee)是靠飞翔和"嗡嗡"(Zig)地抖动翅膀的"舞蹈"来与同伴传递花粉所在方位信息,也就是说蜜蜂依靠这样的方式构成了群体中的通信网络。其特点是近距离、低复杂度、低功耗、低数据速率、低成本,主要适用于自动控制和远程控制领域,可以嵌入各种设备。

ZigBee是一项建立在IEEE 802.15.4基础上的无线通信协议标准。它有3个典型的应用频段 868MHz(欧洲免执照频段)、915MHz(美国免执照频段)、2.4GHz(全球通用免执照频段)。

ZigBee应用具有以下优势。

(1) 它的协议简单紧凑,具体实现要求低,一般具有64KB RAM或4KB ROM的8位处理器即可胜任ZigBee节点的任务,其开发成本和复杂性较低。

(2) ZigBee技术基于IEEE 802.15.4标准,技术成熟、成本低。

(3) 相对于蓝牙技术而言,ZigBee网络容量大,一个网络中可支持多达65 000个节点,符合无线传感器网络大容量的概念。

(4) ZigBee采用休眠机制,使得两节普通的五号电池即可支持长达6个月到两年左右的使用时间,耗电量极小,功耗较低。

5. NFC技术

近距离无线通信技术(Near Field Communication,NFC)。由飞利浦公司和索尼公司共同开发的NFC是一种非接触式识别和互联技术,可以在移动设备、消费类电子产品、PC和智能控件工具间进行近距离无线通信。NFC提供了一种简单、触控式的解决方案,可以让消费者简单直观地交换信息、访问内容与服务。

NFC采用了双向的识别和连接,在20cm距离内工作于13.56MHz频率范围。它能快速自动地建立无线网络,为蜂窝设备、蓝牙设备、WiFi设备提供一个"虚拟连接",使电子设备可以在短距离范围进行通信。NFC的短距离交互大大简化了整个认证识别过程,使电子设备间互相访问更直接、更安全和更清楚。

NFC主要具有以下缺点。

(1) 通信距离很短，一般在 20cm 左右。

(2) NFC 还是相对较新的一项技术，在成本、标准的统一上还有极大的不确定性。

10.6.3 有线通信网络技术

物联网的通信方式主要有有线和无线传输两种方式，无线通信技术将来会成为物联网产业发展的主要支撑，但是有线通信技术也将是不可或缺的，例如工业化和信息化"两化整合"业务中大部分还是有线通信，智能楼宇等领域也还是以有线通信为主。

物联网中有线网络技术主要包括长距离通信网络技术和短距离有线通信网络技术。其中长距离有线通信技术主要是支持 IP 协议的网络，如计算机网、广电网、电信网，以及国家电网等通信网络。

短距离有线通信网络技术主要包括目前流行的 10 多种现场总线控制系统，如 ModBus、DeviceNet、电力载波通信 PLC(Power Line Communication)等网络技术。短距离有线通信网络主要应用于楼宇自动化、工业过程自动化和电力行业等领域。

1. 现场总线控制系统 FCS(Fieldbus Control System)

根据 IEC/SC65C 标准定义，现场总线是指安装在制造或过程区域的现场装置与控制室内的自动控制装置之间数字式、串行、多点通信的数据总线。它是自动化系统中一把大量现场级设备和操作级设备相连的工业通信系统。

现场总线是 20 世纪 80 年代末、90 年代初国际上发展形成的，用于过程自动化、制造自动化、楼宇自动化等领域的现场智能设备互连通信网络。它作为工厂数字通信网络的基础，沟通了生产过程现场及控制设备之间及其与更高控制管理层次之间的联系。它不仅是一个基层网络，而且还是一种开放式、新型全分布式控制系统。这项以智能传感、控制、计算机、数字通信等技术为主要内容的综合技术，已经受到世界范围的关注，成为自动化技术发展的热点，并将导致自动化系统结构与设备的深刻变革。国际上许多有实力、有影响的公司都先后在不同程度上进行了现场总线技术与产品的开发。目前已开发出 40 多种现场总线，如 Interbus、Bitbus、DeviceNet、MODbus、Arcnet、P-Net、FIP、ISP 等。

2. M2M 技术

M2M 是"机器对机器通信(Machine to Machine)"或者"人对机器通信(Man to Machine)"的简称。它主要是指通过"通信网络"传递信息从而实现机器对机器或人对机器的数据交换，也就是通过"通信网络"实现机器之间的互联、互通，其示意图如图 10.28 所示。移动通信网络由于其网络的特殊性，终端则不需要人工布线，可以提供移动性支撑，有利于节约成本，并可以满足在危险环境下的通信需求，使得以移动通信网络作为承载的 M2M 服务得到了业界的广泛关注。

M2M 业务及应用可以分为移动性应用和固定性应用两类。

(1) 移动性应用适用于外围设备位置不固定、移动性强、需要与中心节点实时通信的应用，如交通、物流、公安、海关、税务、医疗等行业从业人员手持系统或车

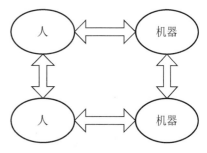

图 10.28 M2M 示意图

载、船载系统等。

(2) 固定性应用适用于外围设备位置固定，但地理分布广泛、有线接入方式部署困难或成本高昂的应用，可利用机器到机器实现无人值守，如电力、水利、采油、采矿、环保、气象、烟草、金融等行业信息采集或交易系统等。

3. 三网融合及 NGN 技术

三网融合是指电信网、广播电视网、互联网在向宽带通信网、数字电视网、下一代互联网演进过程中，三大网络通过技术改造，其技术功能趋于一致，业务范围趋于相同，网络互联互通、资源共享，能为用户提供语音、数据和广播电视等多种服务。三网融合注重电信网、广播电视网和互联网的相互渗透、互相兼容，并逐步整合成为全世界统一的信息通信网络，其中互联网是其核心部分。"三网融合"使三大网络从各自独立的专业网络向综合性网络转变，网络性能得以提升，资源利用水平进一步提高，如图 10.29 所示。

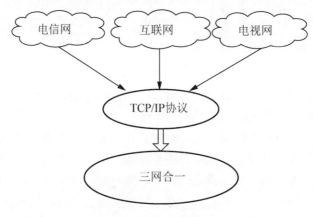

图 10.29 三网融合

随着信息技术的快速发展，人们对信息交流的要求已不仅限于单一的语音信息交流，近些年来数字技术的不断发展，网络传输的速度加快，语音、数据、图像的综合信息服务给人们自然、生动、真切和有效的交流方式。三网融合就是在这种背景下提出的。

三网融合可以给千家万户带来实质性的好处，比如未来的"下一代广播电视网(NGB)"将传统广播电视网、互联网、通信网进行"三网融合"，形成新一代国家信息基础设施，将给我国千家万户带来一场"电视革命"。NGB 好比国家面向千家万户修建了一条条畅通的"信息高速公路"。通过这条高速公路，极大地降低了老百姓使用获取信息和享受娱乐的技术门槛。NGB 可以提供互动电视、电子商务、在线娱乐、个人通信、医疗教育、金融证券、社区服务、物流等各种类型的服务，传统的电视内容提供商将会变成信息系统的综合服务商。

本 章 小 结

物流信息技术是指运用于物流各环节中的信息技术，其被认为是物流现代化的重要标志，也是物流技术中发展最快的领域。目前根据物流的功能及特点，物流信息技术包含了条形码技术、射频识别技术、电子数据交换技术、全球定位系统、地理信息系统以及计算机技术、网络技术和数据库技术等。随着飞速发展的计算机网络技术的应用使物流信息技术达到新的水平,从自动数据采集的条形码系统、RFID 系统,到自动定位跟踪的 GPS、GIS 技术,以及电子数据交换 EDI 技术,各种网络信息技术设备等都在日新月异地发展。同时,随着物流信息技术的不断发展,产生了一系列新的物流理念和新的物流经营方式,推进了物流的变革。

 关键术语

物流信息技术(Logistics Information Technology)
条形码技术(Bar Code Technology)
射频技术(Radio Frequency Identification)
电子数据交换(Electronic Data Interchange)
地理信息系统(GIS)
全球定位系统(GPS)
信息网络技术(Information Network Technology)

习　题

1. 填空题

(1) 目前,条形码可以按照不同的分类方式进行分类,根据使用目的的不同分为_____和_____;按照条形码技术的发展历程可以分为_____、_____和_____。

(2) RFID 系统一般包括三个构件:_____、_____和_____。

(3) 根据 EDI 的不同发展特点和运作层次,可将其分为_____、_____、_____和_____。

(4) GPS 系统主要有三大组成部分:_____、_____和_____。

2. 简答题

(1) 试列举几种常用的一维条形码的码制。
(2) 试述常用的条形码扫描识别设备的工作原理。
(3) 简述 RFID 的基本组成部分及工作原理。
(4) 阐述 EDI 的工作过程以及 EDI 技术在物流中的应用。
(5) 简述 GIS 系统及 GPS 系统的构成。
(6) 论述 GIS 技术与 GPS 技术在物流活动中的应用。
(7) 简述 ZigBee、WiFi、WiNAX、Bluetooth 技术的优、缺点。

第11章 物流智能装备

【教学目标】

- 了解物流智能装备的概念
- 熟悉自动导引设备的工作原理、分类和应用
- 熟悉物流机器人的用途、分类和应用
- 了解智能物流系统的概念、组成及具体应用

自动导引车系统的发展

自动导引车系统(AGVS),是当今柔性制造系统(FMS)和自动化仓储系统中物流搬运的主要手段。作为一种无人驾驶工业搬运车辆,AGV 在 20 世纪 50 年代即得到了应用,90 年代 AGV 进入高智能化、数字化、网络化、信息化时代。

最早的自动搬运车,1913 年被福特汽车公司用于底盘装配上,体现了无人搬运车的优越性,但当时是有轨道引导的。到了 20 世纪 50 年代中期,1955 年英国人首先去掉了地面上的导引轨道采用地板下埋线,组成了以电磁感应引导的简易 AGVS,1959 年 AGV 应用到仓库自动化和工厂作业上。

20 世纪 60 年代开始把计算机技术应用到 AGV 系统的管理和控制上,AGV 系统从自动化仓库进入柔性加工系统(FMS)及生产系统中,从而使 AGV 得到了迅速的发展。虽然 AGV 首先出现于美国,但却是在欧洲迅速得到发展和推广应用,并成为制造和装配过程中一种流行的物料搬运设备。欧洲各公司统一了托盘的结构和尺寸,使得 AGV 制造厂不需要频繁地根据用户的要求改变自己的产品形式。由于 AGV 的高效和灵活性,使得 AGV 系统在工业先进国家获得了广泛的应用。瑞典于 1969 年首次在物流系统中采用了 AGV,1973 年瑞典 VOLVO 公司在 KALMAR 轿车厂的装配线上大量采用 AGV 进行计算机控制装配作业,70 年代中期引入了单元化载荷搬运用于 AGV,扩大了 AGV 的使用范围,随机装置增加了许多功能,如附加工作台、移载装置、物流信息接收和转换以及控制部件等。1983 年全欧洲有 360 个 AGV 系统共 3 900 台 AGV 在工作,而 1985 年所生产的 AGV 总台数超过了 10 000 台;1985 年美国拥有 2 100 个 AGV 系统共有 8 199 台 AGV,共有 30 多家 AGV 生产厂家;日本在 1963 年首次引进一台 AGV,1976 年以后每年增加数十个 AGV 系统,目前已有神钢电机、平田电机、住友重机等 27 个主要生产厂商,1981 年销售额达到了 60 亿日元,1984 年增加到 150 亿日元,1985 年上升到 200 亿日元。

当今 AGV 的发展趋势是逐步向智能化方向发展,也就是说当 AGV 要在复杂的未知环境中从事不可预料的行动时,就要求 AGV 不仅具有感知功能,而且还要具有一定的决策和规划能力。这种具有视觉和触觉的感知功能,并能自主地决定运动的移动机器人,即第三代智能移动机器人。一般来说,智能机器人具有以下三个基本功能:任务理解功能、环境理解功能和行动规划功能。智能机器人通过任务理解功能得到作业任务和行动目标,并且根据环境理解功能获得关于环境初始条件及环境变化的信息,通过行动规划功能自主地决策出达到目标的最优行动方案。为了建立高智能系统,综合各种方法是必须的,如传统的人工智能技术、模糊系统、神经网络、遗传算法等。

思考题:将来 AGV 的发展趋势是什么?

所谓智能(Intelligence)一般指随外界条件的变化,自动决定正确行为的能力。物流智能装备,集现代物流技术中的信息化、自动化、机电一体化等新技术于一体,广泛应用于现代物流业中。目前,在一些物流企业和生产企业开始应用的自动导引车、物流机器人、自动化立体仓库及自动分拣系统均属于物流智能装备。本章主要介绍物流智能装备中的自动导引车、物流机器人以及目前世界各国大力推进的智能运输系统。

11.1 自动导引车

【行业实践】

自动导引车是一种以电池为动力,装有非接触导航(导引)装置的无人驾驶车辆。它的主要功能表现为能在计算机监控下，按路径规划和作业要求，精确地行走并停靠到指定地点，完成一系列作业功能。自动导引车以轮式移动为特征，较之步行、爬行或其他非轮式的移动机器人具有行动快捷、工作效率高、结构简单、可控性强、安全性好等优势。与物料输送中常用的其他设备相比，自动导引车的活动区域无需铺设轨道、支座架等固定装置，不受场地、道路和空间的限制。因此，在自动化物流系统中，最能充分地体现其自动性和柔性，实现高效、经济、灵活的无人化生产，人们形象地把自动导引车称作是现代物流系统的动脉。

11.1.1 自动导引车概述

自动导引车(Automatic Guided Vehicle，AGV)也称无人搬运车或自动搬运车，是一种现代化的先进物料搬运装备。随着工厂自动化、计算机集成系统技术的发展、柔性制造系统以及物流业的发展，自动导引车得到了日益广泛的应用。

中华人民共和国国家标准 GB/T 18354－2006《物流术语》中定义 AGV 为具有自动导引装置，能够沿设定的路径行驶，在车体上具有编程和停车选择装置，安全保护装置以及各种物品移载功能的搬运车辆。AGV 能够自动地从某一地点将物料移送到另一个指定地点，它的动力驱动常采用蓄电池供电，能够自动充电。AGV 采用先进的自动控制系统或计算机控制系统控制，与现场相关设备联成一个完整的网络功能，实现自动运行、自动作业、智能检测等功能，并且具有良好的柔性，如图 11.1 所示。

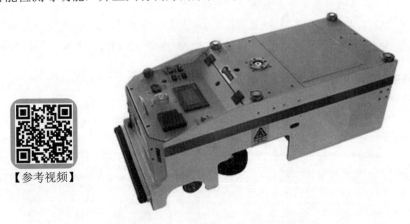

图 11.1 自动导引车

世界上第一台 AGV 是由美国 Barrett 电子公司于 20 世纪 50 年代初开发成功的，它是一种埋线电磁感应牵引式小车系统，可十分方便地与其他物流系统自动连接，显著地提高了劳动生产率，极大地改善了装卸搬运的自动化程度。1960 年，欧洲就安装了各种形式、不同水平的 AGVS(自动导引车系统)220 套，使用 AGV1 300 多台。20 世纪 60 年代，随着计算机技术应用到 AGVS 的管理和控制上，AGVS 进入柔性加工系统(FMS)，成为生产工艺的有机组成部分，从而使 AGVS 得到了迅猛发展。AGV 在我国的研究及应用较晚，20世纪 70 年代后期由北京起重机研究所研制出我国第一台滚珠加工用 AGV，随后又研制出单向运行载重 500kg、双向运行载重 500kg、1 000kg 和 2 000kg 的 AGV。1999 年 3 月，昆明船舶设备集团有限公司研制生产的激光自动导引车在红河卷烟厂投入试运行，这是我国投入使用的首套激光自动导引车系统。此后，随着工业现代化发展以及 CMIS 发展，AGVS 在我国的应用得到了广泛推广。

AGV 在生产物流中的应用：AGV 用于生产过程中的物料分发、装配和加工制造等方面，就 AGV 的数量和重要性，装配作业时 AGV 的主要用户。汽车工业和烟草工业为 AGV 的使用大户，大多数 AGV 被使用在加工生产线上。近些年，电子工业的发展趋向多品种、多型号的中小批量生产，电子工业大量引入了 AGV，利用其柔性可编程输送系统，可以满足电子工业生产的发展需要。

AGV 在服务业中的应用：AGV 在服务业中的应用也有着相当大的市场，应用部门主要集中于自动化物流配送中心、医疗产品在医院的运载以及邮件包裹在邮局的运载等。

自动导引车可以按照以下不同分类方式进行分类。

1) 按导引方式分类

按导引方式的不同，可以分为固定路径导引和自由路径导引。固定路径导引是指在固定的路线上设置导引用的信息媒介物，自动导引搬运车通过检测出它的信息而得到导引的导引方式，如电磁导引、光学导引、磁带导引。自由路径导引是指自动导引车能根据要求随意改变形式路线，这种导引方式的原理是在自动导引车上储存好作业环境的信息，通过识别车体当前的方位，与环境信息相对照，自主地决定路径的导引方式。通常的方式有：超声导引、激光导引、视觉导引等。常见的导引方式的比较如表 11-1 所示。

表 11-1 AGV 导引方式比较

技术名称	成熟度	技术难度	成本	应用	先进性	前景
电磁导引	成熟	中	低	广	一般	较好
光学导引	成熟	中低	低	较广	一般	较好
磁带导引	成熟	低	低	较广	一般	好
超声导引	较成熟	高	中	少	一般	一般
激光导引	较成熟	高	高	广	较先进	好
视觉导引	不成熟	高	高	少	很先进	很好

2) 按控制方式分类

按控制方式可以分为智能型和普通型。智能型自动导引车配有车载计算机，车内存储有全部运行路线和相应的控制信息，只要事先设定起始点和要完成的任务，自动导引车就可以自动选择最佳的路线完成指定的任务。普通型自动导引车的所有功能、路线和控制方式均由主控计算机进行控制。

3) 按移载方式分类

按移载方式可以分为侧叉式移载、前叉式移载、辊筒输送式移载、链条输送式移载、升降台式移载等。

4) 按转向方式分类

按转向方式可以分为前轮转向、差速转向和独立多轮转向等。

5) 按充电方式分类

按充电方式可以分为交换电池式和自动充电式，自动导引车大多采用自动充电式充电。

6) 按用途和结构形式分类

按用途和结构形式可以分为牵引型拖车、托盘载运车、承载车、自动叉车、装配小车和自动堆垛机等。

11.1.2 自动导引车的构成及工作原理

1. 自动导引车的构成

自动导引车由机械系统、动力系统和控制系统三大部分组成。其中机械系统主要包括车体、车轮、移载装置、安全装置、转向装置等；动力系统包括运行电动机、转向电动机、移载电动机、蓄电池及充电装置等；控制系统包括信息传输及控制装置、驱动控制装置、转向控制装置、移载控制装置、安全控制装置等。如图 11.2 所示为自动导引车的主要结构。

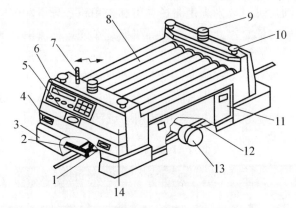

图 11.2 自动导引车的主要结构

1—随动轮；2—导向传感器；3—接触缓冲器；4—接近探知器；5—报警音响；6—操作盘；7—外部通信装置；
8—自动移载装置；9—警示灯；10—急停按钮；11—蓄电池；12—车体；13—差速驱动轮；14—电控装置箱

1) 车体

车体是自动导引车的主体，车架要求有足够的刚度和强度，以满足车体运行和加速的需要。车架通常采用焊接钢结构，上面由 1～3mm 厚的钢板或硬铝板覆盖，以安装移载装置、液压装置、电控系统、按键和显示屏灯，板下空间安装驱动装置、转向装置和蓄电池，以降低车体的重心。

2) 车轮

车轮根据自动导引车结构的不同，包括卧式结构的驱动轮和立式结构的驱动轮。

3) 移载装置

移载装置是与所搬运货物接触的装置，根据搬运货物的不同，所采用的移载装置也不同，如侧叉式移载、前叉式移载、推挽式移载。辊道输送式移载、链式输送式移载、升降台移载和机械手移载等。车体上的移载装置要和地面上的承载装置相匹配，如果车体上采用升降台、升降货叉、机械手等作为移载装置，则地面可用无动力的固定承载台，这时用车体上的移载装置来完成卸货和装货作业。如果车体上采用辊道输送式移载、链式输送式移载，则地面上要配合输送式承载台，这时主要由车体上的输送式移载装置将车上的货物卸到承载台上。如果地面承载台采用有动力辊道，则能对车辆进行卸货作业。

4) 安全装置

安全装置的主要作用是为自动导引车运行或故障急停时提供一定的安全保证。自动导引车有接触缓冲器、接近探知器、导向传感器、警示灯和报警音响等多种安全保障装置。

5) 驱动控制装置

驱动控制装置的功能是驱动自动导引车运行并对其进行速度控制和制动控制，它由车轮、减速器、制动器、电机和速度控制器组成。驱动装置及制动装置的控制命令由计算机或人工控制器发出。

6) 转向控制装置

自动导引车的方向控制是接收导引系统的方向信息通过转向装置来实现的。一般情况下，自动导引车被设计成向前单向、前后双向、全方位运动三种运动方式。

7) 蓄电池和充电系统

自动导引车由电机驱动，采用直流工业蓄电池作为动力，蓄电池在额定的电流下，一般要保证8h以上的工作需要，对于二班制工作环境，要求蓄电池有17h以上的工作能力。自动导引车根据电池容量表的数据，在需要充电时报告控制台，控制台根据自动导引车运行情况及时调度需要充电的自动导引车执行充电任务。蓄电池充电一般采用自动充电和交换电池两种形式。自动充电是指在自动导引车的各个停泊站无时间限制地随时充电，交换电池式充电是指当蓄电池的电荷降到指定范围后，要求自动导引车退出服务，进入指定的充电区进行充电。

8) 信息传输及控制装置

信息传输及控制装置主要的功能是对自动导引车进行监控，监控自动导引车所处的地面状况，包括手动控制、安全装置启动、蓄电池状态、转向和驱动电机的控制情况，然后将车上控制器的监控信息与地面控制器所发出的信息进行传递，以达到控制自动导引车运行的目的。具体的控制过程如图11.3所示。

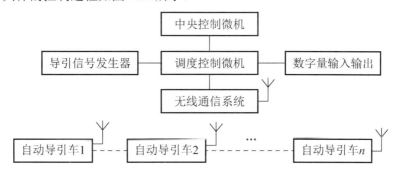

图11.3 自动导引车控制过程示意图

2. 自动导引车的工作原理

控制台通过计算机网络接受下达的搬运任务，通过无线局域网通信系统实时采集各自动导引车的状态信息。根据当前自动导引车运行情况，将调度命令传递给选定的自动导引车。对运行中的自动导引车，控制台将通过无线局域网通信系统与自动导引车车载计算机交换信息，实现自动导引车之间的避碰调度、工作状态检测、任务调度，使自动导引车完成货物的搬运。配合地面移载设备可实现自动导引车的自动移载、加载和交换空托盘。

其中自动导引系统是自动导引车能具备智能特性，在地面控制台和车载计算机的控制下，自动按照预定的路线运行的关键组成部分。如前所述，自动导引车有多种导引方式，可采用一种或多种导引方式进行导引。电磁导引是应用较广、性能稳定的一种导引方式，而激光导引是一种精度较高、柔性程度高的导引方式。

1) 电磁导引

电磁导引需要在设定路线的地面上开一条宽约 50mm、深约 15mm 的槽，在槽里埋设电缆，接通低压低频信号，在电缆周围产生交变磁场。自动导引车上安装有两个感应线圈，分别检测来自电缆产生的交变磁场，并转换为感应电压。通过比较两个电压值，可以得知自动导引车是否偏离规定的路线。如当自动导引车偏离到导引电缆的右方时，感应线圈 A 的电压将比感应线圈 B 的电压高，从而可以控制导引电动机使自动导引车从偏右位置调整回到中间位置，从而使得自动导引车能自动跟踪预定的电磁导引路线，如图 11.4 所示。

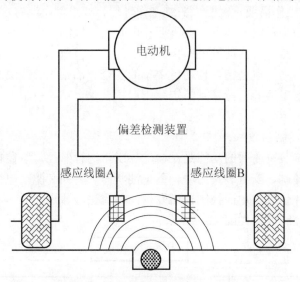

图 11.4　自动导引车电磁导引原理

2) 激光导引

激光导引的精度较高，比较常见的方式为光扫描导引方式，如图 11.5 所示。沿着自动导引车的行走路线的高处安装若干个激光扫描器，工作时扫描器不断扫描，计算机根据光信息(扫描的角度和扫描装置标号)，精确检测并计算出自动导引车当前的精确位置，继而引导自动导引车沿着预定的路线行走。这种导引方式使路径变换容易，柔性度高，如图 11.5 所示。

自动导引车系统中，将设置若干个位置为自动导引车寻找的地址用于其正确寻找任务地址并精确定位。运行时，自动导引车在系统程序的导引下，沿确定的路线向目的地址行走，当接近目的地址时，自动导引车自动减速停靠。在车辆停靠地址设置传感标志，如磁铁、色标等，自动导引车以相对认址或绝对认址的方式来接收标志信号，从而使自动导引车完成认址操作。

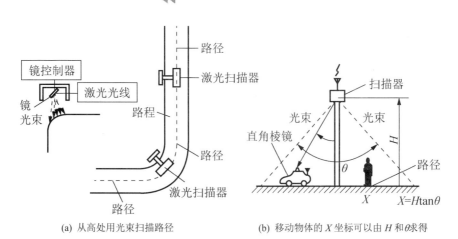

(a) 从高处用光束扫描路径　　　　(b) 移动物体的 X 坐标可以由 H 和 θ 求得

图 11.5　自动导引车激光导引原理

3. 自动导引车的路径选择控制和移载控制

AGV 的路径选择是以最短距离或最少时间到达目的地，此为路径规划问题，在规划决策已定的情况下，任何实现在分岔路口的路径选择是一个控制方法问题。目前分岔路口的路径选择常用的方法有频率选择法和路径开关选择法。

频率选择法主要用于电磁导引的场合。在分岔点处，用数条通以不同频率电流的导引线将 AGV 引入相应的数条路径。当 AGV 驶入分岔点时，它读出地面上的识别码以确认自己的位置，再根据预定程序的目的地址，AGV 便可以选择应跟踪的频率来完成路径选择。

路径开关选择法使用单一频率的导引线，并将导引路径分割成若干区段，借助于装在相应区段附近地面上的控制装置对该区段的导引线进行独立的通电与不通电控制，从而完成路径选择。这种控制操作是由运行于各区段的 AGV 来完成的。当一台 AGV 驶进分岔点时，它与有关区段的控制装置进行通信，告知它要沿哪条路径驶向目的地址，该装置便启动与其相连的地面开关，接通相应区段导引线的电源而断开其他分支线的电源，这样便导引 AGV 驶入正确的路径。

将物料装到 AGV 上或从 AGV 上取下物料放置到缓冲站上的操作过程称为 AGV 的移载。目前使用的移载方式主要有人工移载、自动连接与脱开、自动移载和车载机器人移载。

(1) 人工移载。用升降叉车进行直接或单元装卸均属此类。人工将挂车与牵引式 AGV 脱开并将其推到指定工作站，将物料从 AGV 上的简单滚道推到固定的滚道上，也属于人工移载。

(2) 自动连接与脱开。AGV 驶入一侧支线并自动与挂车脱钩；AGV 驶入一目标侧支线并自动与一组等待的挂车连接并驶往下一目的地址。

(3) 自动移载。AGV 上设有可升降的移载台。移载台的升降一般采用液压传动方式。移载台上可设有链传动移载结构、动力滚道以及皮带移载装置。各种移载装置常采用电机减速系统来驱动。为了顺利移载，AGV 必须精确停位以便移载机构与地面缓冲站能自动交接。用于手工拣选物料的缓冲站对 AGV 的停位精度要求较低，停位误差小于 $\pm 10\text{mm}$ 即可。如果缓冲站是服务加工中心，移载物料是加工托盘，则要求 AGV 精确停位，停位误差一般应小于 $\pm 0.2\text{ mm}$。AGV 要达到如此高的停位精度，往往需要采用三级停位控制：快到加工缓冲站时，根据地面识别码的信息，AGV 自动减速并自然停准，其误差一般是

±(10～15)mm；到达目标地址后，在光学或其他类型的传感器的控制下进行前进或后退的微小移动，以便进一步停准，其停位精度可达±5 mm；移载台下降使其上锥孔进入固定在缓冲站地面上的锥销而达到±(0.1～1)mm 的最终停位精度。

(4) 车载机器人的移载。AGV 上装有移载机器人，当 AGV 停准目的地址时，使用机器人装卸工件或其他作业。

11.1.3 自动导引车的选型

正确选用 AGV 车型是保证 AGVS 成功运行的关键因素，一般当选定 AGVS 类型后，就要考虑选用何种类型 AGV 最好。

选用 AGV 类型主要考虑以下因素。

(1) 运送物品的特点。要求提供物品的长、宽、高、重量、成箱或散料、温度、气味、有无毒害及其他对作业环境影响的因素。

(2) 运送物品的环境。作业为室内或室外、过跨、越沟、高温、高湿、冷藏、暗房，与其他通过运输装置的交叉，出入门洞楼层提升等。

(3) 运送首尾装置的接口。被运送的物品使用的移载装置和送到目的地的移载装置如货架、货台、库房、工作站、滚道、悬挂输送、机械手、其他车辆等，如何进行定位、对准、识别、记录、显示、标记。要适当确定接口移载的自动化程度。

(4) 适应 AGVS 类型要求。考虑 AGV 结构、功能、控制系统层次、通信联系、寻呼方式、待机位置、充电方式等，使 AGV 类型与 AGVS 类型紧密匹配。

(5) AGV 的价格和费用范围。在同样完成生产要求的功能时选用价廉的 AGV。

在选用时需注意 AGV 的基本属性，为了表达 AGV 的基本属性，采用以下各项说明。

型号；生产年；生产厂家；运载类别：为牵引、载荷等；外形尺寸：注明外延、伸长活动部位；自重：是否包括蓄电池；有效载重(牵引量)：说明有效运载能力；移载方式：自动、半自动或人工装卸；行走速度：包括前进、后退、转弯、接近等；行走功能：说明单向、双向、回转、横移、斜行、步移等；行走电机：驱动电机形式、功率；行走精度：说明行走时相对导向线路的左右摆差，转弯时或分线时的出线夹角等；停止精度：说明制动方式(减速电机、干式电磁制动)及停车误差；回转最小半径：注明前后轮轴距；地隙高度；导向方式：电磁、光学、激光或其他；通信方式：有线或无线；控制系统：机上控制；安全装置：各种声、光、电开关、缓冲器、紧急停车按钮、报警等；蓄电池：功率、电池种类、组合状态；充电方式：集中充电、快速充电等；使用环境：对环境要求；价格；自重/载重比值；费用/载重比值。

表 11-2 给出国内外部分 AGV 产品的主要技术参数。

表 11-2　国内外部分 AGV 产品的主要技术参数

产品名称 技术参数	日本村田 MT-35	日本大福	瑞士 OWL	韩国三星	中国昆船
额定载重/kg	350	400	600	600	600
自重(含电池)/kg	350	800	1 750	2 500	600

续表

产品名称 技术参数	日本村田 MT-35	日本大福	瑞士OWL	韩国三星	中国昆船
外形尺寸(长×宽×高)/(mm×mm×mm)	2 000×750×1 000	2 375×900×875	3 000×1 000×1 950	2 710×1 450×950	1 860×1 140×1 900
导引方式	电磁导引	电磁导引	激光导引	电磁导引	激光导引
停车精度/mm	±30	±10	±1.0	±10	±5
转弯半径/mm	800	1000	—	1540	1250
运行速度/(m/min)	60	90	60	60	60
运行方向	万向	万向	前后	前后	前后
转向方式	差速	差速	前轮	前轮	前轮
移载方式	侧叉式	前叉式	前叉式	侧叉式	推挽式
驱动功率/kW	0.4×2	—	1.2	3.0	1.0
工作周期/h	8	8	18	8	18
电池电压/V	48	48	48	48	48
充电方式	自动充电	交换/自动	自动充电	自动充电	自动充电

11.1.4 自动导引车在物流中的应用

【参考视频】

自动导引车系统(Automatic Guided Vehicle System，AGVS)是由若干台(种)AGV与地面控制器所组成，能在系统的控制下自动准确完成特定的物料搬运和装卸作业的机电一体化系统。现代化的 AGVS 要求由自动导引车自动地和不受约束地从一个地点把载荷移送到指定地点，并可以完成一些特定的作业要求。由于应用的任务、范围、规律和自动化水平的不同，AGVS 可以是一个独立的作业系统，也可以是总体生产作业中的一个环节性子系统。

AGVS 的出现是对传统物料搬运技术的一次革命，它以其机动灵活、智能性高、可靠程度高、投资少、操作费用低、安全性好、无地面障碍等优点把物料搬运的高效率带到了整个世界。特别是近年来，随着科学技术的迅速发展和生产现场的综合自动化，AGVS 的应用范围和领域不断扩大，从超级市场、车间，扩大到办公室、图书馆、自动化立体仓库和配送中心、物流中心，AGVS 已经成为一种高效、灵活、智能、先进的搬运系统。

在制造业中，AGV 应用最广的领域是装配作业，特别是汽车的装配作业。在西欧各国，用于汽车装配的 AGV 占整个 AGV 数量的 57%，德国用于汽车装配的 AGV 占其整个 AGV 数量的 64%。近年来，电子工业是 AGV 新兴的用户，由于生产的多品种、小批量和柔性化的要求，AGV 比传统的带式输送机具有更大的柔性。在烟草生产企业，AGV 已经在原材料库、辅料库和成品库的物料输送中得到广泛应用。在现代化图书馆，AGV 用于图书的出库和入库，可以自动将图书送到指定的地点。

在现代化物流中心和配送中心，AGV 已成为提高仓库作业自动化的主要标志之一。在自动化仓库，AGV 广泛地应用于库存货物的搬运。我国的海尔物流公司于 2001

年 3 月建造的国际自动化物流中心，其原料、成品两个自动化系统，就应用了 AGVS。该中心使用的 AGVS 是激光导引技术，在主控计算机的调度下，自动完成装货、卸货、充电、行走等出入库作业。由 9 台 AGV 组成的一个柔性库内自动搬运系统，成功地完成每天 23 400 件零部件的出入库搬运任务，如图 11.6 所示。

图 11.6　自动导引车在自动化立体仓库中的应用

在现代化的港口、码头、机场和邮局，货物的运送存在着作业量变化大、动态性强、作业流程经常调整以及搬运作业过程单一等特点。AGVS 的并行作业、自动化、智能化和柔性化的特性能够很好地满足上述场合的自动搬运要求。瑞典于 1983 年在大斯德哥尔摩邮局、日本于 1988 年在东京多摩邮局、中国于 1990 年在上海邮政枢纽开始应用 AGVS，完成邮件的自动搬运工作。在荷兰的鹿特丹港口，50 辆称为"YARD TRACTORS"的 AGV 完成将集装箱从泊位运送到几百米外的堆场这一复杂的作业过程。

案例 11-1

AGV 技术在汽车制造企业中的应用

如今，越来越多的汽车制造厂将 AGV 技术运用到他们的装配线和物流作业中。为此，国内出现了适合于汽车装配生产线及发动机装配生产线磁带导引的 AGV 系统，用于汽车总装和发动机、变速箱装配，从而取代传统的地链或输送机模式。AGV 系统还能够满足装配线混流作业和今后汽车个性产品规模定制生产方式的需求。

AGV 系统作为汽车、发动机装配生产线的子系统，上位控制计算机可配以相应的通信模块与生产线控制系统进行通信连接。一般 AGV 控制系统划分为上位控制和 AGV 单机控制两大部分，各控制层界面清晰、控制功能明确、结构清楚。

通常，AGV 上位控制系统负责任务(装卸操作、AGV 电池充电等)生成、车辆调度、交通管理、通信管理及可视化监控等；AGV 单机控制系统根据上位系统下发的任务完成 AGV 单机的导航／导引计算、车辆驱动及自动装卸货工作。

1. 汽车总装物料配送 AGV 系统

轿车在混流生产的情况下，由于不同车型共线生产，各种车型需要装配的零部件不同，物料的准确及时供应对于不同车型共线生产成为轿车生产企业重点要考虑的问题。总装线上物料配送把所需的物料及时准确地送到所需的装配工位上，包括供货方进货到位于总装厂附近的物流配送中心储存，再配送到总装配线工位的整个物流的配送过程。一个好的 AGV 物流系统应该能够"在正确的条件下，将正确的物料按正确的数量在正确的时刻运送到正确的地点"。物料配送 AGV 系统是一套专门为汽车生产、装配线设计的自动化物流系统系统。物料配送 AGV 系统通过安装在工位旁边一定数量的按钮实现物料呼叫请求，并通过车间现场和物料存储区设置信息显示板来反馈生产线上的物料呼叫请求。配送 AGV 系统的上位系统会实时记录下每一次物料请求发生的时间、地点和对物料请求的响应情况，并对此进行分析。物料配送系统允许操作者在其工作地点提出所需零部件的请求，指示 AGV 将此物料自动输送到所请求的操作者生产场地。操作者可通过 AGV 上装载的触摸式显示终端，获取物料的各种信息，并可通过此终端对 AGV 进行其他的任务操作。

2. 汽车底盘合装 AGV 系统

汽车底盘合装 AGV 是汽车总装生产线实现装配自动化的关键设备。汽车总装生产线实现装配自动化的主要难点集中在：汽车发动机、后桥、油箱、排气筒等底盘部件合装的自动化。由于发动机、后桥质量大、体积大、形状复杂，而且必须在汽车总装自动化生产线设定的发动机、后桥装配工位，与汽车总线上输送的车体实现定位合装，这就意味着自动化设备与汽车总线输送的车体必须可实现动态跟踪：确保动态行进中的定位精确，是实现合装的先决条件；同时具有一定的承载能力、举升能力、操作灵活性和可靠的安全防护措施。合装型 AGV 是先进制造技术改造和提升传统装备的典范，对促进工业化发展有着重大意义，改变了传统汽车工业装配模式，大大降低了汽车装配生产成本和工人的劳动强度，使汽车装配更加经济、高效、快捷，合装型 AGV 作为高科技技术产品，为汽车工业的繁荣、发展做出了卓越的贡献。

根据本案例所提供的资料，试分析：AGV 比起一般工业搬运车的优点在哪里？有没有使用中的局限性？

11.2 物流机器人

【参考视频】

机器人是一种典型的机电一体化产品，在物流领域主要用于自动化仓库各输送装置之间的物料搬运以及自动化生产线各工序之间的物料搬运。

11.2.1 机器人的用途和分类

机器人(Robot)是人类 20 世纪的重大发明之一。20 世纪中叶，美国制造出世界上第一台真正意义上的工业机器人，根据生产过程的要求，根据不同的工作需要编制不同的程序，让机器人自动按照程序进行工作。机器人的出现和应用，是 20 世纪自动控制理论和实践的重大成就，机器人技术综合了许多学科的发展成果，代表了高技术的发展前沿。机器人技术正在以超乎一般人所预料的速度向前发展，对机器人这一概念的理解及定义也在发生变化。1984 年著名科学家钱学森指出："所谓机器人，就是指那些有特定功能的自动机，它是机电一体化的、具有人工智能因素的 20 世纪 80 年代高技术，是新技术革命的重要内容之一。"

目前，世界上工业发达国家都广泛应用工业机器人。据统计，50 年来，机器人产品以每年超过10%的发展速度增长，目前全球有超过80万台机器人在服役，广泛应用于汽车工业、电子工业等行业，主要用于焊接、装配、搬运、加工、喷涂、码垛等复杂作业。

1. 机器人的用途

随着物流系统新技术的应用开发，装卸机器人得到了广泛应用，机器人在物流活动中主要完成以下作业。

1) 搬运

被运送到仓库中的货物通过人工或机械化手段放到载货平台上，由于机器人具有智能系统，它将放在载货平台上的货物进行识别并分类，然后将货物搬运到指定的输送系统上。

2) 码垛和拣选

仓库中作业的机器人与典型加工制造工厂用的机器人有很大的不同，在加工制造工厂，机器人的动作是固定的，而仓库中的机器人的作业会因客户的要求不同而不同。因而仓库的机器人必须能够根据计算机控制系统发出的指令完成码垛或拆垛作业，同理，机器人还可以根据出(入)库信息完成拣选作业。

2. 机器人的作业特点

机器人是一种具有高度灵活性的自动化机器，它具有一些与人类或生物相似的智能能力，如感知能力、规划能力、动作能力和协同能力。同时，机器人还具有许多人所不能达到的许多能力，如动作高度的重复性和在复杂危险环境工作的能力。

机器人作业时具有的特点。

(1) 通用性。机器人的用途非常广泛，既可以进行搬运，还可以进行焊接、装配、探测等作业。

(2) 自动性。机器人完全依该预先编制的程序工作，通常不需要人的参与，节约了大量的劳动力。

(3) 准确性。机器人的各个零部件制作和安装都非常精确，机器人严格按照程序操作，因此机器人的动作具有很高的精确度，一般可以达到0.1mm的精度。

(4) 灵活性。机器人的机械臂具有3~6个自由度，因此机器人的动作具有很高的灵活性。

(5) 柔性适应性。当产品的品种和规格发生变化时，只要对程序进行相应的修改，机器人就可以进行新的操作，而不需要对机器人进行改动。

3. 机器人的分类

机器人按照功能可分为操作型机器人、程控型机器人、示教再现型机器人、数控型机器人、感觉控制型机器人、适应控制型机器人、学习控制型机器人和智能机器人。操作型机器人能自动控制，可重复编程，多功能，有几个自由度，可固定或运动，用于相关自动化系统中；程控型机器人按预先要求的顺序及条件，依次控制机器人的机械动作；示教再现型机器人通过引导或其他方式，先教会机器人动作，输入工作程序，机器人则自动重复进行作业；数控型机器人不必使机器人动作，通过数值、语言等对机器人进行示教，机器人根据示教后的信息进行作业；感觉控制型机器人利用传感器获取的信息控制机器人的动作；适应控制型机人能够适应环境的变化，控制其自身的行动；学习控制型机器人能够"体会"工作的经验,具有一定的学习功能,并将所"学"的经验运用于工作中;智能机器人是以人工智能决定其行动的机器人。

从大类上分,机器人也可以分为工业机器人和特种机器人两大类。工业机器人是面向工业领域的多关节机械手或多自由度机器人,在汽车制造、摩托车制造、舰船制造、家电产品制造、化工生产等自动化生产线中,工业机器人能出色地完成点焊、弧焊、切割、电子装配等工作。特种机器人是除了工业机器人以外,用于非制造业并服务于人类的各种先进机器人,包括服务机器人、水下机器人、娱乐机器人、农业机器人、军用机器人等。

而物流机器人则是从物流系统的范畴来分类,指应用于物流过程的各类机器人,它们属于工业机器人的范畴。常见的物流机器人有搬运机器人、码垛机器人、拣货机器人等。

11.2.2 物流机器人的应用

1. 搬运机器人

装卸搬运是物流的功能要素之一,在物流系统中发生的频率很高,是物流系统中必不可少的一个重要环节。传统的人工搬运方式早已被机械搬运方式所取代。而在一些自动化程度较高的自动化仓库中,或在一些特殊的场合,如有放射性辐射的场合中,使用搬运机器人非常必要。

搬运机器人能够根据任务要求,自动按照预先设定的程序,将货物从一个地方移送到另一个地方。常见的搬运机器人有以下几种形式。

1) 带有自动机械手的 AGV

在自动导引车上加装机械手,配合车载装卸机构,自动装载货物。AGV 行驶到指定的位置后,机械手自动卸货,并放置到指定货位。机械手臂为 6 个自由度的垂直多肘节,可以适应复杂搬运货物的动作。搬运不同的货物,需要更换不同的抓持机构。如果在抓持机构前方安装摄像机,在提取货物时可自动确认位置,能够实现地址码摄像自动存库,自动纠偏和自动定位。这种搬运机器人的特点是能够实现较远距离的自动搬运,常应用于自动化仓库。

2) 直角坐标机器人

直角坐标机器人也叫多维机器人,主要用于货物或工件的短距离搬运,其搬运距离在数米以内。这种机器人有二维、三维或多维,如图 11.7 和图 11.8 所示。多维机器人每一方向均有线性导轨。线性导轨由精制铝型材、齿型带、直线滑动导轨和伺服电机等组成。滑块上安装抓持机构,用于抓取货物。机器人由微型计算机控制。在自动化立体仓库中,常用多维机器人进行拣货和搬运。

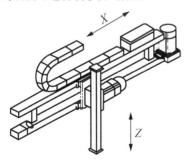

图 11.7 二维搬运机器人

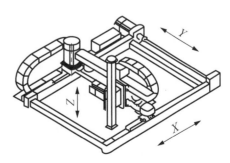

图 11.8 三维搬运机器人

3) 多自由度关节式搬运机器人

这种机器人采用多轴伺服电机驱动控制,实现多轴空间联动,空间位置和方位角非常灵活。配置不同工具包可实现搬运、码垛、焊接、装配等工作,具有较高的柔性自动化水平。由于多自由度机器人的动作灵活、定位精度高、柔性度高,因此被广泛应用于多个领域,是一种很有发展前途的机器人形式,如图 11.9 所示。多自由度机器人适用于近距离货物或工件的搬运。

2. 码垛机器人

码垛机器人(Robot Palletizer)能自动识别物品,并将其整齐地、自动地码(或拆)在托盘上的机电一体化装置,如图 11.10 所示。

图 11.9 多自由度关节式搬运机器人　　　　图 11.10 码垛机器人

当货物进入工作区,码垛机器人能够自动识别货物的大小和方位,并根据预先设定的动作程序,将货物抓起移送到托盘上,货物的堆放顺序和形式也是程序预先设定,当货物码垛完成,能自动捆扎然后通过传送带送走。根据码垛机器人操纵机构不同,可分为直角坐标型和多关节型码垛机器人;根据抓持机构的不同,可以分为侧夹型、底拖型和真空吸盘型码垛机器人。现代码垛机器人的特点一是工作精度高、运动轨迹十分精确、重复定位精度可达 0.35mm;二是速度快,如 EC-141 型高速码垛机器人的工作速度可以达到 1 400 次/h;三是柔性程度高,只要更换抓持机构和工作程序就能完成不同的码垛任务。

3. 高速机器人搬运码垛系统应用

下面介绍用于箱形物体的搬运码垛的高速搬运系统,其特点为搬运速度快、作业功能强,可以进行多种形式的拆垛、码垛及理货,并可以随机处理多达数百种不同规格的物品。

1) 系统构成

如图 11.11 所示,该系统用于一大型自动化立体仓库中,与传送带、翻转机构、托盘输送机等机构相配合,完成全部物流处理。在整个输送线中,该机器人系统承担物品的进库码垛、出库拆垛、理货(在库零星托盘整理为整盘)等作业。在工作中,还将随时与这些周边装置进行通信,以保证有效、可靠地完成作业。该高速机器人系统由 5 台 MOTOMAN-SP-100X 机器人与 1 台系统控制机组成。每台机器人可独立完成全部作业的操作,5 台机器人对应于 5 套进、出库传送带,既可同时进行一种作业,也可各自进行不同作业。整个系统通过以太网与仓库的上位总控进行通信。搬运系统中采用 MOTOMAN-SP-100X 机器人,为 4 自由度垂直多关节型,腕部由两组平行四边形拉杆机构相连,以保持端部法兰固定向下,机器人的握持质量为 100kg,重复定位精度 0.5mm,图 11.12 为机器人作业区域局部放大图。该机器人的有效工作空间大、速度快、动作稳定、重复定位精度高,其结构及动作特点很适合于物品的码垛、拆垛作业。机器人的控制器为 XRC,可通过以太网进行网络通信,并支持 Profibus-DP、Interbus-S、DeviceNet、M-NET 等各种标准现场总线,如图 11.13 所示。显示器可以进行中文显示,便于操作,配备有各种用于搬运码垛作业的功能,使用方便。真空抓手的抓取能力大于 30kg。另外,输送系统还配有翻转装置。

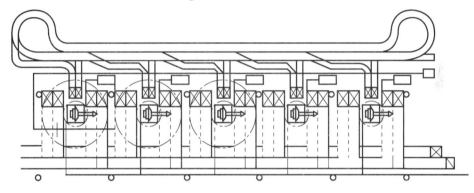

图 11.11　高速输送系统机器人平面布置

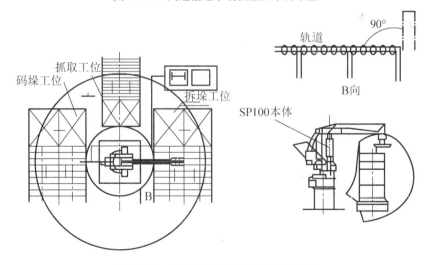

图 11.12　机器人作业区域局部放大图

2) 系统特点与作业流程

该机器人搬运系统所装备的立体库物流量大、品种多,要求机器人的码垛速度为每分钟 12.5 件,并不得有掉包。为使本系统有效运行,着重要解决以下几个问题。

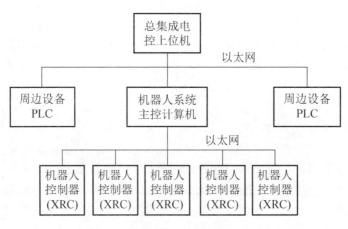

图 11.13　系统电控

(1) 数量繁多的机器人动作位置。机器人在工作时的动作是根据机器人作业程序中的运动命令的位置数据来完成的。在系统中根据作业要求，机器人所处理的物品超过 300 种，每种物品的尺寸都有差别；每种物品都有码垛、拆垛及理货作业；而每种作业中又有几种垛形。机器人在工作中，需随时根据上位总控的命令，完成不同的作业。这样，物品品种、作业内容、垛形等因素进行组合，形成了各种动作要求。机器人根据这些组合，完成相应的动作，才能满足作业要求。对于示教再现型的工业机器人，如果预先将所有动作组合示教出来，工作量非常巨大，并且要占据大量的内存，需要追加存储元件。而且，当有新的物品时，系统没有自动扩展能力对之进行处理。因此，需要采取其他更有效的办法。在该系统中，采用了机器人作业程序模板，作业信息变量实时处理方法。根据码垛、拆垛及理货等作业方式，预先做好相应的程序模板，但其中的作业位置的目标点不做示教，而是代之以可以在运行中临时调整的位置变量作为运动命令的位置数据。对机器人的作业要求物品种类等信息，通过以太网从上位总控传至系统控制机。控制机根据作业方式、当前托盘状况等选定模板程序及确定起始位置，再由物品种类计算出各运动目标位置变量值，同样通过以太网下传至各机器人控制器 XRC 中。机器人接到这些指令后，进行作业。这样系统在有效地满足全部作业要求的情况下，作业程序得到了很大的简化，并且可方便地进行调整。当有新的物品增加时，可方便地进行功能扩展。

(2) 多种物品高速抓取及堆码的可靠性。在系统中，需要堆码及拆卸的物垛为紧密贴靠在一起的箱形物，物垛的基本形状如图 11.14 所示。垛中的部分物品由于没有相对的两个面来插入抓手，因此使用从上面吸取的真空吸盘式抓手。由于物品的种类很多，不同物品的可吸取面面积不同，特别是物品吸取面的中央有一条可能引起真空泄漏的封条，不能与吸盘接触，更进一步地限制了吸盘的布置及吸取位置的确定。吸盘必须分两排布置，分布中心线应居于所有物品可吸取面的统计中心线，使吸盘处于最佳吸取位置。吸盘的面积应大小适中，太大会使吸盘外缘触及物品边缘或易泄漏封条，太小则吸力不足。此外，为克服机器人加、减速时产生的横向惯性力，还加装了侧面辅助夹卡。

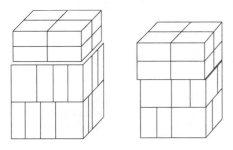

图 11.14　两种需要处理的垛形

(3) 运动轨迹的规划。由于高速的要求，一个工作循环平均时间为 4.8s。考虑到一些作业动作的稳定，还要扣除抓手动作确认所需时间后才是机器人的运动时间，因此实际动作时间更短。因此，每个运动步骤都要仔细规划，尽可能减少不必要的行程，才能在规定的时间内完成工作循环。

由于模板程序要适应所有物品，因此事先进行的动作规划必须综合考虑各种因素，否则可能会出现危险。系统采用程序模板加位置变量的动作指定方式，在变量运算和确定时，还要充分考虑到加减速与运动惯性的关系，既要保证位置的准确性，又要兼顾运动的连贯性，使每个点位都处于最佳位置，提高作业效率。

(4) 翻转控制。从图 11.14 中可以看出物品的码放形态既有平放、立放，还有横放，而在进、出库滚道上，物品只有一种形态即平放，因此需要有翻转装置进行辅助，使物品在抓取时处于合适的形态。即进库码垛时，在滚道端部的翻转机构上，根据需要先将物品进行翻转，然后抓取、码垛；而出库拆垛时，先抓取、拆垛，然后放置于翻转机构上，根据需要进行翻转，再由出库滚道送走。在作业过程中，翻转机构的翻转动作由机器人控制器根据作业程序执行的进程，对翻转机构进行控制，并且机器人的动作必须与翻转机构的动作密切配合，以保证作业的安全、可靠，如图 11.15 所示。

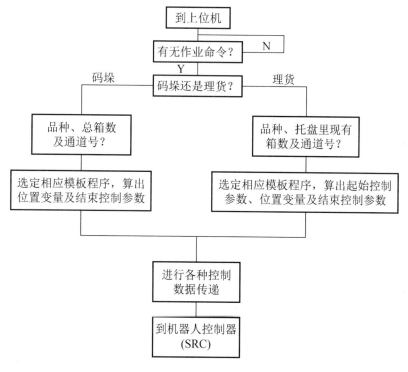

图 11.15 作业控制流程

11.2.3 机器人的结构和主要技术参数

1. 机器人的结构

1) 执行机构

执行机构的功能是可以抓取工件，并按照规定的运动速度、运动轨迹将工件送到指定的位置,然后放下工件。它由以下几部分组成。

(1) 手部。手部是机器人用来抓取工件或工具的部位,直接与工件或工具接触。有一些机器人将工具固定在手部,这样就无须安装手部了。

(2) 腕部。腕部是将手部和臂部连接在一起的部件。它的主要作用是调整手部的位置和姿态,并扩大臂部的活动范围。

(3) 臂部。臂部支撑手腕和手部,使手部的活动范围扩大。在多关节机器人中,有大臂和小臂,两者由肘关节连接。

(4) 机身。机身又称立柱,是用于支撑臂部,安装驱动装置和其他装置的部件。

(5) 行走机构。行走机构是扩大机器人活动范围的机构,被安装于机器人的机身下部,有多种结构形式,可以是轨道和车轮式,也可以是模仿人的双腿。

(6) 头部。有一些机器人具有头部,用于安装视觉装置和天线。

2) 驱动系统

驱动系统是为机器人提供动力的装置。一般情况下,机器人的每一个关节设置一个驱动系统,它接受动作指令,准确控制关节的运动位置。

3) 控制系统

控制系统控制着机器人按照规定的程序运动,它可以记忆各种指令信息,同时按照指令信息向各个驱动系统发出指令。必要时,控制系统还可以对机器人进行监控,当动作有误或者发生故障时发出报警信号,同时还实现对机器人完成作业所需的外部设备进行控制和管理。

4) 检测系统

检测系统主要是检测机器人执行系统的运动状态和位置,并随时将执行系统的执行情况反馈给控制系统,并与设定的位置进行比较,然后通过控制系统进行调整,使执行系统以一定的精度达到设定的位置。

5) 人工智能系统

人工智能系统赋予机器人思维判断能力,以及学习、记忆、逻辑判断能力。

2. 机器人的主要技术参数

1) 抓取重量

抓取重量是指机器人在正常运行速度时所能抓取的重量。当机器人运行速度可调时,随着运行速度的增大,其所能抓取工件的最大重量减小。

2) 运动速度

运动速度与机器人的抓重、定位精度等参数有密切的关系,同时也直接影响机器人的运动周期。目前机器人的最大运行速度在 1 500mm/s 以下,最大回转速度在 120mm/s 以下。

3) 自由度

自由度是指机器人的各个运动部件在三维空间坐标轴上所具有的独立运动的可能状态,每个可能状态为一个自由度。机器人的自由度越多,其动作越灵活,适应性越强,结构越复杂。一般情况下,机器人具有 3~5 个自由度即可满足使用要求。

4) 重复定位精度

重复定位精度是衡量机器人工作质量的一个重要指标,是指机器人的手部进行重复工作时能够放在同一位置的准确程度。它与机器人的位置控制方式、运动部件的制造精度、抓取的重量和运动速度有密切的关系。

5) 程序编制与存储容量

程序编制与存储容量是指机器人的控制能力,用存储程序的字节数或程序指令数来表示。存储容量越大,机器人的适应性越强,通用性越好,从事复杂作业的能力也越强。

11.3 智能物流系统

【相关案例】

11.3.1 智能物流系统概述

1. 智能物流系统的定义

智能物流系统(Intelligent Logistics System,ILS),是指以信息运动为主线,综合运用现代物流技术、信息技术、自动化技术、系统集成技术,特别是人工智能技术,通过信息集成、物流全过程优化以及资源优化,将物流信息、物流活动、物流制品、物流资源以及物流规范有机集成并优化运行的实时、高效、合理的物流服务体系。它能够有效地提高企业的市场应变能力和竞争能力,为客户提供方便、快捷、及时、准确的服务。

由上述定义可以看出,智能物流系统主要包括以下几层含义。

1) 以信息运动为主线

信息是智能物流系统的核心要素,智能物流系统的一个重要目标就是比以往在更广泛的形式和更深入的层次上将信息技术、智能技术等大范围、全方位地运用到物流系统中,以提高信息的获取、传递、处理以及利用能力。它不仅可以为供应商、客户以及合作伙伴提供一般的物流服务,还可以提供一些增值性服务,如物流全过程追踪、物流规划、市场预测等,从而满足供应链、电子商务以及经济全球化的要求。

2) 以满足客户需求为目的

智能物流系统通过电子化运作能够方便、快速、及时、准确地为客户提供服务,以满足客户的需求为中心,而不是以获利为中心。并且在满足客户需求的前提下,通过对物流运作和管理过程的优化,尽量减少物流系统的总成本。系统实施和运行的总体效果就是能够使得物流各项资源(基础设施、物流设备、人力资源等)发挥出最大效能,提高企业的市场应变能力和竞争能力,为客户提供方便、快捷、及时、准确的服务。

3) 以集成和优化为手段

智能物流系统的实现离不开各种先进信息技术、智能技术的支持,但仅将这些技术在物流系统中进行简单应用却是远远不够的,而是应该将这些技术同管理技术、物流技术有机地结合起来,在系统工程的原理和方法的指导下综合应用于物流的各个环节,通过信息集成、物流全过程优化以及资源整合,实现物流、信息流、价值流的集成和优化运行,达到物流信息、物流活动、物流制品、物流资源以及物流规范等要素的集成,从而提高企业的市场应变能力和竞争能力。

4) 实质是一个复杂的人机大系统

智能物流系统在不同的领域,不同的应用背景,甚至和不同的现代物流技术,如 QR、JIT 等的结合,其表现形式均会有所不同,但其实质上是现代物流在信息化的基础上发展到一个更高的阶段，即智能化阶段，是现代物流沿着智能化、集成化不断发展而最终形成的一个复杂人机大系统。而对于这种复杂的人机大系统的研究和实践应以系统工程思想为指导，充分考虑系统中物、事、人三者之间的关系，遵循"以人为主，人机结合"的原则，注重专家群体的合作，发挥专家群体综合研究的优势，尽可能将定性与定量相结合，采用适用可行的方法与模型，以实现系统的综合集成。

2. 智能物流系统的特征

根据智能物流的概念和内涵，智能物流系统具有以下特征。

1) 智能化

智能化是 ILS 的核心特征，是区别 ILS 与其他物流系统的主要标志。它实质上是物流信息化和自动化的高级形态。具体地，ILS 的智能化主要体现在物流作业的智能化和物流管理的智能化两个方面。在物流作业活动中，通过采用智能化技术，如智能控制技术、计算机视觉等，使机器(如自动分拣设备、自动引导车、智能机器人等)能够部分或全部代替人的工作和决策，从而有效地提高物流作业的效率和安全性，减少物流作业的差错。物流管理的智能化主要体现在智能化地获取、传递、处理与利用信息和知识，从而为物流决策服务。由于物流系统的复杂性，现代物流中存在越来越多的运筹与决策，如市场预测、库存决策、运输调度、仓库选址等，因此需要运用智能技术解决这些问题。这方面的技术主要有智能感测技术(获取)、智能通信技术(传递)、智能计算机技术(处理)、智能计算技术(计算)、智能决策支持系统、专家系统、数据挖掘、数据仓库等。并且，相对物流作业智能化来说，物流管理智能化是 ILS 的主要内容，占有更加重要的地位。

2) 集成化

ILS 具有明显的集成化特征。如先进的信息技术、智能技术等技术与物流管理技术的集成；各物流业务系统如运输管理系统、仓储管理系统等的集成；供应链环境下各企业信息系统的集成等。通过应用集成技术，可以将物流系统各种功能以及不同的信息系统有机地集成在一起，解决企业内部以及企业之间各个信息孤岛的软件和硬件的异地和异构问题，实现企业内部乃至整个供应链的信息共享，从而使企业或供应链在较短的时间里作出高质量的经营决策，有效地缩短交货期、降低成本，提高企业乃至整个供应链的竞争能力。具体地，ILS 的集成可以分为以下几个层次。

(1) 物流微观集成。在技术工具层次上，重点进行物流自动化装备、数据采集、转换系统与智能终端系统的集成。使得物流的基本作业进程一步到位，完成最优处理、自动化运行与数据采集传输等功能，减少工作量并提高工作效率，为更高层次的集成应用提供基础支持。

(2) 物流自身集成。在实体与业务层次上，集成运输管理系统、仓储管理系统、配送分销管理系统与物流跟踪系统，使之统一运作，全部归属到供应链管理的公共信息平台上优化处理。

(3) 物流宏观集成。在供应链管理层次上，集成信息平台、可视化处理、决策制定与计划优化、实时监控与快速反应以及协同管理与虚拟等功能，提升物流服务的整体效率。在以上层次中，越高层次的集成，其系统复杂程度越高，带来的效益往往也就越大。

3) 网络化

物流的目的是实现物质资料的物理性移动，随着信息时代的到来，人们对商品的需求越来越个性化，配送的地域越发分散，这就要求建立网络化的物流与配送网点。企业根据自身的营销范围和目标，首先以地区性或区域性物流集散及配送网络为基础，通过业务的拓展和企业之间的联合，逐渐建立全国范围内的物流和配送网络，提高 ILS 的服务质量和配送速度。此外，ILS 的网络化还包括计算机通信网络，该网络是连接企业与供应商、客户、合作伙伴以及企业内部各部门之间的信息信道。

4) 柔性化

ILS 不仅能够对市场进行快速反应，而且还能够根据客户"多品种、小批量、多批次、短周期"的需求特色，灵活组织和实施物流作业，它是适应生产、流通与消费的需求而发展起来的一种新型物流模式。

3. 国内外智能物流系统发展

智能物流在欧美等发达国家发展迅速，并在应用中取得了很好的效果。国外的综合物流公司已纷纷建立全程跟踪查询系统，为用户提供货物的全程实时跟踪查询。这些区域性或全球性的物流企业利用网络上的优势，将其业务沿着主营业务向供应链的上游和下游企业延伸，提供大量的增值服务。

1) 欧美国家

美国是世界上最早提出将物流系统建设成为最安全、最方便、最经济有效的国家，为此，在 20 世纪 80 年代，美国就出台了一系列旨在强化物流效能的法案和法规，这些法案与法规的制定为美国确立在世界物流的领先地位提供了保证。美国不仅在法律上确立了物流的优先发展地位，而且还通过放松政府对物流业的管制来实现物流企业之间竞争手段的现代化，同时强调"整体化的物流管理系统"，以整体利益为重，消除物流各部门对相应流程的过于严格的控制，从整体角度进行统一规划管理。正是这些最早、最迅速采用的管理与经营手段，使美国得以在较短时间内迅速地实现了美国物流布局的合理化、运输调配系统的网络化以及运力的集团化，造就了一大批超大型的跨国物流集团公司。

美国联邦快递公司 FedEx，利用其研发的物流实时跟踪系统，实现从包裹收取开始到包裹送达完成全过程的实时跟踪。美国 UPS 公司也认为如今提供信息服务已是递送业务中的一个至关重要的竞争因素。他们已通过广泛应用以信息为基础的技术来提高其服务能力。

作为国际大型零售业巨头，美国沃尔玛在智能化物流方面投入巨大。2003 年 6 月，在美国芝加哥市召开的零售业系统展览会上，沃尔玛宣布将采用 RFID 的技术，以最终取代目前广泛使用的条形码。沃尔玛为每家分店的送货频率通常是每天一次，能够做到及时补货，从而领先于竞争对手。此外，采用智能物流系统后，沃尔玛的配送成本仅占其销售额的 2%左右。如此灵活高效的物流调度，使得沃尔玛在激烈的零售业竞争中能够始终保持领先优势。沃尔玛前任 CEO 大卫·格拉斯(David Glass)曾一语道破天机："配送设施是沃尔玛成功的关键之一，如果说我们有什么比别人干得更出色，那就是配送中心。"充分利用现代信息技术打造的供应链与物流管理体系，不仅为沃尔玛获得了成本上的优势，而且还加深了它对顾客需求信息的了解，提高了它的市场反应速度，从而为其赢得了宝贵的竞争优势。

2011 年 1 月，全球领先的通信服务商英国电信(BT)与 Omnitrol Networks 合作，部署基于 RFID 零售库存解决方案。该系统能够跟踪实际库存移动情况，并根据最小存货单位(SKU)跟踪单品周转率，可提前向零售店面经理同步发出实时补货提醒，实现供应链的可视化，帮助零售商大幅度提高员工生产力，实现实时库存管理与跟踪，创造更加智能化、协作更紧密的供应链。

在智能物流技术应用方面，欧盟各成员国在诸如交通、身份识别、生产线自动化控制、物资跟踪等封闭系统与美国基本处在同一阶段。欧洲许多大型企业都纷纷进行 RFID 的应用实验。欧盟致力于推进 RFID 的研究和应用，并资助一项为期 3 年的致力于 RFID 系统有效应用的研究、发展、培训和示范计划——BRIDGE 项目。

2）日本

日本物流信息化的发展已有较长的历史，在世界居领先水平。特别是日本政府近年来为了大力扶持物流信息化产业的发展所采取的一些宏观政策导向，给日本物流信息化产业带来快速增长的实践经验。

在物流业应用中，由于日本对食品的品质和温度要求非常严格，为了保持食品的最佳状态，往往需要在运输过程中对食品进行严格的温度监控。因此日本的物流运输车辆(如运送食品和酒类的货车)上通常会放置若干个 RFID 标签，供有关部门随时监测运输过程中车厢内的温度变化，通过物联网技术对食品、药品的流通监管，以保障其安全性。

日本许多企业的物流作业中铲车、叉车、货物升降机、传送带等机械的应用程度较高，配送中心的分拣设施、拼装作业安排犹如生产企业的生产流水线一样，非常先进，有的已经使用数码分拣系统，大大提高了物流企业的工作效率和准确性。在物流企业中，计算机管理系统被普遍应用，在国际物流领域里，广泛使用电子数据交换(EDI)系统，提高了信息在国际传输的速度和准确性，使企业降低了单据处理成本、人事成本、库存成本和差错成本，改善了企业和顾客的关系，提高了企业的国际竞争力。高科技的应用与发展为物流企业跨上新的台阶提供了重要的手段和作用。日本物流业不仅在专业化、自动化水平的发展方面十分快速，而且对物流信息的处理手段也极为重视。几乎所有的专业物流企业都通过计算机信息管理系统来处理和控制物流信息，为客户提供全方位的信息服务。为此，日本一大批 IT 业界的公司，已成为物流信息平台和物流信息系统需求的直接受益者。

3）中国

【参考视频】

作为十大规划振兴产业之一，智能物流系统的快速发展将进一步促进我国物流产业的飞速发展，加快物联网技术与智能物流系统研究及应用推广工作显得更加重要。2011 年 12 月，工信部正式发布了《物联网"十二五"发展规划》(以下简称《规划》)，明确将加大财税支持力度，增加物联网发展专项资金规模，加大产业化专项资金等对物联网的投入比重，鼓励民资、外资投入物联网领域。《规划》确定了"十二五"期间我国物联网发展的八大任务和五大工程。其中特别提到要重点支持物联网在工业、农业、流通业等领域的应用示范，以及智能物流、智能交通等的建设。

《规划》还明确了"十二五"期间物联网将实施五大重点工程：关键技术创新工程、标准化推进工程、"十区百企"产业发展工程、重点领域应用示范工程，以及公共服务平台建设工程、智能建设工程。智能物流与智能交通作为所涉及的主要领域被包含其中。

《规划》提出，智能物流领域，将建设库存监控、配送管理、安全追溯等现代流通应用系统，建设跨区域、行业、部门的物流公共服务平台，实现电子商务与物流配送一体化管理。智能交通将建设交通状态感知与交换、交通诱导与智能化管控、车辆定位与调度、车辆远程监测与服务、车路协同控制，建设开放的综合智能交通平台。

2011年，随着各级政府不断加大对物流信息化建设的支持力度，以及物流企业切实期望降低成本进而提升企业竞争力的需要，绝大多数物流企业着手强化信息化建设、加大信息化投资力度。同时，物流业信息技术的应用程度也得到进一步加深，电子标签、电子单证、条形码的应用率以及物流软件的普及率也有进一步的提高；EDI等专业信息交换方式的应用普及从一定程度上提升了企业信息交换水平。此外，物联网、云计算等热门技术在传统物流行业的推广应用也极大地提升了企业信息化水平，为"十二五"期间智能物流的发展奠定了坚实的基础。

此外，由于2011年电子商务网站井喷式增长，物流企业越来越重视信息化以及物联网技术的发展，纷纷增加企业信息化投资比例。物流行业信息化建设步伐明显加快。

2011年，我国的车联网(Telematics)行业取得了令人瞩目的高速发展。首先，产业结构方面，在国家的政策支持下，各地区、各产业链通过全面整合资源的车联网联盟相继成立，对于促进信息交流共享、产品技术创新研发，共同推动汽车物联网产业发展有着重要意义；其次，技术应用方面，路网监测、车辆管理和调度等应用正在发挥积极作用，并且国家将重点扶持信息感知、信息处理、信息传输、信息安全4个方面的关键技术创新。

物流行业车联网技术应用起步很早，主要是基于GPS技术与RFID等感知技术集成，借助互联网的手段，对货运车辆进行实时、在线的联网监控、返程配货、调度管理。随着2011年车联网在全国的普遍推进，相信必将带动货运车联网的发展，为智能物流提供广阔的发展前景。

尽管物联网技术与智能物流系统研究已经成为国内外相关领域研究的一个新热潮，而且已经取得了令人鼓舞的成绩，但是仍然有许多问题需要解决。在物流系统中，如何管理和利用物联网技术产生的海量数据是进一步研究和应用物联网技术需要解决的关键问题；如何利用物联网技术实现智能物流系统研究和针对物联网信息处理技术与智能物流系统的研究也才刚刚起步。

11.3.2 智能物流系统体系结构

现代物流的发展方向是智能物流，物联网以其全面感知、信息共享、智能调控等特征成为构建现代智能物流系统的核心技术，可在智能物流领域发挥重大作用。目前，自动识别、传感、RFID、GPS等物联网技术在物流过程中的应用已经有了许多成功的案例。根据传统物流系统的动态要素构成，将智能物流系统分解成智能物流信息系统、智能生产系统、智能仓储系统、智能配送和智能运输系统。各子系统并不是完全独立存在运行的，系统之间相互交融、相互协调、相互配合，实现采购、入库、出库、调拨、装配、运输等环节的精确管理，完成各作业环节之间的完美衔接，如图11.16所示。

1. 智能物流信息系统

智能物流信息系统是ILS的主要组成部分，它的功能贯穿于物流各子系统业务活动之中，或者说是物流信息系统支持着物流各项业务活动。它不仅将运输、储存、包装、配送等物流活动联系起来，而且还能对所获取的信息和知识加以处理和利用，进行优化和决策。因此 ILS 的信息系统不等同于一般的信息系统，它是整个大系统的具有智能意义的神经系统，决定着 ILS 的成败。

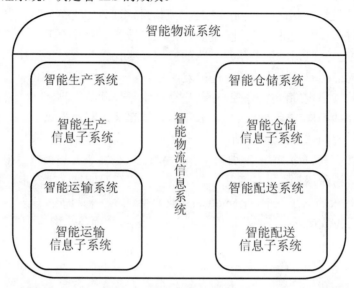

图 11.16　智能物流系统构成

智能物流信息系统按功能不同可分为智能生产信息子系统、智能仓储信息子系统、智能决策支持子系统、智能运输信息子系统、智能配送信息子系统、智能包装信息子系统、智能流通加工信息子系统和智能装卸搬运信息子系统等。智能物流信息系统依靠 RFID 技术、条码技术等获得产业信息及物流各作业环节的信息，通过计算机网络完成信息传输及发布，运用专家系统、人工智能等处理信息并给出最佳实施方案。同时，利用产品追踪子系统还可以对产品从生产到消费的全过程进行监控，从源头开始对供应链各个节点的信息进行控制，为供应链各环节信息的溯源提供服务。

【参考视频】

2. 智能生产系统

生产物流活动是指生产工艺中的物流活动，具体包括原材料、燃料、外购件等投入生产后，经过下料、发料，运送到各加工点和存储点，以在制品的形态，从一个生产单位(仓库)流入另一个生产单位，按照规定的工艺过程进行加工、储存，借助一定的运输装置，在某个点内流转，又从某个点内流出，始终体现着物料实物形态的流转过程。

在现实生活中，生产活动朝自动化生产方向发展，以减少人工成本，实现规模经济。相对于信息层面，生产企业往往独立于其下游的订货商，使得供应链前后端的信息脱节，难以实现信息共享，大大降低了供应链效率。因此，利用现代自动化生产技术以及信息技术以实现生产智能化是新时代生产活动的新要求。

智能生产系统(Intelligent Manufacturing System，IMS)是一种由自动化生产装备、传感装置、高效的信息网络以及专家共同组成的人机一体化智能系统，能在制造过程中进行智能活动，如分析、推理、判断、构思和决策等。通过智能生产系统控制生产活动，采集生产程序的温度、湿度、震动等环境及生产信息，利用信息网络传输,实现生产过程的实时监控,满足现代安全生产的要求。

智能化是制造自动化的发展方向,在生产过程的各个环节几乎都广泛应用人工智能技术。专家系统技术可以用于工程设计、工艺过程设计、生产调度、故障诊断等,也可以将神经网络和模糊控制技术等先进的计算机智能方法应用于产品配送、生产调度等,实现制造过程智能化。同时,在生产过程以及物流环节的实时监控显示方面,整合 RFID 技术、Web 技术、Zigbee 技术等,从产品的生产阶段记录产品的实时生产环境数据,利用 RFID 技术标识产品并上传至 Web 服务器上,使得生产商以及客户能够通过网络实时监控产品状态,实现供应链上下游的信息协同,从而提高生产物流效率。

智能化生产技术是制造业不断吸收机械,电气,电子,信息(计算机、网络、通信、控制、人工智能等),能源及现代系统管理等学科领域的成果,并将其综合运用于产品研发、设计、制造、检测、销售、使用、服务乃至回收的全过程,以实现优质、高效、低耗、清洁、敏捷、柔性生产,提高对多变的市场动态的适应能力和竞争能力。

3. 智能仓储系统

【参考视频】

自从有了生产活动,仓储就应运而生。仓储是生产活动的一个重要组成部分,并随着生产的发展而发展。特别是随着我国制造业的崛起,物流业也得到了迅猛发展,仓储越来越受到社会的广泛关注,大大促进了人们对仓储理论的研究,促使其逐步发展完善,从而成为一门独立的学科。

仓储活动是指利用仓库对物资进行储存和保管,以保管活动为中心,从仓库接收商品入库开始,到按需要把商品全部完好地发送出去为止的全部过程。它不同于生产或交易活动,是整个物流系统中衔接上下游物流活动的核心环节之一。仓储活动能够克服生产和消费在地理和时间上的分离,可以维持商品原有使用价值,加快资金周转,节约流通费用,降低物流成本,提高企业的经济效益。仓储活动的基本功能包括物品的入库、盘点、环境监控和出库信息处理 4 个方面,其中物品的出(入)库与在库盘点管理可以说是仓储最基本的活动和传统功能。环境监控是仓储物流活动中的安全辅助环节,为货物的存储的环境安全提供了保证。如今,随着管理手段与管理水平的不断提升,对仓储环境监控的研究也更普遍、更深入、更精细。纵向来看,仓储的发展经历人工和机械化仓储、自动化仓储和智能化仓储 3 个发展阶段。

1) 人工和机械化仓储阶段

在人工和机械化的仓储阶段,物资的输送、仓储、管理、控制主要依靠人工及辅助机械来实现。物资通过各种各样的传送带、工业输送车、机械手、吊车、堆垛机和升降机来移动和搬运,用货架托盘和可移动货架存储物料,通过人工操作机械存取设备,用限位开关、螺旋机械制动和机械监视器等控制设备来运行。机械化仓储基本上满足了人们对速度、精度、高度、重量存取和搬运等方面的要求,具有明显的实时性和直观性优点。

2) 自动化仓储阶段

自动化技术的运用对仓储的发展起了重要促进作用。自 20 世纪 50 年代末开始,有关机构相继研制和采用自动导引小车(AVG)、自动货架、自动存取机器人、自动识别和自动分拣等系统。到 20 世纪 70 年代,旋转体式货架、移动式货架、巷道式堆垛机和其他搬运设备也加入了自动控制行列。但是各个设备只是实现了局部自动化,进行独立应用,并未形成统一的自动化整体,因而又被称为"自动化孤岛"。随着计算机技术的发展,仓储工作重点转向物资的控制和管理,要求实时、协调和一体化。计算机之间、数据采集点之间、机械设备的控制器之间以及它们与主计算机之间的通信,可以及时地汇总信息、及时地记录订货和到货时间,显示库存量,方便计划人员做出供货决策和管理人员随时掌握货源及需求情况。

3) 智能化仓储阶段

智能仓储物流系统就是基于传感、RFID、声、光、机、电、移动计算等各项先进技术对仓储各环节实施全过程的管理,以提高仓库管理人员对物品的入库、盘点、环境监控和出库操作作业的规范化,实现对货物货位、批次、保质期等信息的电子标签管理,有效地对仓库流程和空间进行管理,实现批次管理、快速出(入)库和动态盘点,从而有效地利用仓库存储空间,提高仓库的仓储能力,最终提高仓库存储空间的利用率,降低库存成本,提升市场竞争力。

4. 智能配送与智能运输系统

在物流的过程中,配送与运输起着至关重要的作用,是企业的"第三利润源"。以流通的观念来看,配送是指将被订购的商品,使用交通工具将其从产地或仓库送达客户的活动。配送的形态可以是从制造厂仓库直接运送给客户,也可以再经过批发商、经销商或由物流中心转送至客户。配送的目的在于克服供应商与消费者之间空间上的距离。运输是配送实现的根本手段,是运动中的活动,它与静止的保管不同,要依靠动力消耗才能实现,承担大跨度空间转移的任务,所以活动的时间长、距离远、消耗大。物流是物品实体的物理性运动,不但改变了物品的时间状态,也改变了物品的空间状态。配送过程中的其他各项活动,如包装、装卸搬运、物流信息等,都是围绕着运输而进行的。可以说,在科学技术不断进步、生产社会化和专业化分工程度不断提高的今天,一切物质产品的生产和消费都离不开配送与运输。

智能配送是基于 GPS 卫星导航定位技术、RFID 技术、传感技术等多种技术,在物流过程中实时实现车辆定位、运输物品监控、在线调度和配送可视化与管理的系统。智能化物流配送系统的突出特点就是智能性,是指企业可以通过物流配送系统对物流过程实现信息全面覆盖,在存储、分拣、分装等作业密集的环节采用高效的自动化设备进行处理,实现整体系统的智能化、自动化操作和管理,从而实现合理资源调配和高效作业,使物流配送更加合理和高效。正是由于其明显的优势,智能化配送在更多的场合得到应用。

智能运输系统起源于公路交通运输的发展。随着机动车普及率的提高和公路交通需求的增加,交通拥堵问题日益突出,公路和城市道路运输的效率受到制约。为了解决这一矛盾,各国纷纷加大了道路建设的力度。与此同时,为了缓解新建公路和道路在土地占用、城市改造和建设资金等方面的压力,提高现有道路、公路网络的运输能力和运输效率,成为解决交通运输问题的另一重要途径。日本、美国和欧洲发达国家为了解决交通问题,竞相投入大量资金和人力,开始大规模地进行道路交通运输智能化的研究和试验。随着研究的不断深入,智能交通系统功能扩展到道路交通运输的全过程及其有关服务部门,并发展成为带动整个道路交通运输现代化的智能管理系统。智能运输系统的服务领域为先进的交通管理系统、出行信息服务系统、商用车辆运营系统、电子收费系统、公共交通运营系统、应急管理系统、先进的车辆控制系统。智能运输系统实质上就是利用高新技术对传统的运输系统进行改造而形成的一种信息化、智能化、社会化的新型运输系统。现代物流活动中，智能运输系统的作用越来越受到重视，它在城市配送及道路运输方面体现了极大的优势。

11.3.3　智能物流行业应用——医药智能物流

【参考视频】

医药流通领域，作为物流领域的一个特殊分支，在现今中国的物流发展中是非常具有代表性的。按照国家对药品流通的GSP(Good Supplying Practice)规定，医药公司在药品的采购、运输、存储、拣选、配货、发运等一系列物流运作中都需要实行批号的严格管理及监控。另外，由于药品的经营，目前既有批发和零售的业务，又有针对连锁店的配送服务。因此，在物流运作中，既会有整箱的操作，又会有拆零的配送。并且，随着竞争的加剧，客户对配送时间的要求也越来越高。这样就对物流的操作提出了更高的要求。也就是说，与过去的物流操作相比较，作为后台的物流操作，既要在严格的质量监控的前提下提高运作效率，降低出错率，又要对运作成本进行有针对性的分析和控制。如何能够满足新形势下的物流运作要求，是医药行业的物流运作中必须面对且亟待解决的课题。

近年来，随着医药领域各项改革的不断深化和医药企业经营机制的逐步转换，我国医药企业在进行技术创新、制度创新、市场创新的同时，也加快了管理创新的步伐。特别是多数企业都意识到通过企业信息化来提高自身的竞争能力和经济效益。同时不少医药企业在企业组织与管理的过程中，自觉地吸收了供应链管理的思想，初步具备了物流集成化和供应链管理的能力，具备医药智能物流的雏形。

1. 应用需求

医药智能物流是运用现代管理技术和信息技术，对医药的采购、运输、储存、包装、装卸搬运、流通加工、配送等诸环节进行有效集成和整合。实现医药流通的高效率和高效益，是药品供应保障体系中的一个重要环节，是现代服务业中的新兴产业。医药物流对智能物流系统的需要主要有以下几个方面。

1) 智能物流系统的高效快速运转

对于医药物流系统的要求，有多种提法，但是本质上讲就是以下几个层次，即准确、快速、高效及个性化。其中准确与快速是医药物流企业生存之本，只有在满足了快速、准确的前提下，才能发展个性化服务，才能谈到提高企业运作效率。在医药企业竞争空前激烈的今天，为了在以时间为基础的竞赛中占据优势，必须建立一整套能够对环境反应敏捷和迅速的系统。

快速包含着多种含义。首先对于需方来说，快速是指在正确的时间将货品送达目的地，也就是及时性；对于医药物流系统而言，快速是指高效完成系统中的物流，这可以减少资产负担并提高相关的周转速度，在某种程度上也意味着高效利用库存。另外，快速还指物流系统对于业务变迁的适应能力。在现代企业中，为了提高竞争力，进行企业业务流程重组，或类似的调整是很常见的事。敏捷系统的实现，一方面要依靠物流系统的业务优化;另一方面也依赖于信息技术的发展,特别是物联网技术的发展。

2) 智能物流系统的功能专业化

智能物流系统应该能够提供专业的物流服务,从物流设计、物流操作过程、物流技术工具、物流设施到物流管理必须体现专门化和专业水平,这既是物流消费者的需要,也是医药物流自身发展的基本要求。智能物流系统能够完成订单处理、供应商管理、客户管理、仓储管理、分拣管理、配送管理、财务管理等相关专业化工作。

3) 智能物流系统的服务个性化

对于医药物流企业而言,其所要服务的对象包括医药供应链上的所有企业,不同的企业存在不同的物流服务要求。医药物流服务是建立在不同企业在企业形象、业务流程、产品特征、顾客需求特征、竞争需要等方面的不同要求的基础上,所提供的具有较强针对性的物流服务和增值服务,因此具有明显的个性化特点。

4) 智能物流系统的信息网络化

信息技术是医药物流发展的基础。在物流服务过程中,信息技术发展实现了信息实时共享,促进了物流管理的科学化,提高了物流效率和物流效益。医药物流的信息节点不仅多且复杂,客户企业的医药商品发往哪里,医药物流的物流网点和信息化节点就要延伸到哪里,同时还要和其他物流、货运企业进行信息化对接,因此信息网络化是医药智能物流系统的基础。

5) 基于药品 GSP 的规范化运作

GSP 即《药品经营质量管理规范》,是关于医药商品流通和医药商业企业的一套质量管理程序。医药物流虽然不属于医药商业企业,但作为医药商品存储和配送环节重要的组成部分,其物流操作也应该严格按照 GSP 相关要求进行,并且将 GSP 管理纳入企业战略管理层面。由于第三方医药物流所从事的业务量十分庞大,所以,保证所有仓储、运输的医药商品的质量特性就成为第三方医药物流企业的重要目标之一。

6) 对药品批号实现精确管理

GSP 对于批号的管理有严格的规定,也是国家药监局对于医药产品的一个有效监督手段,智能物流系统需要随时可以查询每个批号在仓库的哪个库位,对应的数量是多少,发货时自动按照先进先出锁定批号,指导作业人员到指定的库位拣货,可以详细地查询到每个批号的入库时间、出库时间和销售流向等信息。

2. 框架构成

医药智能物流系统为了满足社会的需要以及未来企业的生存、发展的要求,建立药品现代物流是当前时期的重要任务。只有响应医药的发展趋势要求,建设医药智能物流系统,才能有效解决企业目前以及未来存在的生存、发展等诸多问题,才可以达到提高药品完好率,解决药品种多、吐量大的问题;达到改善药品储存环境及储存条件;达到精确、实时控制库存量,进行有效调度,减少库存,有效防止货物积压、过期失效;达到降低拣选、配送的差错率,提高客户服务满意度,使企业高效、快速地发展。

一般医药物流中心主要涉及以下几个主要的业务流程。

(1) 入库流程。供应商负责配送药品到医药物流配送中心,首先由专人根据查询获取与供应商的合同订单,预录入销售订单的药品批号、生产日期及有效期、数量等信息,然后打印出(入)库单，自动安排货位，贴到药品货物箱上，然后由验收人员利用 PDA 终端对货。

(2) 客户管理系统是客户关系管理(Customer Relationship Management，CRM)软件系统的简称。CRM 是一个不断加强与顾客交流，不断了解顾客的需求，并不断对产品及服务进行改进和提高以满足顾客需求的连续过程。其内含是企业利用信息技术和互联网技术实现对客户的整合营销，是以客户为核心的企业营销的技术实现和管理实现。客户关系管理注重的是与客户的交流，企业的经营是以客户为中心，而不是传统的以产品或以市场为中心。为了方便与客户的沟通，客户关系管理可以为客户提供多种交流的渠道。

(3) 订单管理系统(Order Manage System，OMS)，一般包括订单获取、订单分析、订单下发、订单跟踪查询、事件管理、订单处理规则引擎等功能，主要是系统实时获取客户订单信息，并根据配送线路、分拣设备状态，自动生成分拣计划、出库计划，同时实时获取执行系统订单实时执行状态，实现整个物流服务透明化，全过程可监控，减少物流延迟，提高物流效率，是整个一体化系统控制的指挥中心。

(4) 仓储管理系统(Warehouse Manage System，WMS)是通过入库业务、出库业务、仓库调拨、库存调拨和虚仓管理等功能，综合批次管理、物料对应、库存盘点、质检管理和即时库存管理等功能综合运用的管理系统，有效控制并跟踪仓库业务的物流和成本管理全过程，实现完善的企业仓储信息管理。该系统可以独立执行库存操作，与其他和凭证等结合使用，可提供更为完整、全面的企业业务流程和财务管理信息。

(5) 分拣管理系统是医药物流配送中心的核心业务系统之一，通过与各种分拣设备(包括全自动、半自动、电子标签人工分拣等设备)相结合，实现客户订单的自动、半自动和人工分拣到户、自动打印订单客户标签、自动包装等功能，有效地减少了人工干预过程，减轻了分拣人员劳动强度，提高了订单的分拣效率。

(6) 运输管理系统是医药物流配送中心进行运输管理的主要工作，运输管理系统提供物流车辆的日常管理、车辆运输计划的规划、车辆运输线路的优化及车辆位置监控的调度，为医药物流企业的配送提供最有力的支持。

(7) 医药电子商务平台是医药物流中心与供应商、客户、消费者进行互动及商业活动的中心，电子商务平台是建立在 Internet 上进行商务活动的虚拟网络空间和保障商务顺利运营的管理环境，它是协调、整合信息流、物资流、资金流有序、关联、高效流动的重要场所。医药物流企业、供应商、客户可充分利用电子商务平台提供的网络基础设施、支付平台、安全平台、管理平台等共享资源有效地、低成本地开展自己的医药商业活动。

(8) 物流运行管理监控平台是医药物流中心进行物流运行监控、物流运行评价、物流运行调度的综合管理平台，它是整个物流中心持续优化的支撑中心。

医药智能物流系统的发展离不开医药物流自动化装备支撑，目前国内的自动化物流装备已经非常成熟，如自动堆垛机、输送设备、电子标签等，在整个医药物流自动化设备市场占据了核心地位。

本 章 小 结

物流智能装备是信息技术、计算机技术、网络技术、人工智能技术、图像处理技术等现代高新技术发展和应用的结果，物流智能设备在现代物流中发挥着越来越重要的作用。

自动导引车、物流机器人、智能物流系统是物流设备智能化的产物和集成应用领域，它们的发展和应用将对整个物流业产生重大的影响。国际上先进国家物流智能设备的研究和应用起步较早，发展较快。随着我国科技经济和物流业与世界的接轨，将有越来越多的物流智能装备应用于我国的物流行业。

关键术语

物流智能装备(Logistics Intelligent Equipment)
自动导引车(Automatic Guided Vehicle)
物流机器人(Logistics Robot)
智能物流系统(Intelligent Logistics System)

习　题

1. 填空题

(1) AGV 按导引方式的不同，可以分为＿＿＿＿和＿＿＿＿。

(2) 固定路径导引是指在固定的路线上设置导引用的信息媒介物，自动导引搬运车通过检测出信息媒介物而得到导引的导引方式，常见的方式有＿＿＿＿、＿＿＿＿和＿＿＿＿等。

(3) 机器人作业时具有以下特点：＿＿＿＿、＿＿＿＿、＿＿＿＿、＿＿＿＿和柔性适应性。

(4) 智能物流系统具有＿＿＿＿、＿＿＿＿、＿＿＿＿和＿＿＿＿的特征。

2. 简答题

(1) 自动导引车主要的导引方式有哪些？

(2) 自动导引车的主要构成及作用是什么？

(3) 什么是机器人？什么是物流机器人？

(4) 简述物流机器人的主要技术参数。

(5) 描述一个你见过的仓库是否具有或运用智能化技术；如果没有，你觉得在哪些环节可以改进？

参 考 文 献

[1] 范钦满. 物流设施与设备[M]. 南京：东南大学出版社，2008.
[2] 何民爱. 物流装备与运用[M]. 南京：东南大学出版社，2008.
[3] 李玉民. 物流技术与装备[M]. 上海：上海财经大学出版社，2008.
[4] 江春雨. 物流设施与设备[M]. 北京：国防工业出版社，2008.
[5] 潘安定. 物流技术与设备[M]. 广州：华南理工大学出版社，2006.
[6] 于承新，赵莉. 物流设施与设备[M]. 北京：经济科学出版社，2007.
[7] 冯晋祥. 专用汽车设计[M]. 北京：人民交通出版社，2007.
[8] 卞学良. 专用汽车结构与设计[M]. 北京：机械工业出版社，2008.
[9] 胡思继. 交通运输学[M]. 北京：人民交通出版社，2001.
[10] 薛华成. 管理信息系统[M]. 4版. 北京：清华大学出版社，2003.
[11] 方轮. 物流信息技术与应用[M]. 广州：华南理工大学出版社，2006.
[12] 蒋长兵，白丽君. 物流自动化识别技术[M]. 北京：中国物资出版社，2009.
[13] 石小法. 物流工程[M]. 上海：同济大学出版社，2009.
[14] 方钟民. 物流系统规划与设计[M]. 2版. 北京：机械工业出版社，2007.
[15] 翁兆波. 物流信息技术[M]. 北京：化学工业出版社，2007.
[16] 刘小卉. 物流管理信息系统[M]. 上海：复旦大学出版社，2006.
[17] 周启蕾. 物流学概论[M]. 北京：清华大学出版社，2005.
[18] 倪金生，李琦，赵明伟. 数字城市[M]. 北京：电子工业出版社，2008.
[19] 陆化普，李瑞敏，朱茵. 智能交通系统概论[M]. 北京：中国铁道出版社，2004.
[20] 张弦. 物流设施与设备[M]. 上海：复旦大学出版社，2006.
[21] 王金萍. 物流设施与设备[M]. 大连：东北财经大学出版社，2006.
[22] 张广辉. 物流设施与设备[M]. 北京：人民交通出版社，2007.
[23] 张玉斌. 物流设施与设备[M]. 北京：科学出版社，2009.
[24] 唐四元，鲁艳霞. 现代物流技术与装备[M]. 北京：清华大学出版社，2008.
[25] 郝渊晓. 物流技术与装备学[M]. 广州：中山大学出版社，2006.
[26] 周银龙. 物流装备[M]. 北京：人民交通出版社，2004.
[27] 冯爱兰，王国华. 物流技术装备[M]. 北京：人民交通出版社，2005.
[28] 姜大力. 现代物流装备[M]. 北京：首都经济贸易大学出版社，2004.
[29] 世界领先的海尔"立体仓库"[EB/OL]. (2005-06-29). [2009-05-04]. http://news.xinhuanet.com.
[30] 上海沪东集装箱码头有限公司.公司简介[EB/OL]. (2004-08-24). [2009-04-04]. http://www.sect.com.cn.
[31] 郭晓芬，王国林. 交通运输工程学[M]. 北京. 人民交通出版社，2005.
[32] 陈家瑞. 汽车构造(下册)[M]. 3版. 北京：机械工业出版社，2000.
[33] 安坤，徐超彦，华道理. 国产半挂车未来的发展势头[J]. 城市车辆，2007(8).
[34] 肖军. 物流运输车辆重型化、专用化势在必行[EB/OL]. (2005-12-06). [2009-05-14]. http://www.cnhtc.com.cn.
[35] 陈立友. 发展道路甩挂运输正当时[J]. 运输经理世界，2007(11).
[36] 孙小美. 陆上飞龙——火车发展史[J]. 中国科技财富，1998(12).
[37] 京沪高铁：两大经济圈的物流行业[EB/OL]. (2007-11-14). [2009-05-15]. http://www.peflat.com.
[38] 徐宁. 亚洲最大的海上油气田建最大平台导管架完工[EB/OL]. (2008-04-08). [2009-05-15]. http://www.sina.com.cn.
[39] 侯静. 上海港迈向国际航运中心[J]. 中国储运，2008(5).
[40] 顾奕镍. 国际航空运输实务[M]. 上海：上海科学技术文献出版社，1992.

[41] 屈平. 航空物流园方兴未艾[J]. 物流时代，2006(1).
[42] 王霖. 俄罗斯管道建设的高速度[J]. 中国石油石化，2002(8).
[43] 刘涛. 西气东输二线工程意义何在？[EB/OL]. (2009-02-09)[2009-05-15]. http://www.dfdaily.com.
[44] 姜国勇，原韶坤，臧小惠. 国内外起重机的特点和发展趋势[J]. 内江科技，2008(12).
[45] 中国矿业报. 我国起重机行业博弈国际市场[EB/OL]. (2005-03-25)[2009-05-14]. http://news.machine365.com/arts/050325/1/44438.html.
[46] 陈宝强. 叉车行业 20 年来质量状况分析(二)[J]. 中国储运，2006(5).
[47] 刘向阳. 我国叉车行业发展综述[J]. 集装箱化，2006(8).
[48] 林志强，郭瑷，李守林. 我国货架行业的发展[J]. 物流技术与应用，2008(5).
[49] 中国物流与采购联合会托盘专业委员会. 第二次全国托盘现状调研报告[J]. 物流技术与应用，2009(1).
[50] 杜梅，甘志勇. 华东最大的立体仓库在淮南矿业投入使用[N]. 现代物流报，2006.10.24.
[51] 丁正. 自动化立体仓库管理系统的开发与研究[D]. 合肥：合肥工业大学，2007.
[52] 谭筱. 物流技术的一个划时代的革新自动化立体仓库[J]. 市场周刊(新物流). 2008(5).
[53] 张印. 传统仓储的发展方向——自动化立体仓库[J]. 装备制造技术，2009(3).
[54] 刘赛，雍歧卫. 浅谈我军军用物资的集装单元化储运[J]. 物流科技，2008(3).
[55] 张翠花. 物流技术装备[M]. 北京：中国轻工业出版社，2005.
[56] 蒋蕊聪. 中国港口机械龙头企业——振华港机[J]. 中国储运，2008(3).
[57] 陈润洁，戴远敬. 包装机械产品质量现状分析及展望[J]. 包装与食品机械，2004(1).
[58] 何民爱. 物流装备与运用[M]. 南京：东南大学出版社，2008.
[59] 陈波. 超高压水切割机的现状与发展[J]. 航空制造技术，2009(6).
[60] 张哲，田津津. 我国冷藏车发展概况及前景[J]. 制冷空调与电力机械，2008(5).
[61] 叶勇，张友华. 中国冷链物流的最新发展和对策研究[J]. 华中农业大学学报(社会科学版)，2009(1).
[62] 谢开泉. 我国混凝土搅拌运输车市场情况分析及预测[J]. 专用汽车，2007(4).
[63] 何叔度. 混凝土搅拌运输车的选用[J]. 市场周刊(新物流)，2008(7).
[64] 郑静，修雪芳. 宁波港 EDI 系统的现状及发展趋势研究[J]. 大视野，2008(7).
[65] 李德仁，李清泉，杨必胜，余建伟. 3S 技术与智能交通[J]. 武汉大学学报信息科学版，2008(4).
[66] 樊跃进，方宁，董晶晶，邹杨波. 港口集装箱 AGV 自动搬运系统规划[J]. 起重运输机械，2007(1).
[67] 樊跃进，片春媛. AGV 技术在发动机行业的应用[J]. 柴油机，2006(3).
[68] 刘小卉. 物流管理信息系统[M]. 上海：复旦大学出版社，2006.
[69] 杨扬. 物联网基础与应用[M]. 北京：北京大学出版社，2015.
[70] 张广辉，魏民. 物流设施与设备[M]. 北京：人民交通出版社，2007.
[71] 陈军. 物流自动化设备[M]. 徐州：中国矿业大学出版社，2009.